5·18 민중항쟁에 대한 새로운 성찰적 시선

이 도서의 국립중앙도서관 출판시도서목록(CIP)은 e-CIP홈페이지(http://www.nl.go.kr/ecip)에서 이용하실 수 있습니다. (CIP제어번호 : CIP2009001237)

민주주의와 사회운동 총서 7

5·18 민중항쟁에 대한 새로운 성찰적 시선
A New Reflection of the May 18 Peoples' Uprising

조희연·정호기 엮음

한울
아카데미

차례

책을 내면서 | 5·18 민중항쟁을 어떻게 다시 볼 것인가 | 조희연·정호기 ── 9

제1부 '다른 지점'에서 본 5·18 민중항쟁

제1장 | 영남에서 본 5·18

　　국가권력에 의한 배제 | 노진철 ──────────────── 17
　　1. 서론　17
　　2. 5·18에 대한 국가권력에 의한 배제　21
　　3. 국가권력에 의한 과거청산과 역사바로세우기　26
　　4. 재기에 대한 신회의 불확실성　32
　　5. 영남과 호남의 화해는 가능한가　37

제2장 | 전북에서 본 5·18

　　문화예술적 재현 및 대중 수용의 양상 | 유제호 ──────── 45
　　1. 서론　45
　　2. 문화예술적 상호 작용의 구도　46
　　3. 부문별 상보성과 문화예술의 역할　50
　　4. 문화예술적 재현과 대상 충실성　54
　　5. 문화예술적 형상화와 대상 과잉성　58
　　6. 결론　65

제3장 | '88만 원 세대'에게 '5·18 광주'는 희미하고 무덤덤한 과거사?!
　　　'생성'이 없는 '기억'은 사라진다 | 김보현 ──────── 69
　　　1. 소박한 문제의식　69
　　　2. 희미한 기억　72
　　　3. '민주화'에도 불구하고　77
　　　4. 호남 출신 학생들의 기억　80
　　　5. 더 이상 특별하지 않은 '대학'　81
　　　6. 교과서적 이해　83
　　　7. 비록 소수였지만　87
　　　8. 지금의 나와는? 글쎄요　89
　　　9. '생성'이 없는 '기억'은 사라진다　91

제4장 | 탈식민주의 관점에서 보는 '5·18의 반미' | 정희진 ──────── 95
　　　1. '친미'와 '반미'의 기준을 정하는 미국　95
　　　2. 기대와 배신감에서 나온 반미　100
　　　3. 미국을 위한 자주?　105
　　　4. 색목인과 유색인을 넘어　111
　　　5. 반미는 당위가 아닌 '혼란'의 영역　117

제2부 '다른 비판의 눈'으로 본 5·18 민중항쟁

제5장 | 단절의 혁명, 무명의 혁명
　　　코뮌주의의 관점에서 | 이진경·조원광 ──────── 131
　　　1. 혁명 혹은 항쟁의 일차성　131
　　　2. 흐름의 구성체와 비인칭적 특이성　135
　　　3. 해방구의 딜레마　154

제6장 | 광주민중항쟁과 제헌권력
　　　자율주의의 관점에서 | 조정환 ──────── 167
　　　1. 머리말　167

2. 신자유주의와 광주민중항쟁　170
   3. 1980년 5월 전후 호헌의 논리학과 그 실천　175
   4. 개헌의 논리학과 그 실천　178
   5. 제헌적 주체성의 구성과 독자화: '폭도들'의 권력　181
   6. 제헌권력의 양상과 특징　186
   7. 제헌권력의 변형　198

제7장 | '급진 민주주의'의 관점에서 본 광주 5·18 | 조희연 ─── 203
   1. 시작하면서: 광주 사건, 광주 문제, 광주 정신　203
   2. 급진 민주주의와 '민주주의의 사회화'　207
   3. '순수 폭력'으로서의 국가와 '순수 정치'로서의 광주 코뮌　218
   4. 지배의 기획과 지식인의 상상을 뛰어넘는 저항적 주체성과 광주 사건의 민중　228
   5. 광주 문제의 추이와 5·18 정신: 광주 문제의 제도적 해결과 제도화의 이중성　242
   6. 신자유주의적 불평등 시대, 신보수 정권 시대의 5·18: 새로운 급진 민주주의적 에토스로서의 5·18　265
   7. 요약과 맺음말　274

제8장 | 아나키스트적 시각에서 본 5·18 | 김성국 ─── 287
   1. 다시 5·18을 기억하며　287
   2. 어떤 아나키즘인가　290
   3. 대하 5·18을 흐르는 아나키즘의 물결　295
   4. 5·18의 아나키스트적 미래　311

제9장 | 역사 속의 광주항쟁 | 조지 카치아피카스 ─── 317
   1. 광주항쟁과 파리 코뮌　318
   2. 두 항쟁의 차이점　323
   3. 광주항쟁에 비추어본 파리 코뮌　329
   4. 광주항쟁과 아시아의 민주운동　332

제3부 5·18 민중항쟁의 현재화

제10장 | 지구화 시대 한국의 진보운동과 5·18 민중항쟁의 현재적 재구성

| 이광일 ─────────────────────────── 343

1. 들어가는 말 343
2. 5·18 민중항쟁, 그 '진보성'의 거처 346
3. 자유주의 정치 세력의 '헤게모니'와 5·18 민중항쟁의 '제도화' 356
4. 지구화 시대 진보운동, '5·18 민중항쟁'의 재구성 361
5. '제도화된 5·18'을 넘어서 369

제11장 | 5·18 기억의 정치화와 민족

지구화 시대 민주화와 선진화 담론의 망각 체계 | 김진호 ─────── 377

1. 머리글: 지구화 시대 민족주의, 그 위험스러운 배타주의의 부활 377
2. 지식기반사회적 제도화 과정과 민족주의, 그리고 사회적 배제의 양상 380
3. 국민·민족 통합 장치로서의 광주 담론과 배제의 정치 392

제12장 | 응답으로서의 역사

5·18을 생각함 | 김상봉 ─────────────────── 405

제13장 | 광주민중항쟁의 탈혁명화

지역과 전국의 공간정치학적 관점에서 | 원영수 ──────── 427

1. 들어가며: 2008년 광주 427
2. 광주항쟁의 정치적 영향과 의의: 광주민중항쟁과 1980년대 운동 430
3. 광주항쟁과 5월운동: 지역 운동과 전국 운동의 상호 작동 434
4. 제도화의 덫과 DJ 팩터, 그리고 지역화 439
5. 마치며: 광주의 지역화, 전국화, 세계화 447

제14장 | '5·18'의 기억과 계승, 그리고 제도화 | 정호기 ──── 453

1. 머리말 453
2. '5·18'을 바라보는 시선의 다양성 456
3. 저항적 기억투쟁의 제도화와 그 효과 461
4. 맺음말 476

책을 내면서

5·18 민중항쟁을 어떻게 다시 볼 것인가

'세대'라는 기준에서 보면, 2009년은 5·18 민중항쟁의 한 세대를 마감하는 해이다. 그래서 2008년부터 제30주기를 기념하는 다양한 사업과 행사를 미리 준비해야 한다는 주장들이 제기되어왔다. 이런 주장들이 실현되기 위해서는 2009년에 이를 위한 실천이 본격적으로 시작되어야 하고, 5·18 민중항쟁의 향후 진로에 관한 청사진이 마련되어야 할 것이다.

5·18 민중항쟁의 30여 년을 회고하는 중요한 인식틀은 '성찰'이라고 할 수 있다. 성찰은 지난 세월에 대한 정리와 반성을 토대로 좀 더 다양하고 다층적인 인식으로 5·18 민중항쟁을 풍부하게 이해하고 현재화하는 것을 의미한다. 5·18 민중항쟁의 원초적 사건에 대한 조명과 성찰도 큰 의미가 있으나, 사건 이후 많은 시간이 경과되었기 때문에 이를 정리하고 의미를 분석하며 새로운 진로를 설계하는 일에도 많은 관심을 가져야 할 것이다.

돌이켜보면, 5·18 민중항쟁에 대한 기억과 계승은 점점 다양화되었고, 분야에 따라 또는 분야 내에서 여러 가지 양상을 보이고 있다. 이를테면 한 세대가 지나는 동안 거의 변하지 않고 유지된 기억과 재현이 있는가 하면, 해석과 재현의 내용이 처음과 크게 달라진 것도 있다. 이 차이들은 5·18 민중항쟁을 어떻게 인식하고 기억하고 있는가에 대한 다양한 정치·

사회 세력과 담론의 구성체가 형성되어 있음을 보여준다. 그리하여 계승의 내용과 방법 등을 두고 상호 침투 또는 갈등과 대립이 생겨나고 있다.

이런 점에서 이 책은 '성찰'적 시각에서 5·18 민중항쟁을 새롭게 상상하고 분석하는 글들을 모았다. 지난 30여 년 동안에 항쟁의 희생자들은 유공자가 되었으며, 5월 18일은 국가기념일이 되어 국가적인 기념행사들이 진행되는 단계에 이르렀다. 일종의 '제도화'가 진전된 것이다. 이는 민주화의 긍정적인 성과이기도 하지만, 한편에서는 '혁명적 사건'이 '박제화'된다고 우려하기도 한다. 이 과정에서 5·18 민중항쟁의 제도화된 흐름에 직·간접적으로 관계되지 않은 사람들은 자신의 생각을 이야기하기도 머쓱한 어떤 지적 상황도 발생했다. 어떤 의미에서 '5·18 담론' 자체가 '독점성'을 갖는 측면이 존재하게 된 것이다. 이 책은 이런 한계를 뛰어넘어 5·18 민중항쟁이라고 하는 '전무후무한 현대사의 혁명적 사건'에 모두가 접속하고 나름대로 평가하며 모두의 풍부한 상상력을 끌어내는 원천이 되고자 한다.

이 책에 실린 글은 두 가지 경로로 모아졌다. 먼저 주요하게는 2008년 5·18 심포지엄을 통해서였고, 그 다음으로 심포지엄 이후 엮은이들을 중심으로 이 책의 취지에 맞게 '성찰적 메시지'를 줄 수 있는 글들을 찾는 과정이 더해졌다.

성공회대학교의 민주주의연구소('민주주의와 사회운동연구소'에서 개칭)는 '성찰적 시각에서 본 5·18 민중항쟁'이라는 문제의식을 가지고 2007년 중반부터 논의를 전개했다. (재)5·18기념재단은 본 연구소의 기획을 긍정적으로 평가해 학술행사 개최 비용을 지원했고, 2008년 5월 26일 학술행사로 성과를 맺었다. 전남대학교 5·18연구소가 학술행사의 공동주최로 참여해 자리를 더욱 빛내주었다. 학술행사는 '5·18 정신을 다시 생각한다'라는 주제로 개최되었는데, 크게 두 가지에 초점을 맞추었다.

첫째, 기존 5·18 민중항쟁의 '주류적' 흐름에서 담아내지 못한 다양한 통찰력과 시각, 관심이 부각되는 계기를 마련하고자 노력했다. 이를 통해 그동안 연구되지 못했던 주제들에 관심을 쏟을 뿐만 아니라 기존의 흐름에 참여할 기회가 없었던 많은 사람들에게 5·18 민중항쟁 연구에 참여하는 기회를 제공하고자 했다. 현재 한국 사회에는 다양한 비판적 사회이론의 흐름들이 존재한다. 우리는 이 흐름 속에 있는 학자나 활동가들에게 5·18을 자기 식대로 평가하고 상상하도록 요청했다.

둘째, 5·18 민중항쟁의 학술행사 개최지를 전국화함으로써 관심과 참여의 폭을 넓히는 계기를 형성하고자 했다. 1999년 학술단체협의회의 주관으로 서울에서 5·18 민중항쟁 학술행사가 개최된 이후 주로 광주에서 학술행사가 개최되었다. 학술행사가 미국과 독일에서 개최되기도 했는데, 이것이 해당 시기 국내에서의 학술적 관심을 약화시키는 효과가 있다는 지적을 낳기도 했다. 그래서 해마다 5월이면 전국에서 학술행사 발표자와 토론자를 비롯한 전문가와 연구자가 광주로 집결했으나, 그 성과가 소수의 개별 연구자에게 국한되는 한계를 안고 있었다. 이로 인해 5·18 민중항쟁의 전국화 및 세계화라는 핵심 과제를 수행하고 참여 공간을 더욱 확장시키기 위해 광주가 아닌 지역에서 학술행사를 개최할 필요성이 중요하게 대두되었다.

본 연구소는 학술행사의 기획 단계에서 그 성과를 대중화하고 확산시키기 위해 발표 논문들을 책으로 출판할 계획을 세웠다. 그동안 5·18 민중항쟁 학술행사의 발표 연구들을 단행본으로 출간하려는 노력이 중단되곤 했는데, 본 연구소는 이의 실현을 중요 과제로 생각했다. 실제로 이번 단행본의 발간도 쉽지 않아, 그간의 상황들을 공감할 수 있었다. 학술행사 발표 논문들을 편집하는 과정에서 이전에 발표된 연구들을 추가해 책의 완성도를 높이는 방안이 검토되었고, 이에 따라 필자들에게 양해를 구해 이미 발표한 논문을 수정한 후 함께 수록했다.

이런 과정을 거쳐 만들어진 이 책은 총 3부 14장으로 구성되어 있다. 제1부는 '다른 지점에서 본 5·18 민중항쟁'이라는 주제로 모았다. 여기에서는 지역과 세대 그리고 성별이라는 변수가 주요하게 고려되었다. 즉, 5·18 민중항쟁이 광주와 호남을 대표하는 사건으로 인지되어 있는 측면을 감안해 영남에서 본 5·18 민중항쟁에 대해, 그리고 호남 내부에서의 인식 차이를 감안해 전북에서 본 5·18 민중항쟁에 대해 살펴보고자 했다. 또한 이른바 '88만 원 세대'가 5·18 민중항쟁을 어떻게 바라보고 있는가를 통해 세대 간의 전승 문제를 고찰했고, '탈식민주의'의 관점에서 5·18 민중항쟁을 정리했다.

제2부는 '다른 비판의 눈으로 본 5·18 민중항쟁'이라는 주제로 구분했다. 크게 네 가지 시각에서 접근이 이루어졌는데, 급진 민주주의, 코뮌주의, 자율주의, 아나키스트 시각 등이 그것이다. 이 책은 이들 개념을 정립하고 풍부하게 하는 데 목적을 두고 있지 않기에 이런 시각들이 적절하고 타당한가에 대해 충분하게 고민하지 못했으나, 필자들의 전문성과 그간의 학문 활동의 경향을 고려할 때 크게 벗어나지 않을 것으로 생각된다.

제3부는 '5·18 민중항쟁의 현재화'라는 측면에서 접근하면서, 5·18 민중항쟁의 현재적 모습에 어떤 의미 부여와 방향 제시를 할 수 있을까라는 점에서 글을 모았다. 제3부에 수록된 글들은 급변하는 한국 사회의 정세와 사회운동의 변화 속에서 5·18 민중항쟁이 어떤 모습을 지향해야 할 것인가에 대해 시사점을 줄 것으로 기대된다.

학술행사에서 그리고 책을 편집하면서 연구자들이 같은 사건과 내용에 대해 다른 개념들을 사용하고 있다는 점이 눈에 띄었다. 엮은이들은 독자들이 책을 읽으면서 느낄 수 있는 혼란이나 비일관성을 생각해 개념의 통일을 고려했으나, 필자들의 문제의식을 살리기 위해 그대로 두는 것이 좋다는 결론을 내렸다. 또한 이 책에 수록된 글들이 오랜 기간에 거친 토의와 워크숍을 통해 생산된 공동의 성과물이 아니어서 연구자들에 따라 주장과 시각에서 현저한 차이가 있을 수 있음을 미리 일러둔다. 달리 생각하면, 바로 이 점이 이 책의 주요한 기획 이유라고 할 수 있을 것이다.

5·18 학술행사의 개최와 이 책의 발간에 이르기까지 많은 분들이 도움을 주셨다. 특히 (재)5·18기념재단의 지원은 큰 도움이 되었다. 이사장님을 비롯해 재단 관계자 여러분에게 다시 한 번 감사의 말씀을 드린다. 책을 편집하고 출판하는 과정에서 예기하지 못한 고민들이 생겨나면서 발간이 다소 늦어진 측면이 있다. 너그럽게 기다리며 이해해 주신 필자들에게 고마움을 표하며, 어려운 시기에 출판을 담당해 준 한울출판사 여러분에게도 감사를 드린다.

끝으로 5·18 민중항쟁이 우리 사회의 민주주의를 지켜내고, 주변화되고 소외된 사람들에게 '살아갈 수 있는' 버팀목이 될 수 있기를 간절히 기원하며, 이후의 5·18 민중항쟁에 관한 연구에 조그만 도움이 될 수 있기를 희망한다.

2009년 5월
필자들을 대신하여 **조희연·정호기**

제1부 '다른 지점'에서 본 5·18 민중항쟁

제1장 | 영남에서 본 5·18
　　　　국가권력에 의한 배제 | 노진철

제2장 | 전북에서 본 5·18
　　　　문화예술적 재현 및 대중 수용의 양상 | 유제호

제3장 | '88만 원 세대'에게 '5·18 광주'는 희미하고
　　　　무덤덤한 과거사?!
　　　　'생성'이 없는 '기억'은 사라진다 | 김보현

제4장 | 탈식민주의 관점에서 보는 '5·18의 반미' | 정희진

제1장

영남에서 본 5·18

국가권력에 의한 배제

노진철(경북대 사회학과 교수)

1. 서론

 국가가 '광주사태'를 '광주민주화운동'으로 공식적으로 인정한 일은 우리 사회에 정치적 민주화가 이루어졌음을 알린 상징적 사건이다. 5·18 유혈 진압으로 권력을 잡은 군사정권인 전두환 정부에서 5·18은 입에 담지도 말아야 할 '비밀부호'였으나(김성, 2000), 6·10 민주항쟁의 결과로 실시된 직접선거를 통해 집권한 노태우 정부는 5·18을 처음으로 '민주화운동'으로 호명했다.[1] 그리고 김영삼 정부는 민주화운동으로의 법적 정당성 부여와 국가기념일 제정을 통해 공식적으로 승인했으며, 이로부터 진행된 과거청산과 역사바로세우기는 '국가 전복의 폭동'으로 규정되었던 5·18에 새로운 의미를 부여하는 과정이었다. 이후 '5·18 정신'은 국가폭력에 의한 부당한 압제에 짓밟힌 민주주의와 인권, 정의를 지키기

---

1) 노태우 정부는 1988년 '민주화합추진위원회'를 구성해 기념사업을 주관하도록 했다.

위해 일어섰던 의로운 시민들의 항거이자 폭압적인 군부 독재에 대항한 투쟁으로 추앙되었다.

'5·18 정신'에 내포된 민주주의와 인권, 정의는 모든 인류가 향유해야 할 보편적 가치이다. 이에 상응하게 광주 시민과 진보적 지식인들은 전 국민이 '5·18 정신'에 대한 자각과 긍지를 공유하기를 기대한다. 실제로 이를 쟁취하기 위한 수많은 광주 시민의 '희생'[2])은 1980년대와 1990년대 초까지 전국적으로 전개된 민주화운동의 추동력이었고, 같은 시기에 대도시를 중심으로 일어났던 시민사회의 형성에 이바지했다. 특히 1987년 6월항쟁과 7~9월의 노동자대투쟁, 그리고 학생운동과 노동운동은 국가권력에 대한 저항의 정당성을 광주항쟁으로 이어진 민주화운동의 기억에서 찾았다. 또한 1980년대 후반과 1990년대 초반 등장한 주민운동, 환경운동, 여성운동, 도시공동체운동, 소비자운동, 통일운동 등 시민운동은 국가로부터 독립된 시민사회의 상을 국가권력에 대항했던 광주항쟁에 연결시켰다.

5월 18일은 국가기념일 지정 전까지 전국의 모든 대도시에서 항의집회와 시위대가 경찰의 원천 봉쇄와 충돌하는 등 국가의 물리적 억압에 대한 저항을 현실의 정치에서 현재화하는 날이었다. 시민·사회단체들과 대학 총학생회는 시내 중심가와 대학가에서 5·18 정신과 6월항쟁 정신을 기리는 기념식과 시민대회 등을 통해 민주화운동, 노동운동, 시민운동 등 사회운동을 활성화하는 계기로 삼았다. 그러나 1997년 기념일 지정 이후 상황은 완연히 달라졌다. 국가와 광주가 숱한 기념행사를 통해

---

2) 2006년 3월 유엔 총회에서 채택한 결의안에 따르면 '희생'은 "신체나 정신적인 상처, 감정적 고통, 경제적 손실이나 기본권의 상당한 침해를 포함하여 개인적 또는 집단적으로 당한 손해"를 일컫는다(UN General Assembly, 2006).

'5·18 정신'에 대한 국민적 관심을 촉구하면 할수록 다른 지역에서는 '5·18 정신'을 기리는 열기가 점점 더 식어가고 있다.3) 다른 광역자치단체들이 정부의 권고에도 불구하고 별도의 기념식을 갖고 있지 않기 때문에(≪동아일보≫, 1997. 5. 18), '5·18민중항쟁기념행사위원회'가 전국의 8개 시·도에 파견되어 기념식과 문화제, 사진전시회 등 기념행사를 주도하고 있다.

이처럼 광주가 '민주화의 성지'로서 전국적으로 인정받기 위한 노력을 전개하는 데 대한 반작용으로, 다른 지역들은 오히려 자기 지역의 민주화운동 사례를 찾아내어 '5·18 정신'을 대체할 수 있는 지역 민주정신의 역사성을 기리는 방향으로 이행하고 있다. 대구는 1999년부터 '대구 정신'을 기리는 2·28 민주의거 기념식과 2·28 기념공원 조성, '인혁당 재건위' 사건 희생자를 기리는 4·9제와 경북대·영남대의 민주동산 조성 등 기념사업을 벌이고 있다. 부산은 스스로를 1999년부터 '민주화의

---

3) 1997년의 한 여론 조사에 따르면, 5·18을 민주화운동으로 보는 사람이 광주에서는 66.8%인 데 반해 다른 지역에서는 평균 46.8%였고, 대구·경북은 36.2%에 불과해 지역별로 현저한 격차를 보였다(김재균, 2000). 최근 5·18기념재단이 2006년부터 3년간 전국 16개 시·도민 중 만 20세 이상인 성인 남녀 1,500명을 대상으로 실시한 여론 조사에 따르면, 10명 중 5명은 5·18을 민주화운동으로, 3명은 민중항쟁으로 인식하고 있으나, 2명 정도는 여전히 폭동 또는 사태로 부정적으로 인식하고 있다 (≪무등일보≫, 2008. 5. 16).

(단위: %)

연도	민주화 운동	민중 항쟁	폭동	사태	진상 규명		
					미흡	대부분 규명	완전 규명
2006	47.4	24.8	10.2	10.1	60.9	21.8	1.6
2007	41.9	34.2	10.2	6.7	64.0	26.5	-
2008	46.5	29.5	9.0	6.6	66.2	23.7	1.9
평균	45.3	29.5	9.8	7.8	63.7	24.0	1.8

성지'로 규정하고 10·18 부마항쟁 정신을 기리는 부산민주공원 조성과 부산민중항쟁기념사업을 벌이고 있다. 또한 마산은 '마산 정신'을 기리는 3·15 마산의거 기념식(2000년)과 국립3·15민주묘지 조성 및 부마항쟁 기념사업(2003년)에 나서고 있다.

민주화 이후 조성된 국립5·18민주묘지는 국가폭력에 의한 시민 학살과 인권 탄압에 기초한 과거로부터의 물리적 억압과 탄압, 죽음과 슬픔, 고통과 공포의 흔적들이 현존하는 장소이다. 여기서 개최되는 기념식은 영남의 다른 민주화운동 기념식들과 달리 각 정당의 정치지도자들이 호남의 민심 잡기와 정치적 입지 강화를 위해 뛰어드는 정치적 선결정의 의례 장소이다. 지난 제17대 대통령 선거에서도 대선 후보들은 이 정치적 선결정 의례에 참석했으며, 제18대 국회의원 선거에서 열린우리당과 민주당은 '5·18 정신의 적자'임을 주장하며 호남표 사냥에 나섰다. 이에 대한 반작용으로 영남 사람들은 호남의 정치인들이 5·18을 악용해 당선된다고 간주함으로써 한나라당에 표를 몰아주는 자신들의 투표 행위를 정당화하고 있다. 동일한 맥락에서 그들은 5·18을 영·호남 지역 갈등 형성에 가장 영향을 끼친 정치적 사건으로 간주한다.[4]

이 글에서는 5·18 민주화운동 그 자체의 성격이나 영향은 분석하지 않는다. 그보다는 광주항쟁 이후 전두환 정부에서 진행된 국가권력에 의한 배제와 김영삼 정부 이후 과거청산과 역사바로세우기의 형태로 진행된 국가권력에 의한 배제를 다룬다. 국가폭력에 의한 시민 학살과 인권 탄압의 기억은, 가해자든 희생자든 그 흔적이 그들의 삶 속에 남아

---

4) 이것은 호남 사람들이 지역 갈등의 원인으로 영남 정권에 의한 지역 간 불균등 경제발전을 거론하면서 5·18을 그 파생물로 간주하는 것과는 판이하게 다른 접근시각이다(《영남일보》, 1998. 10. 12).

있는 한 과거완료형이 아니라 현재진행형이다. 그런데 광주에서는 '광주의 아픔'이 여전히 현재진행형인 반면, 왜 광주를 벗어난 다른 지역에서는 과거완료형이 된 것일까? 5·18은 국가가 민주화운동으로 승인했음에도 불구하고 왜 국지화와 영·호남 지역 갈등의 한계를 벗어나지 못하는 것일까? 5·18 특별법 제정과 5·18 관련자들에 대한 사법적 처리를 왜 다른 지역에서는 호남 지역의 한풀이로만 인식하는 것일까? 이 글은 호남 밖의 다른 지역에서는 5·18을 어떻게 인식하고 있는지에 대한 하나의 이념형을 제공할 것이다.

2. 5·18에 대한 국가권력에 의한 배제

프랑스 사회학자 모리스 알박스에 따르면, 과거는 객관적으로 인식될 수 있는 것이 아니라 현재에서 구성원들 간의 소통, 즉 사회적 구성틀을 매개로 기억된다(Halbwachs, 1991: 50 이하). 다시 말해, 기억은 과거의 경험이 전승된 것이 아니라 현재에서 과거가 재구성된 것이다. 관찰자는 일상생활의 영역에서 여러 시기를 거쳐 형성되거나 새롭게 변형된 형태로 나타나는 집단기억을 '살아 있는 역사'로 재발견할 수 있다. 그러나 이 집단기억은 오직 그 집단의 내부에서만 유효할 뿐이며 다른 집단의 집단기억과는 필연적으로 갈등관계에 놓인다.

5·18에 대한 집단기억은 김영삼 정부에서 시작된 과거청산과 역사바로세우기, 그리고 김대중 정부 및 노무현 정부로 이어진 과거사진상규명 등 국가권력이 주도한 역사의 재구성과 밀접한 관련이 있다. 국가가 신군부 세력에 의해 잘못 사용된 물리적 강제력에 대한 재평가를 시도하고 있는 것이다. 즉, 국가가 과거의 국가강제력 사용에 대해 문제제기를

함으로써 광주 시민들로부터 집단기억을 불러내고 있다. 처음 검찰은 '성공한 쿠데타는 처벌할 수 없다'는 강압적 권력론을 대변하며 국가권력과 물리적 강제력을 동일시한 데 반해,5) 사법부는 국가권력과 권력의 수단인 물리적 강제력을 구분해 성공한 쿠데타라 하더라도 실정법을 위반한 국가강제력의 불법적 사용에 대해서는 처벌할 수 있다는 판단을 내렸다. 사법적 판단은 비록 우월한 국가강제력을 권력의 수단으로 인정은 하지만 실정법에 의해 제한할 수 있다는 공식적 확인이었다.

정치의 일반화된 소통 매체인 권력은 국가강제력에 근거하는 부정적 제재를 통해 비로소 정치적 성격을 띠게 된다(Luhmann, 2000: 39 이하).6) 부정적 제재는 위협을 통해 소통되거나 선취됨으로써 더 이상 적나라한 위협을 필요로 하지 않는다. 부정적 제재는 긍정적 제재와 달리 실제 사용되지 않아야만 제재의 효과가 있다. 여기서 권력의 패러독스가 생겨난다. 국가권력은 국가강제력에 근거한 위협을 매개로 작동하지만, 위협의 범주를 벗어나 실제로 국가강제력이 행사되는 순간 권력의 작용력은 사라진다(Luhmann, 2000: 46). 국가권력은 사용되는 순간 물리적 강제력의 적나라한 야만성과 충돌하고 그에 대한 항거·투쟁만 남는다. 그러므로 사회가 붕괴 위기에 처하지 않으려면 국가권력은 행사되지 말아야 한다. 권력이 소통 매체여야 하는 이유가 바로 여기에 있다. 소통 매체로

---

5) '成卽君王 敗卽逆賊'이라는 전통적인 권력의 논리는 5·16 군사 쿠데타를 통해 집권한 군부 세력에 의해 '총칼이든 뭐든 정권만 잡으면 모든 것이 합법화된다'는 강압적 권력론으로 계승되었다.
6) 루만은 권력을 베버의 정의에 준해 특정한 결과를 초래하는 행위와 관련된 영향력으로 이해하지만, 좁은 의미에서의 권력으로는 불확실성의 흡수(권위, 인정), 긍정적 제재(보상, 예산), 부정적 제재(강제력)의 3유형을 언급한다(Luhmann, 2000: 41~44).

서의 국가권력은 위협하지 않고도 늘 잠재된 위협을 보여줄 수 있어야 하기 때문에 고도로 세련된 소통 기법을 필요로 한다.

국가강제력에 의한 시민 학살과 인권 탄압, 그에 대한 광주 시민의 항거는 행사되지 말았어야 할 직접적인 물리적 강제력이 행사됨으로써 생겨난 결과였다.7) 5·18을 일으켰던 신군부 세력은 불확실성이 높은 정치 선거를 통제하기 위해 국민투표를 통해 간선제인 대통령선거인단 선거를 관철시켰고, 단독 후보로 출마해 득표율 99.9%라는 변칙으로 권력을 장악했다.8) 그러나 전두환 정부는 5·18 희생자들의 현존과 그들의 기억으로 인해 통치의 전 기간 동안 끊임없이 권력의 정당성 위기에 노출되었다. 권력자들이 위협 수단의 차원을 넘어서 국가강제력의 투입을 결정했고, 나아가 저항하는 시민들과의 싸움을 통해 정권을 장악했다는 사실은 통제되지 않는 저항의 상징적 재생산의 원천이었다. 전두환 정부는 또다시 국가강제력을 행사할 수는 없었기 때문에 국가권력에 의한 언론 통제와 집단기억의 원천 봉쇄로 정치에서 5·18 희생자들을 배제하는 전략을 택했다. 그들은 현존하는 희생자들을 정치에서 배제하기 위해 군사 정권을 오랫동안 지탱해온 반공 이데올로기에 의지해 학살·탄압당한 광주 시민을 '빨갱이', '좌경 세력', '불순분자', '극렬분자', '과격 세력', '폭도'로, 광주를 '무법천지', '반역의 도시'로, 민중항쟁을 '폭동', '내란'으로, 김대중을 '내란음모 수괴' 등으로 상징 조작을 지속적으로 진행했다.9) 그렇지만 국가권력에 의해 배제된 자들에 대한 상징성 증가

---

7) 신군부 세력은 12·12 병력 동원의 불법성, 5·17 전국비상확대계엄 선포, 5·18 광주민주화운동 진압과 관련된 내란 목적의 살인혐의 등으로 기소되었다.

8) 중앙선거관리위원회 역대선거정보시스템의 제11대 대통령 선거 당선인 통계 자료 참조(www.nec.go.kr/sinfo/index.html).

9) 1988년 정치학자 노재봉은 "광주사태가 김대중 씨의 외곽을 때리는 노련한 정치

는 오히려 상징에 대한 민감성이 끊임없이 증가하는 것을 의미했다.

영남 지역 대학가는 신군부 세력의 철저한 언론 통제로 인해 1981년 초에 이르러서야 비공식적 통로로 비로소 광주에서 일어났던 시민 학살과 인권 탄압의 참상을 알게 되었고(채장수, 2006), 신군부 세력의 핵심 지도부 다수가 지역 출신이라는 '죄의식'에 기초해 반정부 투쟁에 나섰다.10) 그러나 대학가를 제외한 영남 지역은 전두환 정부의 말기까지도 광주의 시민 학살과 인권 탄압에 관한 정보로부터 차단된 채 있었고, 영남 사람 대부분은 '광주의 비극'을 알지 못한 채 신군부 세력을 지역 출신이라는 이유에서 그들의 권력 형성 과정이나 정당성을 고려하지 않고 맹목적으로 지지하는 수구적 보수성을 드러냈다. 이는 5·16 군사 쿠데타를 통해 집권한 박정희 정부를 영남 사람들이 지역 출신이라는 이유에서 맹목적으로 지지한 것과 동일한 연장선상에 있었다.

광주 시민들은 전두환 정부의 말기까지 외부 집단과의 소통이 단절된 상황에서 국가권력의 상징 조작에 저항하여 배제된 자들과 얽힌 자신들의 집단기억과 긍지를 지키기 위한 상징 투쟁을 내부적으로 전개했다(정수만, 1998). 또한 진보적 지식인과 재야 정치집단, 학생운동권은 '5·18 정신'의 추상화를 통해 자신들을 부당한 국가강제력에 의해 짓밟힌 희생자들과 동일시함으로써 국가권력을 자신들을 탄압한 가해자로 규정했다. 국가권력의 위협 속에서도 그들의 저항은 국가권력에 의해 배제된

기술 때문에 발생했다"(≪경향신문≫, 1990. 3. 17)며, 5·18의 원인을 김대중에게 귀속시킴으로써 신군부 세력의 상징 조작에 가세했다.

10) 대구 지역 학생운동 조직은 1983년 대구 미문화원 폭발사고(후에 간첩의 소행으로 밝혀짐) 이후 국가강제력에 의해 강제 해산되었으며, 학생운동의 재조직화는 1985년 정부의 유화정책으로 대학 총학생회가 부활되던 시기에 비로소 이루어진다(채장수, 2006).

희생자들의 현존에 기초해 과거나 현재를 통틀어 그 어느 때보다도 더 활성화되었다. 5·18 관련 구속자들과 유가족의 성명서 발표, 종교단체의 추모 의례와 망월동 위령제 행사, 대학가의 '민주광장' 조성, 항의집회 및 시위, 분신, 광주·부산의 미문화원 방화와 서울 미문화원 점거농성, 문화·예술적 재현 및 형상화 등을 통해 '5·18 정신'을 계승하는 저항은 간단없이 이어졌다. 전두환 정부의 정당성 결여는 국가권력에 의해 배제된 희생자들의 현존에 근거하여 벗어버릴 수 없는 굴레로 임기 말까지 지속되었다.

  6월항쟁은 신군부 세력이 대통령 직선제를 받아들여 민주주의의 실현, 즉 여당과 야당의 권력 교체 가능성을 열어 놓도록 압력을 행사했다. 역사적으로 권력 교체의 가능성은 1987년 제12대 대통령 선거부터 열려 있었지만, 야당의 분열로 인해 실제 정권 교체는 이루어지지 않았다. 그렇지만 집권한 노태우 정부는 5·18 학살과 탄압을 자행한 신군부 세력임에도 불구하고 전국적인 민주화운동의 추세 속에서 5·18의 성격을 민주화운동의 일환으로 규정할 수밖에 없었고, 국회의 광주청문회는 이들에 의해 조작된 폭동설을 부정하고 '광주사태'를 민주화운동으로서 정당성을 확인했다.

  김영삼 정부가 들어선 이후 국가에 의해 허용된 공간 안에서 5·18 희생자 등 광주 시민들과 진보적 지식인들이 펼친 특별법 제정을 위한 서명운동과 학살자 처벌을 요구하는 고소·고발운동은 국가폭력, 즉 국가 강제력에 의한 학살과 탄압을 둘러싼 보수 세력과 진보 세력 간의 갈등에 대한 전국적인 관심을 불러일으켰다. 1994년 3월 전국 각계의 인사들은 '5·18 진상 규명과 광주항쟁정신계승 국민위원회'를 결성하고 국가가 12·12와 5·18에 대한 수사를 벌이도록 압박을 가했다. 1995년 7월 검찰의 불기소 결정 이후 그들은 전국적으로 전개된 농성, 동맹휴업, 성명,

시국선언, 서명운동, 국민대회 등을 통해 이 갈등을 정치 의제화했고, 여당·야당의 대립 끝에 그해 12월 「5·18민주화운동등에관한특별법」이 제정되었다. 이 법에 근거해 1996년 8월 전두환·노태우 두 전직 대통령을 비롯한 신군부 세력은 군사 쿠데타와 광주유혈사태 등 국가강제력의 불법 사용에 대한 사법적 처벌을 받았다.

이 사법적 판단은 그때까지 좌파적·반체제적 사건으로만 인식되었던 '광주사태'가 민주화운동으로 격상되고 '국가 전복의 폭동' 관련자들이 민주열사로 추앙되는 반면, '발전국가'를 계승했다던 전두환 정부와 민주화를 단행했다던 노태우 정부의 수반이 국가 전복의 반란 수괴 혐의로 각각 무기징역과 징역 17년을 선고받는 충격적 사건이었다.[11] 이러한 5·18 의미의 급반전은 공식적인 역사의 호명이 '광주사태'에서 '5·18 민주화운동'으로 대체되는 것뿐만 아니라, 정치의 주변부에 속했던 광주의 이미지가 '민주화의 성역'으로 추앙되는 데 반해 정치의 중심부였던 대구·경북(소위 TK)의 이미지는 '반민주의 배후지'로 추락하는 것을 의미했다. 이에 따라 광주 사람과 대구·경북 사람은 각각 진보와 보수, 개혁 세력과 기득권 수호 세력으로 이미지의 고착화가 이루어졌다.

3. 국가권력에 의한 과거청산과 역사바로세우기

민주화 이후 출범한 정부들은 국가권력에 의해 배제되었던 희생자들

---

11) 1심 선고공판(1996. 8. 26)에서 전두환 사형, 노태우 징역 22년 6월이 선고됐으나, 항소심(1996. 12. 16)에서 전두환 무기징역, 노태우 징역 17년으로 감형되었으며, 대법원에서 상고 기각으로 형이 최종 확정(1997. 4. 17)되었다.

을 민주주의 국가의 주요한 구성원으로 포용해야 하는 부담을 가졌다. 과거청산과 역사바로세우기는 국가가 과거 국가권력에 의해 희생된 자들을 다시 포용해 들이겠다는 정치적 결정이다. 이 정치적 결정은 5·18이 더 이상 아래로부터의 '승인투쟁'(한상진, 1998)이나 '기억투쟁'(김영범, 2004)의 대상이 아니라 위로부터의 공적인 '망각투쟁'(Ricoeur, 2004)임을 분명히 한다. 국가강제력에 의한 학살과 인권 탄압에 대한 재기억(회상)이 가해자보다 희생자의 입장에 맞춰지는 것은 '어두운 진실', '불편한 진실', '부담스러운 진실'로서의 기억을 현실의 정치적 이해관계와 미래의 집권을 고려해 새롭게 재해석하는 정치의 합리화 방식이다(전진성, 2006: 470). 따라서 국가권력이 개입해 역사를 재구성하는 데는 무엇을 기억하는가도 중요하지만, 무엇을 잊는가 그리고 어떻게 잊는가도 중요하다. 과거의 집단적 경험 가운데 어떤 것을 특별히 기억하고자 할 때는 반드시 그 외의 다른 것들을 망각으로 몰아넣어야 하기 때문이다. 그렇다고 해서 망각된 것이 완전히 사라지는 것은 아니며, 소통의 계기에 따라서는 다시금 활성화될 수 있다는 것을 5·18의 재기억은 보여준다.

국가권력에 의한 과거청산과 역사바로세우기는 더 이상 과거 국가권력에 의해 왜곡된 소통을 바로잡는 승인의 노력이나 '대항 기억'으로 맞서는 상징 투쟁의 결의를 다지는 공간이 아니라, 국가권력이 '국가에 저항하는' 민주화운동의 재구성에 적극적으로 개입해 특정 세력이나 정파의 기억에 권위를 부여함으로써 역사적 기억을 독점하고 특권화하는 '지금 그리고 여기'의 시간화된 장소가 되고 있다. 이러한 시·공간적 제한성에도 불구하고 (또는 바로 그 때문에) 이것은 패러독스하게도 5·18의 새로운 의미 부여가 공간적으로는 광주를 벗어나 전국·세계로 확산되고, 시간적으로는 과거로부터 벗어나 미래로 확대된다는 보편성의 기대를 전제한다. 과거청산과 역사바로세우기는 이러한 딜레마로 인해 어쩔 수 없이 발생하는 정치적 갈등을 최소화하기 위해 촘촘히 짜인 법률체계와 관료제도의 망에 의해 세련되게 이루어져야 한다.

가해자의 처벌, 희생자의 권리회복 및 보상, 진상 규명을 위해 동원된 권력수단은 사람들이 과거의 정치적 결정을 뒤엎는 새로운 결정에 일일이 따지지 않고 복종하도록 집단적 구속력을 가져야 했다. 이를 위해 국가는 5·18과 관련해 「5·18광주의거희생자의명예회복과보상등에관한법률」(1990년), 「5·18민주화운동등에관한특별법」·「헌정질서파괴범죄의공소시효등에관한특례법」(1995년), 「광주민주화운동관련자보상등에관한법률」과 광주민주화운동관련자보상지원위원회(1997년), 「의문사진상규명에관한특별법」과 의문사진상규명위원회(2000년), 「민주화운동관련자명예회복및보상에관한법률」과 민주화운동관련자명예회복및보상심의위원회(2000년), 「광주민주유공자예우에관한법률」·「민주화운동기념사업회법」과 민주화운동기념사업회(2002년), 「진실·화해를위한과거사정리기본법」과 진실·화해를위한과거사정리위원회(2005년) 등 적지 않은 법률들을 제정하고 그를 근거로 권력을 집행할 법정위원회들을 설립했다. 이것은 전두환 정부의 물리적 억압과 거친 상징 조작과는 달리 위협하지 않고도 위협의 잠재력을 보여줄 수 있는 권력수단의 세련된 동원이다.12)

---

12) 이 밖에 과거 국가가 저지른 국가강제력에 의한 양민 학살 및 인권 탄압에 대한 과거청산 작업은 「거창사건등관련자의명예회복에관한특별조치법」(1996년), 「제주4·3사건진상규명및희생자명예회복에관한특별법」(2000년), 「삼청교육피해자명예회복및보상에관한법률」(2004년), 「노근리사건희생자심사및명예회복에관한특별법」(2004년), 「일제강점하강제동원피해진상규명등에관한특별법」(2004년), 「동학농민혁명참여자등의명예회복에관한특별법」(2004년), 「일제강점하반민족행위

보수와 진보가 국가강제력에 의한 학살과 인권 탄압을 둘러싸고 갈등하는 상황에서, 정부는 과거청산과 역사바로세우기의 결정을 비록 모든 사람이 동의하거나 합의하지는 않지만 수용해야 하는 필요에서 새로운 법률 제정과 이에 근거한 법정위원회 설립을 통한 정치를 하였다. 즉, 정치는 정치적 결정을 관철시키기 위해 합의의 결핍을 법률이나 관료제 등 제도화된 강제력을 사용해서 보충하는 기능과 능력을 보여주었다(Luhmann, 2000: 295). 김영삼 정부에서 시작되었지만 김대중 정부와 노무현 정부에서 본격적으로 진행된 국가에 의한 과거청산과 역사바로세우기는 광주 시민들에게 국가강제력이 저지른 학살과 인권 탄압을 집단구속적인 결정을 통해 재기억하도록 요청하고 있다.

이들 법률과 법정위원회의 존재는 과거청산과 역사바로세우기의 기능이 사회통합이 아니라 갈등을 결정으로 해결하는 데 있음(Luhmann, 1970: 161)을 분명히 한다. 전두환 정부에서 국가권력에 의해 배제되었던 희생자들을 민주주의 국가의 구성원으로 포용하는 작업은 과거청산을 둘러싼 정치적 갈등을 집단구속력 있는 결정에 의해 일단락 짓는 일일 뿐 사회통합을 가능케 하는 것은 아니기 때문이다. 이처럼 정치는 과거의 잘못된 정치적 결정이 야기한 갈등에 대해서도 새로운 결정으로 갈등을 해결하려 한다. 물론 그렇다고 해서 갈등이 해소되는 것은 아니다. 정치가 존재하는 한 갈등은 해소될 수 없

다. 5·18과 과거청산을 둘러싸고 강화된 영남과 호남 지역의 갈등은 언제든지 정치화될 수 있는 잠재력을 가지고 있다.

이들 법률과 법정위원회는 진실규명, 책임자처벌, 명예회복, 피해보상, 정신계승 등 '광주 5원칙'의 현실화 요구(정수만, 1998)가 촉발한 과거청

진상규명에관한특별법」(2004년) 등 다양한 특별법 제정을 통해 이루어졌다.

산을 위한 국가 차원의 제도적 장치이다. 그러나 이들 법률과 법정위원회의 활동 이면에는 국가권력의 억압에 의한 집단망각뿐만 아니라 선별적인 기억과 망각의 상대성이 자리하고 있다. '5·18', '김대중', '광주', '광주 시민' 등에 대한 전두환 정부의 지속적인 상징 조작은 집단기억을 인위적으로 억압했으며, 나아가 언론사 통·폐합과 보도 관제는 집단망각의 조건을 강압적으로 조장했다. 이렇게 민주화 이후 국가권력이 5·18을 국가강제력의 불법적 사용에 저항했던 '민주화운동'으로 공식 호명했다면, 진보 세력과 급진주의 세력은 민족문제와 계급문제를 비롯한 모든 사회문제의 총체적 극복을 지향한 '민중항쟁'으로 호명했다. 후자는 5·18의 집단기억으로부터 한미 관계와 남북 분단에 대한 재인식을 시도했고 민주화 요구와 노동문제·통일문제를 연계해 총체적인 사회 변화를 목적으로 하는 변혁운동을 정당화했다.[13] 이에 따라 '5·18 정신'의 투쟁 대상은 국가권력이 아니라 망각의 위협이 되었다. 잊어야 할 대상이 죽음과 슬픔, 고통과 공포, 불안과 불신만이 아니라 보수와 진보로 담기지 않는 요소로까지 확장되었다. 이 망각의 위협 속에서 많은 학자들이 진보와 보수의 구분에서 벗어난 자유와 인권, 평화(나간채, 1996), 평등과 형제애(김두식, 1998), 국민주권(한상진, 1998), 시민권과 자기방어(김성국, 1998), 인간의 존엄성(최정운, 1998) 등 근대 시민사회의 보편적 가치들을 '5·18 정신'으로 구출하기 위해 재해석 작업에 뛰어들었다.

이제 광주 시민들은 국가권력에 의해 허용된 공간 안에서 집단기억과 정체성을 다양한 형태로 재생산하고 소비한다. 그러나 의도적으로 불러낸 기억인 재기억은 항상 또 다른 망각의 위협을 동시에 일으킨다. 과거

---

13) 특히 NL 노선과 PD 노선은 변혁운동의 이념적 기반을 확보하기 위해 5·18을 각각 민족문제, 노동문제와 연계시켰다.

청산을 위한 재기억은 어떤 것은 부각시키지만 나머지는 망각으로 몰아가기 때문에 이러한 기억의 남용으로부터 실제로 기억의 망각이 진행된다(Ricoeur, 2004: 684). 예컨대 '지금 여기'에서 진보적 지식인들에 의해 선택된 재기억은 보수적 집단들의 기억을 침묵시키고 망각하게 만든다. 적어도 보수적 집단들은 이들 법률과 법정위원회의 활동에 의해 자신들이 민주화 담론으로부터 배제되고 있다고 믿는다. 이런 점에서 국가에 의해 주도되는 과거청산과 역사바로세우기는 또 하나의 권력 담론일 뿐이다(임지현, 2002).

 권력 장악을 위한 보수와 진보 간 재기억의 진실 공방은 자기성찰의 기회를 허용하지 않기 때문에 선과 악의 이분법으로 빠져들기 쉽다(전진성, 2006: 454). 권력 획득에 참여하는 진보적 지식인들은 과거청산과 역사바로세우기를 명분으로 특정한 인물이나 정파·계층을 '악한' 가해자로 오명을 씌우는 한편, 과거의 '선한' 희생자들을 담보 삼아 자신들에게 책임 추궁할 도덕적 정당성이 주어진 것처럼 우월한 지위를 누린다. 그리고 집단기억이 대립과 배제의 정치적 관계로 축소되면서 이데올로기적으로 선택된 집단기억은 그 밖의 다른 기억들을 침묵시키고 망각하게 만든다. 진보성 또는 급진주의와 연결된 재기억의 선택성은 민주주의를 이데올로기적으로 왜곡시키기 쉽고, 보수와 진보의 구분에 의해 포착되지 않는 주변적 기억들은 재현되더라도 주목을 받지 못한다. 루만에 따르면, 민주화의 원천은 국가권력에 대한 저항에 있는 것이 아니라 결정에 참여하는 소수를 민주적 절차에 의해 선택하고 그 가운데 여당과 야당의 권력 교체 가능성을 여는 데 있다(Luhmann, 2000: 97). 그런 점에서 국가권력에 의한 강제적 배제의 당사자인 야당 지도자 김대중의 집권은 그 자체가 민주주의의 실현이었다.

4. 재기억에 대한 신뢰의 불확실성

과거청산과 역사바로세우기는 과거 국가권력의 잘못된 결정에 따른 갈등을 해결하려는 정치적 사안인 동시에 재기억의 진실에 대한 신뢰와 관련된 인식론적 사안이다. 지난 10여 년 동안 과거청산과 역사바로세우기가 관련 법률의 제정과 법정위원회의 존치를 통해 체계적으로 진행되어왔지만, 5·18기념재단이 최근 3년간 조사한 바에 따르면 전국 성인 남녀의 약 2/3는 5·18의 진상 파악에 대해 밝혀진 것이 없다거나 미흡하다는 입장을 취하고 있다.[14] 진상 규명이 제대로 되고 있지 않다는 인식은 제도의 결함보다 재기억에 대한 신뢰의 불확실성에서 비롯된다. 국가 강제력에 의한 학살과 인권 탄압인 5·18의 집단적 동일성이 친여 세력과 친야 세력, 기득권 세력과 운동권 세력, 자본가계급과 노동자계급, 대학생과 민중, 지식인과 도시빈민(무직자), 남성과 여성 등 대립적 집단 구분에 의해 해체되면서 재기억은 보수와 진보의 차이와 연관된 정치적·이데올로기적 왜곡의 혐의로부터 자유롭지 못하다.

재기억의 진실에 대한 신뢰 확보의 어려움을 리쾨르는 무엇을 기억하는가, 누가 기억하는가, 그리고 어떻게 기억하는가라는 질문을 통해 피력한다(Ricoeur, 2004: 55). 무엇을 기억하고 무엇을 망각하는가는 정치적 소통에서 어떤 기억이 활성화되고 지속적으로 재생산되느냐에 달려 있다. 과거의 지평과 현재의 지평을 융합하는 재기억은 과거의 다양한 경험들로부터 특정한 무엇을 현재로 불러들이는 회상을 다른 회상들에 계속 연결시킴으로써 자기준거적인 기억 작용이 된다(Ricoeur, 2004: 15). 이렇게 얻어진 자기준거적인 기억만이, 기억이 남용될 수 있는 여러

---

14) 주 2)의 표를 참조.

위험에도 불구하고 정치 체계의 정당한 기억이 될 수 있다.

재기억을 통해 과거의 진실을 추구하는 인식론적 차원과 그 재기억을 보수와 진보의 정치 갈등에 이용하려는 실천적 차원이 국가권력에 의한 과거청산에 의해 뒤섞이면서 재기억은 이데올로기적으로 '덧칠'된 탓에 신뢰가 불확실해진다. 이처럼 재기억이 진보와 보수의 차이에 의해 정치화된다면 재기억은 과거의 진실 규명보다 '지금 여기'의 정치에 의한 과거의 능동적 재현이 된다. 진보적 지식인들과 정치적 논객들은 5·18의 집단기억으로부터 국가강제력에 의한 부당한 악행과 범죄의 기억들을 '반민주적'인 것으로 재구성함으로써 과거 군사 정부와 연계된 보수 세력에 대한 도덕적 우월성을 확보한다. 게다가 이렇게 '민주 대 반민주'의 대립 구도로 구성된 재기억이 대통령 선거, 국회의원 선거, 지방 선거 등 정치적 선거에서 '호남 대 영남'의 대립으로 남용되면서 군부 독재에 대한 저항이 호남 지역에만 국한된 것이 아니었음에도 불구하고 영남 지역과의 지역 갈등을 연출하고 있다. 호남에 지역 연고를 가진 정당들은 선거 때마다 '박정희 정부 이래 산업화에서의 호남 배제, 광주항쟁, 김대중 존재 간의 연계 효과'(최장집, 1997: 2)를 이용해 '5·18 정신'의 적자임을 내세워 호남표 사냥에 나선다. 이러한 5·18의 정치화에 대한 반작용으로 영남 사람들도 지역 연고를 가진 정당에 몰표를 주는 자신들의 몰규범적인 투표 행위를 정당화하고 있고, 그 결과 각종 선거가 치러지면서 점점 더 지역주의가 지속적으로 강화되는 추세이다.

누가 기억하는가의 물음은 당사자인 광주 시민의 집단기억과 이를 재현하는 타자의 이념적 기억 간의 관계와 밀접한 관련이 있다. 광주 시민은 과거에 대해 새롭게 말하고 듣는 과정을 통해 국가권력에 의해 억압된 과거를 다시 기억할 수 있게 되고 또한 자신의 정체성을 규정할 수 있게 된다. 다시 말해, '폭도의 반란'에서 '민주화운동'으로의 의미

변화는 광주 시민에게는 변화된 현실에 대한 적응의 문제일 뿐만 아니라 정체성의 문제이기도 하다. 1980년대 후반과 1990년대 초반 5·18로 제기된 민주화 요구가 대학가와 산업현장으로 확산되는 과정은 국지적 항거가 광주 시민의 재기억을 매개로 전국적 저항으로 진행되는 과정이었다(최장집, 1997: 3). 이에 진보적 지식인과 한총련을 포괄하는 급진적 운동 세력은 광주 학살과 인권 탄압을 고발하는 평범한 도시 중산층과 노동자의 재기억을 '계급투쟁의 교두보이자 이념적 거점으로'(이성욱, 1999) 삼았고, 사회변혁을 지향하는 현재적 관심에서 5·18의 의미를 '민중무장봉기', '임시혁명권력의 해방구', '노동자계급의 코뮌' 등으로 재구성했다.15)

타자가 의도적으로 찾아낸 이데올로기화된 기억은, 비록 도시 중산층과 노동자의 일상에서 재현되는 기억과는 다르겠지만(김두식, 1998), 빈민과 노동자의 존재만으로 과거의 회상에 준거한 현재의 진단과 미래의 선취를 통해 계급투쟁과 사회변혁의 도식화된 역사를 재생산했다. 이들 타자의 계급론적 선택과 배제의 논리는 반미를 기저로 삼는 반제국주의, 좌파 이데올로기의 대중적 확산, 그리고 사회주의적 지향을 통한 구체적 변혁 사상의 조직화에는 기여했지만, 희생자들의 집단기억은 타자들의 이데올로기화된 기억과 뒤섞이면서 기억의 진실에 대한 신뢰가 불확실해졌다. 누군가에게는 '정치적·이념적으로 덧칠된 광주의 5월은 기억하기조차 귀찮은 그 뭔가가 되고' 있다(≪중앙일보≫, 2008. 5. 10).

어떻게 기억하는가의 물음은 집단기억의 형성·전수·변화 메커니즘과

---

15) 5·18에 대한 계급론적 접근은 국내 독점자본가계급의 폭거설, 민중 주체 능동설, 민중권력 창출설, 민중권력 미조직설 등으로 나뉘어 5·18에 사회변혁의 역사적 의미를 부여한다(안종철, 1997).

관련이 있다. 알박스는 개인 기억도 오직 사회적 구성틀을 매개로 해서만 형성될 수 있다는 기억의 사회적 구성론을 피력한다(Halbwachs, 1991). 그는 뒤르켐(Durkheim, 1976)의 집단의식과 연계해 집단기억이 그 집단의 정체성을 확보하게 하고 다른 집단들과 구별되는 기능을 한다고 해석한다. 집단기억은 상상적 공간 이미지를 매개로 구성원에게 사회적 귀속성을 창출하는 동시에 다른 집단과 경계를 짓는 배타적인 공유 의식이다. 따라서 그들이 귀속되는 집단의 사회적 유대가 변함에 따라 집단기억도 변화한다. 리쾨르는 알박스의 견해를 비판적으로 수용해 개인이 자신의 기억을 불러일으키는 재기억을 하기 이전에 이미 집단기억과 연관되어 있음을 강조한다(Ricoeur, 2004: 187).

국가권력에 의한 과거청산은 처음부터 진보와 보수의 갈등에 의해 좌우되었다. 국가강제력에 의한 학살과 탄압의 집단기억은 겉보기에는 과거의 객관적 사실을 지시하는 듯 보이지만, 실은 진보와 보수의 갈등을 통해 권력을 지속적으로 재생산해 내는 정치적 장이다(전진성, 2006: 454). 진보와 보수는 야당이 국가권력을 장악할 의향이 있거나 그럴 상황에 있을 때 연출된다(Luhmann, 2000: 96). 야당 지도자로서 선거를 통한 권력 장악의 가능성이 높았던 김대중의 존재와 5·18의 연계 효과는 모든 진보 세력 및 급진주의 세력의 결집을 가능케 했다(최장집, 1997: 5). 그들은 보수 세력과의 차이를 연출하기 위해 '민중' 또는 '민주화 세력', '인권 세력'의 실체를 전제하고 집단기억을 구성했다.16) 이에 따라 5·18 희생자들이 자신의 기억을 불러일으키는 재기억 작업은 5월단체들의 활동

---

16) 진보와 보수(또는 좌파와 우파)의 갈등은 정부(여당)와 야당의 제도화된 정치적 조건에서 복수 노조 인정, 사회복지의 확장 또는 축소, 지방 분권, 한반도 비핵화, 통일정책 등 각종 정치적 결정과 관련해 연출되었다.

및 정치적 위상 변화와 직접 연관되어 있었고, 5월단체들은 희생자들의 집합적 요구를 대변하는 실체로서 정치적 영향력을 행사할 수 있었다.[17] 그들은 학살과 탄압의 직접적 당사자이든 비당사자이든, 영문도 모른 채 죽거나 부상당했더라도, 이웃과 형제자매를 지키기 위해 죽거나 부상당했더라도, 이미 재기억의 형태로 호명된 민중 또는 민주화 세력, 인권 세력에 자신을 귀속시키는 경향이 있다. 이처럼 과거청산이 희생자 보상과 진상 규명 같은 광주를 '민주화의 성지'로 숭배하는 희생의 신화[18]에 편향되면서, 오히려 '광주'는 이미 권력화된 재기억을 통해 5·18 정신의 전국화를 스스로 막아서고 있다. 그 결과 '광주'가 민주화운동의 중심에 있는 기억의 장소로서 호명되면 될수록 이 재기억의 시·공간에 호남 밖의 다른 지역 사람들이나 보수 세력이 5·18 정신의 소통에 참여할 수 있는 여지가 점점 더 좁아지고 있다.

---

17) 5·18광주민중항쟁유족회, 민주화실천가족운동협의회, 5·18광주의거부상자회, 5·18광주민중혁명부상자회, 5·18광주민중항쟁동지회, 5·18광주민주화운동행방불명자가족회 등 당사자의 개별 조직과, 5·18광주민중항쟁청년동지회, 5월운동협의회, 5·18광주민중항쟁연합 등 당사자연합조직, 그리고 구속자협의회, 5·18기념재단, 518학살자재판회부를위한광주전남공동대책위원회 등 당사자와 다른 사회 구성원을 포괄한 연합조직들은 운동의 이념과 목적, 정치적 사건과 연계되어 분열·통합하는 과정을 밟고 있다(나간채, 1997).

18) 바르트에 따르면, 신화는 사회에서 행해지는 의미 작용의 한 소통 형식으로서 그 임무는 역사적인 의도를 자연으로, 우연성을 영원으로 만드는 데 있다(Barthes, 1997: 314).

5. 영남과 호남의 화해는 가능한가

국가권력과 시민사회는 더 이상 대립·투쟁 관계에 있지도 않으며, 시민사회가 국가권력의 전복을 꾀하지도 않는다. 시민사회는 국가권력에 대해 저항하지 않는다. 민주화 이후 시민은 광주 시민이든 영남 사람이든 더 이상 저항적이지 않다. 5·18은 국가가 공식적으로 민주화운동으로 승인하였음에도 불구하고 영남권에서는 아직도 드러내놓고 말하기에는 조심스런 화두이다. 호남 사람들이 과거청산을 희생자의 보상 및 현실 복원에 과도하게 치우친 것으로 보고 미완의 가해자 처벌을 포함해 추가적인 5·18 진상 규명을 요구하는 것과는 달리, 영남 사람들은 과거청산을 지나치게 정치화되어 가해자 처벌 등 복수에만 치우친 것으로 보고 기왕의 5·18 진상 규명에 대해 확신을 가지지 못한다. 그들은 과거로부터 오는 충격에 직면하기를 회피하는 집단무의식에서 아직도 5·18을 '광주사태', '좌경·불순 세력의 폭동'으로 호명하기도 하고,[19] 그 연장선에서 민주화운동, 노동운동, 학생운동, 시민운동 등을 이해하기도 한다.[20] 5·18 관련자의 사법적 처벌을 심하게는 "김영삼 대통령의 비뚤어진 역사관과 오만에서 비롯된 재판" 또는 "법치국가의 기강을 무너뜨리고 나라의 정통성을 혼란케 한 재판"(《영남일보》, 1996. 8. 6)으로 간주하기도 한다. 나아가 희생을 명분으로 이루어진 과거청산은 너무도 쉽게

---

19) 높은 진상 규명 요구와 폭동·사태로의 호명에 대해서는 주 2)의 표 참조.
20) 영남 사람들은 노태우 정부가 1989년 말 이후 조성된 공안 정국에서 학생운동과 노동운동에 대해 "민주화 과정에서 민주 세력으로 위장해온 불순 세력들이 학원과 산업현장에 침투하여 폭력과 파괴행위를 일삼아 국민에게 불안감을 안겨주고 있다", "자유민주주의 체제를 전복하려는 폭력 좌경 세력을 엄정하게 다스려야 한다"라고 규정했던 시각에 대해 대체로 동의한다(노진철·강승구, 2005).

그에 대응하는 또 다른 희생이나 차별의 명분을 불러일으키고 있다. 대구·경북이 오히려 김영삼 정부 이후 정치적 차별을 받았다는 국가권력에 의한 역배제가 공공연히 주장된다.[21]

광주 시민들은 '민주화 성지'로서의 광주 성역화와 재기억에 의한 희생의 신화에 접목해 '5·18 정신'이 광주의 국지성을 벗어나 전국화·세계화되어야 한다는 주장을 편다. 그들은 '5·18 정신'이 없다면 오늘의 민주화는 없을 것이기 때문에 광주의 공로는 역사에 길이 남아야 한다고 믿는다. 그들은 광주만이 신군부 세력에 저항하면서 민주화를 위한 외로운 투쟁을 지속해온 유일한 장소이고, 자신들만이 민주화를 논할 수 있는 당사자이며 다른 지역의 사람들은 '방관자' 내지 심하게는 '가해자'의 일부라고 배제한다(김두식, 1998: 191). 이러한 자기우월 의식에서 광주 시민들은 다른 지역 사람들에게 5·18에 대한 이해와 반성을 요구하기만 할 뿐 스스로는 그들과의 소통을 차단하고 있다. 그러면서 전국적인 기억의 재생산을 위해서는 당연하다는 듯이 해마다 정부의 상당한 예산 지원으로 화려한 외양을 갖춘 각종 기념사업을 벌이고 있다. 그러나 5·18 관련 특별법을 통한 과거청산과 기념행사를 바라보는 영남 사람들은 '호남인의 한풀이'에 자신들이 반성을 강요당하고 있다고 느낀다.[22]

5·18에 대한 인식에서 왜 지역적 차이가 생겨나는 것일까? 이러한 인식의 지역적 차이는 그동안 현실적인 판단과는 무관하게 정치적으로

---

21) 한나라당 강재섭 대표가 제18대 국회의원 선거의 대구 유세에서 "김영삼 전 대통령 때까지 치면 TK(대구·경북)는 15년간 핍박을 받았다"(《동아일보》, 2008. 3. 29)고 주장한 것은 이러한 맥락에서 이해할 수 있다.
22) 대구 북부경찰서는 목욕탕 탈의실에서 TV의 5·18 특집 프로그램을 보다가 대구 사람의 반성을 두고 말다툼 끝에 서로 주먹을 휘두른 혐의로 현모 씨와 김모 씨를 불구속 입건했다(《영남일보》, 2005. 5. 19).

각인된 영·호남의 지역주의 탓이 크다. 민주화 이후 최근까지 진행된 대통령 선거, 국회의원 선거, 지방 선거 등 정치적 선거에서 영·호남 유권자들은 정당의 정책보다는 지역주의에 의해 후보자를 선택하고 있다. 영남과 호남은 지역 발전에서 중앙으로부터 소외되면서도, 권력 장악에만 관심 있는 일부 정치 지도자와 정치권·언론에 의해 조장된 지역주의로 인해 중앙 권력층의 욕심을 채워주는 일을 선거 때마다 되풀이하고 있다. 따라서 1990년대 생겨난 'TK 정서', 'PK 정서'라는 말이 이들 지역 출신 중앙 정치인의 권력의지와 연계되어 영남의 배타성과 정치적 보수성을 지칭했듯이, '5·18 정신'도 의도했든 아니든 호남 지역 출신 정치인의 권력의지와 연계되어 '호남 소외'를 만들고 있다. 영남 사람들이 5·18에 대한 판단을 유보한 채 군부 독재, 즉 물리적 강제력의 남용을 '경제성장', '국가경쟁력'으로 정당화하려던 지역 출신 정치 지도자(박정희, 전두환, 노태우, 김영삼)와 상대적으로 사회·경제적으로 포용된 자신을 '산업화 세력', '보수 세력'으로 동일시하는 감정이입을 했다면, 호남 사람들은 5·18 기억을 기반으로 국가권력에 의해 탄압받는 '희생자'인 지역 출신 정치 지도자(김대중)와 권력으로부터 소외되고 사회·경제적으로 배제된 '희생자'인 자신을 '민주화 세력', '진보 세력'으로 동일시하는 감정이입을 보였다. 그렇지만 '5·18 정신'이 호남 사람들을 정치적 희생의 신화에 귀속시킴에 따라 영남 사람들은 자신이 '가해자'로 상대화되는 것에 대해 강한 거부감을 드러내면서 '5·18 정신'의 수용을 거절하고 있다.

게다가 광주 시민들은 사법적 측면에서는 정치적 박해와 고통을 극복하는 데 성공했지만, 심리적으로는 여전히 과거 속에 갇혀서 정체성의 토대가 되는 과거를 기억할 수도 망각할 수도 없는 딜레마에 빠져 있다. 5·18의 경험을 망각할 수 없는 이유는 그것이 자신의 역사와 정체성을 부정하는 행위가 될 수 있기 때문이다. 그러나 국가강제력에 의한 야만적 학살과 탄압, 죽음과 슬픔, 고통과 공포, 군중의 환호와 박수, 구호와 열창 등에 대한 재기억의 독점은 그것을 공유하지 못하는 다른 지역 사람들에게는 5·18을 침묵·방관·동조했다는 '죄의식'과 민주화 담론으로부터의 배제로 인해 정체성의 위협이 된다. 적어도 영남 사람들은 자신들이 호명되지 않는 민주화 담론, 과거청산을 통한 가해자로서의 '경상도 정권' 호명, '경상도 출신 공수부대원' 등 유언비어(최정운, 1998)로 상처받고 정체성을 위협받는다. 그 결과 광주 시민들이 '5·18 정신'에서 자신의 정체성을 찾는 데 대한 반향으로 다른 지역에서도 지역의 민주화운동에서 자신의 정체성을 찾는다. 그로써 광주 시민의 기대와는 달리 대다수 영남 사람들은 지역의 민주화운동이었던 '2·28 민주의거', '3·15 마산의거', '10·18 부마항쟁'의 정신을 기념식과 민주공원 조성으로 기림으로써 자신들이 민주화의 '방관자'나 '가해자'로 간주되어 반성을 강요당하는 분위기를 거부한다.

노무현 정부가 '5·18 정신'을 사회통합의 메시지로 규정하고 동서화합을 주제로 각종 세미나와 행사를 수없이 개최했지만 그런 행사는 오히려 역효과를 불러왔다. 광주 시민이 영남 사람에게 5·18의 책임 회피·전가에 대해 자기성찰을 기대했다면, 영남 사람은 호남 사람에게 민주화에 대한 특권화된 의식에서 비롯된 소통의 벽을 느꼈다. 매년 광주의 지방신문은 5월 한 달 내내 지면을 5·18 관련 문화예술행사·교육행사·시민참여행사 등 특집 기사로 채우고 있다. 그렇지만 다른 지역의 지방 신문들은 여전히 당일 기념식을 연합통신의 기사를 받아 짧게 보도할 뿐이다. 이에 광주 사람들은 '5·18 정신'이 아직도 전국화·세계화되지 못하고 있다고 실망한다. 그러나 국가적인 기념의례가 광주를 '민주화의 성지'로 우상화하면 할수록 광주를 향한 관심은 점점 더 식어가고 있다. '5·18

정신'이 민주주의와 인권, 정의 등 근대 시민사회의 보편적 가치를 실현하는 데 있는 것이라면, 우리는 '5·18 정신'의 전국화 여부가 아니라 보편적 가치의 실현이 저해되는 요인이 무엇인지를 물어야 한다. 또한 '5·18 정신'이 과연 현재의 광주에서 실현되고 있는지를 되물어야 한다.

영·호남의 화해는 학살과 인권 탄압에 대한 과거의 기억으로부터 오는 상처와 고통으로부터 자유로워지는 시민들의 실천에 달려 있다. 그리고 이 상처와 고통의 극복은 국가강제력에 의해 저질러진 악행과 범죄에 대한 시민들의 자율적 성찰로써 가능해진다. 재기억은 현재의 맥락에서 과거를 새롭게 변형시키는 행위이다. 이러한 과거와 현재의 관계는 과거에 대한 선별적인 망각과 기억의 상대성처럼 어느 한쪽의 일방적인 선택과 배제로 설명될 수 없다. 현재에서 재생되는 과거는 늘 변형의 가능성을 수반한다(Ricoeur, 2004). 우리가 현재에서 가질 수 있는 것은 늘 이 변형된 과거이고, 바로 이 변형 속에서 과거 극복의 길이 열리기도 하고 닫히기도 한다. 미래에도 '5·18 정신'이 타당하려면 적어도 과거의 광주가 주는 구속으로부터 벗어나야 한다. 미래는 과거청산의 발목을 잡은 가해자와 희생자의 적대적 대립을 넘어서는 시민사회의 다양한 보편적 가치의 실현을 요청한다. 다행스럽게도 5·18을 체험하지 않은 10대와 20대의 젊은 세대는 과거청산에 관심이 없으며 아직은 지역주의 정치로부터 자유롭다. 이들은 일상생활에서 실질적으로 화합할 수 있는 계기와 교류를 통해 상호 이해와 용서가 가능한 세대이다. 그러므로 영·호남의 화해는 우선 시민들이 영·호남의 내부에서부터 중앙 권력층의 권력의지에 내둘리는 지역주의 정치에 대한 자기성찰의 계기를 열고, 이를 타파하기 위한 지방 정치 및 지역 언론의 개혁에서 시작해야 한다.

정권의 교체를 통해 실질적인 민주주의가 이루어졌다고 해서 인권과 정의가 자동적으로 보장되는 것이 아니라는 것은 분명하다. 테일러는 민주주의가 포용의 동학과 동시에 배제의 동학을 발생시킨다는 패러독스를 언급하면서, 배제가 공감의 결여나 역사적 편견에서 비롯되는 것이 아니라 민주주의가 잘 작동하는 속에서 발생하는 새로운 문제의 무시나 특정 집단의 희생과 차별에서 비롯되고 있음을 지적한다(Taylor, 1998: 145). 민주화 이후에도 시민에 포용되지 못한 채 침묵 속에 가려져 있는 배제된 사회적 타자들은 항상 있다. 여성, 비정규직 노동자, 결혼이주여성, 이주노동자, 동성애자 등 사회적으로 배제된 자들은 아직도 많다.

　이런 맥락에서 보면, '5·18 정신'의 수용을 가로막는 가장 핵심적인 이유는 우리가 민주주의에도 불구하고 (또는 바로 그 때문에) 극복하지 못하는 이들의 배제를 무시한 데 있다. 여성 차별, 비정규직 차별, 결혼이주여성 차별, 이주노동자 차별, 동성애자 차별 등은 현재 우리 사회에서 해결하지 못한 채로 있는 사회적 배제들이다. 우리가 과거청산의 범주를 넘어 이들 배제된 자들에게로 지속적으로 관심을 넓혀 간다면, '5·18 정신'의 계승 가능성도 열리고 민주주의의 한계도 극복할 수 있을 것이다. 그리고 '5·18 정신'을 과거의 광주로부터 분리해 국가 또는 민주주의에 의한 배제 문제와 연계·재구성하는 작업을 통해 젊은 세대를 포함한 다른 지역의 시민들로부터 5·18을 사회적 배제에 대한 대표적 저항운동으로 인정받아야 한다. 그것은 시민들의 인정만이 5·18의 재기억을 더 이상 문제 삼지 않고 그 정보 처리 결과를 그대로 인정함으로써 그에 대한 신뢰의 불확실성을 흡수할 수 있기 때문이다.

참고문헌

김두식. 1998. 「5·18에 관한 의미구성의 변화과정과 지역사회의 변화」. 『세계화 시대의 인권과 사회운동: 5·18광주민주화운동의 재조명』. 나남.
김성. 2000. 『5·18 민중항쟁과 왜곡보도에 관한 연구: 언론보도와 각종 홍보물을 중심으로』. 5·18기념재단.
김성국. 1998. 「국가에 대항하는 시민사회: 5·18의 자유해방주의적 해석」. 『세계화 시대의 인권과 사회운동: 5·18광주민주화운동의 재조명』. 나남.
김영범. 2004. 「기억투쟁으로서의 4·3문화운동 서설」. 나간채 외. 『기억투쟁과 문화운동의 전개』. 역사비평사.
김재균. 2000. 『5·18과 한국정치: 광주보상법과 5·18특별법 결정과정 연구』. 한울.
나간채. 1996. 「5월운동의 세계적 발전을 위하여」. 5·18정신계승을 위한 토론회 발표 논문.
_____. 1997. 「5·18 이후 5월운동조직의 형성과 발전: 5월당사자조직을 중심으로」. 5·18기념재단.
노진철·강승구. 2005. 「협력과 연대로서의 지방분권운동: 대구·경북지역을 중심으로」. ≪담론201≫, 제8권 2호.
뒤르켐, 에밀. 1976. 『사회분업론』. 임희섭 옮김. 삼성출판사(원저 De la Division du Travail Social. 1893).
바르트, 롤랑. 1997. 『현대의 신화』. 이화여자대학교 기호학연구소 역. 동문선(원저 Mythologies. 1957).
안종철. 1998. 『5·18의 역사적 배경과 의의』. 5·18기념재단.
오재열·민형배. 1998. 「5·18기념사업 방향 재정립을 위한 모색」. 5·18정신계승을 위한 토론회 발표 논문.
이성욱. 1999. 『오래 지속될 미래, 단절되지 않는 '광주'의 꿈: 광주민중항쟁의 문학적 형상화에 대하여』. 5·18기념재단.
임지현. 2002. 「식민주의적 죄의식을 넘어서」. 『기억과 역사의 투쟁』, 당대비평 특별호.

전진성. 2006. 「기억의 정치학을 넘어 기억의 문화사로: '기억' 연구의 방법론적 진전을 위한 제언」. ≪역사비평≫, 제76호. 역사비평사.
정수만. 1998. 『5·18과 인권침해 사례』. 5·18기념재단.
채장수. 2006. 「80년대 대구지역 학생운동에서 '이념'의 전개」. ≪대한정치학회보≫, 제14집 2호.
최장집. 1997. 「광주민중항쟁과 2단계 민주화」. 5·18 학술심포지엄 발표 논문.
최정운. 1998. 「폭력과 사랑의 변증법: 5·18민중항쟁과 절대공동체의 등장」. 『세계화 시대의 인권과 사회운동: 5·18광주민주화운동의 재조명』. 나남.
한상진. 1998. 「광주민주화운동에서 본 국민주권과 승인투쟁」. 『세계화 시대의 인권과 사회운동: 5·18광주민주화운동의 재조명』. 나남.
Halbwachs, Maurice. 1991. *Das kollektive Gedächtnis*. Frankfurt: Suhrkamp Verlag.
Luhmann, Niklas. 1970. *Soziologische Aufklärung: Aufsätze zur Theorie sozialer Systeme*. Köln/Opladen: Westdeutscher Verlag.
_____. 2000. *Die Gesellschaft der Gesellschaft*. Frankfurt: Suhrkamp Verlag.
Ricoeur, Paul. 2004. *Gedächtnis, Geschichte, Vergessen*. München: Wilhelm Fink Verlag.
Taylor, Charles. 1998. "The Dynamics of Democratic Exclusion." *Journal of Democracy*, Vol.9 No.4.
UN General Assembly. 2006. "Basic Principles on the Right to a Remedy and Reparation for Victims of Gross Violations of International Human Rights Law and Serious Violations of International Humanitarian Law." Resolution 217A.

제2장

전북에서 본 5·18[*]
문화예술적 재현 및 대중 수용의 양상

유제호(전북대 프랑스학과 교수)

1. 서론

자주 인용되는 야콥슨의 단언 – '시는 도처에 있거나 아무 데도 없다' – 을 확대 적용하면, '예술은 도처에 있거나 아무 데도 없다'라는 명제가 도출된다. 요컨대 제도화된 해당 문학 또는 예술 장르만 아니라 우리가 하는 다른 유형의 모든 활동에도 정도의 차이는 있을망정 시성(또는 예술성)이 구현되고 있는 것이다. 근래에 잠재적 수용자로서 대중을 우위에 두는 관점과 더불어 '문화예술'이라는 포괄적인 개념 및 용어법이 널리 확산되고 있는 것도 아마 바로 이 때문일 것이다. 이 글 역시 '문화예술' 개념을 그런 추세에 상응하는 것으로 받아들이고 있으며, 전통적으로

---

* 이 글 제목의 '전북'이라는 시점(視點)의 지역성은 필자가 5·18 이후 30년 가까이 이 지역에 거주하며 민주화운동, 민중운동, 시민사회운동에 관심을 기울이고 일정 역할을 수행해왔다는 것 이외의 다른 각별한 의미를 갖고 있지 않다.

거론되는 문학 또는 예술 활동이 대중의 일상과 밀접한 관계에 놓여 있을 뿐만 아니라 대중의 일상 자체에 시성(또는 예술성)이 편재해 있다는 점을 전제하고 있다.

　5·18기념재단은 2006년에 시, 소설, 미술, 음악, 영화 등 5·18 관련 문화예술 활동에 대한 여러 전문가들의 분석을 엮어 『5·18 민중항쟁과 문학·예술』이라는 논문집으로 내놓았다. 따라서 5·18 관련 '문화예술' 활동에 대한 그와 같은 포괄적이고도 체계적인 조망의 연장선상에서 대중의 수용 양상을 우선시하는 관점 아래 필자 나름의 미래 지향적인 방향을 제시하려는 것이 이 글의 주된 목적이다. 언어과학을 중심으로 확립된 소통 이론과 그것을 확대 적용한 문화예술적 상호 작용의 기본 구도가 이 글의 주된 접근 방법이며, 궁극적으로 5·18 관련 문화예술 활동에서 적정선의 대중 친화력 확보와 이에 바탕한 우호중립 세력 확장의 필요성을 강조하게 될 것이다.[1]

2. 문화예술적 상호 작용의 구도

　5·18의 진상 및 정신을 접속·확장·공유하는 데 문화예술 활동이 차지하는 비중은 아무리 강조해도 지나치지 않다. 5·18 이후 이미 30년 가까운 세월이 흐른 현 단계에서는 더욱더 그렇다. 물론 5·18의 진상 및 정신을 객관적으로 구명하고 체계적으로 분석하여 사실적으로 기록하는 일은 일차적으로 사회과학의 소관이다. 그렇지만 대미 종속과 남북 분단

---

[1] 단, 이 글 내용에 사회과학적 접근과 거리가 먼 개인사적인 요소와 다분히 감성적인 측면이 일부 포함되어 있음을 미리 밝혀둔다.

이라는 거시적인 역학 구도, 여전히 온존하고 있는 책임 당사자 중심의 적대 세력, 근래에 더욱 첨예화되고 있는 이데올로기 갈등, 지역정서의 세분화 추세, 거기에서 한 걸음 더 나아가 5·18 관련 다기한 주체들의 내부 갈등까지 고려할 때 5·18에 대한 사회과학적 접근과 특히 그 결과의 대중적 확산에 일정 한계가 따를 수밖에 없다.

한편 이와 같은 대립과 갈등 구도는 어찌 보면 시·공을 초월하는 보편적인 현상이기도 하다. 따라서 필자가 볼 때 5·18의 접속·확장·공유를 열망하는 5·18 관련 주체들에게 현 단계에서 가장 시급하게 요청되는 것은, 한편으로는 내부적으로 이념상의 상대적 친화성에 바탕한 공감대를 구축하는 일이고 다른 한편으로는 일반 대중을 상대로 우호중립 세력을 확장시켜 나가는 일이다. 그런데 이와 관련해 가장 유력하고 유망한 것이, 다른 부문들과의 상보성을 전제한 문화예술 활동으로 여겨진다.

사실 문화예술은 그 자체로서 일정의 미학성과 유희성을 내포한 가운데 대중의 일상과 내밀하게 접속하는 속성을 지니고 있으며, 바로 이에 힘입어 대중의 의식은 물론 감수성에까지 침투하여 지배 이데올로기를 희석시키면서 새로운 이데올로기를 생성·내면화시키는 상대적인 강점을 지니고 있다. 이와 같은 인식 아래 언어과학에서 확립되어 미시사회학과 심리학 부문에까지 확대 적용되고 있는 소통의 기본 구도를 원용하여, 5·18 관련 문화예술적 상호 작용의 기본 틀을 설정하면 <그림 2-1>과 같다.

우선 5·18을 구심점으로 하는 넓은 의미에서의 이데올로기 지형에서 우호 세력[2] 대 적대 세력, 우호중립 세력 대 적대중립 세력의 대립 구도

---

[2] 5·18 관련 우호 세력을 -다방면으로 중첩될 수 있다는 전제 아래 - 현장 주체(5·18 가담자, 희생자, 가족 중심의 활동체), 학술 주체(사회과학 중심), 운동 주체(민중운

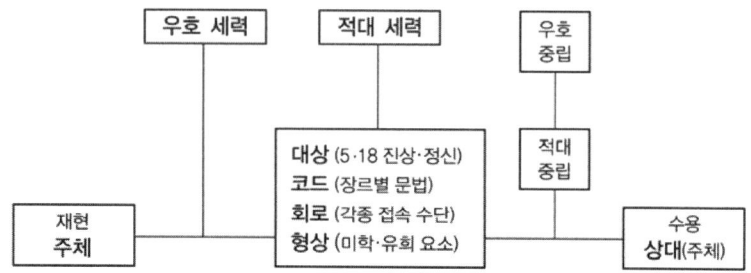

〈그림 2-1〉 5·18 관련 문화예술적 상호 작용의 구도

를 설정해 볼 수 있다. 5·18 관련 문화예술 활동과 관련한 여섯 가지 구성부에서 5·18의 진상 및 정신이 '대상'이 되고 장르별로 작용하는 넓은 의미에서의 문법이 '코드'에 해당한다. 수용자와 다기한 접속 수단이 '회로'가 되고, 미학적·유희적 요소를 내포한 텍스트의 형식 및 내용이 '형상'에 해당한다. '주체'는 대상을 재현하고 형상화하는 창작 주체, 텍스트에 설정된 서술 주체, 그리고 일부 장르상의 연기 주체를 포괄하는 개념이다. '상대'는 창작 주체가 창작 과정에서 염두에 두는 잠재적 수용자, 텍스트에 암묵적으로 설정된 서술 상대, 관객 또는 독자 같은 실제 수용 주체를 포괄하는 개념이다. 바로 이 때문에 '주체'와 '상대' 간에 상호 주체성의 망이 형성된다.

한편 여섯 가지 구성부 중에서 어느 한 항목이 과잉되었을 때 예상되는 파급 효과를 5·18 관련 문화예술 활동에 적용해 제시하면 <표 2-1>과 같다.

동, 시민사회운동), 정치 주체(제도권 정치인들), 문화예술 주체 등으로 구분해볼 수 있다.

〈표 2-1〉 상호 작용 항목별 과잉의 예상 파급 효과

과잉 항목	예상 파급 효과		
	재현 양상	수용 양상	기타
주체	주관, 감정, 보상욕, 전유욕, 상업성의 표면화	설득력 결여, 거부감, 거리감	수용자의 적대 중립화
상대	명령, 강제, 강요, 세뇌의 분위기 조장	상호주체성 저해, 방관, 적대감 조장	수용자의 적대 중립화
대상	실록 위주, 사회과학적 접근과 중복	접속 회로의 확장 실패, 혐오감 유발	적대 세력의 비판거리
회로 (내부)3)	집안잔치, 배타성, 자기만족, 내부 갈등 요인	배제감, 박탈감	적대 세력의 비난거리
코드	전위성, 탐미주의	난해성, 참신성	(접속 가능성 약화)
형상	현학성, 추상성, 탐미주의, 상업주의	원만한 소통 저해, 희화적·유희적 수용	우호 세력 이탈 (목적성 희박)

이제 이와 같은 항목별 과잉의 부정적인 파급 효과를 고려하는 가운데 ① 부문별 상보성과 문화예술의 역할, ② 문화예술적 재현과 대상 충실성, ③ 문화예술적 형상화와 대상 과잉성의 순서로, 5·18 관련 기존 문화예술 활동을 조망함과 아울러 필자 나름의 미래지향적인 방향을 제시하고자 한다.

---

3) '외부-회로'의 과잉은 현실성이 거의 없다. 이와 관련 얼핏 생각하면 '5·18공화국'과 같은 이상향을 떠올릴 수도 있지만, 만약 그런 단계에 도달한다면 5·18 자체가 이미 '진부함'과 '식상함'으로 받아들여지게 될 것이다.

3. 부문별 상보성과 문화예술의 역할

1) 5·18 주체 세력들의 부문별 상보성

문화예술이 그 자체로서 이데올로기이거나 전적으로 미적 향유의 대상은 아니다. 그렇지만 다기한 형상화를 통해 확보되는 독특한 미적 효과와 더불어 문화예술은 어떻게든 기존의 이데올로기 망과 그 사회적 과정에 개입하게 되어 있다. 문학에 초점을 두고 보면, 사르트르와 더불어 엄밀한 의미에서의 순수 문학의 존재를 의심하지 않을 수 없는 것도, 정치 도구화된 사회주의 문학의 문학성을 의심하지 않을 수 없는 것도 바로 이 때문이다.[4] 5·18 관련 문화예술 활동에서도 이 같은 인식이 요청된다. 물론 5·18을 소재로 삼아 예술적인 전위성을 추구하는 활동도 있을 수 있고, 나아가서는 5·18에 대한 비판적인 시각의 문화예술적 접근도 있을 수 있다. 단, 이 글은 5·18에 대한 우호적인 시각과 그것의 접속·확장·공유라는 목적성을 전제한 문화예술 활동에 초점을 둔다.

5·18 관련 주체와 문화예술 활동은 더욱더 폭넓은 규모의 주체 및 활동의 한 부분이다. 따라서 문화예술적 주체에게 우선적으로 요청되는 것이 다기한 다른 주체들과의 상보성에 대한 인식이다. 쉬운 예를 들면, 5·18 현장 주체들(가담자, 희생자, 가족 등)의 활동은 매우 높은 등급의 절실함과 투쟁성을 띠고 나타날 수밖에 없고, 사회과학을 축으로 하는 학술 주체는 객관적인 자료와 냉철한 분석에 입각한 지적인 활동에 치중

---

[4] "…모든 문학은 '이데올로기'라고 믿도록 요구된다면, 우리는 결국 등을 돌릴 수밖에 없다.…모든 문학은 '미적'이라고 믿도록 요구된다면, 우리는 약간은 더 오래 머무를지 모르지만 결국엔 등을 돌리게 될 것이다"(Williams: 1981: 191).

할 수밖에 없다. 이 같은 주체별 특성이 5·18의 접속·확장·공유를 위한 활동에서 부문별로 일정 공백과 한계를 갖게 되는데, 그런 공백과 한계를 메운다는 상보적인 목적의식이 문화예술 주체에게 요청되는 것이다.[5]

문화예술 활동을 중심에 놓고 볼 때, 물론 그와 같은 상보성이 시기별로 어느 정도 다르게 설정될 수는 있다. 예를 들어, 5·18 직후와 현재를 비교할 때 부문별 '상보성'의 전체적인 지형 변화와 더불어 문화예술 활동의 상대적인 위상은 물론 그 역할에 있어서도 일정 변화가 불가피하다. 그렇지만 필자가 볼 때 문화예술 중심의 '상보성' 인식에서 무엇보다 우선시해야 할 것이 문화예술 - 또는 문화예술적 상호작용 - 의 보편적인 속성, 그리고 그 속성을 기반으로 그것이 수행할 수 있는 독자적인 역할이다.

2) 5·18 문화예술 활동의 역할

문화예술의 일차적인 속성은 대상의 우회적인 재현 및 형상화와 거기에 수반되는 미학성 및 유희성에 있고, 이차적인 속성은 창조적 텍스트를 매개로 이루어지는 상호작용의 은밀함 내지 내밀함이다. 5·18의 접속·확장·공유를 위한 활동에서 문화예술이 수행할 수 있는 독자적 역할 또한 이 같은 속성과 직결된다. 5·18 관련 문화예술 활동의 빈곤함이 두고두고 외부적인 지탄과 내부적인 자탄의 대상이 되고 있지만, 어찌 보면 그 빈곤함 역시 외부적인 감시와 통제에 못지않게 문화예술의 일차적인

---

[5] 물론 이런 류의 '상보성' 인식은, 앞서 거론한 '내부적인 상대 친화성' 및 '공감대'와 더불어 5·18 관련 주체들 모두에게 요청된다. 그리고 결론에서 다시 거론하겠지만, 특히 5·18 현장 주체들에게 이와 관련한 열린 의식과 선도적인 태도가 더욱더 절실하게 요청된다.

속성과 무관하지 않다.

사실 집권 세력이 5·18 현장을 외부로부터 철두철미하게 차단했고 이후에도 부단하게 5·18 관련 각종 활동을 철두철미하게 감시·통제·탄압했다는 외부 요인 외에도, 5·18이 그 자체로서 문화예술적 재현 및 형상화를 가로막는 요인을 내포하고 있었다. 상대적으로 높은 수준의 지성과 비판의식을 갖고 있는 문화예술 주체들을 중심에 두고 볼 때, 5·18 현장의 고립성 때문에 문화예술적 재현의 외연이 극도로 제한되었고, 현장의 참혹성 때문에 문화예술 특유의 미학성 및 유희성을 수반한 형상화에 크나큰 제약이 따랐으며,[6] 5·18 현장을 외면하고 살아남았다는 죄의식과 희생자들에 대한 채무의식 때문에 창작의욕이 아예 고갈될 정도였다.[7]

이와 같은 복합적 요인들로 말미암아 5·18 이후 상당 기간 동안 5·18 관련 문화예술 활동은 불모 상태나 다름없었다. 그런 가운데 5·18 현장 주체들 및 일부 양심 세력을 중심으로 5·18 현장의 사진·영상·유인물 등이 암암리에 유포되었다. 그런데 이런 자료마저도 현장 주체들에게는 분통이 터질 정도로 터무니없이 미비한 것이었고, 극소수나마 그것을 접한 일반인에게는 의아심·혐오·실망[8] 같은 매우 미묘한 반향을 불러일

---

[6] "광주 체험은 그러나 너무도 압도적이어서 그것을 시화시키는 데 시인들은 큰 고통을 겪는다. 광주를 노래하는 순간 그 노래는 체험의 절실함을 잃고 자꾸만 수사가 되려고 한다. 성실한 시인들의 고뇌는 거기에서 나온다"(김현, 1990: 416~417).

[7] 이를 입증하는 것이 바로 외부적인 감시·통제·탄압이 완화되는 과정에서도—사회과학적인 접근 결과물의 급속한 양산과 달리—5·18 관련 문화예술 텍스트가 시기별로 괄목할 만한 양적인 변화를 보이지 않았다는 점이다. 나아가 장르별로 서사성이 낮은 판화·회화·시·가요에 비해 서사성이 높은 소설·영화·연극 등이 양적으로 더욱 빈곤한 점도 여기에 기인한 것으로 여겨진다.

[8] 예를 들면, "쯧, 기대했던 것보다는 별것도 아닌걸"(임철우, 1998: 116).

으켰다. 그리고 5·18 이후 아주 드물게 모습을 드러내기 시작한 문화예술 텍스트들도 주로 참회, 절규, 동정, 고발, 원망, 호소, 질타 같은 주체 과잉 또는 상대 과잉의 성격을 띤 채 방금 언급한 것과 똑같은 이중적인 반향을 불러일으켰다. 5·18 현장 안팎의 이런 괴리 현상이 여전히 5·18의 지역적 고립과 5·18 현장 주체들의 갈증으로 지속되고 있다고 볼 수 있다.

그렇지만 이와 같은 요인들을 두루 고려할 때, 6월항쟁을 기점으로 그 이후에는 5·18 관련 문화예술 활동이 양과 질 모두에서 그 나름의 독자적인 그리고 상보적인 역할을 수행했다고 볼 수 있다. 예를 들어 실명이나 익명 또는 집단 명의로 창작·유포된 적잖은 운동가요들이 대학과 노동 현장을 중심으로 내부 결속의 강화 기능을 발휘함과 아울러 일반 대중에게도 일정 파급 효과를 가져왔다. 김남주·문병란의 시들이 문화예술계를 중심으로 상당 정도 확산되었고, 황지우·박노해 등의 시는 거기에서 한 걸음 더 나아가 대중 수준의 확산력을 과시하기도 했다. 문순태·임철우 등의 소설도 적어도 문단과 대학을 중심으로는 적잖은 화젯거리였다.[9] 또 다른 예로, 임진택의 <오월 광주>는 창작 판소리를 매개로 당시까지 무풍지대나 다름없었던 국악계를 포함해 전국적으로 큰 반향을 불러일으켰고, 6월항쟁을 전후하여 헌신적으로 활동한 이애주의 춤사위는 폭넓게 대중의 가슴속에 스며들었으며, 윤이상의 교향곡 「광주여, 영원히」는 음악가 자신의 대내외적 지명도만으로도 5·18의

---

9) 이은경은 정한모가 "일제 강점기의 3·1운동과 관련해 제대로 된 민족시 한 편이 남아 있지 않은 것에 대해 크게 통탄한 적이 있다"고 하면서, "(5·18의 경우) 그 당시부터 즉석에서 시가 쓰여져 낭송되기도 했지만, 그 이후 지금까지 이미 수천 편의 문학작품이 생산되었"는데, "그러고 보면 문학사적 입장에서 살펴볼 때 광주민주화운동은 상당히 행복한 편"이라고 지적한다(이은경, 2006: 94).

국내외적 접속·확장·공유에 크게 기여했다.

  필자가 볼 때 현장 주체를 비롯하여 5·18 관련 주체들 모두가 이와 같은 인식을 공유할 필요가 있다. 그리고 특히 1980년대에 활동했거나 성장한 문화예술 주체들은 앞에서 언급한 것과 같은 5·18 관련 대상 충실성, 죄의식, 채무의식, 내부적 자탄을 미래 지향적으로 극복할 필요가 있다. 5·18 관련 정치적 담론 및 사회과학적 접근의 활성화가 상당 수준에 다다랐다고 전제할 때, 거기에 문화예술적 상호 작용의 활성화가 가세함으로써 비로소 5·18의 대중적 확산과 5·18 정신의 내면화가 실현될 수 있을 것이기 때문이다. 단, 5·18 이후 30년 가까운 세월이 지난 현 단계에서는 장르별 우선순위, 시점(視點) 설정, 서사와 묘사의 배분 등 문화예술적 형상화에서 잠재적 수용자— 즉, 일반 대중— 를 우선시하는 더욱더 세심한 배려가 요구된다.

4. 문화예술적 재현과 대상 충실성

  5·18의 문화예술적 형상화에서 대상 충실성이 필요한 것은 사실이다. 5·18 자체가 우리 현대사에 큰 획을 그은 역사적 사건이고, 그 사건을 둘러싼 정치적·이데올로기적 대립 구도가 상존하고 있기 때문에 더욱더 그렇다. 대상 충실성이 결여되는 경우 잠재적 수용자를 상대로 하는 설득력이 결여될 뿐만 아니라 특히 적대 세력에게 공격과 반론과 비난의 빌미를 제공하게 된다. 그렇지만 '5·18 현장에 없었던 사람은 5·18을 거론하지 말라'는 식의 지나친 대상 충실성 요구는 결코 바람직하지 않다.[10] 그것이 5·18 관련 문화예술에 불모 상태를 유발함과 아울러 5·18의 접속·확장·공유를 위한 활동 전반에도 심각한 공백과 한계를

초래할 것이기 때문이다. 이와 관련해 드라마 <모래시계>에 대한 다음과 같은 평가가 매우 시사적이다.

비록 이 드라마가 공수부대원들을 광주의 시위 현장으로 몰아넣은 배후 세력에 대한 묘사를 등한히 하고 있긴 하지만, 계엄군의 진압 장면을 촬영한 NHK의 기록 화면을 드라마 속에 삽입하여 사실성을 부여하는 등, 시청자들로 하여금 참혹했던 광주를 간접적으로나마 체험할 수 있게 함으로써 궁극적으로 광주의 실체에 접근할 수 있는 가교를 놓은 것은 분명해 보인다 (왕은철, 2006: 427).

또 다른 예로 근래에 개봉된 영화 <화려한 휴가>는 5·18을 폭넓게 재현하면서도 당시 집권 세력이 자행한 교통 및 통신 차단을 부각시키지 않았고 심지어는 제대로 암시하지도 않았다. 그런데 대상 충실성에 준거한 이 같은 중대한 흠결에도 불구하고 이 영화가 문화예술 이외의 다른 부문에서 할 수 없는 그리고 문화예술 내부에서도 다른 장르가 할 수 없는 그 나름의 독자적인 역할을 해냈다는 것을 아무도 부인할 수 없을 것이다.[11] 나아가서 최근에 쇠고기 협상 파문을 계기로 가시화되고 있는

---

10) 이와 관련해 매우 시사적인, 필자의 개인사 한 가지를 소개한다. 1993년 필자는 5·18을 구심점으로 하는 2인칭 장편소설 『지극히 작은 자 하나』를 발표했다. 그런데 장정일이 그의 『독서일기』에서 '근래에 읽은 가장 좋은 소설'이라고 호평한 것 이외에는, 대부분의 문학평론가들과 지인들의 반응이 매우 냉소적이었다. 문학평론가들은 2인칭 창작 기법을 '생경함'·'어색함'으로 평가 절하했고 작가와 작품 속의 주인공을 '이불 속 혁명가'로 폄하했으며, 지인들 중에는 '현장에 있지도 않았으면서 어떻게 그런 글을 쓸 수 있느냐', '너에게 그런 글을 쓸 자격이 있느냐'는 식의 반응을 보이는 사람들이 많았다.
11) 필자가 볼 때 이 영화는 '화려한 휴가'라는 제목만으로도 5·18의 접속·확장·공유에

10대 중·고등학생들의 권리의식과 비판의식, 참여 의지와 실천 의지 또한 5·16의 접속·확장·공유의 한 단계로서, 시기적으로 볼 때 <화려한 휴가>를 매개로 하는 문화예술적 상호 작용이 거기에 상당 정도 기여했다고 할 수 있다.

한편 5·18의 재현과 문화예술적 형상화에서 대상 충실성을 지나치게 약화시키는 추상성이나 탐미주의도 경계해야 마땅하다. 그것이 5·18 관련 '접속'에는 어느 정도 기여할망정 5·18 정신의 '확장'과 '공유'에는 오히려 역효과를 유발할 여지가 있기 때문이다. 필자가 볼 때, 영화 <꽃잎>의 경우가 그렇다. "5·18이라는 엄청난 사회적 고통에 대한 직무유기의 자책감"을 투사했다거나 "5·18 이후 심리적인 절름발이가 된 우리 모두의 일그러진 자화상"을 제시했다는 전문가 수준의 평가와 달리, 적어도 평균 대중의 수준에서는 15세의 여자 주인공, 정신이상의 배경, 노골적인 성폭행 장면 등이 5·18을 대변하기에는 지나치게 추상적이었다. 그리고 그 저변에 일반 대중의 평균적 수용 역량을 넘어서는 일종의 탐미주의가 깔려 있었다.[12]

박라연의 다음과 같은 시도 대상 추상성의 한 단면을 드러낸다고 볼 수 있다. 물론 이 시가 지니고 있는 대중 친화력과 잠재적 수용자를

기여했다. 자국민을 상대로 하는 작전명으로 '화려한 휴가'를 선정한, 정통성을 결여한 당시 집권 세력의 파렴치함을 폭넓게 알렸다는 점에서 그렇다.

12) 필자가 직접 목격한 반응도 주로 "왜 이런 걸 만들어?"(일부 운동권 학생들) 하는 볼멘소리, "겨우 이거였어?"(일반 관객들) 하는 푸념, "아이들은 보지 말라고 할까봐"(아내) 하는 우려 등이었다. 단, 이 영화가 만일 5·18의 폭넓은 공유가 실현된 단계에서 개봉된다면, 거기에 깔린 추상성과 탐미주의가 일반 대중에게도 수용 가능한 가운데 감독이 의도한 메시지의 호소력과 더불어 관객에게 깊은 성찰의 기회를 제공할 수 있을 것으로 여겨진다.

상대로 하는 은밀한 접속 효과는 아주 높이 평가할 만하다. '조카'나 '이모'라는 친족 어휘, '지영'이라는 이름, '안경'이나 '실눈' 등 친숙하기 그지없는 어휘들과 더불어 형성되는 일상성을 바탕으로, 지배 이데올로기를 근거 박약한(6행 "나이 먹은 이모라고") 것으로 희석시키고 새로운 이데올로기(2행 "알 수 없는 책")를 부각시키는 가운데 이성과 감성에 두루 걸치는 성찰(9행 "어떻게 사는 것이 사람답게 사느냐")의 수용 공간을 조성하고 있다는 점에서 특히 그렇다.

1 엊그제 코 흘리던 조카
2 밤새워 알 수 없는 책을 읽고
3 이젤을 멀리했다
4 지영아 사람답게 살려면
5 시간을 헛되이 보내지 말아라
6 나이 먹은 이모라고 몇 마디 했더니
7 안경 너머 실눈으로
8 얼음장 깨는 소리를 한다
9 어떻게 사는 것이 사람답게 사느냐고.(박라연, 1990: 45)

그런데 그 '새로운 이데올로기'(2행 "알 수 없는 책")가 지나치게 추상적이다. 이 시가 서술 시기상(1990년) 다분히 5·18을 형상화하고 있다고 여겨지는데, 텍스트상으로 2행의 '알 수 없는 책' 이외에는 5·18 관련 단서가 너무 희박하다는 점에서 그렇다.[13]

---

[13] 소설로는 최윤의 『저기 소리 없이 한 점 꽃잎이 지고』가 서술상의 실험정신과 더불어 높은 등급의 대상 추상성을 드러내고 있다. 반면에, 그와 유사한 실험정신

5. 문화예술적 형상화와 대상 과잉성

1) 현장 대상 과잉성

그런가 하면 대상 충실성을 넘어서는 대상 과잉의 형상화도, 앞서 언급한 '주체' 과잉 또는 '상대' 과잉과 마찬가지로 5·18의 접속·확장·공유에 일정 한계를 드러낸다. 물론 여기서 대상 과잉이라고 하는 것은 5·18 현장 주체들을 비롯한 우호 세력의 시점이 아니라 잠재적 수용자인 일반 대중을 염두에 두고 거론하는 것이다. 사실 5·18 관련 문화예술 담론과 텍스트는 상당 부문 특정 창작 주체에 의한 5·18 현장에 대한 서술·묘사·형상화의 결과물이다. 그런데 5·18과 관련한 똑같은 형상화가 5·18 현장 주체들에게는 도무지 해소되지 않는 갈증을 남기는 반면에, 그리고 5·18 주체 세력 및 적극적인 우호 세력에게는 내부 결속을 강화하는 순기능을 할 수 있는 반면에, 적어도 일반 대중에게는 거리감·거부감·혐오감·배제감 등을 유발하는 역기능을 할 수 있다.

이렇게 5·18 관련 문화예술의 잠재적인 수용자로서 일반 대중을 고려할 때 대상 과잉의 대표적인 사례로 5·18 현장의 사실적인 살해 장면들과 클로즈업되는 참혹한 시체들을 꼽을 수 있다. 또한 그것들을 사실적으로 형상화하는 그림도 대상 과잉의 역효과를 유발할 여지가 많다. 더군다나 이런 류의 대상 과잉은 대중과의 접속 가능성 자체를 현저하게 약화시킨다.[14] 그런가 하면 사진·영상·그림이 아닌 다기한 언어적 형상화에서

을 발휘하고 있는 구효서의 『더 먼 곳에서 돌아오는 여자』는 대단원에서 5·18을 드러내는 극적인 효과를 자아낸다.

14) 이런 사진이나 그림을 인터넷 카페나 블로그에 올리는 경우 '혐오물'로 분류되어 즉각 삭제됨과 아울러 경고 문구가 전달되는 것을 필자 스스로 체험했다. 요컨대

도 대상 과잉의 문제가 대두한다. 시, 소설, 영화, 연극, 운동가요 등이 전적으로 또는 부분적으로 언어적 형상화를 내포하고 있기 때문이다.15)

한 가지 예를 들면, 5·18을 가장 사실적으로 다룬 유일한 대하소설로 공인받고 있는 임철우의『봄날』에는, "서사적 경제성을 무시한 반복적인 폭력의 장면들이 쉴 새 없이 그리고 진저리 치도록 출몰한다"(정명중, 2006: 298). 물론 이것은 5·18에 대한 작가 나름의 소명의식 그리고 '사실성'과 '상상력'의 상보적 대립 구도에서 '사실성'에 치중하려는 작가의 의지적인 선택의 결과이다.

피, 그것은 피의 웅덩이였다. 인간의 몸뚱아리에서 그렇게 엄청난 양의 피가 쏟아져 나올 수 있다는 게 믿어지지가 않았다. 그 끔찍한 열다섯 개의 살덩어리들을 명치네 중대원들은 하나씩 논바닥으로 끌어내야 했다. 창자가 쏟아져 나오고 목이 덜렁 끊어져 버린 시체, 붉은 염료에 담긴 듯 긴 머리채가 온통 끈적한 핏물에 젖은 처녀, 무려 수십 발의 총탄에 전신이 걸레쪽처럼 너덜너덜해진 어린 여학생도 있었다. 넓은 들판 한가운데인데도 코가 막힐 정도로 번지는 비릿한 피내음 때문에 명치는 몇 번이나 헛구역질을 했었다(임철우, 1998: 159).

『봄날』의 여러 대목이 이렇게 "문학적(혹은 미적) 형상화라는 이름에 값하는 것을 의도적으로 포기하거나 유보하고 있다"(정명중, 2006: 299). 물론 이처럼 5·18의 잔혹성과 참혹성을 가시적으로 형상화하는 것이

대상 과잉의 경우 대중과의 '접속' 자체가 원천적으로 봉쇄된다.
15) 한 걸음 더 나아가 5·18 관련 각종 행사 유인물, 사회자의 발언, 주최 측 인사들의 단상 발언 등과 관련해서도 주체 과잉, 상대 과잉, 대상 과잉 등의 문제를 거론할 수 있다.

전적으로 무의미한 것은 아니다. 그로 말미암아 작품의 문학성이 전적으로 훼손되는 것도 아니고, 나아가 텍스트 전체적인 맥락에 힘입어 이런 대목이 갖는 미학적인 결함이 상쇄될 수도 있다. 그렇지만 이런 류의 묘사 중심 서술과 관련해 꼭 짚고 넘어가지 않을 수 없는 것이 잠재적 '수용자'를 중심에 놓고 볼 때 여실히 드러나는 현장 대상 과잉성이다.16)

더 쉬운 예로, 6월항쟁을 전후해 운동권의 단골 애창가였고 여전히 5·18 주체 세력들의 애창가로 남아 있는 「오월의 노래」에도 어휘상의 현장 대상 과잉 요소가 엿보인다. 그리고 이 노래가 내포하고 있는 탁월한 시성, 음악성, 역사성, 압축된 메시지의 기능에도 불구하고, 그와 같은 어휘상의 대상 과잉 요소가 예나 지금이나 대중 친화력을 현저하게 반감시키는 것으로 여겨진다.

> 꽃잎처럼 금남로에 뿌려진 너의 붉은 피
> 두부처럼 잘리워진 어여쁜 너의 젖가슴
> (후렴) 오월 그날이 다시 오면 우리 가슴에 붉은 피 솟네
>
> 왜 쏘았지 왜 찔렀지 트럭에 싣고 어디 갔지
> 망월동에 부릅뜬 눈 수천의 핏발 서려 있네 (후렴)

---

16) 돌이켜보면 이런 류의 대상 과잉성도 5·18과 관련한 죄의식과 무관하지 않은 것 같다. 필자 자신의 소설에도 다음과 같은 대상 과잉 묘사가 자주 드러난다. "아기의 얼굴이, 우무처럼 흐물어지고, 자루처럼 일그러진, 피 묻은 날갯짓으로 올 때, 아기의 얼굴이 당신의 시신으로 올 때, 아기의 얼굴이, 바가지처럼 으깨지고, 문둥이처럼 문드러진, 당신의 시신으로 올 때, 아기의 얼굴이 당신의 시신으로 올 때…"(유서로, 1993: 250).

산 자들아 동지들아 모여서 함께 나가자
욕된 역사 투쟁 없이 어떻게 헤쳐 나가리 (후렴)

대머리야 쪽바리야 양키놈 솟은 콧대야
물러가라 우리 역사 우리가 보듬고 나간다 (후렴)

붉은 피 피 피 (종결)17)

---

17) 참고로 「오월의 노래」의 모태인 프랑스 민중가요 「누가 할머니를 죽였나(Qui a tué grand-maman)」(Michel Polnareff)의 가사를 소개한다. 두 노래의 가사를 비교해보면 「오월의 노래」에 담긴 대상 과잉성이 여실히 드러난다.

Il y avait du temps de grand-maman 할머니 살아생전엔
Des fleurs qui poussaient dans son jardin. 정원에 꽃 피어났건만
Le temps a passé. Seules restent les pensées 세월 흘러 상념뿐
Et dans tes mains, il ne reste plus rien. 모두가 다 사라졌네

Qui a tué grand-maman (후렴) 누가 할머니를 죽였나
Est-ce le temps ou les hommes 세월일까 사람들일까
Qui n'ont plus le temps de passer le temps 허둥대며 사는 사람들일까
La la la…라 라 라…

Il y avait, du temps de grand-maman 할머니 살아생전엔
Du silence à écouter 고요함도 벗이었네
Des branches sur les arbres, des feuilles sur les branches 나무엔 가지, 가지엔 잎
Des oiseaux sur les feuilles qui chantaient. 잎엔 재잘대는 새 소리 (후렴)

Le bulldozer a tué grand-maman 불도저가 할머닐 죽였네
Et changé ses fleurs en marteaux-piqueurs 꽃 대신 굴착기만 돌고
Les oiseaux, pour chanter, ne trouvent que des chantiers 정원은 작업장 되어
Est-ce pour cela que l'on te pleure 새 앉아 노래할 곳도 없네 (후렴)

요컨대 6월항쟁 당시에도 이 노래가 대중화되지는 못했던 것처럼 그리고 그 당시 시위 참여자들마저 적잖게 따라 부르기를 꺼렸던 것처럼 지금도 5·18 관련 주체 세력 및 적극적인 우호 세력의 집회 또는 행사 현장 밖에서는 전혀 대중 친화력을 발휘하지 못하고 있다.

2) 사태·공간·시점 대상 과잉성

필자가 볼 때, 그리고 여전히 일반 대중의 정서와 수용 양상에 비추어 볼 때, 5·18 관련 문화예술 텍스트 및 담론에 세 가지 유형의 또 다른 대상 과잉이 엿보인다. 사태적 성격의 대상 과잉, 지역적 성격의 대상 과잉, 시점(視點)상의 대상 과잉이 그것들이다.

사태적 성격의 대상 과잉성도 크게 세 갈래로 나눌 수 있다. 첫째는 역사적 맥락을 배제한 채 5·18을 정점에 두는 역사적 대상 과잉이고, 둘째는 상황 요인들을 배제한 채 5·18 현장을 부각시키는 상황 대상 과잉이며, 셋째는 5·18 정신의 외연을 극대화하는 해석 대상 과잉이다. 5·18 정신을 민주화, 민족자주, 민중생존권, 상생평화, 공생공영, 평화통일과 같은 추상적이고 포괄적인 개념들로 확장 해석하거나, 국제화·세계화의 대상으로 거론하거나, 기독교의 각종 우화 또는 불교의 화엄·화쟁·해원상생 등과 비유하는 경우가 여기에 해당한다.

지역적 성격의 대상 과잉성은 전라도, 광주, 금남로, 도청, 무등산, 망월동 같은 어휘의 높은 빈도와 더불어, 현장 주체들 및 지역민의 민주의식, 항쟁의지, 자발성, 헌신성 등이 중점적으로 부각될 때 감지된다. 이런 지역 대상 과잉성을 잘 대변하는 것이 '전라도의 한', '성지', '영웅' 같은 어휘들이다. 예를 들어, 백무산의 시 「오월은 어디에 있는가」는 "오월을 더 이상/광주에 못 박지 말아다오"라는 외연 확대의 열망을 형상화하는 가운데에서도 '광주'라는 지명의 대상 과잉성을 드러내고 있다.

지도를 펴보자
광주는 어디에서 계속되고 있는가
광주를 헤쳐보자
오월은 어디에서 계속되고 있는가

광주는 이제 한반도 동서남북 어디에나 있다
파쇼의 패악성과 제국주의 독소를
집중 투하한 노동자, 농민의 삶과
영웅적인 투쟁의 대열이 있는 곳
오월은 그곳에 살아 있다

노동자 동지들
오월을 더 이상
광주에 못 박지 말아다오
우리의 자랑스러운 투사들을
더 이상 망월동에 묻어두지 말아다오
더 이상 상처로만 치유하려거나
지난 역사에 맡기지 말아다오
오월은 노동자, 농민의
영웅적 투쟁의 대열에
살아 있다
계속되고 있다.

이 같은 여러 유형의 대상 과잉성이 상호 복합적으로 작용하는 가운데 그 당연한 결과로서 5·18 관련 문화예술 텍스트에 시점상의 대상 과잉성이 여실히 드러난다. 달리 말하면 바깥에서 광주를 향하는 '구심적' 시점에 비해 광주를 기점으로 해 바깥으로 향하는 '원심적' 시점이 주류를 이루고 있다. 필자가 볼 때 5·18 관련 문화예술 활동에 두루 나타나는 이 같은 대상 과잉성이 일각에서 우려하는 5·18의 '지속적인 고립'과 무관하지 않고, 나아가서 지역 내부의 "5·18에 대한 기피의식과 나름의 소외감"(지선 스님)과도 직결되어 있는 것 같다. 5·18 현장 주체 및 지역 주체들의 전유욕과 성급한 확장욕, 그리고 죄의식과 채무의식에 사로잡힌 문화예술 주체들의 과잉 대상성, 이런 요인들이 본의 아니게 상당 수준의 배타성을 형성하고 있는 것은 아닐까? 이런 본의 아닌 배타성이 밖으로는 상대적인 박탈감을 유발하고 안으로는 고립을 초래하고 있는 것이 아닐까?

그런데 문화예술의 사회적 개입은 창작 주체의 의도에 좌우되기보다 오히려 '텍스트'를 매개로 하는 수용 주체의 수용 양상에 의해 결정된다. 바르트가 주장하듯이, 수용 행위는 결코 '순진무구하게' 이루어지지 않는다. 창작 주체는 텍스트상에 일정 방향성을 설정할 수 있을 뿐 결코 수용자의 수용 양상을 전적으로 통제하거나 자의적으로 조정할 수 없다. 창작 단계에 이미 잠재적 수용자가 개입하거니와, 특히 문화예술 텍스트의 수용은 '수용자' 중심의 '상호 주체적인' 양상을 띠게 된다. 바로 이 때문에 5·18 관련 문화예술 활동에서도 대중과의 접속 가능성, 대중 친화력, 대중의 현재적 정서, 대중의 수용 역량, 대중의 일반적인 수용 양상 등을 두루 고려할 필요가 있다.[18]

---

18) 앞에서 암시한 것처럼, 넓은 의미에서의 예술성은 예술 장르에만 내재하는 것이

6. 결론

우리 삶의 환경 자체가 중층적인 이데올로기의 망이다. 그런데 왜곡된 이데올로기들을 희석·해체·소멸시키고 건전한 이데올로기들을 생성·파급·내면화시키는 데 일시적 혁명과 시한부 운동은 어쩔 수 없는 제약과 한계를 안고 있다. 그 공백을 메우는 것이 바로 문화예술 활동이다. 이것이 우리 모두가 공유하는 기호 활동의 한 형식 아래 인간 내면에 깊숙이 침투해, 미학적·유희적 효과와 더불어 특정 현실을 가시화하고 또 새로운 세계를 펼쳐놓는 가운데 폭넓은 대중과 은밀하게 소통할 수 있는 독자적인 영역이라는 점에서 그렇다. 달리 말하면, 사회 구성원들 간의 소통을 통한 과거의 현재적 재구성에서 문화예술이 차지하는 비중이 매우 크다는 점에서 그렇다.

한편 이 글에는 5·18과 관련해 다음과 같은 필자 나름의 기본 인식이 깔려 있다. 첫째, 5·18에 여러 시대, 여러 지역에 걸치는 민주화운동의 시·공간적 적층 효과가 내재되어 있다. 둘째, 5·18에서 특정 지역, 특정 주민의 자발성에 못지않게 특정 정치 세력이 조장한 특정 상황 요인이 매우 큰 비중을 차지한다. 셋째, 5·18을 이렇게 확대 인식할 때 비로소 5·18 자체의 지역적 고립이 해소되고 5·18 정신의 광범위한 확장이 실현될 수 있다. 넷째, 5·18의 문화예술적 재현 및 형상화에서도 이에 상응하는 대상 인식 및 방향 설정이 요청된다.

5·18 관련 문화예술 텍스트와 같이 가시적 목적성을 띤 경우, 아주

아니라 모든 유형의 활동에 편재하기도 한다. 그리고 이 글이 원용하고 있는 문화예술적 상호 작용의 구도가 애초에 언어과학에서 확립된 것으로서 모든 유형의 소통에 적용될 수 있다.

쉽게 말해 적어도 부모가 자식에게 권유하는 것을 망설이지 않을 정도의 균형 잡힌 대상 재현 및 형상화가 요청된다. 아울러 문화예술 주체들이 공유하고 있는 5·18 관련 죄의식 및 채무의식과는 전혀 별개로 문화예술 텍스트의 잠재적인 수용자들— 즉, 일반 대중— 가운데에는 5·18 관련 각종 담론과 관련해 이미 배제감 내지 박탈감을 느끼고 있는 이들이 많다는 점도 고려해야 할 것이다. 문화예술적 상호 작용에서 수용자 중심의 상호 주체성을 인정하는 것이 5·18의 접속·확장·공유를 열망하는 모든 주체들에게 요구되는 '미덕'이자 향후 우호중립 세력의 점진적인 확장을 위한 매우 유효한 '전략'이기도 하다.

참고문헌

김욱동. 1988. 『대화적 상상력: 바흐친의 문학이론』. 문학과지성사.
김현. 1990. 「보이는 심연과 안 보이는 역사 전망」. 『전체에 대한 통찰』. 나남.
로데릭, 릭. 1992. 『하버마스의 사회사상』. 김문조 역. 탐구당(원저 Habermas and the Foundations of Critical Theory. 1985).
박라연. 1990. 『서울에 사는 평강공주』. 문학과지성사.
앤더슨, C. 1986. 『새로운 사회학: 비판적 현실조망을 위하여』. 김동식·임영일 역. 돌베개(원저 Toward a New Sociology. 1974).
왕은철. 2006. 「5·18항쟁의 예술적 형상화 – 예술가의 역사의식과 윤리적 책무에 관하여」. 『5·18 민중항쟁과 문학·예술』. 5·18기념재단.
윌리엄즈, 레이몬드. 1982. 『이념과 문학』. 이일환 역. 문학과지성사(원저 Marxism and Literature. 1977).
유서로(유제호). 1993. 『지극히 작은 자 하나』. 살림.
이병혁 편. 1986. 『언어사회학 서설: 이데올로기와 언어』. 까치.
이은경. 2006. 「광주민주화운동 시의 현황과 과제」. 『5·18 민중항쟁과 문학·예술』. 5·18기념재단.
임철우. 1998. 『봄날』. 문학과지성사.
정명중. 2006. 「'5월'의 재구성과 의미화 방식에 대한 연구」. 『5·18 민중항쟁과 문학·예술』. 5·18기념재단.
허드슨, R. A. 1986. 『사회언어학』. 최현욱·이원국 역. 한신문화사(원저 Sociolinguistics. 1980).
Bachmann, C. et al. 1981. Langage et communications sociales. Paris: Crédif-Hatier.
Bakhtine, M. 1977/1929. Le Marxisme et la philosophie du langage. Paris: Minuit.
Goffman, E. 1983. Microsociologie et histoire. Le sens de l'ordinaire. Paris: CNRS.
Hymes, D. 1984. Vers la compétence de communication. Paris: Crédif-Hatier.
Jakobson, R. 1970. Essais de linguistique générale. Paris: Seuil.
Marc, E. & D. Picard. 1989. L'interaction sociale. Paris: P.U.F.

Reboul, O. 1977. *L'Endoctrinement*. Paris: P.U.F.

_____. 1980. *Langage et idéologie*. Paris: P.U.F.

Todorov, T. 1981. *Mikhail Bakhtine: le principe dialogique*. Paris: Seuil.

제3장

'88만 원 세대'에게 '5·18 광주'는 희미하고 무덤덤한 과거사?!
'생성'이 없는 '기억'은 사라진다

김보현(성공회대 민주자료관 연구교수)

1. 소박한 문제의식

"요즘 20대 대학생 친구들은 '5·18 광주'에 대해 어찌 생각하고 있나?" 이처럼 아주 소박한 궁금증이 필자가 이 글을 준비한 출발점이었다. 필자는 어떤 명시적 가설이나 구체적 논지를 예비해두지 않았다. 각별한 방법론을 염두에 두고 있지도 않았다. 다만 지금 되돌아보면 앞의 소박한 궁금증은 적어도 하나의 규범론과 두 개의 의문들을 암암리에 전제하고 있었다. 즉, 젊은 후배들이 '5·18 광주'처럼 중요한 역사는 알아야 하고 그 현재적 의미에 대해 어느 정도 고민 또는 정리해둔 바가 있다면 좋겠다는 생각을 했다. 그리고 '5·18 광주'에 대한 침묵의 강요 및 조직적 은폐가 공공연히 행해지던 국면을 종결지은 '민주화 이행'이 20대에게 인식상의 어떤 세부적 효과를 낳았을까 하는 것, 또한 지나치게 개인주의적이고 잘하는 것이라곤 영어밖에 없다는 식으로 진보적(?) '386 세대'의 비판대상이 되기까지 하는 그들의 '보수성'을 실제로 접해보고 싶은 욕구 등이 있었다.

필자에게 '88만 원 세대'라는 개념은 당초 그저 '20대', '젊은이들', '대학생들' 등의 다른 칭호에 불과했다. 필자는 '88만 원 세대'의 개념적 적실성 여부, 지금의 20대 대학생들을 굳이 '88만 원 세대'라 호명하면서 그들의 '5·18 광주'를 논한다는 것의 취지가 무엇인가 등에 대해 충분히 숙고하지 않은 상태로 원고 준비를 시작했다. 그러니 그들의 목소리들을 청취하던 중 다음과 같은 질문을 받고 얼른 답하지 못한 채 머뭇댈 수밖에 없었다. 또한 연구자로서 필자의 기본 자질에 대해 얼마간 반성의 시간을 가져야 했다.

"88만 원 세대가 기억하는 (또는 생각하는) 5·18 광주"라고 하셨는데, 여기에서 '88만 원 세대'의 의미는 무엇이고, '88만 원 세대'와 '5·18 광주'의 상관관계를 어떻게 설정하고 계신지 알고 싶습니다.…선생님께서는 저를 '88만 원 세대'로 분류하고 계신 거죠? 제가 『88만 원 세대』(우석훈·박권일)를 읽어보았을 때, '88만 원 세대'는 '386 세대'나 '유신 세대'와는 다르게 그 성격이 경제적으로 규정되어 있다고 생각하였습니다. 그래서 '88만 원 세대'의 정치적 성격을 무어라고 할 수 있는지는 '없다'는 것 외에는 제시되지 않았던 것 같은데, 그래서 제겐 (선생님의) 이 주제가 의도하는 바가 무엇인지 잘 이해되지 않습니다.…(『88만 원 세대』의 경제론을 받아들이면서) '88만 원 세대'의 정치의식을 분석해보시려는 것인지요?[1]

몇몇 다른 친구들에게서도 『88만 원 세대』에 나오는 '88만 원 세대' 개념의 문제점들을 듣게 되었는데, 다 일리가 있는 내용이었다. 그들의

---

1) ○○○대학교 설문 응답자 답변에 덧붙인 글 중에서(2008년 5월 6일).

지적들을 내 방식대로 요약하면 '88만 원 세대'는 서술적 용어(descriptive terminology)로서 상당 정도 수긍할 수 있는 개념이나, 분석(analysis)과 대안(alternatives)이란 차원에서 보면 고개를 갸우뚱하게 만드는 말이라는 요지였다. 특히 '세대 간의 착취 및 경쟁'이란 진단에 대해 회의적이라는 것이었다.2)

그러나 필자는 이 글에서 계속 '88만 원 세대'라는 개념을 버리지 않는다. 그것이 『88만 원 세대』의 분석과 대안을 수용한다는 뜻은 아니다. 일단 주어진 그 개념을 서술적 차원에 한정시켜 받아들이고, 필자가 이 글의 집필을 위해 작업한 과정의 결과로서 '5·18 광주'와 '88만 원 세대'의 관계에 대해 짧든 길든 언급하는 것이 불가능하거나 무의미하다는 판단은 들지 않는다.

이 글은 "'88만 원 세대'의 '5·18 광주'에 대한 기억은 어떤 것들일까?"라는 질문에서 출발했으나 '그 기억들만을 그대로' 써내려 가지는 않는다. 이 글은 어디까지나 필자의 목소리이지 '88만 원 세대'의 직접적 발언들이 아니다. 바꾸어 말해 '필자의 문제의식'과 '그들의 기억들'이 조우해 생성해낸 원고일 수 있고, '필자의 문제의식' 속에 투영된 '그들의 기억들'로 여겨질 수도 있다. 그러므로 이 글이 '과학적 조사보고'(이것이 정녕 가능한지는 모르겠으나 가능하다 하더라도)를 의도했던 것으로 받아들여져서는 안 된다. 필자는 처음부터 그런 목적의식을 전혀 갖고

---

2) 『88만 원 세대』에 대한 한 고등학생의 비평도 유사한 논지를 개진한 바 있다(이선경, 2007). 필자가 설문을 하고 난 연후에야 안 일인데, 앞에서 인용한 질문의 주체인 친구는 자신이 편집위원으로 활동하고 있는 학내 독립 저널에 실은 원고를 통해 『88만 원 세대』에 함축된 욕망의 결들이 그 책에 의해 비판되는 사람들의 욕망과 중첩되어 있다는 점을 잘 집어냈다. 그 학생은 이렇게 묻는다. "'88만 원 세대'보다 '300만 원 세대'가 더 희망적일 수 있다고 믿는가?"(날래, 2008).

있지 않았다. 자신들의 기억들을 들려주고 보여준 그들이 '88만 원 세대'를 집합적으로 대표할 수 없음은 물론이지만, '88만 원 세대'의 구성원들임도 틀림없는 사실이다. 필자는 그들의 기억들을 경유해 필자의 기억과 문제의식을 반추하고 이 사회에 대해 재고하는 기회를 갖게 된 것이다.

필자는 원고 집필을 위해 인터뷰, 설문조사, 집담회 등의 방법들에 의존했다. 그러나 이런저런 사정들로 인해 원고 마감에 임박해서 서둘러 작업해야 했고, 그랬기에 그리 많은 목소리를 청취하지는 못했다.[3] 이 점은 이 글이 가지는 큰 한계가 될 것이며 필자 스스로 생각하는 아쉬운 지점이다. 앞에서 말했듯이 예컨대 통계적 접근과 같은 것들이 상정하는 '과학성', '객관성' 등은 필자의 목적의식에서 배제되어 있다. 그러나 좀 더 많은 젊은 후배들과 '소통·이해'하는 시간을 가졌다면 현재의 것보다 더 유의미한 원고를 작성할 수 있지 않았을까 하는 마음이다.

2. 희미한 기억

"'5·18 광주'를 알고 있나요? 알고 있다면 알게 된 경로는 어떤 것들이었는지, 알고 있는 그 내용은 무엇인지 들어볼 수 있을까요?" 나는 이렇게 물었다.

아예 "모른다", "처음 듣는다"는 사람은 없었다. 그러나 많은 친구들이 답변하는 머리에 또는 중간에 "잘은 모르는데", "잘 알지는 못합니다", "잘 기억은 안 나지만"이라고 덧붙였다. 그들의 실제 기억들을 하나하나 들어보고 읽어보니 그것은 대부분 사실이었다. 여기에서 '사실'이

---

[3] 인터뷰 14명, 설문조사 169명, 집담회 1회(5명).

란 판단은 '5·18 광주'에 대한 많은 지식을 구비하고 깊이 있는 통찰을 해온 이들이 아니더라도, 그 친구들의 이야기들을 청취해본 사람들이라면 다들 "아, 정말 그렇구나" 하고 긍정할 수 있을 정도였다는 뜻이다. 즉, 그들의 '5·18 광주'에 대한 기억들은 흐릿했다. 2008년 5월 1일과 6일, 9일, 필자의 설문에 응해준 ○○○대학교 학생들 30명만 한정해서 보더라도 그 기억들의 '희미함'을 쉽게 알 수 있다.

(고등학교 3년 때) 영화 <화려한 휴가>를 통해 알게 되었습니다. 또 영화를 보고 난 후 문과반 친구들이 이야기 약간 더함. 근데 잘 기억이. 이과도 근현대사 수업하면 안 되나?

중학교 때나 고등학교 때 얼핏 듣고 지나쳤다. 후에 영화 <화려한 휴가>를 보고 좀 알게 되었다.

잘 알지는 못하나 광주 시민이 계엄군에게 살해됐다는 것과 광주 시민이 김대중을 석방하라고 요구한 것과 무언가를 철회하라고 주장했던 것 정도 무언가가 기억이 안 난다.

전두환 시기 때 민주화운동하는 광주 시민 탄압? 자세한 건 잘 기억이 안 납니다.

자세히는 모르겠다. 거의 모르는 듯하다. 무고한 시민들이 희생되었다. 정부의 강제진압으로 더 반발을 샀다.

2008년 5월 6~9일 필자의 설문에 답해준 △△대학교 학생들 115명의 기억들도 비슷했다. 다음에 인용한 것들은 역시 기억의 '흐릿함'을 잘 보여주는 사례들이다.

자세히는 모름. '강풀'의 만화를 보고 대략적인 내용만 알고 있음. 예) 전두환은 나쁜 새끼다.

고등학교 때 수능 선택과목으로 근현대사를 배웠기 때문에 공부했던 기억이 있습니다. 전두환 정부의 독재→광주 시민들의 저항→계엄령, 공수부대 투입.

학교에서 수업 시간에 배웠습니다. 우리나의 민주화를 위해 투쟁한 일.

학교 역사 시간에 배운 것 같다. 정확히는 모르고 국가의 탄압에 저항했다는 것 정도?

알게 된 경위는 확실히 생각나지 않는다. 민주화를 열망하는 사람들이 군부에 대항해 일어난 사건.

중학교 사회 시간에 배운 것 같은데 잘 모르겠습니다.

<화려한 휴가>라는 영화를 보고 조금 알게 되었는데 당시 정권이 자신들을 위해 무고한 시민들을 죽인 것 같다.

광주 시민들이 용기 있게(!) 들고 일어났다가, 처참하게 학살까진 아니고 피(를) 본. 정부의 잘못된 대처. 아, 모르겠다.

수업 시간(중·고등학교 때) 교과서와 각종 비디오 자료를 통해. 내용은 잘 모름.

고등학교 근현대사 시간. 일제 시대 식민지 경험, 일제로부터 이식된 군사 문화 등 여러 요소가 축적되어, 우리나라에도 군사독재가 있었고 5·18은 특히 전두환 군사 독재 정권 때 일어난 민주화운동이라고 알고 있다. 많은 사람이 죽었고, 전라도 지역감정이 있고.

고등학교 국사·근현대사 시간에 배웠다. 4·19→5·18→6월항쟁 순으로, 비슷한 맥락의 운동으로 알고 있다. 5·18은 신군부 세력에 항거한, 광주 시민의 봉기??

중·고등학교 때 사회 시간에 배우고 열심히 외웠지만 잘 기억이 안 난다. 전두환 정권이 들어서면서 그 군부 독재에 반대하는 민주화운동이었다고 알고 있다.

전체 설문 응답자들 169명 가운데 '5·18 광주'를 박정희 정권 시기의 일로 알고 있는 사람은 2명, 일제 시기 광주학생의거와 혼동하고 있는 사람은 1명, 1960년 4·19 혁명과 혼동하고 있는 사람은 1명, 1987년 6월항쟁과 혼동하고 있는 사람은 2명, 귀찮음 또는 냉소의 표현이었는지 질문지를 그냥 백지상태로 돌려준 친구도 6명이 있었다.[4]
인터뷰와 집담회에 임해준 이들은 모두 한국 현대사나 현 시기 한국

---

[4] 그들이 정녕 '5·18 광주'를 몰랐다면 모른다고 썼을 것이다. '백지'는 필자로서는 정확히 알 수 없는 무언의 메시지로 이해된다.

사회에 대해 강도 높은 비판의식들을 가진 학생들이었기 때문에, 어느 정도 다르리라 기대했고 또 실제로 그랬다. 아무래도 그들이 갖고 있는 관련 지식의 양이 좀 더 많았다. 그러나 그것이 모든 경우에서 '5·18 광주'에 대한 이해 내용의 큰 차별성과 연동되고 있지는 않았으며, 다른 친구들의 이해와 비슷한 범주 안에서 기억의 상대적 선명함으로 나타나는 데 머물고도 있었다. ○○○대학교 2년생 S군의 예를 옮겨보면 다음과 같다.

그니까 전두환, 그 옛날 대통령이란 양반이 계엄령을 선포하고 또, 이건 너무 그냥 대강 아는 것이라서, 아, 광주 사람들이 전두환 독재 플러스 계엄령에 대한 반대시위를 했었는데, 그거를, 광주를 아예 통째로 차단하고 공수부대를 쏟아 부어서, 아마 21일이었나? 그때 도청, 가서 무력 사용하여 시위 진압하고 그 과정에서 아예 인제, 음, 음, 차단시킨 채, 빨갱이들 소행이다, 이런 식의 2차적 폭력을 가하고, 그렇게만, 음(2008년 5월 2일).

학생들이 '5·18 광주'를 직접 경험할 수 없었고 어느덧 '5·18 광주'가 있은 지 28년이란 세월이 흘렀음을 감안하면, 필자가 이 글을 준비하면서 은연중에 깔아두었던 규범론과는 관계없이, 그들의 '전승된' 기억들이 또렷하지 않다는 사실에 대해 즉자적 과민 반응을 보일 필요까지는 없을 듯하다. '386 세대'가 정규 학교교육을 받기 이전인 아주 어릴 적부터 각종 권력기관들에 노출·포위되어 성장하면서 '반공산주의적 인간'으로 훈육되어 왔음에도 불구하고, '6·25 사변'이 그 구성원들 다수에게 아른아른한 오래된 옛 이야기에 불과하다는 사실과 비견된다고 보면 너무 지나친 일일까?

3. '민주화'에도 불구하고

'5·18 광주'는 '민주화' 이전까지 국가와 국가가 직간접적으로 고용한 이데올로그들에 의해 "논의 자체를 봉쇄"당했다. 이 "은폐"의 입장은 그들의 의도가 잘 반영된 "국정교과서 서술"에서 확인할 수 있다. 예를 들어 필자도 공부했을 1982년 발간 중·고교『국사』에는 "그 어디에도 5·18에 대한 언급"이 "없다". 그래서 "광주의 진실을 말하려는 몸부림"이 다양한 사회운동과 민주화운동의 중요한 모습들 중 하나가 되었던 시기가 당시였다(이용기, 2007/1999: 615~621).

그러나 이후 '민주화'가 진전되었고 그 효과들 중 하나가 '5·18 광주'에 대한 국가적 명예회복이었다. 적어도 '5·18 광주'에 대한 논의는 현재 더 이상 금압 대상으로 간주되지 않으며 검인정 교과서와 언론매체를 비롯한 각종 온·오프라인 지면상에서 '민주화운동'으로 서술·명기되고 있다. 기억 내용이나 그것에 대한 의미 부여의 여하를 떠나 많은 학생들이 '5·18 광주'에 대해 이미 알고 있고, 또 알게 된 기회들 중 하나가 중·고교 교과 과정이었다고 밝힌 점은 그처럼 변화한 상황을 잘 예시해 준다.

그런데 그런 상황에서 눈에 띄는 점은 '5·18 광주'를 머릿속에 좀 더 분명히 각인시켜준 계기로서 강풀의 인터넷 만화 <26년>과 영화 <화려한 휴가>, TV 특집 다큐멘터리, 드라마 <모래시계> 등을 꺼내는 학생들이 상당수에 이르렀다는 것이다. 이는 '민주화'의 효과로 '5·18 광주'가 교과서에 실리고 그래서 중·고교생들이 배우기도 하지만, 그때 그들에게 주는 임팩트는 몇몇 예외적인 경우 빼고는 크지 않았다는 사실을 시사한다. ○○○대학교 2년생 O군은 이렇게 이야기했다.

고등학교 때 그걸로 봤죠, CD로 만들어진 동영상. 선생님이 좀 좋은 사람이어 가지고…'근현대사' 과목이었죠…진도 떼는 것보다는 좀 더 열심히 준비하는 사람이어서 교재를 매일 만들어 왔죠, 자기가.…그, 다른 분들은 교재에 있는 것 떼는 정도로만 하기 때문에.…5·18 광주가 시험에, 스, 잘 기억은 안 나는데, 엄청 비중이 낮죠. 낮을 수밖에 없죠. 그런 저항 얘기는(2008년 4월 28일).

그러니까 '좀 좋은' 한 명의 선생님 말고는 '입시 준비'에 도움이 되지 않는 '5·18 광주'를 신경 써서 다뤄주는 이가 없었다는 말이다. 필자는 2008년 5월 7일 □□□대학교 학생 5명과 집담회를 가졌는데, 그때 나눈 대화에 비추어 추정하면 '진도 떼는 것'에서조차 '5·18 광주'가 배제된 경우가 적지 않을 것으로 보인다. '정치적 독재'가 해소되었음에도 불구하고 중등교육 과정의 학생들에게 '5·18 광주'를 이해하고 성찰할 기회는 여전히 제약되어 있다.5)

학생A: 저는 한, 중학교 때쯤에, 그냥 교과서에서, 그런 데서, 뭐 5·18 민주화운동, 그런 게 있었다. 근데 학교에서 전혀, 아예 그런 걸 가르쳐주질 않죠.

---

5) '5·18기념재단'이 동서리서치에 의뢰하여 초·중·고교 교사 1천 명 중 '5·18 광주'를 교육한 경험자들(63%)에게 조사한 결과에 의하면 "교육 시 애로사항"으로 "학생들의 무관심"(42.7%)이 가장 많았다(장덕종, 2008). 필자는 그 '무관심'을 외양 그대로만 받아들여서는 안 된다고 본다. 그 '무관심'은 학생뿐만 아니라 선생님들의 것이기도 하며, '정치적 독재'가 사라진 조건에서 '입시 위주 교육', '학벌 중심 사회', '경쟁적 상품-화폐 관계' 등이 '무관심'을 조장하는 중요한 요인들로 존립한다고 보기 때문이다.

필자: 교과서에 나와 있는데도 안 가르쳐 줘요?

학생B: 시험에 안 나온다고 누락시켜요.

학생A: 시험에 안, 나온다기보다는, 그전에 그 방학이 시작되죠.

(모두 웃음)

필자: 진도를 아예 못 떼는구나?

학생A: 예, 끝까지 못 나가는 거죠. 저는 계속 그랬어요, 중학교 때부터.
……

학생B: 현대사는 아예 가르치지를 않아요 고등학교 같으면 아무래도 입시에 대해서, 입시에 뭐가 나오느냐에 대해서 그걸 고민을 하게 되고, 선생들이. 그걸 고민을 하고 가르치게 되는데, 아무래도 현대사 같으면 거의 나오지를 않으니까, 수능에. 그걸 외면하게 되고 솔직히 저한테 국사를 가르쳐준 선생님들이 생각이 있었는지 없었는지에 대해 이거는 잘 모르겠는데,[6] 일단 생각이 있었어도 솔직히 애들한테 현대사를 가르칠, 관심을 갖게 가르치기 힘들었을 거라고 생각을 해요. 가뜩이나 학교당국이나 학부모들한테 입시성공률을 높이기 위해 압박을 받는 형편이었고, 다들, 그래서 다 학원처럼 가르쳤고, 고3 때는 1년 내내 문제집만 풀었고, 국사 시간에도.

---

[6] 얼마나 되는 수가 그럴지는 모르겠으나 아직도 '5·18 광주'의 시민들을 '폭도'였다고 믿는 현직 초·중·고교 교사들이 있을 것이다. '5·18기념재단'의 동아리프로젝트(2004년)에 응모하여 '5·18 광주'와 관련된 다큐멘터리를 제작하고자 했던 한 학생(대구 K여고 2년 박민아)은 자신의 학교 선생님들이 노골적으로 방해해 무척이나 큰 어려움을 겪었다고 토로했다. 서류심사 합격 후 설명회 참석차 광주로 떠나려는 학생에게 담임선생님은 이렇게 말했다고 한다. "5·18이라면 갈 필요 없어!" 그리고 학생들의 다큐멘터리 제작을 도와주는 청소년 문화센터의 선생님에 대해 "네가 그 지도교사가 간첩인 줄 뭔 줄 어떻게 아냐?"라고 했다는 것이다(대구 우리세상 청소년 영상단, 2004).

4. 호남 출신 학생들의 기억

'민주화'가 진전되기 이전과는 또 다른 제약들 안에서도 '5·18 광주'에 대한 남다른 기억을 간직하고 있는 친구들은 '좋은 선생님'을 만난 경우와 스스로 한국 사회 및 현대사에 대한 문제의식을 키워온 경우 외에, 자신들의 고향이 호남이거나 부모가 호남 출신인 경우였다. 그들은 어려서부터 여러 차례 생생하게 당시의 일들을 들으며 자란 이들 같았다.

중학교 국사책에서 본 내용이 처음이었고, 그 얘기를 집에 와서 어머니께 여쭤보았는데, 어머니의 고향이 전라남도 강진이셨는데, 그 당시 친구들이 광주로 많이 공부하러 떠나셨다고 말씀하셨고, 광주에서 많은 친구들이 죽었고, 전두환이 무자비하게 민간인을 학살했다는 사실을 말씀해주셨다. 너무나 속상해 하셨고, 어머니도 광주로 가실 뻔하셨는데 서울로 가셔서 희생자가 되진 않으셨다고 하셨다.····어머니의 이야기를 듣고 '(5·18) 광주'는 남의 일이 아니라 지금 내 옆에서 일어나고 있는 일이라 생각하게 되었다. 큰 의미가 있으며, 우리가 어떤 일이 잘못되었을 때 정당하게 싸워야 할 목적성을 심어준다고 생각한다(◇◇대학교 설문 응답자, 2008년 5월 12일).

고향이 광주라서 초등학교 때부터 교육을 받음. 5·18공원에서 글짓기대회에 참가. 당시 조선대 학생이셨던 아버지는 직접 참가, 총까지 잡으셨다고 함. 간호대 학생이셨던 어머니는 의료봉사. 학생이었던 이모도 시위 참여. 초등학생이었던 외삼촌은 스쿨버스를 향한 군인들의 행패를 보고 생명의 위협을 느낌.····같은 고향 사람으로서 엄청난 분노를 느낀다. 광주가 아닌 곳에서의 무관심한 태도를 고쳐야 한다고 생각한다. 진상 규명과 전두환의 자백과 사죄를 간절히 소망한다(○○○대학교 설문 응답자, 2008년 5월

8일).

이런 사례들은 여느 친구들의 것들과 달리 진한 톤의 색채가 드리워진 기억들이었다. 기억의 불균등이 지역을 경계로 분명히 느껴졌다. 필자가 최근 접한 '5·18 광주'에 대한 젊은 친구들의 기억들은 모두가 '전승된' 것들일 수밖에 없었지만, 그 '전승들'이 다 같은 질의 '전승들'은 아니었다.7) 이 자리에서 논하기에는 준비가 전혀 되어 있지 않지만, 필자는 20대에 불과한 젊은이들이 가진 '5·18 광주'의 기억에서조차 나타나는 지역적 불균등이 '호남'을 둘러싼 지역주의가 재생산되는 중요한 기반들 중 하나로 작용하지는 않을까 생각해본다.

5. 더 이상 특별하지 않은 '대학'

'5·18 광주'를 알게 되고 생각하게 되는 계기들로서 중·고교 교과과정 외에 인터넷 만화, 영화, TV 다큐멘터리, 드라마 등을 언급하는

---

7) '5·18민중항쟁서울기념사업회'가 주최한 2007년도 청소년백일장대회에서 운문부문 대상을 수상한 정민경(경기여고 3년)의 작품 「그날」은 "'그날'의 현장을 몸 떨리게 재현해놓은 놀라운 솜씨"(시인 정희성)라고 극찬을 받았다. 「그날」은 누가 봐도 서울에 거주하는 18세 소녀가 썼다고 믿기 어려울 만큼 탁월한 '5·18 광주'의 한 순간에 대한 묘사였다. 필자는 읽으면서 현장감으로 가득 찬 무슨 영화 스크린을 대하는 기분이었다. 수상자 정민경은 당선 소감을 통해 이렇게 말했다. "이런 생각을 어떻게 해냈냐는 질문을 가장 많이 받았습니다. 저는 6살 때까지 광주에 살다 서울로 이사를 했습니다. 5·18은 어려서부터 그 시절을 겪으셨던 주변 어른들에게 들어왔기 때문에 '그날'에 대한 저의 관심은 매우 자연스러운 것이었습니다"(정민경, 2007).

데에서 대체로 그친다는 것은 그들이 일상을 보내는 '대학'이라는 특수한 시공간이 '5·18 광주'와 관련해 별다른 의미를 갖지 못한다는 점을 말해준다. 이 점은 필자(또는 '386 세대')의 경우와 극히 대조적이다. 87학번이었던 필자에게 '대학'에서 만난 사람들, 그들과 함께한 경험들은 '5·18 광주'를 인식하고 이해하는 기점으로서 결정적이었기 때문이다. 필자가 직접 만나 대화를 나눈 친구들의 말들에 따르면, 최근 대학교 (총)학생회, 동아리(연합회) 등이 주관하는 '5·18 광주' 관련 독자 사업은 거의 없다시피 하다. 매년 5월이 오면 몇몇 소수 학생들이 무리를 이루어 외부 단체가 주최하는 행사에 참여하는 정도가 전부이다. 그렇다고 이른바 '세미나'를 통한 자율적 학습·토론이 폭넓게 이루어지는 것도 아니다. 그러므로 대학생들이 학교 안에서 '5·18 광주'와 대면할 수 있는 길은 특별히 관련 정규 강좌(예를 들면, '한국 현대정치사')를 학기 중에 이수하는 방법이다. 물론 이때에도 강좌를 담당한 이가 '5·18 광주'를 진도 일정에 포함시킨 경우에 한에서이다. 굳이 하나의 가능성을 추가하자면, 해당 학생 개인이 그야말로 혼자서 스스로 관련 문헌과 자료 등을 찾아 탐독하며 사고하는 경로가 있다.[8]

전술한 '흐릿한 기억'을 근거로 '5·18 광주'가 '88만 원 세대'에게서 '잊혀가고 있다'고 판단해도 좋을까?[9] 그들은 '5·18 광주'를 직접 체험

---

[8] 앞의 집담회 참여자들 5명이 이구동성으로 이야기해준 자신들의 학교 상황에 따르면, '취직 경쟁' 또는 '물질적 이익'에 직간접적으로 기여하지 않는 동아리와 자치조직은 다수가 의미 있는 활동을 적극적으로 펼쳐 나가기는커녕 생존 그 자체를 위한 노력에 급급한 실정이라고 한다.

[9] ≪주간조선≫(2005년 5월 23일)은 이례적인 '5·18 25주년 기획물'을 게재하면서, 한국사회조사연구소의 조사 결과를 근거로 '5·18 광주'가 "벌써" 청소년들에게 "무관심한" 역사로 받아들여지고 있다고 보도한 바 있다(정장열, 2005).

한 사람들이 아니며, 체험자들과 각별한 시대적 상황을 공유한 적도 없다. 짧다고만 할 수는 없는 28년의 세월이 사건 발생 이후로 흘러갔다. 더더구나 '민주화'의 효과에도 불구하고 그들에게 '전승된' 기억은 애초부터(!!) '흐릿했다'. 그러므로 적어도 '88만 원 세대'의 '망각'을 말하는 것은 부적절하다. 혹시나 필자 같은 부류의 사람들에게 그러한 진단을 내린다면 모를까. 문제시돼야 한다면 '흐릿한 기억'의 세대적 주체 자체라기보다 그 세대적 주체가 일상생활을 지속해 나가는 정황들, 특히 '정치적 독재'의 해체에도 불구하고 젊은 세대에게 '5·18 광주'를 멀게 느껴지도록 만드는 사회·정치적 조건들이 함께 문제시되고 논의되어야 한다.10)

6. 교과서적 이해

비중 면에서 많지는 않았으나 설문 답안들을 읽다가 잊을 만하면 발견하고 또 잊을 만하면 발견하게 된 것이 '화살표(→)'였다. 몇몇 친구들이 '5·18 광주'에 대한 자신들의 기억을 단계별로, 단계와 단계 사이에 화살표를 넣어 표현한 것이다. 처음에는 그냥 그런가 보다 했는데 나중에는

---

10) 한편에는 "우리 사회가 어느 정도 민주화되면서 5·18을 비롯한 민주화운동을 먼 과거의 일로 치부해버리는 경향까지 나타나고 있다"는 지적, 즉 현 시기의 민주화 수준에 안주하려는 대중적 풍토에 대한 '우려'의 맥락에서 젊은이들의 '무관심'을 이해하는 경향이 있다(최영태, 2008: 19). 그러나 필자는 '민주화가 되면서'가 아닌 '민주화에도 불구하고'라는 접근이 필요하다고 생각한다. 젊은이들의 '흐릿한 기억'과 더 나아가 '무관심'은 자발적 외양으로 나타나든 그렇지 않든 간에 종전의 '민주화(세력)'가 손대지 않은 (또는 못하는) 우리 사회의 문제 상황들과 연루되어 있다고 보는 것이다.

예사롭게 받아들여지지 않았다. 젊은 학생들의 기억을 모두 읽고 듣고 난 연후 앞에서 말했듯이 '흐릿하다'는 생각과 함께 많은 경우 '교과서적'이다, '표준화'되어 있다는 판단에 이르자, 그 화살표가 바로 '5·18 광주'의 균일한 이해방식을 지시해주는 기호처럼 느껴진 것이다.

전두환 정권의 민간인 상대 무력 진압→민간인 상대 발포→군사 정권에 대한 민주화 봉기→도청 전투→발포명령권자 불분명(○○○대학교 설문 응답자, 2008년 5월 8일).

고등학교 한국근현대사 과목에서 비교적 자세히 다룸. 전두환 정권의 폭압적 행태에 반발하여 광주 시민들이 저항→정부의 무차별적 진압 및 북한의 소행이라고 사건 왜곡→많은 광주 시민들이 죽음(사건 종결)(△△대학교 설문 응답자, 2008년 5월 6~9일).

필자는 '5·18 광주'를 다룬 중·고교 검인정 교과서들 전부를 확인해볼 여유가 없어 고교생용 『한국근현대사』 참고서 하나를 급히 구해 읽었다(강신태 외, 2008: 196). 그러고 나서 필자의 생각이 이렇게 약간 바뀌었다. 표준적이고 도식적이되 교과서적임을 넘어 '참고서적'이다. 그들 가운데 적지 않은 수는 수능 또는 내신 '시험기계'로서 '5·18 광주'를 학습한 것이 아닐까.

'5·18 광주'에 대한 표준적 이해를 지시하는 기호가 화살표라면 그러한 일면성을 상징하는 단어는 '민주화운동'이다. "'5·18 광주'를 어떤 성격의 사건으로 이해하고 있나요?"라는 필자의 질문에 학생들은 너도 나도 '민주화운동'으로 답했다. '민주화운동'이란 단어를 직접 사용하지 않은 경우에는 '독재-정의'와 '민주-불의' 사이의 대립 및 충돌을 서술하

는 식으로 답했다.11)

기본적으로 민주화운동으로 알고 있습니다. 그러나 따로 생각해본 것은 어떤 식으로 보면 그동안 지역적으로 억눌려왔던 광주 시민의 불만을 표출한 사례라고 보고, 이에 전두환의 과잉 진압으로 일이 커진 사건으로 보고 있습니다(▽▽대학교 설문 응답자, 2008년 5월 5일).

12.12 사태 이후 전두환의 권력 잡기가 시작되었고 계엄령이 선포되었죠. 하지만 잘못된 부분에 대한 광주 시민들의 항쟁입니다. 참으로 서러운 일입니다. 총을 든 군대에 맞서 싸운 그저 일반 시민들입니다. 지금 나보다 더 어린 학생들이 당당히 민주화를 외치고 많은 일반 시민들이 죽고 지옥과도 같은 날들을 보낸, 우리 역사의 가장 아픈 날입니다. 지금은 우리가 살고 있는 우리가 누리고 있는 민주화는 그런 뼈아픈 사건 속에서 비로소 태어난 것입니다(▽▽대학교 설문 응답자, 2008년 5월 5일).

군사 독재의 횡포에 맞서 민주화를 외친 사건이라고 생각한다(◇◇대학교 설문 응답자, 2008년 5월 12일).

---

11) 앞에서 밝힌 것처럼 학생들 중 상당수가 영화 <화려한 휴가>를 인상적으로 보았으며 그것을 통해 '5·18 광주'에 대해 더 많이 알게 되었다고 말했다. 그런데 필자가 본 바로는 <화려한 휴가>는 '5·18 광주'의 '민주화운동'이란 측면을 크게 부각시킨 영화가 아니다. 거기에서 주인공들을 포함한 광주 시민 대다수는 오히려 '독재-민주 전선' 외부에 있고 그것과 관계없이 소박하지만 행복한 일상을 보내다가 느닷없이 쳐들어와 살육행위를 해대는 공수부대와 맞서게 된, 자기 공동체의 생존과 안전을 위해 나서는 인간형으로 그려진다. 그리고 이런 그림에 아주 어색하게 '애국가와 태극기'를 덧칠해놓은 것이 <화려한 휴가>이다. 언제 그들을 다시 만나면 <화려한 휴가>가 인상적이었다는 말의 구체적 뜻을 물어보고 싶다.

민주화를 위한 열망에서 시작된 것으로 이해하고 있다. 그리고 그것은 독재자의 시각에서 무참히 짓밟아버린 것으로 이해하고 있다. 5·18이 가지는 의의는, 한국에서 현재의 민주화가 이루어지게 한 토대라는 데에 있다고 본다(◇◇대학교 설문 응답자, 2008년 5월 12일).

독재에 억압되어 있던 사람들의 폭발(△△대학교 설문 응답자, 2008년 5월 6~9일).

민주화를 위한 국민들의 노력. but 많은 희생으로 안타까움(△△대학교 설문 응답자, 2008년 5월 6~9일).

군사 정권에 반하여 일어난 시민들의 민주항쟁. 우리나라 역사 속, 정부가 무력으로 시민들을 탄압한 부끄러운 과거. 대한민국 민주화의 도화선이 된 뜻 있는 운동(△△대학교 설문 응답자, 2008년 5월 6~9일).

덧붙여서 지역적 소외의식을 언급하는 예들과 광주 시민들이 잠시 동안 일구어낸 자치공동체에 관심을 보이는 예들도 있었지만 아주 소수였다. 그리고 "사상·이념적으로 변화가 필요했고, 이를 실천하고자 했던 혁명과 같은 맥락으로 본다"는 응답자가 한 명 있었다. 반면 불온 세력이나 특정 정치인(정치집단)의 음모와 선동에 따른 소요, 폭동 등으로 본다는 친구는 한 명도 없었다.

7. 비록 소수였지만

'민주화' 이후 공식 명칭이 '민주화운동'으로 지정되었고, 이를 반영해 각종 대중 매체들이 그리 불러왔으며, 내실이 있든 없든 초등·중등 교과 과정에서 그렇게 가르쳤으니, 많은 학생들이 '5·18 광주'를 '민주화운동'으로 부르는 경향은 당연해 보이기까지 하다. 그러나 여기에서 그러한 경향의 일면성을 지적하고 성찰해보는 것은 어떨까? 그 같은 교과서적 이해가 포괄하지 못하는 '5·18 광주'의 측면들은 오늘날의 '88만 원 세대'가 기억해둘 가치는 없는가라고 자문해보자는 것이다. 사실 하나의 객관적 기억, 하나의 중립적 기억이란 없다. 전두환은 아마 사후 무덤 속에서도 '5·18 광주'를 '간첩들의 소행'으로 기억할 것이다. '간첩들의 소행'이란 기억과 대립하는 다른 기억이 '민주화운동', 단 하나일 수 있을까? 비록 극히 소수이기는 했지만 몇몇 학생들이 그와 관련된 이야기들을 해주었다.

그들은 왜 도청에 갔을까? 내가 지금까지 너무 정치적으로 해석한 것은 아닐까? 내가 살아가고 있는데 갑자기 공수부대가 와서 부수고 죽이고, 이 생각 하다가 눈물이 막 나더라고요. 그 사람들은 그때 어땠을까? 본능적으로 총을 든 것이었다고 생각해요..····구체적으로는 모르겠지만 자신들의 의미를 확인하고 싶었던 것 같아요(▽▽대학교 구술자, 2008년 4월 30일).[12]

---

12) 구술자는 <화려한 휴가>를 모티브로 삼아 말했는데, 그 영화를 필자와 비슷하게 본 듯하다.

국가가 사실상 적으로 상정하고 있는 것은 국민들을 위협하는 외부의 적이 아닌, 국가권력이나 정부를 위협하는 내부의 '적', 즉 또 다른 국민이라는 것을 확인시켜주는 상징적인 사건이라고 생각한다. 국가가 어떻게 자신의 국민들에게 그렇게 할 수 있느냐가 아니라 국가이기 때문에 그렇게 할 수 있는 것이라고 생각한다.…대추리의 문제도 이와 같은 맥락이라고 생각한다(○○○대학교 설문 응답자, 2008년 5월 6일).13)

사실 시민군들이 피해자였지만 계엄군들도 역시, 그건 물론 논란이 있을 수 있지만, 어쨌든 그 사람들은 명령에 따라서 왔던 사람들이고(○○○대학교 구술자, 2008년 5월 12일).14)

---

13) 바로 다음에 인용된 구술자도 비슷한 취지로 해석될 만한 말을 했다. "대추리 집회 가서 느꼈는데, 5·18 광주에 대한 기록 중에 '화려한 휴가' 작전이 끝나고 나서 헬기들이 돌아다니면서 애국가를 틀었다는 기록이 있거든요. 근데…대추리에도 범국민대회가 열려서 집회가, 대오가 모이니까, 헬기를 띄워서 애국가를 틀더라고요. 하, 저놈의 정부는 20년이 지나도 변한 게 없을까." 물론 학생들 대다수는 '5·18 광주'를 '국민공동체'에 대한 근본적 회의를 품게끔 만드는 계기로서 사고하기보다 '진정한 국민공동체'(민주주의)와 '허구적 국민공동체'(독재)의 대립항 속에서 이해했다. 그들의 지배적 문제 설정은 최근 연일 이어지고 있는 쇠고기 관련 집회에서도 쉽게 확인되었다. 3인조 대중가수 MC the Max의 일원인 제이윤(25세)은 자신의 블로그를 통해 '5·18 광주'와 '광우병 쇠고기 수입반대 집회'를 같은 계열 속에서 이야기한다. "이 미니홈은 광우병 쇠고기 수입에 반대합니다." "우리는 언제나 기억해야 합니다. 우리가 사는 세상, 이 사회는 광주 시민들의 피로 이루어진 것…대한민국의 모든 권력은 여러분으로부터 나옵니다"(http://blog.naver.com/glffldakqiq/130031431415).
14) '가해자'의 기억이 '피해자'의 그것과 같기는 어려울 것이다. 또 가해자들 내에서도 피해자들 내에서도 기억은 차별적일 가능성이 높다. 이경남(1999)은 '5·18 광주'의 기억이 가지는 중요성을 역설하는 이른바 진보주의자들조차 흔히 도외시하는 가해자들의 기억들, 이들 중에서도 예컨대 전두환의 그것과는 분명히 다른, 가해자

소수자들로서 한 이 학생들의 발언은 '5·18 광주'를 둘러싼 '기억의 정치'가 '민주화' 이후로 더 이상은 '은폐 조작과 진실 규명 사이의 대립' 이라든지 '민주적 시민-국민의 저항'이란 단편적·독점적 지형 내지 시선 안에만 갇혀 있지는 않게 된 상황을 부분적으로나마 입증하는 듯하다.

8. 지금의 나와는? 글쎄요

많은 학생이 '현재의 자신'과 의미 있는 관련을 갖는 '5·18 광주'를 발견하지 못하고 있었다. 설문 응답자들에 한정해서 보면 "거리가 멀다", "생각해본 적 없다", "그다지 와닿지 않는다"고 간명하게 답한 이들의 수가 상당수에 이르렀다. 다른 학생들은 둘째 치고 '운동' 경험이 있거나 '운동'을 하고 있는 학생들조차 그랬다. 다음은 한국 사회의 현실에 대해 대단히 비판적인 학생들의 예이다.

솔직하게 이야기하자면 5·18사건 자체가 저한테 어떤 영향을 미치는 것은 아닙니다. 역사 속의 사건일 뿐이죠. 그 당시 나는 태어나지도 않았고, 멀다는 느낌.···비슷한 의식 수준의 친구들이랑 지금의 사회, 정치는 이야기 해도 과거와 현재의 관계에 대해서 이야기 나눈 기억은 없어요. 확실히 역사와 현재의 문제는 동떨어뜨려서 사고하는 경향이 강하죠(○○○대학교 구술자, 2008년 4월 25일).

학생A: 어, 그니까, 시기적으로 되게 오래됐잖아요?

이자 피해자였던 사람들의 기억들 중 한 사례를 보여준다.

필자: 그쵸. 오래됐죠.

학생A: 거의 30년이 다 돼가니까. 제가 그 시기에 살았던 거도 아니고. 그 사건에 직접적으로, 어떤 직접적으로, 제 생각에 영향을 준 것도 아니고 저한테는 좀, 기억은, 해야 할, 사건, 역사이기는 한데, 너무, 먼, 기억이라고 할까요?

필자: '기억을 해야 할'이라고 하는 당위, 그런 표현을 쓰는 이유는 뭐죠?

학생A: 그게, 현대사에서, 한국 사회에서, 중요한 의미를 가진다는 거죠(□□□대학교 학생들 5명과의 집담회, 2008년 5월 7일).

저랑 광주항쟁, 5·18 민주화운동과의 관계는, 그 당시에는 이런 걸 깨닫고 나서 소위 독재, 반독재운동으로 나간다거나 아니면 더 급진적으로 가는, 그 당시에 들어온 맑스-레닌주의적인 가치관을 받아들이면서, 하나의 사회를 움직일 수 있다는 엘리트적 정체성에다 플러스, 이케 그걸 바꿀 수 있게 만드는 이론들이, 이케 같이 조합이 된 것 같거든요. 그 당시에, 80년대에, ('5·18 광주'의) 기억을 자양분으로 해서. 지금에 와서는 그런 조건도 없을 뿐더러 그런 이론적인 가능성이 전혀 상실된, 없어요. 그런 이론들이 있기는 한데 나의 삶과는 너무나 괴리가 되어 있어요. 그래서 하나의 어떤 의미로서는 전혀, 전혀, 전혀? 전혀라기보다 그냥 그 세대의 사건으로 남겨져 있는, 제가 개입할 수 없는, 그런 지점으로 남겨져 있는 것 같고 그리고 기억을 할 때 나한테, 나는 20대 초반, 이 정도가 가장 정체성을 형성하는 (생애 전체에서 가장 중요한) 시기라고 생각하는데, 그런 시기에 있었던 일이 무엇이었는지, 나의 생애에서 5·18과 같은 성격을 가진 사건이 무엇인가.····저한테 5·18은 음, 음, 저의 삶에서 5·18 같은 (5·18과 비견되는) 사건을 떠올리는 정도의 의미가 될 것 같습니다(□□□대학교 학생들 5명과의 집담회 중 학생C, 2008년 5월 7일).

의미가 별로 없습니다. 크게 없죠. 내가 사회운동을 한다면 참고자료는 되겠지만(▽▽대학교 구술자, 2008년 4월 30일).

지금의 나한테 무슨 의미가 있을까? 스, 스, 스, 과거에 같이 공부했던 사람들 얼굴 생각나고, 난 이렇게 살고 있구나.…특별히 그 자체에 대해서 생각해본 적은 없습니다(○○○대학교 구술자, 2008년 5월 6일).

의미를 찾는 학생들은 "그때 그 사건이 있었으니깐 지금 그나마 민주화가 되지 않았을까", "광주민주항쟁이 있기에 지금의 내가 자유를 누리고 사는 것 아닐까"라고 말하는 정도로 비슷비슷했다. 이들 가운데 희생된 사람들에 대한 '감사'와 '송구'의 표현을 덧붙이는 학생들이 있었다.

9. '생성'이 없는 '기억'은 사라진다

필자의 질문들에 답해준 학생들로 국한해볼 때, '88만 원 세대'는 일부 소수를 제외하면 '5·18 광주'에 대해 큰 관심이 없고 흐릿하게 또는 무덤덤하게 기억하며, '민주화'에 기여하였다는 정도의 교과서적·참고서적 평가를 하는 선에 머물러 있다.

'88만 원 세대'의 이 같은 무관심이나 건조한 태도를 이해하고자 할 때 '도덕론'이란 편한 접근법을 택해서는 안 된다. '5·18 광주'에 대한 그들의 기억은 소위 '민청학련 세대', '긴급조치 세대', '386 세대'로 불린 이들이 '전승해준' 것이고 그들이 주도한 '민주화'의 효과들 안에서 '표준화된' 것이다. 필자가 원고를 작성하면서 절감한 것은, '88만 원 세대'의 기억과 관련된 우려나 안타까움이 아니라 그들의 구체적 삶에 대한 연구와 토론의 필요성이었다.

역사학자 도미야마 이치로는 '일상'에서 ('5·18 광주'와 같은) '전장'을 '기억'한다는 것에 함축된 두 가지 의미를 말한 적이 있다. 우선 '전장'의 비밀과 기반이 실은 '일상'에 존재한다는 것이다. 그리고 '일상'에서 '전장'의 그것과는 다른 '새로운' 사유와 행위의 좌표를 갈구하는 의지의 표현이라는 것이다(富山一郞, 2006). '88만 원 세대'와 '5·18 광주'의 관계는 '88만 원 세대'의 구성원들을 규정하고 훈육하는, 그리하여 그들 스스로가 욕망하는, 그러나 다른 한편에선 탈주하기를 꿈꾸는 평범하고 진부한 그들만의 일상을 탐구함으로써 비로소 가시화될 수 있다. 그들이 '5·18 광주'를 희미하고 무덤덤한 과거사 정도로만 기억한다면, 그것은 그만큼 그들의 머릿속에 표준화되어 있는 '5·18 광주'가 '88만 원 세대'에게 새로운 삶의 좌표를 생성해주지 못한다는 점을 시사한다.

기억은 당위에 의해서 선택·지속되지 않는다. 사회에 대한 연구 없이 그리고 사회 속의 삶에 대한 고찰 없이 기억은 이해될 수 없다. 어느 개별 인물도 아니고 '세대'로 명명된 이들의 집합적 기억이라면 더더욱 그렇다. 그러므로 사실(facts)의 차원에서 포착된 과거의 실제적 체험 자체, 현재의 특정한 기억 자체가 필자의 논제와 관련해 결정적으로 중요한 것은 아니다. '그러한 기억'이 실재하고 심지어 표준화되었으며 공교롭게도 희미한 상태로 있는 맥락과 조건, 이유 등을 파악하는 일이야말로 정말 중요하다.

필자가 이 원고를 쓰겠노라고 작정할 당시 느꼈던 무게의 중심은 두 가지 키워드 - 즉, '5·18 광주'와 '88만 원 세대' - 중에서 확실히 '5·18 광주'에 있었다. 그런데 어느덧 '88만 원 세대'에다, 그 구성원들이 '지금 이 순간'을 살아가는 일상에다 원고의 방점을 찍게 되었다. 솔직히 필자는 하나의 연구 과제를 끝낸 것이 아니라, 이제야말로 시작해야 할 지점에서 서성대는, 조금은 당혹스러운 기분에 빠져 있다.

참고문헌

인터뷰 자료 14건.
설문조사 자료 169건.
집담회(5명) 자료 1건.

강신태 외. 2008. 『하이라이트 핵심 한국근현대사』. 지학사.
날래. 2008. 「'88만 원 세대'를 읽다 보니 저자들의 세대를 되묻게 되더라: 당사자인 20대의 목소리는 없는 세대론에 발끈하며」. ≪내가 묻는 방식, 여성주의 저널 N≫. 제2호.
대구 우리세상 청소년 영상단. 2004. 「민아의 5·18」. http://www.518.org.
안병직. 2007. 「한국사회에서의 '기억'과 '역사'」. ≪역사학보≫, 제193집.
이경남. 1999. 「한 특전사 병사가 겪은 광주: 20년만의 고백」. ≪당대비평≫, 제9호.
이선경. 2007. 「우리 아빠가 내 앞길을 막고 있나?」. http://www.redian.org.
이용기. 2007/1999. 「'5·18'에 대한 역사서술의 변천」. 5·18기념재단 편. 『5·18 민중항쟁과 정치·역사·사회 3: 5·18 민중항쟁의 전개과정』. 심미안.
장덕종. 「학교 현장서 5·18교육 확대해야」. http://app.yonhapnews.co.kr.
정민경. 2007. 「수상 소감」. http://www.518seoul.org.
정장열. 2005. 「5·18 25주년: 잊혀져가는 '광주'」. ≪주간조선≫, 통권 제1855호.
최영태. 2008. 「머리말」. 최영태 외. 『5·18 그리고 역사』. 도서출판 길.
富山一郎. 2006. 『戰場の記憶』. 增補版. 日本經濟評論社.

제4장

탈식민주의 관점에서 보는 '5·18의 반미'

정희진(여성학·평화학 강사)

1. '친미'와 '반미'의 기준을 정하는 미국

 이 글은 탈식민주의(post-colonialism) 시각에서 5·18이 한국 사회에서 반미자주의식을 각성시키는 계기였다는 역사적 평가를 다시 읽기 위한 시론이다. 이 글은 '반미자주의식'에 함의된 이항 대립 구조가 탈식민주의적 실천일 수 있는가를 질문하면서, '반미'와 '친미(용미)' 양자가 공유하고 있는 서구 근대성의 준거, 대표, 기원으로서의 미국 권력에 대해 생각해보고자 한다.
 한국 사회에서 5·18에 대해 거의 일치된 해석이 이루어진 부분은 '5·18과 미국'이라는 주제에 관한 것이었다. 이념적·지역적 입장의 차이를 넘어서 그리고 사회, 정치, 문화, 학술 등 각 분야를 막론하고 5·18이 미국에 대한 한국 사회의 근본적인 시각 전환과 교정을 요구하는 사건이었다는 데에는 이견이 없는 듯하다. 5·18은 반미주의에 기반을 둔 민족자주의식의 성장과 확산에 결정적인 계기가 되었다.

'5·18과 반미'의 시작은, 널리 알려진 대로 1979년 박정희 전 대통령 피격 이후 12·12와 다음 해 5·18, 제5공화국 성립에 이르는 일련의 정치적 과정에서 한국 민중의 기대와는 정반대로 미국의 신군부 세력에 대한 방조·승인·지원으로 인한 것이었다. 미국이 신군부의 편에 서서 광주항쟁을 진압시키기 위해 노력한 가장 극적인 행동은 진압군의 병력 이동을 승인해준 일이었다. 당시 한국군의 평시(平時)·전시(戰時) 군 작전통제권은 모두 주한 미군 사령관이 통솔하는 한미연합사에 있었다.1) 다시 말해 한국군의 이동은 미국의 사전인지 없이는 불가능한 것이었다. 공수특전단의 무자비한 행위에 분개한 시민이 스스로 무장하고 시민군을 형성, 계엄군이 시 외곽으로 철수함으로써 광주가 사실상 시민 자치 상태가 된 5월 22일, 당시 주한 미군 사령관 겸 한미 연합군 사령관 존 위컴 대장은 미 대사였던 글라이스틴과 합의 아래 한국 계엄 당국의 요청을 받아들여 자신의 작전지휘권 아래 있는 한국군 병력의 일부를 광주로 이동시켰다. 이 병력은 제20사단 소속 4개 연대였다. 제20사단은 미국의 주장처럼 "공수부대보다 덜 잔학하여 더 큰 시민의 피해를 막기 위해 계엄군을 대체한 것"(Wickham, 1999)이 아니고, 증원군이었다(이삼성, 1993; 1997: 36. 강조는 인용자). 이는 5·18에서 미국의 위상을 보여주는 상징적인 그리고 실질적인 역할이었다.

5·18을 분수령으로 한국 사회에서 미국의 위상은 혁명적 변화를 겪었다.2) 소위 '87체제'로 불리는 절차적 민주주의의 부분적 성취, 사회운동

---

1) 평시 군 작전통제권은 김영삼 정부 시기인 1994년 한국에 반환되었다.
2) 1990년대 이후 미국의 시장 개방 압력으로 반미주의는 더욱 심화되었다. 일례로, 우루과이라운드 협상을 앞두고 농협중앙회가 1991년 11월 11일부터 12월 23일까지 42일간 벌인 쌀 수입 개방 반대 서명운동에 전 국민의 1/4이 넘는 1,307만 8,935명이 참여해 최단 시간, 최다 서명 기록으로 『기네스북』에 올랐다(≪경향신문≫, 1995. 2. 13).

의 성장, 경제발전은 반미주의 확산의 물질적·이데올로기적 기반이었다. 특히 민족자주를 위한 사회운동의 성장은 놀랄 만한 것이었다. 주지하다시피 식민 지배와 전쟁 경험으로 인해 지난 세기 동안 한국 사회에서 국가안보 이데올로기는 미국의 권력을 보장해주는 마르지 않는 수원이었다. 국가안보는 모든 사회적 가치를 초월한 생존 차원의 문제였고, 한국의 자주국방은 한미동맹을 통해서만 가능하다고 인식되어왔다.

그러나 한국의 사회운동은 예전 같으면 '한낱 기지촌 여성의 죽음'으로 경시되었을 '윤금이 사건'(1992년)을 한미동맹에 심리적 균열을 가져오게 할 사건으로 만들 만큼 성장했다. 윤금이 사건 이후에도 지속된[3] 한국 여성에 대한 미군의 폭력이 한미 간 정치적 갈등과 사회운동의 의제가 된 것은, 5·18을 계기로 주한 미군의 존재에 대한 국민적 합의가 균열되기 시작했음을 의미한다. 불변할 것 같았던 안보 가치, 한국의 국가안보를 지켜준다는 주한 미군에 대한 절대적 이해(利害)가 성별·지역·이데올로기 등 국민 간의 차이에 따라 점차 상대화된 것이다. 물론 안보에 대한 국가주의적 접근에는 큰 변화가 없었지만, 최소한 국가안보 실현의 방법을 둘러싼 미군의 역할은 도전받았다.

'윤금이 사건'을 계기로 국가안보를 위해서는 여성, '더구나 성 판매 여성'의 희생은 불가피하다는 기존의 친미 우익 세력에 대항해 자국 여성이 외국 남성에 의해 '더럽혀졌다'는 수치심을 갖는 민주화·자주화 세력이 등장함에 따라 기지촌 여성도 (일시적으로) 한국인의 범주에 포함된 것이다.[4] '기지촌 여성'도 민족 구성원의 한 사람이라고 인정한다면,

---

[3] 이 사건 이후에도 공식 보도된 기지촌 여성 살해 사건은 20여 건에 이른다.
[4] 여성주의 진영은 이러한 두 가지 입장에 모두 반대했다. 여성주의는 이 사건을 민족모순으로 환원해서는 안 된다고 주장하면서 보편적인 인권 침해로 인식했다. 이 사건으로 한국 여성운동은 그동안 성별 분업을 기반으로 작동해 왔던 국민동원

이 사건에서 그들은 주한 미군의 피보호자가 아니라 피해자였다. 비록 '윤금이'는 죽고 나서야 한국인이 되었지만,5) 이 사건은 국가안보에 대한 국민의 이해가 같지 않다는 각성이 민족 구성원의 범주 확장으로 나타난 민주주의의 성취였다.6)

1990년대 이후 한국 사회에서 반미는 일상 문화의 일부가 되었다. 미군 범죄의 지속적 발생7)과 이에 대한 사회적 문제제기는 주한 미군과

체제 아래서는 인식하지 못했던, 국민과 여성이 갈등적 범주라는 사실을 점차 자각하게 되었다. 그렇지만 이후 '국민'과 '여성'은 여전히 단일한 범주, 배타적 범주로 남았고 다른 방식의 질문은 제기되지 못했다. 정희진, 1999; 도미야마 이치로, 1999; 정유진, 2000; 김현숙, 2001; 하세가와 히로코, 2002; 캐서린 문, 2002; 김은실, 2002; 이향진, 2002; 정혜승, 2002; 김연자, 2005 등 참조.

5) '기지촌 여성' 윤금이는 살아서는 가장 경멸받는 존재였지만 남성 민족주의의 이해(利害)에 따라 죽은 후 '민족의 누이, 순결한 딸'이 되었다. 저항적 민족주의 담론에 의해 여성의 인권이 죽음 이후에 승인되는 문제에 대해서는 정희진, 1999 참조.

6) 보호자로 간주되는 남성(국가)은 피보호자로 간주되는 여성(국민)을, 보호할 만한 가치가 있는 여성과 그렇지 않은 여성으로 분류할 권력을 갖는다. 가족 제도를 매개로 한 섹슈얼리티와 관련한 남성의 이해관계에 따라 여성은 국민의 범주에 포함되기도 하고 배제되기도 한다. 아시아의 미군 주둔 지역인 일본의 오키나와, 필리핀의 올롱가포, 한국의 기지촌 등지에서 기지촌 성산업 종사 여성에 대한 미군의 성폭력과 살인 사건에 대해 국가와 남성 시민사회는 방관하거나 선택적으로 개입한다.

7) 물론, 1990년대 들어 미군 범죄가 갑자기 급증하거나 문제제기된 것은 아니다. 미군 범죄는 1945년 9월 8일 미군이 인천항을 통해 한국에 첫발을 들여놓은 순간부터 발생했다. 미군은 착륙 작전에 방해가 될까봐 완전 무장한 채, 미리 일본인 군경을 동원해 한국인의 외출을 일절 금지시켰다. 그러나 일부 시민이 미군을 환영하고자 인천항에 모여들었다가 경비 구역을 침범했다는 이유로 일본 경찰의 총격을 받아 한국민이 2명이 사망하고 10여 명이 부상당했다. 한국민의 항의에 대해 미군 당국은 정당한 공무 집행이라며 오히려 일본 경찰을 두둔했다. 이것은 주한 미군이 저지른 최초의 범죄로 기록되고 있다. 정부의 공식 통계에 따르면 1967년부터 2002년

이들의 주둔을 '애원'해 온 한국 정부가 실은 국민과 영토(기지로 인한 환경오염)를 '보호'하지 않는다는 사실을 각인시켰다. 2002년 '효순이·미선이 사건'은 '어린 소녀'를 제대로 보호하지 못했다는 국민적 차원의 자책과 분노를 가져왔고, 이는 일정 정도 노무현 정권 탄생에 기여하기도 했다. 2008년 수개월 동안이나 지속된 쇠고기 검역 주권과 식품 안전을 요구하는 촛불 시위는, 일부 미국인의 이익을 위해 절대 다수의 한국인을 '비(非)국민'으로 만드는 이명박 정권과 미국 중심의 신자유주의 체제에 대한 대규모 저항이었다. 이명박 정부는 한국의 역대 정권 중 미국과 한국의 자본계급을 위해 가장 많은 수의 국민·민족(nation)을 그 범주로부터 배제시키고 있는 정권이라 할 수 있다.

그러나 최근 오바마의 대통령 당선에 대한 한국 사회의 반응(미국의 민주주의에 대한 부러움과 감탄)에서 알 수 있듯이, 한국 민중에게 미국은 초강대국이고 '가해자'이지만 동시에 인권·평등·민주주의의 발전 모델로도 인식된다. 한국 사회의 어떤 세력에게 미국은 세계 최강의 패권국으로서 부국강병의 지도자이지만, 또 다른 세력에게는 민주주의 구원자로서 기대되고 있다. 미국은 선진 강국으로서 지구촌의 안녕과 각국의 민주주의를 지도할 책임이 있고, 미국의 권력 자체에 대한 문제제기보다는 미국의 힘은 선의로 발휘되어야 한다고 생각하고 또 바라는 것이다. 후기식민 국가들의 서구를 모델로 한 '추격 발전(catch-up development)' 실천에는 통치 세력들만 나선 것이 아니었다. 미국은 한국 사회의 지배

말까지 발생한 미군(미 군속 등 포함) 범죄는 대략 5만 2천여 건이며, 범죄에 가담한 미군은 5만 9천여 명이다. 경찰에 접수되지 않은 사건까지 감안하면, 실제는 더욱 많은 범죄가 일어났음을 짐작할 수 있다. 이 통계를 근거로, 1945년부터 현재까지 발생한 미군 범죄는 최소 10만 건이 넘을 것으로 추정된다. 자세한 내용은 '주한미군범죄근절운동본부' 홈페이지 http://usacrime.or.kr 참조.

세력, 저항 세력, 민중에게 공히 본받고 따라잡아야 할 근대성의 모델로 인식된다. 그런데 미국식 경제발전이나 막강한 군사력을 희구하는 세력은 한국 사회에서 흔히 '친미'로, 민주주의를 배워야 한다고 주장하는 사람들은 '반미'로 분류된다. 한국 사회에서 '친미'와 '반미'는 미국의 무엇을 본받아야 하는지에 따라 구분되는 미국 중심적인 개념으로, 그 기준은 모두 미국이다.

해방 이후 미국은 한국 사회에서 단 한 번도 변수로 존재한 적이 없었다. 미국은 언제나 한국의 현실을 규정짓는 상수(常數)였다. 한국 현대사에서 미국(의 지배 세력)이 한국 내 어느 세력을 지원하는가에 따라 한국의 정치 판도는 달라졌다. '5·18의 반미'는, 미국이 한국 민중이 아니라 신군부의 편이었다는 배신감에서 출발했다. 이러한 상황은 광주 이후 30여 년 가까이 지난 오늘날까지 지속되고 있다. 최근 전시 군 작전권 환수, 인계철선 논란, 오바마 당선 등을 둘러싸고 미국의 '진심'이 무엇이고 누구의 편이냐는 주장과 해석, 이를 둘러싼 논쟁이 바로 한국 사회에서 정치적 전선이 구성되는 방식이다. 이러한 폐쇄 회로에서 우리는 자신이 누구인지 알 수 있을까? '우리는 누구인가'라는 질문은, 상기해야 할 기억이 아니라 '우리'가 누구와의 관계에서 설명되고 있는지를 인식할 때 풀릴 수 있는 것인지도 모른다.

2. 기대와 배신감에서 나온 반미

구한말 최초로 외교사절단을 이끌고 미국에 다녀온 수석대표 민영익은 "나는 암흑계에서 나서 광명계에 갔다가 또다시 암흑계로 돌아왔다. 나는 아직 나갈 길이 똑똑히 보이지 아니 하나, 미구에 보이기를 바란다"

고 썼다. 이에 대해 어떤 남성 지식인은, 시대의 변화에 따라 정도의 차이는 있지만 지난 세기 동안 미국을 처음 접한 한국인의 심정을 "한마디로, 외경이라 할까요"(박권상, 1986: 407~438)라고 표현했다.[8] 민영익의 미국 방문(1883~1884년) 충격으로부터 90년 가까이 지난 1970년, 냉전 시대 한복판에서 미국은 한국의 유일한 외부 세계가 되어 있었다.

양자(한국과 미국 – 인용자)의 관계는 예나 지금이나 다름없이 이성과 이해의 계산 위에 성립된 관계라기보다는 문자 그대로 '사랑과 믿음과 바람'의 관계에 머물러 있다고 할 수 있다. 적어도 한국의 입장에서는 그렇다고 할 수 있다. 미국의 대한 정책은 있어도 한국의 대미 정책은 없었다는 얘기도 결국은 한국이 아직 미국을 남으로서 보고 있지 않기 때문이라 할 것이다(최정호, 1970: 72~81; 임희섭, 1994: 252에서 재인용. 강조는 인용자).

한국 사회에서 미국에 대한 언설이 등장할 때마다 빠지지 않는 단어가 '버린다'는 표현이다. 미국이 한국을 버린다, 포기한다, 혹은 그럴 가능성에 대한 언급과 공포는 '숭미 사대주의' 세력에만 국한된 것이 아니다. 미국에 대한 요구와 기대의 내용이 다를 뿐 "미국은 광주를 버리고 군부를 선택했다"는 언설처럼 5·18의 반미도 미국이 한국의 민주주의를 방기했다는 배신감에서 시작되었다. '사랑과 믿음과 바람' 중에서 5·18은 미국에 대한 '믿음과 바람'이 무참히 깨진 사건이었다. 5·18에 관한 다음의 글들은 미국의 민주화 지원에 대한 기대와 더불어 미국이 '사태 수습의 주체'라고 명시하고 있다.

---

[8] 이 밖에도 남성 지식인들의 미국에 대한 부러움, 동경, 분노, 놀라움, 자괴감, 자립의지 등을 묘사한 미국 방문 감상기는 박경석(1989), 최연홍(1986) 등 참조.

항쟁 7일째인 5월 24일에 있어서도 강경한 입장의 항쟁 지도부는 미국에 대한 인식만은 매우 우호적이었다. 그들은 미국의 여론이 광주 시민의 편이며, 한국의 민주화가 미국의 이익과 일치된다고 생각하기 때문에 그들도 한국 군부의 강경 자세를 꺼려하고 있다. 만일 학살자들이 집권을 하게 되면 외국에서도 경제적 관계를 단절해버릴 것이다. 학살자들에 대한 전 국민적 저항이 일어나면 미국은 한반도에 걸려 있는 그들의 안보 이해관계 때문에라도 한반도의 안정을 위해 군부 세력을 버리고 민주화 세력을 지지할 것이라고 믿고 있었다(전남사회운동협의회 편, 1985: 181~182).

유신 시대 이래 최대 반체제 조직이었던 '민주주의와 민족통일을 위한 국민연합'(공동의장 윤보선, 함석헌, 김대중)은…다음과 같이 미국을 겨냥해 비난하고 나섰다.…아울러 본 국민연합은 전통적 우방인 미국에 대해 우리 국민의 신뢰 상실을 깊이 우려하는 바이다. 왜 무고한 양민을 살상케 하는가?…(미국은) 민주화를 조속히 달성키 위한 제반 조치만이 사태 수습의 유일한 길임을 왜 알지 못하는가? 우리의 우방 미국이 진정한 시민의 외침, 학생들의 절규가 무엇인지에 대해 좀 더 겸허히 귀를 기울일 것을 촉구하는 바이다(이상우, 1988: 103~104. 강조는 인용자).

이를 "심리학의 좌절-공격 이론(frustration-aggression theory)이 제시하듯이, 박정희의 죽음이 민주화를 불러오지 못하고 새로운 군사 정권이 등장함에 따라 미국의 도움을 통한 민주화에 대한 기대는 좌절로 바뀌었으며, 이 좌절감은 반미 감정의 폭발이라는 공격 행위로 이어진 것이다"(이재봉, 2004: 266)라고 보는 것은 다소 탈정치적인 설명일지 모르지만, 5·18의 반미가 미국에 대한 기대와 배신감에서 출발한 것은 부인할 수 없다. 신군부에게 미국이 정권안보를 보장해주는 후견국(patron)이었다면, 5·18 민주 세력에게 미국은 민주주의를 보호해주는 후견국으로 인식되었던 것이다. 미국은 한국을 지배하지만, 구원할 권력도 가지고 있는 것이다.

제2차 세계대전 후 제국주의로부터 독립한 제3세계 국가에서는 (미국의 대외 전략에 따라) 군부가 통치하는 경우가 많았는데, 이는 이들 국가에서 군대가 가장 근대화된 집단이었기 때문이다. 그러나 이들 국가에서 사회 각 부분의 근대화가 어느 정도 성취된 이후 군대는 점차 근대적 집단으로서 우위를 잃게 되고 '민주화(문민화)' 요구에 직면하게 된다. 한국 민중에게 박정희의 죽음은 군부가 아닌 문민 세력에 의한 근대화 실현의 기회였다. 분단이라는 군사적 대치 상황을 빌미로 한 오랜 군부 독재하의 한국 사회에서 근대화 추진 세력의 교체는 서구 '민주주의 국가'처럼 단순한 정권 교체에 머무르는 것이 아니었다. 그만큼 한국 민중에게 신군부의 등장과 그들이 12·12와 5·18을 통해 권력을 탈취한 것은 절망적인 일이었다. 한국의 민주화 세력은 '민주주의가 발전한' 서구 선진국처럼 내정과 외교의 확실한 구분, 이에 근거한 경찰과 군대의 명확한 역할 차이, 군이 시민의 통제를 받는 것(civil control),9) 군의 정치

---

9) 물론 군의 문민화가 민주화나 전쟁 없는 상태('평화')를 보장하는 것은 아니다. 미국의 이라크 전쟁은, 관료가 추진하고 군부가 적극적으로 반대한 전쟁이었다. 미국은 철저한 문민 통제를 구현하기 위해, (군의 압력이나 군에 대한 감정으로부터 자유로워야 하기 때문에) 제대한 지 10년 이내인 인물은 국방장관이 될 수 없도록 법으로 정하고 있다. 또한 군복을 입은 사람은 군령권(軍令權)을 행사할 수 없다며 합참의장에게 실질적인 군령권을 부여하지 않고, 오직 국방장관이 군령권을 행사하도록 하고 있다. 국방부는 군을 대표하는 조직이 아니라 국민을 대리하여 군을 통제하는 조직이라는 것이다. 그러나 이러한 문민 통제 시스템을 갖고 있으면서도 미국은 전쟁 국가이다. 부시 행정부에서 미국의 패권 전쟁을 추진하고 지휘한 세력은 럼스펠드와 콘돌리자 라이스 같은 '민간인'이었다(이 부분에 대해서는 월간 D&D

개입 금지와 같은 원칙이 지켜지는 '정상적인 국가'10)를 원했다. 그런데 이러한 열망이 바로 그 욕망의 모델인 미국의 배신으로 인해 좌절된 것이다.

하지만 국군이 자국민을 학살하는 것이 아니라 국가 외부의 적을 상대하는 정상 국가는, 외부에 식민지를 두어 내정과 외치를 위한 군사력 기능이 확실히 분리되는 제국주의 국가를 모델로 한 근대 국민국가의 이상(理想)이다. 한국처럼 불평등 동맹 아래 강대국의 군대가 주둔한 국가에서 군대와 경찰의 역할은 (상상 속의) '정상 국가'와 다르다. 촛불 시위나 평택 대추리 투쟁 등이 보여주듯이 한국의 경찰은 치안을 담당하는 국민의 경찰이라기보다 미국의 이해를 지켜주는 '미국의 군대' 역할을 하는 경우가 빈번하다. 제3세계(후기식민 국가)에서 군부 쿠데타가 빈발하는 이유 중 하나는, 국가 외부의 적을 방어한다는 원칙적인 군대의 역할은 (주한 미군처럼) 제국의 군대가 (대신) 담당하므로 군부는 전투력을 갖추기보다는 상대적으로 내정에 관심이 많을 수밖에 없기 때문이다.11)

---

*Focus*의 김종대 편집국장의 도움을 받았다).
10) 사전적 의미에서 근대 '정상 국가(normal state)'는 국가가 주권을 갖고 국민의 생명과 재산을 지키는 군대를 보유한 상태를 의미한다. 이러한 국민국가는 19세기 이후 국제 사회의 기본 단위가 되었다. 문제는 '정상'의 범주이다. 정상 국가는 평화 국가, 방어 국가, 군국주의 국가, 전쟁(침략)을 수행할 수 있는 국가까지 다양하게 해석된다. 이는 근대 주권 국가가 추구하는 자율성(reactive autonomy) 개념이 방어와 공격의 연속선상에 있기 때문이다. 이에 관한 여성주의 논의에 대해서는 Chodorow(1978), Hirschmann(1989), Flax(1993), Hooper(2001), 이블린 폭스 켈러(1996), 안 티커너(2001), 사라 러딕(2002) 등 참조.
11) 일례로 한국전쟁 당시 남북한은 모두 전쟁 수행 능력이 부족했다. 남북은 모두 외국군의 지휘 아래 전쟁을 치렀다. 남한은 1950년 7월 12일 맥아더에게 작전 지휘권을 양도했으며, 유엔군의 반격과 중공군의 개입 이후 북한의 작전 지휘권은 조중연합사령부의 펑더화이(彭德懷)가 맡았다(정병준, 2006: 90). 한국전쟁 동안

3. 미국을 위한 자주?

이 글에서 논의하고자 하는 바는 경찰은 내치를, 군인은 외부의 적을 상대하는 '제대로 된 국가'가 바람직한가 아닌가, 우리가 그러한 정상 국가를 지향해야 하는가 아닌가가 아니다. 논점은 우리가 열망하는 '제대로 된 국가', '근대의 완성'이라는 상상은 어디에 근거한 것인지, 그리고 우리가 추구하는 사회상이 미국이라면 그러한 미국은 단일하고 동질적인 형태의 미국인지, 어떤 것(예를 들어, 의회민주주의)은 근대적이고 미국적인 것으로 좋은 것이고, 어떤 것(예를 들어, 페미니즘)은 서구적인 것으로 우리 정서에 맞지 않는 것인지, 정신적인 것과 물질적인 것은 그렇게 뚜렷한 구분이 가능한 것인지, 미국적인 것의 수용이 동도서기(東道西器)의 문제라면 무엇이 '동'이고 '서'이며 무엇이 '도'이고 '기'인지를 누가 판단하는지, 이러한 판단에 개입된 권력 관계는 무엇인지에 대한 사회적 문제제기가 없다는 점이다. 이러한 질문이 부재할 때 한국은 미국의 발전 경로를 따라가야 하는 '역사의 대기실'(Chakrabarty, 2000)로 간주되고, 바로 그러한 지향이 한국 사회에서 미국이 갖는 헤게모니라는 것이다.

최근의 전시 군 작전권 환수 문제는 이러한 미국 중심주의가 한국 사회를 어떻게 출구 없는 미로에 갇히게 만드는지를 극명하게 보여주었다.

탈냉전 이후 그리고 2001년 9·11 사건을 계기로 미국은 자국의 세계 전략 변화[12]에 한국을 동원('협력')하기 위해 전시 군 작전권 이양, 주한

'부산정치파동'이나 북한 내부의 숙청 작업이 진행되는 등, 전쟁 중임에도 국내 정치가 활발했던 이유는 남북한 모두 전쟁을 치르는 당사자가 아니었기 때문이다.

미군의 자유로운 이동, 한국군 현대화(최신 무기 구입과 동맹 분담금 증액)를 강하게 요구하고 있다. 제2차 세계대전 이후 소련과 미국은 중심국과 주변국 간의 공통성에 기초한 새로운 유형의 제국주의 지배 체제를 구축했다. 이는 많은 신식민주의 논자들이 주장하듯 점령이나 조종, 대리통치 같은 기존의 방식이 아니라 독립된 국민국가를 제국주의의 지배 도구이자 단위로 사용하는 것이다.[13] 즉, 전시 군 작전권 이양은 미국의 한국에 대한 국민국가화 지원의 결정판이라고 할 수 있다.

그렇다면 미국으로부터의 종속을 탈피하기 위해 국가나 민족이라는 단위를 중심으로 자립과 자율성–반미자주–을 추구하는 실천이 의미하는 바는 무엇일까? 제국 시대 미국은 군사적 측면에서 이미 지구 전체를 관할할 수 있는 유일한 폭력의 주체가 되었다. 현재 군사적인 면에 관한 한, 미국은 곧 글로벌을 의미한다. 주권 국가라는 단위가 이러한 제국 시대의 '합리적' 통치 도구라면, 그 통치 단위를 완성시키고자 하는 제대로 된 국가 만들기에의 열정은 곧 '종속에의 열정'일지도 모르고, 자주를

---

12) 미국의 세계 전략 변화의 핵심은 선제공격 전략, 변환 전략, 새로운 동맹 전략이다. 미국은 '테러' 세력처럼 일정한 영토에 근거하지 않은 새로운 위협에 대처하기 위해, 동맹과 군대를 근본적으로 변화시키고 있다. 그 핵심은 전장에 머물며 싸우는 것(fight in place)이 아니라 주둔 기지에서 떨어진 곳이라도 전장에 전력을 투사(to project power into theaters)하기 위한 신속한 이동 배치, 이를 위한 동맹의 재조정이다. 이는 동맹의 본질적 변화를 요구한다. 주한 미군이 용산에서 평택으로 기지를 이동한 것도 미군이 유연하게 투입·이동·철수할 수 있도록(to move smoothly into, through, and out of host nations) 항구를 이용하기 위한 것이다. 미국 세계 전략 변화에 대해서는 세종연구소(2002), 전재성(2004), 서진태(2004), 이상현(2004), 김일영(2004), 서재정(2004), 정욱식(2005), 강진석(2005), 한국국방안보포럼(2006), 유재건(2006), 김승국(2007) 등 참조.

13) 프래신짓트 두아라(2008), 허은(2008) 참조.

추구하면 할수록 '자주적이지 않게 되는' 결과를 초래하게 될 것이다.

그런데 군 작전권 환수에 대한 한국 사회의 대응은, 자주냐 종속이냐의 이분법 속에서 평화 세력과 보수 진영은 기존의 입장과는 정반대의 자주성을 주장했다. 보수 세력은 전시 군 작전권 환수가 한미동맹의 위기를 낳아 미국이 한국을 버릴 것이라고 결사반대하며 '반미'를 외쳤고, 이러한 보수 진영의 비판에 맞서 미군 철수를 바라는 진보 및 평화운동 세력은 작전권 협상이 미국이 주도하는 한미동맹 재조정의 일환임을 강조하며 국민을 안심시켜야 했다. 미국의 세계 전략에 따라 기존의 보수 세력은 반미를, 진보 진영은 미국의 대변인 역할을 한 것이다(이혜정, 2006). 전시 군 작전 통제권 환수 논쟁은 자주와 종속의 이분법이 한국 사회에서 미국의 군사적·문화적 헤게모니를 강화할 뿐임을 보여주었다.

주한 미군의 지위 변경과 관련한 인계철선(引繼鐵線, trip wire) 논란도 그 연장선상에 있다. 원래 인계철선은 클레이모어(claymore)[14] 같은 지뢰와 연결되어 적이 침투할 때 건드리면 자동적으로 폭발하게 설치되어 있어 전쟁이 시작되었음을 알려주는 철선을 의미하지만, 한미 간에는 미 2사단 병력을 상징하는 용어로 사용되어왔다. 미 2사단이 북한의 남침 시 주요 진격로가 될 한강 이북의 군사적 요충지에 주둔하고 있기 때문에 한반도 유사시 미군의 자동 개입을 보장할 수 있다는 의미에서이다. 법제도 측면에서 한미상호방위조약에는 NATO에 대한 군사 지원과 달리 그리고 '우리의 기대'와는 달리, 유사시에 미국의 자동 개입을 보장

---

14) 비산(飛散) 폭발하는 대인용 지뢰. 1944년 독일 육군이 사용을 시작했고 베트남전에서 본격 사용되었다. 이 지뢰를 밟을 경우 하늘로 날아오른 후 사람의 얼굴 정도 높이에서 아래쪽으로 파편을 뿌린다. 수류탄의 위력과 비슷하며 사람에게는 대전차 지뢰보다 파괴력이 크다.

하는 조항이 없기 때문에 사실상 미 2사단이 미국의 자동 개입을 보장하는 기능을 담당해 왔다[15](주한 미군이 한강 이남인 평택과 오산으로 이전하게 되므로 인계철선의 역할은 끝난다). 이처럼 남한에게 인계철선은 대북 관계에서 겹겹의 자동 안전장치로 인식된 반면, 미국에게는 사람(미군)이 지뢰 역할을 함으로써 미군이 '한반도 평화의 인질'이라는 의미로 간주될 수 있기 때문에 미국 내에서는 해외 주둔군의 인권 차원에서 수차례 논란의 대상이 되어왔다. 미군이 왜 남의 나라에서 '총알받이'가 되어야 하냐는 것이다.

한국의 보수 세력에게 인계철선 폐기는 유기(遺棄)의 공포이다. 그들은 미국의 남북한 분리 지배를 '보호자의 희생'으로 생각하고, 인계철선 폐지를 미국이 한국을 위해 더 이상 보호자 노릇을 하지 않겠다는 방기로 받아들인다. 인계철선 논란은 자국의 이익을 추구하기 위한 미국의 전략 변화를 자주국방 기회로 활용하려는 한국의 자주화·민주화 세력과 이러한 상황을 수용할 수 없는 보수 세력 간의 첨예한 갈등을 불러올 수밖에 없었다. 전시 작전 통제권 환수 논의가 오갔던 부시 대통령과의 첫 정상 회담에서 당시 노무현 대통령은 "한국의 보수 세력은 주한 미군 2사단을 전시에 인계철선으로 이용하고 싶어 했다(Conservatives in Korea wanted to use the 2nd division as trip-wire in time of war). 그러나 우리(노무현 정부)는 미 2사단을 비무장지대의 인계철선으로 남겨두기를 원치 않는다. 왜냐하면 미국은 우리의 친구이기 때문"이라고 말했다. 이에 대해 보수 세력은 "노 대통령이 국가방위 세력을 미국과 이간질시키고 있다. 우리(보수

---

15) 한미동맹은 나토나 미일동맹 등에 비해 미국 입장에서는 그다지 중요하지 않은 동맹이기 때문에, 모든 조항이 지극히 허술하고 형식적이라는 것을 보여주는 일면이다.

세력)는 친구(미국)를 의도적으로 희생시키려는 집단이 아니다"고 참여정부를 비난했다. 이들 보수 세력은 미국의 진짜 친구는 자신들인데 '좌파가 집권하자' 자신과 미국 사이 끼어들었다며 분노했다. 조갑제(2006)는 "노무현의 그 황당한 말은 미국과의 인계철선 개념을 지우고, 북과 연계철선(連繫鐵線)으로 대체하려는 속셈이다. 노무현은 자기가 북한과 연계된 주적(主敵)이기 때문에 주적 개념을 없애려고 한다"16)고 주장했다. 이런 상황에서는 '친구의 희생을 원치 않았던' 참여정부보다 강대국 친구를 이용해 그 친구가 가진 '안보 공공재'에 무임승차하자는 보수 세력이 더 반미적이고 국익을 생각하는 집단이 될 것이다.

무엇이 문제인가? 국민국가를 단위로 한 근대 국제 질서는 국내의 성별·계급 등의 차이를 둘러싼 갈등과 투쟁을 국민의 범주로 통합시켜 국가 간 경쟁으로 해소하려는 체제이다. 언제나 그리고 당연히 국민국가 내부의 차이는 국가 간 차이보다 크다. '만국의 노동자여 단결하라', '여성에게는 조국이 없다' 같은 구호는, 바로 계급과 성별 이해를 (상상된 집단으로서) 국민으로 환원하는 국민 정체성에 대한 각성이었다. 국민의 이름으로 재현되지만, 국가 구성원이 국가와 맺는 관계는 모두 다르고 자신의 사회적 위치성에 따라 '현실'의 내용 역시 다르다. 대개 현실은 지배 세력의 현실을 의미하고, 지배 세력의 현실에 의해 고통 받는 사람들의 현실관은 '비현실적', '이상주의적', '국가안보 위협적' 세계관으로 간주된다. 현실은 힘의 원리에 의해서만 구성된다는 국제정치학의 전통적인 현실주의는 국가안보 이데올로기의 핵심 기반이다. 하지만 그것은

---

16) http://onlyjesusnara.com/sub_1/sub_read.asp?name=&number=976&ref=976&page=84&startpage=81&Board_CD=0000000006&key=&keyfield=&Md=C 인터넷 사이트 '오직예수생각' 칼럼.

누구의 현실인가? 예를 들어 '일본의 현실주의'를 주장하는 사람은 누구인가? '일본의 현실주의'로부터 참화를 당한 '히로시마 현실주의'와 '오키나와 현실주의'가 있다(Yoshikazu Sakamoto, 2004; Hiroyuki Tosa, 2007에서 재인용).

국제 관계의 현실에 의해 한미동맹이 필요하다면, '평택의 현실주의'와 '매향리의 현실주의'는 '한국의 현실주의'와 충돌한다. 매향리의 현실은 한국 현실의 일부가 아닌가? 국가는 통일된 이해를 가진 집단이 아니다.[17] 반미와 친미의 내용은, 한국 대 미국 차원의 국가 전체적 이해 문제로 귀결되지 않는다. 미국의 변화된 세계 전략에 반대하는 '반미 세력'(기존 보수 진영)과 '미국을 친구로 생각하는' 자주화 세력이 생각하는 국익의 내용은 각기 다르다. 이는 국가 내부의 특정한 이해집단이 자기 이해를 국익의 이름으로 보편화하기 때문이다.[18]

'친미주의자들의 자발적 노예의식', '대미 종속성의 무의식화' 등은 탈식민 혹은 탈미를 주장하는 글에서 흔히 발견할 수 있는 언설들인데, 탈미를 위한 이러한 비판 방식은 국가를 다시 하나의 균질적 이해집단으로 환원하게 되는 문제점을 야기한다. 즉, 자주화 세력의 입장에서는 자신들이 생각하는 객관적이고 보편적인 (민중을 중심으로 한) 국가 이익

---

17) 현실주의 국제정치학에서 국제 관계의 유일한 행위자는 국가이다. 이들은 국가를 하나의 단위로 보고 의인화한다. 이때 '바람직한 국가'는 건강한 성인 남성 이성애자(예를 들어, 'fucking USA' 같은 구호를 보라)로 대표되고, 약한 국가, 침략당한 국가, 식민지 국가는 흔히 장애인, 환자, 여성 등으로 비유된다. 이처럼 정상 국가를 '정상인'으로 표상하는 것은, 국민 내부에 포함과 배제의 정치를 작동시키는 출발점이다. 'fucking USA'가 반미가 아니라 제국주의 남성과의 연대라는 논의에 대해서는 정희진(2003) 참조.
18) 이에 대한 자세한 논의는 권김현영(2007) 참조.

이 있는데, 이 당연한 국익을 사대주의 세력이 저버리면서 미국에 자발적으로 종속하려든다고 보는 것이다. 때문에 그들의 친미(용미) 주장은 '노예의식'이거나 '이데올로기', '무의식'이라는 것이다. 그러나 친미이든 용미이든 미국의 이해가 곧 한국의 이해라고 생각하는 사람들은 '뼛속 깊이 미국물이 들어서'가 아니라 그들의 계급적·이데올로기적·사회적 위치로 인한 이해관계 때문에 그렇게 생각하는 것이다. 다시 말해, 이는 자신의 정치적·경제적 권력을 지키기 위한 의식적 차원의 전략적 태도이지 자아 없는 노예 심리 때문이 아니다. '반미' 대 '친미'는 무엇이 진정한 국익인가의 문제가 아니라, 국가 내부의 특정 세력이 자기 집단의 이익을 국가 전체의 이해, 국가 주권의 문제로 보편화시킬 때 성립되는 대립 구도인 것이다.

4. 색목인과 유색인을 넘어

5·18 이후 한국 사회에서 생산된 미국 중심주의에 대한 비판 혹은 탈식민 주장은 '우리의 진정한 자아, 주체성 찾기'가 대부분이었고, 이는 다시 민족주의 비판과 전 지구적 자본주의 상황에서 저항적 민족주의의 유용성 여부 논쟁으로 이어졌다. 정체성의 정치로서 민족주의는 시공간의 역사적 맥락에 따라 정치적 의미가 매우 상이하다. 팔레스타인의 민족주의와 나치의 민족주의, 그리고 한국 사회에서 일제 강점기의 민족주의와 2008년의 민족주의[19]가 같은 의미일 수 없다. '민족'이든 '여성'

---

[19] 현재 한국의 민족주의 혹은 국민주의의 위상에 대해서는 우석훈, 2008 참조. 그는 한국의 정치 및 이념은 아직 제국주의에 적합하지 않지만, 한국 경제는 이미 제국

이든 '흑인'이든 그 어떤 정체성을 근거로 하든지 '본질주의(essentialism)
의 전략적 사용'이 의미를 갖는 것은 역사적 조건에 의해서이다(가야트리
스피박, 2006). 그러므로 민족주의가 진보적일 수 있는가 아닌가라는 질문
이전에 사유되어야 하는 것은, 민족주의가 작동하는 조건이고 그 조건에
서 구성되는 '우리'라는 범주이다.

우리는 '오천 년의 역사를 이어온 투명하고 순수한 존재(단일 민족)'가
아니다. 자기(self) 개념은 이념적인 구조물이지 현실에 선재(先在)하는,
미리 주어진 실체가 아니다. 그것은 특정한 역사적 공간에서 주체를
구성한 역사적·정치적·문화적·성적 경계들 간의 교차하는 정치학의 결
과이다. 내가 나를 알기 위해서는 내가 아닌 것, 즉 외부가 필요하다.
주체가 타자의 결핍에 의해 구성되는 한, 주체는 존재하지만 동시에
존재하지 않는다. 나를 알기 위해서는 나의 외부가 먼저 설명되어야
하기 때문이다. 비서구는 서구가 구성한 범주이다. 서구(one)가 아닌 존재
(the others)로서 '우리'는 애초부터 서구의 생산물이었다. 서구와 비서구
의 이분법은 대칭(a-b)이 아니라 위계(a-not a)이다. 아시아는 서구의 침략
이전에는 자신을 의식할 수 없었다. 아시아는 서구에 패배한 결과 자신의
자의식(비서구)을 갖게 되었다. 비서구는 자신이 자율성을 상실했다는

주의 구조로 전환되고 있다고 본다. 현재 한국 경제는 식민지가 있어야만 자원과
고용, 외부 시장을 원활히 해결할 수 있을 정도로 내부 불균형이 커진 상태로,
절실하게 식민지를 필요로 한다는 것이다. 그는 한국 자본주의는 식민지를 필요로
하는 제국주의 단계에 접어들었지만 단독으로 제국주의는 구현할 수 없기 때문에
미국을 등에 업고 '사실상의 제국주의'를 기능하려 한다는 가설에서, 한국은 식민
지의 특징과 제국의 특징을 동시에 가지고 있다고 말한다. 이라크 파병은 한국이
최초로 '자신이 비용을 지불하는 경제적 군사 파병'이다. 한국도 본격적으로 제국
주의적 자원 경쟁에 끼어들기 시작했으며, 더 이상 민족해방의 주체가 아니라
대상이라는 것이다.

사실을, 서구에 대한 자신의 의존을 인정하는 것을 통해 서구라는 거울 속에서만 자신의 정체성을 획득할 수 있었다.

서구가 자신을 알 수 있게 하는 외부는 제국주의, 즉 자신의 침략을 합리화하는 '문명화 프로젝트'를 통해 스스로 만든 것이지만, 비서구에게 외부는 강제적으로 구성된 것이었다. 이것이 바로 서구와 비서구 사회가 각기 다른 의미의 외부를 가짐으로써 서구가 갖는 근대 권력의 본질이다. 즉, 서구는 비서구와의 관계를 통해 자기를 인식할 필요가 없지만, 서구의 산물인 비서구는 서구와의 관계(동일시, 욕망, 지향, 근거 등)를 통해 자기를 인식할 수밖에 없었다. 이러한 권력 관계는 서구와 비서구의 이항 대립뿐만 아니라 남성과 여성, 백인과 유색인, 이성애자와 동성애자, '정상인'과 장애인(비장애인과 장애인)에도 동일하게 작동한다. 후자는 전자를 통하지 않고서는 자신을 알 수 없다. 후자는 실재가 아니라 전자가 존재하기 위해 필요한 대상(object)·재현물(re-presentation)이기 때문이다. 언제나 전자는 보편의 이름으로 후자를 대표·대변한다. '한국', '우리'라는 단위가 미국을 외연으로 하는, 미국으로 '인해' 구성된 대항 언설(counter dicourse)이라고 할 때, 자주를 추구하는 것이 탈식민의 출발점이 될 수 있을까?

지배자에게 정의당한 타자들이 자신을 알아가는 과정은 지난하다. 탈식민주의의 시원이 된 프란츠 파농의 『검은 피부, 하얀 가면』은 노예도 아니고 시민도 아닌 '검은 피부'에서 근대가 시작된 사람들의 이야기이다. 흑인은 객관적으로 검은 것이 아니라 백인에 '대해서' 검은 것이다. '유색' 인종에게 서구는 동경과 염원의 대상인 동시에 자신을 타자화하는 권력이다. 파농이 스물일곱 살에 쓴 이 책은, 인종화된 식민주의로 인한 흑인의 자기혐오, 자기부정, 자기분열에 대한 분노와 고통에 찬 기록이다. 그러나 파농이 몸부림치며 벗어나고 싶었던 것은, 흑인이 백인의 타자라는 사실이 아니라 흑인의 타자 역시 흑인이라는 자기의식이었다. '유색' 인종은 백인의 눈으로 자신을 본다. 김남주의 번역대로 흑인은 (우리는) '자기 땅에서 유배당한 자들'[20]이라는 것이다.

그러나 이 책은 하얀 가면 뒤에 검은 피부, 즉 '진정한'('전통', '아시아적 가치', '우리 고유의' 등) 흑인의 모습이 있다고 주장하지 않는다. 파농에게 서구의 극복은 서구의 대립항으로서 '자기'를 찾는 것이 아니라 새로운 사회로 이행하는 것이었다. 바로 이 점이 탈식민주의와 민족주의의 다른 점이다. 민족주의가 근원적인 우리가 있다고 전제하고 서구에 대한 저항과 반대를 주장한다면, 탈식민주의는 서구-우리라는 이분법 자체가 서구의 권력이라고 보며 이를 해체하는 데 주력한다. 오리엔탈리즘의 구도에서 서구(의 지배 세력)와 비서구(의 지배 세력)는 각기, 목적과 방식은 다르지만 자기 존재를 위해 서로를 필요로 한다. 서구를 근거로 형성된 비서구, 이 서구 중심적인 관계를 어떻게 재구성할 것인가? 파농의 탈식민은 서구와의 관계에서 정의된 단일한 '나'에서 벗어나 자신을 다원적인 존재로 개방시켜 나가는 것이었다. 파농에게 '자기 찾기'란 경과점이지 도달점이 아니며, 수단이지 최종 목표가 아니었다.

민족해방론과 페미니즘은 지배자로부터 부여된 자기정체성에 대한 끈질긴 탐구라는 점에서 친화성을 갖지만, 페미니즘은 지배 주체와 대항 주체 간의 대립과 충돌을 다른(alternative) 주체성의 형성 모색을 통해 정체성의 정치를 연대의 정치 혹은 횡단의 정치(transversal politics)로 발전시키고자 했다(Yuval-Davis, 1997). 파농은 피억압 민족과 식민주의자 사이의 관계를 오이디푸스 부자 관계로 대입시켜, 원주민을 아버지 백인을

---

[20] 김남주가 옮긴 『자기의 땅에서 유배당한 자들』(서울: 청사, 1978). 다른 번역본으로 이석호가 옮긴 『검은 피부, 하얀 가면』(서울: 인간사랑, 1998)이 있다.

죽이고 자신을 아버지의 위치에 두고 싶어 하는 화난 아들로 묘사했다. 때문에 그에게 원주민의 정체성은 필연적으로 폭력적이다. 그는 폭력이 원주민을 열등감과 좌절로부터 구하며 자존감을 형성시켜준다고 보았다. 파농에게 폭력은 주체를 형성하는 중요한 문제였고, 이때의 폭력은 당연히 지배 세력의 폭력과 완전히 다른 의미를 갖는다.21)

그러나 파농의 탈식민주의에 전제된 동성애 혐오, 이성애주의, 백인 중산층 여성을 여성으로 일반화하는 등의 인식은 많은 페미니스트들의 비판을 받았다(레이 초우, 1997). 이들은 파농이 사용한 정신분석적 전제의 탈역사성을 비판한다. 모든 지배-피지배 관계가 오이디푸스 콤플렉스로 환원되는 것은 아니다. 자아와 타자가 희생자와 탄압자로서만 인식된다면, 그러한 인식에 전제되는 주체는 획일화된 주체이다. 획일화된 주체는 자기 고유의 자유의지와 저항의 능력을 가진 것으로 간주된다. 이러한 인식은 자아가 사회적 관계와 언어의 중재 바깥에 있다는 관념론을 전제로 한다. 자아와 타자는 그런 식으로 실체화되고, 그들 사이의 관계는 기계적이고 고정적인 것이 된다.

탈식민 여성주의에서 최종적으로 부각되는 질문은 어떻게 정체성이 단일한 인간 주체라는 전제를 초월해서 파악될 수 있는가이다. 다시 말해, 정체성이란 주체의 의지가 만들어내는 배제와 포함의 정치가 동반되지 않으면 구성되지 않는, 기본적으로 폭력적인 개념이기 때문에 어떻게 타자가 폭력의 개념을 초월하여 인식될 수 있는가의 문제는 탈식민주의에서 중요한 이슈이다. 반제국주의 담론과 페미니즘 담론은 모두 그들이 선호하는 희생자(여성, 피억압민족) 정체성을 강조하기 때문에 어려운

---

21) 파농의 폭력론을 주체 형성의 측면에서 탁월하게 분석한 논의로는 도미야마 이치로 (2002) 참조.

관계이다. 이제까지 반제국주의자들이 여성의 문제는 탈식민화라는 '더 큰' 과정이 완성될 때까지 기다려야 한다고 주장하는 반면, 페미니스트들은 많은 반제국주의자들이 자기들도 비난하고 있는 남성적인 서구의 공격적인 힘의 구조를 반복하고 있다고 비판한다. 이러한 딜레마는 '자아가 더 이상 단일한 주체가 아니라면'이라는 질문을 통해서만 새로운 접근 방식을 찾을 수 있다.

이 문제를 탐구하는 데 후기구조주의는 핵심적인 역할을 하고 있다. 후기구조주의는 인간 행위에서 언어의 개입을 매우 중요하게 고려한다. 인간이 자기만의 의지와 의식을 가지고 있는, 언어(문화) 외부에 존재하는 독립된 주체라는 개념을 거부한다. 자아와 타자는 의미화 과정 속에 서로 얽혀 있으며, 획일적인 주체가 아니라 분열된 다중적 주체라는 것이다. 남성과 백인을 보편적인 탄압자로 여성과 피억압 민족을 본질적 피해자로 본다면, 자아와 타자 사이의 관계는 실체화된다. 그러나 인간 존재가 사회적으로 공유하고 있는 언어 속에서 구성되었다면 자아와 타자의 구분은 확신할 수 없는 것이 된다. 이때 타자는 자아에 대한 정반대의 적대자로 인식되지 않고 자아의 한 부분으로 인식될 것이다.

우리 안에 상대가 있고 상대의 존재는 우리에 근거한다. 구한말 푸른 눈의 서양인을 처음 본 조선 사람들은 그들을 색목인(色目人)이라고 불렀다. 같은 의미의 '벽안(碧眼)의 외국인'이라는 말이 지금도 사용되고 있다. 이 말은 검은 눈동자는 하나의 색이 아닌 색을 초월한 보편으로 전제한다. 백인이 자신은 하나의 색(one of them)이 아니라고 보고, 인간을 백인과 '백인이 아닌 사람들(colored people)'로 구분하는 것과 같은 논리이다. 물론 한국인과 백인의 권력이 다르기 때문에 색목인과 유색인이라는 언어의 지위, 그 폭력성과 차별성의 효과는 동일하지 않다.

하지만 여기서 제기하고자 하는 문제는, 이러한 주체와 타자의 이분법을 어떻게 극복할 것인가이다. 이분법은 약자의 전략이 될 수 없기 때문이다. 이분법은 지배자와 피지배자가 같은 거울을 보고 자기를 인식하는 것이다. 그 거울은 애초에 지배자의 자기상에서 출발했다. 탈식민주의는 바로 이 거울의 역사성을 인식하는 것이다. 만일 이 거울이 우리가 생각했던 것만큼 그렇게 매끄럽지도 투명하지도 않은 파편 덩어리라는 것을 알게 되면, 거울의 권력은 상대화될 것이다.[22]

5. 반미는 당위가 아닌 '혼란'의 영역

탈식민주의의 등장 이전 우리는 스스로를 '후진국', '개발도상국', '제3세계' 등으로 지칭해왔다. 이 명칭들은 한국처럼 식민 지배를 경험한 나라들에 대한 국제정치학의 변화를 보여준다. '후진국'이나 '개도국'은 서구의 시선이지만, '제3세계'나 '탈식민지 국가'는 비서구 사회의 입장에서 서구에 대한 비판적 시각을 담고 있다. 포스트콜로니얼리즘, 즉 탈식민주의는 자원이나 노동력 약탈 같은 직접적·주권적 차원에서는 식민 지배를 벗어났지만, 문화와 의식 차원에서 또한 세계 체제의 정치경제학 차원에서 서구 중심주의는 계속되고 있다는 문제의식과 비판을 뜻한다. 제2차 세계대전 이후 해방된 구식민지 사회들에게 식민 청산(decolonization)은 구조적으로 불가능했을 뿐 아니라, 자본주의 세계 체제하

---

22) 식민주의의 거울 깨기에 대한 호미 바바(2002)의 전략이 바로 이접적 발화 (disjunctive enunciation)이다. 이접적 발화는 정신분석학의 부인(否認), 철학적으로는 차연 개념에 기반해 소통하는 언어가 갖는 번역성의 투명함을 문제 삼는다. 모방(mimicry) 등 이접적 발화를 전략적으로 가동하면, 식민지 권력의 권위는 그것이 표현되는 순간부터 흔들리는, 패배가 예정된 권력이라는 것이다.

에서 과거 식민 종주국의 정치 경제적 영향력에서 벗어나고 있지 못하다는 상황 인식에서 시작된 것이다. 식민 체험을 했던 민족들은 현재의 식민 지배자를 끊임없이 의식 밖으로 밀어내고자 하지만, 동시에 구식민 종주국들이 지배하는 자본과 안보를 중심으로 한 국제 질서에 편입되어 있다. 제국주의로부터 해방된 이후 식민지 유산의 연장선상에서 국가와 사회가 운영되고 이 과정에서 다시 식민적 근대 주체 형성이 반복된다. 한마디로 독립은 '국기만의 독립(flag independence)'이었던 것이다(케투카트락, 2001: 132).

  탈식민주의는 후기식민 사회가 과거 식민 지배국으로부터 물려받은 개념틀을 벗어나 '민주주의', '민족', '시민' 등의 근대적 개념들을 재구성하는 것을 목표로 삼는다. 서구가 근대성의 기원이고 보편이라고 생각하면, 후기식민 사회에서는 '이성, 자율, 자유, 개인화, 시장질서, 의회민주주의' 등 진보를 상징하는 근대적 특징들이 '왜곡된' 형태로 실현될 수밖에 없다. 왜냐하면 이러한 인식은 근대성도 일종의 지역적 조건이 빚어낸 특수한 산물임을 은폐하기 때문이다. 탈식민은 '유럽을 지방화'하는 작업임과 동시에 타 문화들의 정체성을 확립하는 것이며, 그렇게 되면 비서구의 문화들 역시 (가상적으로 존재하는) 근대성을 구성하는 보편의 일부가 된다. 이처럼 탈식민주의는 비서구의 식민화·근대화 과정을 서구의 지식, 기술 및 제도들의 '번역(translation)' 과정으로 파악했고, 그 다양한 측면들을 문제화했다(Osborne, 2000). 근대성의 서구적 형태들과 비서구 식민 문화들 간의 만남은, 단순한 점령도 불가피한 충돌도 왜곡된 근대도 아닌 근대성의 새로운 형태로 이해해야 하며, 그 차이는 이행이나 전수가 아니라 권력 투쟁의 영역이라는 것이다.

  탈식민 여성주의[23)]는 근대성의 의미를 단일하고 고정된 것으로 묶어 둠으로써 근대성의 창조자로서 서구를 특권시하는 시각에 의문을 제기해왔다. 근대성에 대한 유럽 중심적인 관점에서 서구를 기원으로 특권적으로 재현하고, 다른 사회의 여성과 남성을 수동적인 수용자나 서구 근대성과 관련한 가치·제도·지식의 단순한 모방자로 재현하는 것은 다른 사회 내부의 권력 관계와 역사를 삭제하는 것이다. 즉, 식민주의와 신식민주의의 역사는 국민국가 간 그리고 기존의 일국 내 사회집단 간의 당대 권력 불평등을 생산했을 뿐만 아니라, 근대성이 상상되는 방식과 그러한 의미가 경합하는 방식까지 제한했다.

근대 국민국가들 중 후발 주자로 간주되는 후기식민 사회는 서구의 잣대로 자신의 근대화 과정을 평가하게 된다. 그래서 후기식민 사회는 근대적인, 앞서간, 문명화된 서구(주체)와 전근대적인 혹은 반근대적인, 뒤처진, 비문명화된 비서구(타자)라는 오리엔탈리즘적인 이분법을 스스로 반복하게 된다. 이러한 식민 의식은 자기 사회의 고유한 역사적 변화와 내부의 특정한 권력 관계를 간과하고, 스스로 서구를 발전 모델로 재생산하는 것을 반복한다. 근대성은 순수하게 서구적인 것도 순수하게 토착적인 것도 아니다. 식민주의·제국주의 시기부터 근대성 개념은 언어

---

23) 탈식민화 과정에서 식민 지배 세력은 성별적 주체이다. 많은 후기식민 국가의 여성이나 서벌턴(subaltern)은 식민화·근대화 과정에서 식민 국가 내부의 남성 지배 세력에 의해 이중적으로 재현되어 왔다. 비서구 사회가 근대적이 된다는 것은, 외부의 서구에 저항하고 내부의 반동적·전통적 유산을 극복함으로써 서구적 근대성의 본질을 전유하는 것을 의미하는데, 이는 서구와 자신의 과거를 동시에 부정함으로써 근대화하는 것이다. 이처럼 자기 인식의 기준이 서구일 때 비서구 사회의 삶은 분열적일 수밖에 없다. 이때 비서구 사회가 자기 분열을 해결하는 방법은 자국 여성을 서구화 혹은 전통의 상징으로 재현하는 것이었다. 이를 통해 남성으로 정체화된 민족주의 담론은, (자기 것이 아닌) 서구와 (자기 것이되 부정해야 할 전근대적인 것인) 전통을 모두 극복함으로써 독립적인 근대화의 주체가 될 수 있었다.

적·문화적 경계를 횡단하며 여행해왔고, 근대성을 수용하는 사회의 다양한 집단에 의해 재창조·전유되어왔다. 근대성이라는 이름으로 사회를 변화시키는 데 동원된 현지의 당사자들을 해석의 행위자들로 인식한다면, 근대성은 그것이 서구적인 것만큼이나 지역적인 것이 된다. 이러한 인식은, 각각의 지역적 맥락마다 다른 근대성에 대한 능동적 반응을 연구하는 것을 가능케 한다. 근대성의 도래는 어떤 단일한 원인·과정·영역에 귀착될 수 없다. 근대성의 시간은 결코 귀일적이지 않다. 그것은 언제나 다중적 역사로 나타난다.24)

사실, 모든 근대적 기획은 식민성 혹은 제국주의적인 기획과 물질적·이데올로기적으로 밀접한 관계를 맺고 있다. 그런데 문제는 이 관계성을 어떻게 설명할 것인가이다. 이제까지 한국에서의 식민지 근대(성)의 설명 방식은 식민지에서 실천되는 근대는 근대의 기원인 서구 혹은 일제의 근대와 얼마나 다르고, 기원적 근대에 대한 근접·동일시가 얼마나 불가능한 기획이었는가, 혹은 어떻게 중심부 근대를 주변부에서 잘못 이해·번역하고 있었는가라는 것에 초점을 두고 있다. 즉, 한국의 근대를 기본적으로 왜곡된 그리고 식민화된 근대로 설명해온 것이다.

이런 논의에서는 서구의 근대 경험이 일반화되면서 계급적·성별적·지역적 특수성을 갖는 비서구의 근대성은 불완전한 그리고 결핍된 '지역·로컬'의 근대성으로 설명된다. 근대의 기원이나 원형적 모델이 있다고 생각하는 이러한 입장은 사실 지나친 서구 중심주의에서 기인하는 것이고, 서구의 근대성을 추상화·관념화하는 사고이다. 사실 그 어떤 어느

---

24) 그러나 근대성의 다중성은, 지구의 동질적인 공간에서 나란히 존재하는 복수적 기원을 의미하는 것으로 받아들여져서는 안 된다. 근대성의 공시성(共時性)은 상대주의를 의미하는 것이 아니기 때문이다(펭 치아, 2001).

곳에도 정상적이고 민주적이고 모범적인 근대의 과정이 존재하지 않는다. 2007년 4월 영국 캠브리지에서 있었던 '사회 변화와 성(Social Change and Gender)' 워크숍에서 한국의 정치학자와 경제학자들이 한국의 근대화 프로젝트를 논하면서 박정희 시대의 근대화 과정에서 경제적 근대화는 성취되었지만 정치 민주주의라는 정치의 근대화는 성취되지 못했다고 평가한다고 인용하자, 영국과 미국의 여성사가들은 어느 나라 어느 시대의 근대 프로젝트에서 정치 민주주의가 의제가 된 적이 있었는가라고 의문을 제기했다. 그러면서 그러한 설명 방식은 근대화 혹은 서구의 근대화를 지나치게 높이 평가하고 이상화하는 것이 아니냐고 질문했다. '여기, 주변부'가 아닌 '그곳' '서구, 근대의 중심'에는 비서구가 추구하는, 비서구가 갖지 못한 바람직한 근대의 상이 있다는 식의 생각은 욕망으로서의 서구를 주변부의 결핍을 이야기하기 위해 가져오는 방식이다. 이런 의미에서 한국 사회에서 서구 근대는 '발전'과 '진보'라는 차원에서 과잉 실재화·관념화되어왔다(김은실, 2008: 156~157).

탈식민주의의 시각에서 볼 때 모든 근대성은 식민지적 근대성(colonial modernity)이다(Barlow, 1997; 2004). 이는 서구를 근대의 기원으로 설정하는 발전주의적 세계관을 비판하고, 근대성을 '서구'(미국)와 '비서구'(한국) 모든 행위자들이 개입된 동시적 실천으로 파악한다. 원래 식민주의와 근대성은 산업자본주의 역사에서 분리할 수 없는 특징이었다. 식민지적 근대성의 시각에서는 근대성을 기원이나 본질로 파악하지 않는다. 근대성이 식민주의에 우선하는 것으로 해석되면, 비서구는 식민성을 극복하기 위해 근대성을 성취해야 한다는 시간에 따른 발전주의적 실천을 반복하게 되고 이는 다시 서구 헤게모니 강화로 이어진다.

한국 사회에서 사용되는 탈식민의 의미는 매우 다양하다. 특히 저항적 민족주의와 탈식민주의가 혼동·오용되는 경우가 흔하다. 이는 앞에서 언급한 대로 식민 지배 이후(post-colonial)의 상황은 하나의 단계일 수 없는 현실과 연관되어 있다. '~다음에(after)'라는 의미의 '포스트'−이후−에는 다양한 상황이 펼쳐진다. 공식적 식민 상태는 벗어났지만 식민 지배의 여진이 계속되는 후기식민 상황이면서, 식민 상태에서 넘어섬을 지향하는 것일 수도 있고, 벗어남·극복·자유롭다(de-)는 탈식민의 의미도 포함된다. 요컨대, '포스트콜로니얼'은 도달된 상태이기보다 '목표가 없는' 어떤 지향이자 과정인 것이다. 문제는 식민주의에서 근대를 추구하기보다 근대성 자체에 내재한 식민주의를 찾아내는 작업이다. 식민주의를 동반할 수밖에 없는 근대성의 열정적 추구에 대해 성찰하는 것은, 근대성에 대한 부인이라기보다 그 실체를 깨고 열어보려는 시도이다. 우리의 반미를 다시 생각해보자는 것이다. 반미는 당위가 아니라 반미의 주체·범주·이유·목적 등을 재사유하기 위한 논쟁의 영역이고, 이는 당연히 혼란을 가져올 수밖에 없을 것이다. 그러한 생산적 혼란으로부터 '우리'의 새로운 근대성이 실현될지도 모른다. 미국으로 대표되는 서구적 근대성과 다른 길도 있을 수 있다.

참고문헌

강진석. 2005. 『(전환기, 국가가치 구현을 위한) 한국의 안보전략과 국방개혁: 신한·미동맹과 조화적 자주국방의 과제』. 평단.
권김현영. 2007. 「민족주의 이념논쟁과 후기식민 남성성: 해방전후사의 인식과 재인식을 둘러싼 논쟁을 중심으로」. ≪문화/과학≫, 봄호. 문화과학사.
김소영. 2000. 『근대성의 유령들: 판타스틱 한국영화』. 씨앗을 뿌리는 사람.
김승국. 2007. 「미사일 방어와 미국 군산복합체」. 『전환기 한미관계의 새 판짜기 2』. 한울.
김연자. 2005. 『아메리카 타운 왕언니, 죽기 오 분 전까지 악을 쓰다: 김연자 자전 에세이』. 삼인.
김은실. 2002. 「지구화, 국민국가 그리고 여성의 섹슈얼리티」. ≪여성학 논집≫, 제19집. 이화여자대학교 한국여성연구원.
_____. 2008. 「조선의 식민지 지식인 나혜석의 근대성을 질문한다」. ≪한국여성학≫, 제24권 2호.
김일영. 2004. 「미국의 주한미군 정책 변화와 한국의 대응: 주한미군에 관한 냉전적 합의의 형성과 이탈 그리고 새로운 합의의 모색」. 『자주냐 동맹이냐: 21세기 한국 안보외교의 진로』. 오름.
김현미. 2005. 『(글로벌 시대의) 문화번역: 젠더, 인종, 계층의 경계를 넘어』. 또하나의 문화.
김현숙. 2001. 「민족의 상징, '양공주'」. 일레인 H. 김, 최정무 공편저. 박은미 옮김. 『위험한 여성: 젠더와 한국의 민족주의』. 삼인.
도미야마 이치로. 1999. 「평화를 만든다는 것」. ≪당대비평≫, 제7호. 삼인.
_____. 2002. 『전장의 기억』. 임성모 옮김. 이산.
두아라, 프래신짓트. 2008. 『주권과 순수성: 만주국과 동아시아적 근대』. 한석정 옮김. 나남.
러딕, 사라. 2002. 『모성적 사유: 전쟁과 평화의 정치학』. 이혜정 옮김. 철학과 현실사.
문승숙. 2007. 『군사주의에 갇힌 근대: 국민 만들기, 시민 되기, 그리고 성의 정치』.

이현정 옮김. 또하나의문화.
문, 캐서린. 2002. 『동맹 속의 섹스』. 이정주 옮김. 삼인. 2002.
바바, 호미. 2002. 『문화의 위치: 탈식민주의 문화이론』. 나병철 옮김. 소명출판.
박경석. 1989. 『미국은 우리에게 무엇인가: 종속이냐 동반이냐』. 서문당.
박권상. 1986. 『美國을 생각한다』. 동아일보사.
서재정. 2004. 「미국의 세계전략 변화와 한반도 안보」. 『한반도 평화는 가능한가』. 아르케.
서진태. 2004. 「참여정부의 국방개혁 선결과제: 미국의 GPR과 한국군 편제조정과 연관하여」. 『협력적 자주국방과 국방개혁』. 오름.
세종연구소. 2002. 『국제질서 전환기의 국가전략』. 세종연구소.
스피박, 가야트리. 2006. 「한마디로: 인터뷰」. 태혜숙 옮김. 『교육기계 안의 바깥에서: 초국가적 문화연구와 탈식민 교육』. 갈무리.
우석훈. 2008. 『촌놈들의 제국주의: 한·중·일을 위한 평화경제학』. 개마고원.
위컴, 존. 1999. 『12·12와 미국의 딜레마』. 김영희 감수. 중앙M&B.
유재건. 2006. 「역사적 실험으로서의 6·15시대」. ≪창작과비평≫, 제131호. 창작과비평사.
이삼성. 1993. 『미국의 대한정책과 한국민족주의: 광주항쟁, 민족통일, 한미관계』. 한길사.
_____. 1997. 「광주를 통한 한국 민주주의에의 유혈통로와 미국의 위치: 1979~80년 미국 대한정책의 치명적 비대칭성」. 한국정치학회. 『5·18 학술심포지엄 자료집』.
이상우. 1988. 『軍部와 光州와 反美』. 청사.
이상현. 2004. 「1945년 이후 미국의 세계 군사전략과 주한미군 정책의 변화」. 『자주냐 동맹이냐: 21세기 한국 안보외교의 진로』. 오름.
이재봉. 2004. 「한국의 시민 사회와 반미 자주 운동」. 『자주냐 동맹이냐: 21세기 한국 안보외교의 진로』. 오름.
이향진. 2002. 「몸으로 쓰는 식민 역사 읽기」. 연세대학교 미디어아트연구소 엮음. 『수취인불명』. 삼인.
이혜정. 2006. 「한미군사동맹 부르는 '자주화' 논란」. *LE MONDE diplomatique*(한국

판), Vol.2, 10월호. 르몽드코리아.

임희섭. 1994. 「해방 후의 대미인식」, 『한국인의 대미인식-역사적으로 본 형성과정』. 민음사.

전남사회운동협의회 편. 황석영 기록. 1985. 『죽음을 넘어 시대의 어둠을 넘어: 광주 5월 민중항쟁의 기록』. 풀빛.

전재성. 2004. 「미국의 세계전략 변화와 한반도 정책」, 『협력적 자주국방과 국방개혁』. 오름.

정병준, 2006. 『한국전쟁: 38선 충돌과 전쟁의 형성』. 돌베개.

정욱식. 2005. 『동맹의 덫』. 삼인.

정유진. 2000. 「'민족'의 이름으로 순결해진 딸들?: 주한미군범죄와 여성」. ≪당대비평≫, 제11호. 삼인.

정혜승. 2002. 「양공주가 쓴 편지: <수취인불명>을 통한 정신분석학과 탈식민주의 이론의 만남」. 연세대학교 미디어아트연구소 엮음. 『수취인불명』. 삼인.

정희진. 1999. 「죽어야 사는 여성들의 인권: 한국 기지촌여성운동사, 1986~98」. 『한국여성인권운동사』. 한울.

_____. 2003. 「인권과 평화의 관점에서 본 여성에 대한 폭력」. 정희진 엮음. 『성폭력을 다시 쓴다: 객관성, 여성운동, 인권』. 한울.

조혜정. 1994. 『(탈식민지 시대 지식인의) 글 읽기와 삶 읽기 2: 각자 선 자리에서』. 또하나의문화.

초우, 레이. 1997. 「인종/제국주의」. 엘리자베스 라이트 편. 박찬부·정정호 외 옮김. 『페미니즘과 정신분석학 사전』. 한신문화사.

최연홍. 1986. 『미국을 다시 본다』. 고려원.

카트락, 케투. 2001. 「문화의 탈식민화: 탈식민여성 텍스트의 이론화를 위하여」. 가야트리 스피박 외 지음. 유제분·정혜욱·김지영 공역. 『탈식민페미니즘과 탈식민페미니스트들』. 현대미학사.

켈러, 이블린 폭스. 1996. 『과학과 젠더』. 민경숙·이현주 공역. 동문선.

티커너, 안. 2001. 『여성과 국제정치』. 황영주·주경미·오미영 공역. 부산외국어대학교출판부.

파농, 프란츠. 1978. 『자기의 땅에서 유배당한 者들』. 김남주 옮김. 청사.

_____. 1998. 『검은 피부, 하얀 가면』. 이석호 옮김. 인간사랑.

펭 치아. 2001. 「보편적 지역 : 변화하는 세계에서의 아시아 연구」. ≪흔적≫, 제1호. 문화과학사.

하세가와 히로코. 2002. 「의례로서의 성폭력: 전쟁 시기 강간의 의미에 대해서」. 코모리 요우이치, 타카하시 테츠야 공편. 이규수 옮김. 『내셔널 히스토리를 넘어서』. 삼인.

학술단체협의회 편. 1999. 『5·18은 끝났는가』. 푸른숲.

_____. 2003. 『우리 학문 속의 미국: 미국적 학문 패러다임 이식에 대한 비판적 성찰』. 한울

한국국방안보포럼. 2006. 『전시작전통제권 오해와 진실: 전시작전통제권 논란에 대한 이해』. 플래닛미디어.

허은. 2008. 『미국의 헤게모니와 한국 민족주의: 냉전시대(1945~1965) 문화적 경계의 구축과 균열의 동반』. 고려대학교 민족문화연구원.

Barlow, Tani E.(ed.). 1997. *Formations of Colonial Modernity in East Asia*. Durham: Duke University Press.

Barlow, Tani E. 2004. *The Question of Women in Chinese Feminism*. Durham: Duke University Press.

Chatterjee, Partha. 1993. *The Nation and Its Fragments: Colonial and Postcolonial Histories*. Princeton University Press.

Chakrabarty, Dipesh. 2000. *Provincializing Europe: Postcolonial Thought and Historical Difference*. Princeton, N.J.: Princeton University Press.

Chodorow, Nancy. 1978. *The Reproduction of Mothering: Psychoanalysis and the Sociology of Gender*. Berkeley: University of California Press.

Flax, Jane. 1993. *Disputed Subjects: Essays on Psychoanalysis, Politics, and Philosophy*. New York: Routledge.

Hirschmann, Nancy J. 1989. "Freedom, Recognition, and Obligation: A Feminist Approach to Political Theory." *American Political Science Review*, vol.83, no.4.

Hiroyuki Tosa. 2007. "Theorizing of East Asian International Relations in Japan: The New Phase of Japanese Realism with Reference to Restructuring of

Masculinities." 한국국제정치학회 국제심포지엄 발표 논문(미간행).

Hooper, Charlotte. 2001. *Manly States: Masculinities, International Relations, and Gender Politics*. New York: Columbia University Press.

Osborne, Peter. 2000. "Modernism as translation." *Philosophy in Cultural Theory*. London & New York: Routledge.

Yuval-Davis, Nira. 1997. *Gender and Nation*. London: Sage Publications.

제2부 '다른 비판의 눈'으로 본 5·18 민중항쟁

제5장 | 단절의 혁명, 무명의 혁명
　　　　코뮌주의의 관점에서 | 이진경·조원광

제6장 | 광주민중항쟁과 제헌권력
　　　　자율주의의 관점에서 | 조정환

제7장 | '급진 민주주의'의 관점에서 본 광주 5·18 | 조희연

제8장 | 아나키스트적 시각에서 본 5·18 | 김성국

제9장 | 역사 속의 광주항쟁 | 조지 카치아피카스

제5장

단절의 혁명, 무명의 혁명
코뮌주의의 관점에서

이진경(연구공간 수유+너머 연구원) · **조원광**(연구공간 수유+너머 연구원)

1. 혁명 혹은 항쟁의 일차성

1980년대를 통과한 모든 시간에 항상적 긴장을 제공했고, 그 긴장 속에서 사회를, 민중이라고 불리던 소수자들을 자신의 삶의 문제로 사유하게 만들었던 것의 한가운데에는 '광주항쟁'이 자리 잡고 있었다. 그때 '광주'란 결코 하나의 고유명사라고 말할 수 없는 일반성을 갖고 있었다. 그것은 하나의 이름이라기보다 혁명과 운동, 새로운 삶의 꿈을 지칭하는 상징이었다. 그 이름으로 불러내어지는 것들, 그 이름과 함께 배회하던 유령들, '원혼'이라고 하기엔 너무도 전투적이고 너무도 능동적인 유령들이 살아 있는 자들과 함께 무력으로 무장한 국가권력을 동요시켰고, 그 동요 속에서 새로운 삶의 가능성들을 창출해냈다. 우리는 여전히 그 동요의 진동 속에서 그 진동이 만들어낸 삶의 공간에서 산다.

그 거대한 동요를 통해 광주항쟁은 국가가 공식적으로 인정하는 '민주화운동'이 되었고, 전사들의 무덤은 '국립묘지'가 되었다. 변혁을 꿈꾸던 사람들이 경찰의 눈을 피해 혹은 그것을 제치고 몰래 찾아가던 그곳을 이제는 경찰의 호위를 받으며 대통령과 여야 국회의원들이 오월이면 찾아가 참배한다. 올해(2008년)의 기념식은 더욱 그러했다. 대통령은 국립묘지에 들어서고 대중은 경찰들의 담에 밀려 그 바깥에서 대치하는 상황처럼 망월동 묘지에서 역설적인 것이 또 있을까?

그리고 입에서 입으로 전해지며 해석되고 전파되던 '광주의 진실'은 어느덧 표준적인 해석에 의해 역사 속에 자리 잡게 된 듯하다. 군부독재의 폭력적 탄압과 그에 저항하며 일어선 광주 시민들의 저항, 그리고 무참한 폭력에 의한 희생이 일반적 해석의 색채를 형성하고 있는 것처럼 보인다. 거룩한 희생과 비극적 이미지 안에서 광주 시민은 저항은 군사적 폭력에 대한 '반작용(reaction)'으로 위치 지어진다. '다시는 반복되지 말아야 할 비극', 그것이 광주항쟁을 요약하는 이미지가 되어버린 듯하다.

그러나 정말 광주항쟁은 군사적 폭력에 대한 '반작용'으로 시작된 것일까? 사실은 처음부터 반대가 아니었을까? 10·26 이후 계속되던 전국적 투쟁이 '군사 정권에 빌미를 주지 않기 위해'라는 패배주의적인 이유를 들어 중단되었을 때에도, 그에 반응하듯 계엄령의 확대로 군사 정권이 공세를 펼치던 시기에도, 광주 지역만은 이전과 다름없이 아니 이전보다 더 강력하게 투쟁을 펼쳤다는 사실이 '왜 하필 광주인가'라는 질문에 대한 답이라고 해야 하지 않을까?[1] 다시 말해 광주 지역의 투쟁이 군사적 행동보다 먼저였고, 투쟁이 권력보다 일차적이었다는 것이다. 군사적 폭력은 그러한 투쟁에 대해 가해진 반작용적(reactive, 반동적!) 폭력이었

---

[1] 이종범(2007: 381) 이외에도 광주가 다른 지역보다 저항에서 더 능동적이었음은 여러 연구에서 확인할 수 있다. 예를 들어 김준은 5·18 직전 학생 시위에 대한 광주 시민들의 반응은 매우 호의적이었으며 여타의 지역과는 매우 달랐음을 지적한다(김준, 2007: 56).

다. 이런 점에서 광주항쟁은 반동 아닌 능동적 힘이었고, 이차적인 게 아닌 일차적 힘이었다. 그것은 국가권력에 의해 가해진 폭력의 희생자라는 비극 이전에, 민주화와 자유를 위한 능동적 운동이었다. 당황한 군부에 의해 어떠한 은폐도 없이 가해진 군사적 폭력의 참혹함조차 이 능동적 투쟁의 강력함을 반증하는 것이라고 해야 할 것이다. 그게 아니라면 전체 인구 80만 중 30만이 시위에 참여하고, 그 맨손의 시민들을 진압하기 위해 공수부대를 포함한 정예병력 2만이 투입되는 사태를 대체 어떻게 이해할 수 있을까?

단지 이것만은 아니다. 예전에 마르크스는 '무엇을'보다 더 중요한 것은 '어떻게'라는 질문이라고 말한 적이 있지만, 광주항쟁이야말로 '무엇을 위해 싸웠나'보다 '어떻게 싸웠나'가 더 중요한 경우를 보여준다. 민주화를 위한 학생들의 투쟁으로 시작한 것이지만, 투쟁이 확대되면서 민주화는 물론 전두환이란 이름도 잘 모르는 시민들, 심지어 술집에서 일하는 아가씨들마저 동참했다. 상인들은 빵과 음료수를 주었고, 시장의 행상 아주머니들은 김밥을 싸다 날랐다. 부상자들에게 수혈할 피가 모자라자 헌혈 행렬이 잇따랐다. 서로를 위해 자신이 가진 것을 내주고 함께 나누는 새로운 관계가, 새로운 세계가 출현한다. 이것이 무장한 공수부대를 맨손의 시민들이 몰아낼 수 있었던 놀라운 힘의 비밀이었을 것이다.

이러한 세계를 최정운처럼 '공동체'라고 명명하는 것(최정운, 1999)은 이런 점에서 충분히 이유가 있다. 공수부대에 의해 자행된 '인간 존엄성의 파괴'와 이에 대한 분노와 결단이, 어쩌면 '종교적 합일'의 느낌마저 느끼게 하는 '절대공동체'를 형성했다는 것이다. 이것이 21일까지 진행된 항쟁의 과정을 이해하는 데 매우 중요하다고 생각한다. 특히 이는 도청을 수복한 뒤 해방구가 형성된 상황에서 최종 진압에 이르는 과정을 주목하는 통상적 해석에 비해, 참혹한 폭력에도 불구하고 공수부대와 싸워 승리한 광주항쟁의 '비밀', 그 거대한 힘의 비밀을 주목하도록 한다는 점에서 중요하다고 생각한다.

하지만 그의 말대로 '인간의 존엄성'이 일종의 묵시적 '이념'이 되었던 것인지, 바타이유를 떠올리게 하는 어떤 고양된 합일의 감정이 사람들을 하나로 만들었던 것인지, 그리고 그것이 총으로 무장하는 순간 와해되기 시작했던 것인지 의문이다. 좀 더 난감한 것은 서로가 서로를 위해 자신이 가진 능력이나 소유물을 아낌없이 내주고 나누던 것이 사실이지만, 공수부대를 내쫓는다는 직접적인 목표 말고는 공유된 어떤 목적도 없었고, 지속 가능한 어떤 안정적 형태나 조직은커녕 어떠한 정체성도 외연적 경계도 없었으며, 너무도 이질적인 요소들이 이질적인 채 그대로 연결되며 확장되고 끊임없이 변해가는 이것을 '공동체'라고 명명하는 것은 적지 않은 오해의 여지를 남겨두는 것처럼 보인다. 그것은 아마도 개인들 간의 구별이 사라지면서 개인들이 대중이라는 하나의 거대한 흐름 속에 동화되면서, 분리되어도 만나는 즉시 다시 결합하는 일종의 집합적 신체가 구성되었던 것이라고 해야 할 것 같다.

여기서 '흐름'이라는 말 이상으로 '집합적 신체'라는 말은 강조되어야 하는데, 왜냐하면 그때 광주에서 출현한 '그것'은 공동체라는 어떤 안정적이고 동질적인 집단을 상정하긴 어렵지만, 그렇다고 촛불집회의 대중처럼 단순히 '흐름'이라고만 말하기엔 너무나도 강력한 상호인력과 접착력, 일체감과 지속성을 갖고 있었기 때문이다. 개별적인 특성이 소멸하면서 결합되고 이질적인 요소들이 끊임없이 더해지거나 이탈하면서 흘러가고 강력한 적을 만나면 절단되고 흩어지지만 다른 흐름과 만나면 다시 거기에 흡수되며 끊임없이 새로운 형태로 변환된다는 점에서 흐름인 동시에, '공동체'라는 말을 떠올리게 만드는 강력한 결합력과 일체성을 갖는 집합적 신체였다는 것을 표시하기 위해 이를 일단 '흐름의 구성체'

라고 명명하자. 여기서 굳이 구성체(formation)라는 말을 사용하려는 것은, 애초에 마르크스가 '사회구성체(social formation)'라는 말을 사용하면서 그랬듯이, 그 말이 대중의 흐름이 자연발생적으로 어떤 형태(form)를 향해 나아가는 방향으로 변화하면서 결속되어간다는 점을, 하지만 하나의 형태를 이루기보다는 끊임없이 변화되면서 형태를 형성(formation)하는 과정으로 존재하고 있었음을 지칭하는 데 유용하리라는 생각에서이다.

필자들은 이 흐름의 구성체가 광주항쟁의 '일차 과정'을 형성한다고 믿는다. 이 일차 과정이 21일까지의 상황 전체를 특징짓고 있었고, 이것이 광주항쟁의 일차적 힘이고 놀라운 진행의 '비밀'이라고 믿는다. 공수부대가 밀려나간 뒤 이 흐름의 구성체는 명시적으로는 해소되지만 사태를 '수습'하려는 사람들에 의해 이전의 상태로 되돌리려 할 때조차도 그것은 사태를 규정하는 일차 과정으로서 지속되었고, 이것이 사태를 단지 '수습'하고 '문제없던' 과거로 되돌아가지 못하게 만드는 일차적 힘이었다고 믿는다. 따라서 이것이야말로 광주항쟁에 대한 모든 '평가'나 해석에서 일차적 준거가 되어야 한다고 믿는다.

2. 흐름의 구성체와 비인칭적 특이성

1) 감응과 전염

도청에 집결해 목숨을 걸고 공수부대와 대결하던 광주항쟁의 '마지막 장'은 "패배가 명백하게 예견됨에도 불구하고 싸워야 할 때가 있으며, 그 패배 속에서 영웅은 죽고 목숨 걸고 전하고자 했던 어떤 가르침이 남는다"는 고전적 비극의 구조를 가지고 있다. 그리고 목숨을 걸고 해야 했던 만큼 투쟁의 이유나 목적, 방향 역시 뚜렷하다. 그러나 21일 도청이 수복되기 전의 상황, 그러니까 광주항쟁의 첫째 국면이라 할 수 있는 시기는 조금 다르다. 정말 총칼 아래 목숨이 위태로운 상황인데도 각자가 투쟁에 참여한 동기는 그처럼 명확하지 않으며 많은 경우 '이해하기 어렵다'. 가령 전옥주와 함께 시위대의 선전방송을 이끌었던 차명숙의 증언이 그렇다.

> …광주도 궁금하고 그리고 사실 호기심도 많은 때였어요..…18일 오후쯤, 그때부터 구경을 하러 다녔어요 구경하니까 옆에서 빵도 주고 그래서 먹고 그리고 재미도 있었어요 아무튼 나는 재미있었어요..…광주로 오는 길 다 막았다 그리고 차단을 했다는 이야기를 들었어요. 그래서 그러냐고…(박병기 엮음, 2003: 218).

알다시피 당시 선전방송은 단지 참여를 선동하는 무기였을 뿐만 아니라 시위대의 투쟁에 방향성을 부여하는 역할을 했고, 이런 점에서 첫째 국면의 항쟁에서 핵심적 지도부의 역할을 담당했다고 할 수 있다. 따라서 계엄군이 '모란꽃'이란 이름으로 간첩으로 몰던 차명숙은 이 시기 가장 핵심적 인물이었음이 분명하다. 그러나 이런 인물이 시위에 참여하게 된 동기를 설명하는 증언은 적이 당혹스럽다. '구경하다가 빵도 주고 재미도 있고 해서' 참여했다는 것이다. 목숨을 건 결단과 너무도 대비되게 색조가 가볍다. 어떤 이념은 물론 군사 독재나 민주화 등에 대한 문제의식과도 거리가 멀다.

『광주오월민중항쟁사료전집』에 나타난 증언자들을 대충 분류해 보면, 이는 단지 차명숙 한 사람에게만 해당되는 게 아니라 일반적인 것임이 드러난다. <표 5-1>[2)]은 학생들이 대개 '이념적인' 이유로 참여했음에

〈표 5-1〉『광주오월민중항쟁사료전집』에 나타난 증언자들 성향 분류

	이념적 참여	비이념적 참여	방관	적대
시민수습대책위원회, 학생수습대책위원회, 시민학생투쟁위원회 총 48명	24명	21명	3명	0명
무장조직 활동 총 41명	3명	37명	0명	1명
시민항쟁 1(학내) 총 26명	26명	0명	0명	0명
시민항쟁 2(학외) 총 98명	9명	60명	27명	1명(+1명 불분명)
선전 활동 총 21명	12명	7명	2명	0명
총계	74명 (31.76%)	125명 (53.64%)	32명 (13.73%)	2명 (0.86%)

반해, 무장조직이나 학교 바깥의 시민항쟁에 참여했던 사람들, 나아가 여러 위원회에 참여했던 사람들의 반 정도는 군부 독재의 종식, 민주화, 대통령 직선제 같은 해석틀(김두식, 2007: 499)을 가지고 있지 않았음을 보여준다. 즉, 이념적 내지 정치적 동기에 상응하는 어떤 '목적'과는 다른 무엇이 이들로 하여금 투쟁에 참여하게 했던 것이다.

그렇다면 무엇으로 인해 이들은 "인공도, 6·25도 겪었지만, 저런 놈들

2) <표 5-1>은 한국현대사사료연구소에서 1990년에 발간한 『광주오월민중항쟁사료전집』에 기록된 증언자들을 필자가 분류한 것이다. 종축의 분류는 증언자료집에 나타난 분류를 그대로 사용했다. 횡축의 '이념적' 참여는 증언자가 과거 정당 활동 경험이 있거나, 독재 종식이나 신군부 타도 혹은 민주화 같은 명확한 운동권의 해석틀을 가지고 있는 증언자들이다. '비이념적 참여'는 시위참여에도 불구하고 현장에서 느끼는 감정 이외에 명확한 동기나 전통적 의미에서의 '이념적' 해석틀이 발견되지 않는 증언자들이다. 방관형은 시위에 참여하지 않았거나 구경만 한 증언자들이다. 적대형은 시위에 부정적인 입장을 밝힌 증언자들이다.

은 처음 본다"는 한 노인의 절규처럼 끔찍한 상황임에도 불구하고 투쟁에 참여한 것일까? 차명숙의 증언은 '목적'보다는 오히려 투쟁이 진행되는 양상 자체가 그를 투쟁으로 끌어들였음을 짐작하게 한다. '빵을 나누어 준다'에서 중요한 것은 빵이 아니라 '나누어 준다'는 것일 게다. 그리고 '재미'라는 말은 두려움보다는 무언가 사람을 잡아끄는 '흥미'와 '매력'을 뜻하는 것일 터이다. 다른 사람들과 무언가를 공유하고 함께 나눈다는, 결코 흔하지 않은 사태가 주는 어떤 '재미'가 그를 투쟁으로 잡아끌었을 것이다. 투쟁의 목적보다는 오히려 투쟁의 방식이, 투쟁의 과정이 진행되며 나타난 어떤 면들이 그들을 잡아끌었을 것이다.

사람들이 투쟁에 참여하는 것은 무언가에 공감하기 때문이다. 그런데 공감하게 하는 것은 단지 목적이나 이념 같은 것만은 아니다. 오히려 대중적인 투쟁의 경우에 개인들의 공감을 야기하는 것은 그보다 더 직접적인 것이다. 광주항쟁의 경우 공수부대의 참혹한 폭력이, 그 폭력의 부당성에 대한 공감이, 폭력에 대한 분노의 공감이 이러한 요소였을 것이다. 그러나 폭력에 대한 분노만으로는 투쟁에 나서게 하기 힘들다. 그러한 폭력은 일차적으로 공포를 야기하기 때문이다. 공포를 이기는 무언가가 있을 때에만 분노는 투쟁으로 인도한다. 다음의 증언은 이를 잘 보여준다.

1980년 들어 들뜨기 시작한 분위기는 운동권 활동도, 조직 활동도 안 해본 나를 자연스럽게 시위에 참여하게 했다.…닥치는 대로 치고 발로 걷어차고…'저럴 수가 있을까'라는 생각과 함께 분노가 치밀어 올랐지만 당장은 도망치기에 바빴다.…시민들이 주춤하고 뒤로 물러섰다. 내가 외쳤다. "저것은 공포탄이다. 아무 상관없으니 밀고 나가자!"(현사연, 1990: 295, 위성삼)[3)]

그렇다면 무엇이 공포를 이기게 하는가? 하이데거라면 죽음으로 미리 달려가 보는 결단을 통해 그 공포의 감정을 극복하는 것이라고 말할지도 모른다(마르틴 하이데거, 1998: 350~355). 이는 극도의 참혹한 상황에서 광주 시민들이 투쟁에 참여한 것을 설명하는 데서 비슷하게 반복되어 나타난다. 이는 나중에 보겠지만, 도청의 마지막 결전을 앞두고 '결단'을 한 사람들, 아니 무기를 내놓으라는 '수습위원'들의 요구에 무기를 들고 계속 싸울 것인지를 아니면 내려놓고 집으로 돌아갈 것인지를 고심해야 했던 사람들의 행동을 설명하는 데는 타당하다고 보인다. 그러나 거대한 힘을 만들어냈던 21일까지의 항쟁에서 그 많은 사람들이 그런 식으로 개인적인 결단을 했다고 보기는 어렵다. 반대로 그런 결단이 요구되는 개인적 상황이 되면 공포감을 이기지 못하고 투쟁에서 멀어지는 경우가 훨씬 더 일반적이라고 해야 할 것이다. 가령 다음의 증언이 그렇다.

나는 너무 무서워 밖에 나갈 수가 없었다.…서서 한참을 구경하고 있는데 갑자기 뒤에서 퍽 하고 뒷덜미를 잡았다.…그 일을 당하고 그날은 집 밖으로 나가지 않았다.…실업 야구를 보다가 순간 전기가 나갔다. MBC 방송국이 불에 타고 있다고 했다.…사람들 틈에 끼여서 가고 있는데…계속 사람들이 불어났다. 나도 그 대열을 따라 운암동 고가도로 부근에 가니 시민들이 엄청나게 모였다.…나는 가두방송을 하는 전옥주 앞에 서서 각목을 휘두르며 길을 터주었다.…처참했다. 숨이 꽉 막힐 정도로 충격을 받았다.…거기 있던 사람들은 분을 이기지 못해 펑펑 우는 사람도 있고, 모두가 공수부에게 이를 갈았다. 그 광경은 나를 참지 못하게 했다. 공수부대를 다 때려죽

---

3) 이 증언집은 글에서 빈번하게 활용되므로, 앞으로는 '현사연, 1990: 쪽수, 증언자 명' 순서로 내주 처리한다.

이고 싶었다(현사연, 1990: 403~404, 김영봉).

증언자가 혼자서 공수부대의 폭력을 대면해야 했을 때 혹은 그 폭력으로 예상되는 죽음을 떠올렸을 때, 그는 '무서워서 밖으로도 나갈 수가 없었다'. 그러나 사람들과 함께 있을 때 그리고 사람들이 불어나게 되었을 때, 그는 각목을 들고 전투적으로 투쟁할 수 있었다. 이는 김영봉 개인에게 특별한 경우는 결코 아닐 것이다. 누구나 횡행하며 닥쳐오는 죽음 앞에서 공포에 떨고 있었다. 다음의 증언은 반대로 사람들과 함께 있을 때는 서슴없이 선두에 서던 사람이 혼자가 되었을 때 대면하게 되는 공포의 감정을 잘 보여준다.

어느 누구 하나 선뜻 차 선두에 서겠다고 나서는 사람이 없어서 출발은 더욱 늦어졌다. 나는 서슴지 않고 최선두로 나아갔다.⋯⋯그런데 한참을 달리다 뒤를 돌아보니 이게 웬일인가 나 혼자만 온 게 아닌가? 그렇다고 혼자서만 떠날 수는 없는 일이었다. 나 역시도 적에 대한 공포와 두려움을 느끼고 있었으므로 불안한 것은 마찬가지였다. 오던 길로 다시 돌아갔다(현사연, 1990: 225, 구성주).

여기서 공포를 이기는 것은 죽음과 대면하여 결단해야 하는 상황이 아니라 대중과 함께 있는 것이고, 혼자가 아니라 대중과 함께임을 확인하는 것이다. 스피노자라면 이를 좀 더 개념적으로 설명하고자 할 것이다. 그는 감정(sentiment)을 야기하는 감응(affect)을 크게 두 가지로 나눈다. 기쁨의 감응과 슬픔의 감응이 그것이다. 기쁨의 감응이란 나 아닌 다른 것과 만남으로써 나의 힘이 증가할 때 발생하는 감응을 총칭한다. 신명이나 희열 등은 모두 기쁨의 감응에 속하는 감정이다. 슬픔의 감응이란 반대로 만남을 통해 힘이 감소하는 경우에 발생하는 감응의 총칭이다. 분노는 물론 공포나 불안, 두려움은 모두 슬픔의 감응에 속한다. 개인이 대중이라고 불리는 수많은 사람들과 만남으로써 힘이 증가하리라는 것은 분명하다. 그처럼 힘의 증가로 인해 야기된 긍정적 감응이 개인적인 공포나 불안의 감응을 초과할 때 공포를 넘어서 투쟁으로 나서는 게 가능하게 된다.

요컨대 공포의 감응을 넘어서는 것은 그와 상반되는 개별적인 기쁨의 긍정적 감응이 그것을 초과하는 경우, 아니면 서로 공감하는 비슷한 신체들이 만남으로써 발생하는 힘의 증가가 개별적 공포를 넘어서는 감응을 야기하는 경우이다. 특히 공감하는 대중과의 만남은 개별적인 신체들의 만남과는 비교할 수 없을 정도로 긍정적 감응의 비약적 증가를 야기한다. 대중과 더불어 개인은 죽음의 공포마저 쉽게 넘어선다. 여기서 후자가 전자를 포함한다는 것은 이해하기 어렵지 않다. 광주항쟁에 참여한 사람들의 경우에는, 아마도 당연한 것이겠지만, 모두 후자와 결부되어 있다.

…무분별한 군인들의 행패를 보니 기운도 없고 몸이 아파 곧바로 화순으로 왔다.…시위 차량이 많아 도로는 차의 왕래가 어려웠다. 나도 빠져나가지 못하고 있는데, 시위대원 한 사람이 "지금 광주에서는 군인들로 인해 많은 사람이 죽어가고 있으니 당신도 함께 참여합시다"라고 했다. 나는 시위대를 보는 순간 굉장히 신이 났고…(현사연, 1990: 320~321, 신만식).

군인들의 행패는 분명 분노를 야기했을 터이지만, 그것은 증언자로 하여금 기운이 빠지게 했다. 그러나 시위대를 보는 순간 '굉장히 신이 났고' 그 신명의 감정이 공포를 쉽게 넘어서게 했다.

시내에서는 이미 산발적인 시위가 진행되고 있었다. 100~200명 정도 되는 소규모의 시위대가 10여 군데 있었다. 시위대는 이리 밀리고 저리 몰리다가 시위대끼리 만나기도 했는데, 이럴 때면 서로 반가움에 함성을 지르면서 합쳐지곤 했다. 이렇게 해서 규모가 1천 명에 달할 만큼 커진 시위대였지만 군인들이 쫓아오면 꼼짝없이 밀리곤 했다(현사연, 1990: 784, 천영진).

이 증언은 개인만이 아니라 시위대라는 집합체의 경우에도 공포의 집합적 감응을 가질 수 있으며, 이 감응 역시 몰리고 분리되며 약화되면 공포가 더해지고 다른 시위대를 만나 '반가움에 함성을 지르며 합쳐지면' 공포가 완화되리라는 것을 보여준다. 직접 싸우는 사람뿐만 아니라 밥을 해주거나 헌혈을 하는 등 투쟁을 원조하는 모든 종류의 활동 역시 그들이 무언가를 행하고 함께한다는 기쁨에서 이루어지고 확산된다. "밥을 해준 아낙네들은 비인간적인 공포로부터 벗어나 그것들을 몰아내는 데 자기가 동참하고 있다는 사실에 신바람이 나서 밥을 해주지 않고는 못 배기는 것 같았다"(황석영, 1985: 110).

광주항쟁에서 개인들이 대중이 되고, 대중은 더 큰 대중이 되는 것은 이런 만남을 통해 대중적인 감응이 전염되고 전파되기 때문이다. 그 전염과 전파의 속도가 아주 빨랐기 때문이다. 그것이 빨랐던 것은 폭력적인 사태가 극심했기에 분노의 감정이 이미 널리 확산되어 있었기 때문이기도 했지만, 그 이상으로 대중적인 시위가 광주 전역에 확산되어 있었기에 어디를 가나 대중을 만날 수 있었기 때문이기도 했다. 대중이 개인보다 빨리 달려왔기 때문이고, 감응의 전염이 결단의 시간보다 앞질러 왔기 때문이다.

이러한 감응을 통해, 감응의 공유를 통해 개인들의 경계가 소멸되면서 대중이라는 집합적 신체를 형성하게 된다. 그런데 여기서 유념할 것은 대중의 투쟁이 확산되면서 전염된 감응은 분노보다는 차라리 신명이나 기쁨의 감응이었다는 점이다. 물론 분노 역시 확산되고 전염된 것은 분명하다. 이런 점에서 투쟁하는 대중의 감응은 결코 단순하지도 단일하지도 한다. 그러나 분노의 전염이 투쟁으로 이어지게 만드는 것은 그보다 신명과 기쁨의 감응이 더 강하고 빨랐기 때문이라고 해야 할 것이다. 앞서 차명숙이 '재미있다'고 표현했던 것은 바로 이 점을 지적한 것이라고 믿는다. 기쁨의 감응이 전염되면서 개인들을 '공동체'라는 말로 명명하고 싶게 하는 하나의 집합적 신체로, 집합적 구성체로 만들어갔다는 것을 다음의 증언은 아주 잘 보여준다.

문: 그럼 어떤 분이 먼저 하자고 그런 거예요?
답: 인자 동네에서 서로 마음이 들뜬게 너도 나도 다 동의가 대기가 마련이제. 사람이 극도에 당하믄 저기 온다 그러믄 마음이 다 동의가 되기 마련이여. 그래 갖고 너도 나도 다 한 통일이 되제, 누가 먼저 하자 하고 누가 먼저 선동하고 그런 뭐가 없어. 다 동의가 되기 마련이여. 그래 갖고 동의가 되믄 자동적으로 쌀 얼마 갖고 와라 그 소리도 안 해. 자동적으로 자기 스스로 다 그냥 자기 집에 있는 것이 아까움이 없어(김혜선·정근식, 2000).

'들뜬 마음', 그것은 힘의 증가가 야기한 마음의 상태, 기쁨의 감응을 표현한다면, '동의'는 '공감'의 상태를, 이질적인 개인들을 하나의 집합적 신체로 만들어주는 감응의 공유를 표시한다. 이러한 감응의 공유는 '누가 먼저 하자고 선동하고 그런 뭐가 없이 자동적으로' 확산된다. 전염되는 것이기 때문이다. 어디가 진원지인지 누가 시작한 것인지는 알 수도 없고 알 필요도 없다. 물론 슬픔의 감응, 공포의 감응도 이처럼 전염될 수 있다. 그런데 그것은 전염되는 순간 대중을 개인들로 분리한다. 따라서 전염은 거기서 끝난다. 그러나 기쁨의 감응은 분리된 개인조차 끌어당겨 모으고 그렇기에 다른 사람들로 더 강하게 퍼져가며 더욱 커지는 방식으로, 소위 '포지티브 피드백'의 방식(수확체증의 방식)으로 증가한다. 그리고 이러한 감응은 흩어진 다음에도 남아서 다시금 개인들을 대중으로 모이게 하고, 다시금 투쟁에 나서게 한다. 수백 명의 학생들에서 시작한 시위가 사나흘 만에 30만이라는 거대 군중으로 늘어난 것은 이런 과정을 통해서였다.

감응의 전염을 통해 '자동적으로' 자연발생적으로 형성된 구성체, 마치 물이 지형이나 장애물을 우회하면서 혹은 끊기면서도 합류하듯이 전염되는 감응을 통해 다시 만나고 합류하며 비약적으로 상승한 대중의 흐름, 그리고 그 대중의 거대한 힘, 그것이 21일 공수부대를 몰아낸 '비밀'이었을 것이다. 그것은 죽음을 각오한 영웅적인 결단이나 그런 영웅들의 비장한 정서가 아니라, 죽음의 공포를 잊게 만드는 기쁨의 감응과 결단보다 너무 빨리 다가오는 대중적 전염의 힘이 그 거대한 힘을 형성한 것이라고 해야 할 것이다. 이 전염적 구성체를 형성하면서 대중이 공유했던 이러한 감응을 이해하지 못하는 한 이 투쟁의 '비밀'을 안다고 말할 수는 없을 것이다. 그 '비밀'을 모른다면 그 투쟁을 뒤이어야 한다는 생각 또한 이해할 수 없을 것이다. 그 경우 우리는 놀라운 힘으로 승리했던 광주항쟁의 '일차 과정'을, 이전의 상황에 대해 근본적 단절을 야기한 일차적 요인을 이해할 수 없을 것이다.

2) 비인칭적 특이성

개인이 아닌 집합체가 어떤 일을 하는 경우 통상 개인들은 집합체로 조직되고, 그 조직이 부여하는 지위에 따라 역할을 할당받는다. 지위와 역할에 따라 권한과 권리, 의무가 주어지고, 개인은 그러한 권리와 의무를 행사하며 전체 조직체를 작동시킨다. 이는 하나의 합목적적 조직이 아닌 '사회'에서도 마찬가지이다. 노동자, 기업가, 도지사, 의사, 대학생 등등의 '지위'가 있고, 그 지위에 부합하는 역할이 있다. 운동의 경우도 이와 크게 다르지 않다. 운동을 위해선 조직이 필요하고, 그 조직은 개인들을 지위와 역할에 따라 분배하고 움직이게 한다. 자신이 속한 조직이 아닌 곳에서 활동할 경우에도 자신이 속한 조직에서의 지위와 그것을 맡은 자로서의 자신의 이름이 따라가며, 그것을 통해 새로운 영역에서 적절한 활동이나 지위를 확보한다. 대중운동의 경우라면 약간 다를 수 있을 것이다. 대중의 흐름은 조직에서 흔히 사용하는 체계화된 지위의 체계를 갖지 않기 때문이다. 반면 대중운동의 경우에도 지도자와 지도부는 따로 있게 마련이다. 그리고 많은 경우 지도자의 '이름'이 지도자 없이도 대중을 특정한 방향으로 움직이게 만든다.

그런데 5월 18일 이후의 광주항쟁 과정에서 형성된 집합적 신체는 이와 달리 지위와 역할의 체계가 없거나 혹은 반대로 기존의 그것을 지우면서 구성되었다. 이는 사실 반은 이미 군사 정권에 의해 조건 지어진 것이기도 했다. 5월 17일 계엄 확대에 따라 전통적 운동권 지도자들이 검속되거나 도피했기 때문이다. 물론 전통적 지도자들이 전혀 없었던 것은 아니다. 들불야학이나 광대의 멤버인 대학생들이 적지 않게 남아 있었고, 윤상원 역시 구속되지 않고 광주에 남아 있었다. 그리고 이들 역시 시위에 적극적으로 참여한다. 하지만 18일부터 21일까지 진행된 어떤 사건이나 투쟁에서도 그들의 지위나 이름은 특별한 역할을 하지 못한다. 윤상원이나 박남선, 김종태 등 지도적 역할을 했던 사람들의 이름이 표면으로 부상하고 또 사건의 진행에서 중요한 역할을 하게 되는 것은 5월 22일 이후였다. 그 이전에 그들은 시위에 참여하는 일개 시민 이상도 이하도 아니었다. 전통적인 지도자들은 그 힘을 발휘하지 못했으며, 그들이 가진 명망이나 권위는 작동하지 않았다.

그러나 지위나 명망이 무의미하게 된 것이 단지 군사 정권이 사전에 명망가들을 '정리'했기 때문만은 아니었다. 왜냐하면 투쟁이 진행되면서 사건의 흐름을 지도하는 '지도자'들은 곳곳에서 출현했기 때문이다. 그러나 그들은 자신이 선 자리에서 투쟁의 흐름을 주도하고 지도했지만, 대개는 지도자를 자임하지도 않았고, 지도자로 인식되지도 않았으며, 지도자로서 이름을 남기지도 않았다. 어떤 상황 어떤 장소에선 어떤 사람이 목소리 높여 외치며 사람들을 지도했고, 다른 상황 다른 장소에선 다른 어떤 사람이 그렇게 했다. '어떤 사람'은 신원도 이름도 정해지지 않은 사람이란 점에서 '비인칭적 인물'이다. 이는 주어진 상황, 주어진 조건에서 대중의 흐름에 영향을 미칠 수 있는 사람이라면 누구나 지도자가 될 수 있음을 의미한다. 가령 다음의 증언은 비인칭적 인물의 자리에 섰던 '어떤 사람'들의 기억이다.

…차를 타고 시내는 돌아다니면서 "우리는 공수들을 광주에서 몰아내야 한다"고 외쳤고, "그러기 위해서는 광주 시민의 적극적인 협조가 필요하다"고 호소했다. 한참 동안 차를 타고 다니며 외치다 공원으로 가서 집결했다. 그때 한 시민이 연설을 했다. "지금 광주에서 죄 없는 시민이 공수들을 철수시키고 광주 시민의 자유를 회복합시다"(현사연, 1990: 242, 정영동).

"공수부대가 우리 부모 형제들을 학살하고 전두환이 정권을 잡으려고 하고 있습니다. 이런 시대에 역행하는 전두환의 집권을 쳐부숩시다. 전두환 이를 쳐부숩시다." 나의 외침에 시민들은 너 나 할 것 없이 트럭에 올라탔다

(현사연, 1990: 216, 최치수).

　…최루탄 가스가 사라지고 다시 몰려들게 되자 내가 시민들에게 외쳤다. "여러분, 데모는 우리가 했는데 저분들이 무슨 잘못이 있습니까? 데모대들이 차를 대라고 해서 차를 댔고, 최루탄을 쏘니까…앞으로 데모하지 않는다고 협상하러 갑시다."…공수대 지휘관으로 보이는 대위에게 말을 걸었다. (현사연, 1990: 656, 김승철).

　두 번째 증언자인 최치수는 당시 고등학생이었다. '어떤 고등학생'의 외침이 사람들을 싸우기 위해 트럭에 올라타게 했던 것이다. 김승철은 당시 스무 살의 운전기사로서, 나이로나 신분으로나 아니면 '이념'으로나 사람들을 이끄는 지도자라고 하기 어려운 인물이었지만, 사람들을 설득해 공수부대 지휘관과 협상을 시도한다. 이들만이 아니라 당시 광주 전역에서 벌어졌던 투쟁의 지도자들은 모두 통상적인 '지도자'의 지위와는 거리가 먼 사람들이었고, 투쟁으로 이름을 날린 사람도 아닌, 말 그대로 평범한 '어떤 한 사람'에 지나지 않았다. 차명숙도 그랬지만, 그녀와 함께 선전방송을 담당했으며 후일 광주의 대표적인 지도자로 지목되는 전옥주(본명 전춘심)도 이와 다르지 않았다. 그는 광주 사람도 아니었고, 남성 아닌 여성이었으며, 신원도 불명확했다.

　이런 식으로 당시 투쟁에 나선 광주 시민들이라면 누구나 그 '어떤 사람'이 될 수 있었고, 사실상 그런 비인칭적 주어로서 나름의 위치에서 '지도력'을 발휘했다. 분명 모두가 지도자였던 것은 아니다. 지도자들을 따르는 이들 또한 존재했다. 하지만 중요한 것은 광주에서는 누구나 지도자가 될 수 있었다는 사실이다. 각각의 상황에서 나름대로 사리판단을 한 사람이라면, 그리고 그러한 판단에 따라 적절한 투쟁의 방향을 찾아낸 사람이라면 누구나 지도자가 될 수 있었다. 혹은 무언가 상황이 요구하는 어떤 능력이 있는 사람이라면 누구나 지도자가 될 수 있었다. 전옥주와 차명숙의 경우는 신원이 불명확한 30대와 20대 초반 여성일 뿐이었지만, 그들이 가진 대담함과 남다른 언변은 순식간에 그들을 광주의 '수괴' 자리로 올려놓았다. 시민군을 조직하고 편성한 문장우는 전과 경력을 가지는 등 역시 지도자가 되기 힘든 인물이었지만, 현장에서 가지는 지도력과 설득력으로 상당히 넓은 지역의 방위를 책임지는 지도자가 되었다.

이런 점에서 18일 이후 형성된 저 흐름의 구성체는 지위나 이름에 따라 활동하고 작동하는 게 아니라 역으로 이름을 지우고 지위를 무효화시키는 방식으로 작동하고 있었다고 해야 한다. 그렇기에 누구나 투쟁을 이끄는 '어떤 사람'이라는 비인칭적 주어의 자리에 들어설 수 있는 구성체였다고 해야 한다. 지위나 이름을 지우며 형성되고 움직이는 이 구성체를 '비인칭적 구성체'라고 할 수 있다면, 이러한 방식으로 진행되는 혁명을 '이름 없는 혁명'이라고 말해도 좋을 것이다.

이 무명의 혁명, 비인칭적 구성체에서는 투쟁을 이끌고자 하는 사람이 어떤 지위에 있는 인물인지, 어떤 경력을 갖고 있는 인물인지는 아무런 문제가 되지 않았다. 역으로 기존의 어떤 지위나 경력도 그것을 가진 자들로 하여금 지도자가 되도록 보장해주지 못했다. 30만 대중이 싸운 나흘 동안 이전에 허명을 갖고 있었거나 운동에서 지도적 지위를 갖고 있던 사람 중 누구도 지도자로 부상하지 못했다는 사실은 이를 잘 보여준다. 그렇기에 누구나 지도할 수 있었고 또 누구나 지도자였다! 만약 누군가 나서서 "누가 주모자야"라고 물었다면, 모두가 "내가 주모자요"라고 나설 게 틀림없었을 것이다. 따라서 5·18 이후 사태를 만들어가는 이 흐름의 구성체에서 군부가 지도부를 제거하는 것은, 아니 지도부를 찾아내는 것은 불가능했다. 누구나 지도자가 될 수 있었고, 실제로 무수한 지도자가 존재했던 것이다. 덕분에 언제 어디에서 시위대가 어떤 식으로 행동할지 누구도 알 수 없다. 여러 상황에 즉각적으로 대처해야 했고, 이에 여러 지도자가 요구되었다. 누군가의 지시를 받는 것이 아니라 각자가 지금 무엇이 필요한지를 생각했다. 그 수많은 지도자들이 뜨고 짐에 따라 소규모 집단들이 구성되고 해체되기를 반복했다.

게다가 복수의 지도자들은 서로에게 해가 되지 않았다. 오히려 무수한 지도자의 공존이 시위대의 장점이 되었고 공수부대를 이길 수 있는 힘이 되었다. 혼자서는 결코 공수부대에게 저항할 수 없었지만, 함께함으로써 그런 힘을 이룰 수 있었다. 주먹밥을 싸서 만들어준다든가 집집마다 세숫대야에 물을 담아 내놓는다든가, 환자를 이송한다거나, 차량시위대를 조직한다거나 하는 여러 가지 행동들이 바로 이런 무수한 복수의 자생적 지도자들을 통해 가능했다. 지도자가 복수로 존재함으로써 상황에 따라 유연하게 반응할 수 있었고, 이는 필요한 모든 것을 즉각적으로 채워나갔다. 가령 정무근은 어떤 상황에서 헌혈이 필요하다고 판단하게 되었고, 그 결과 헌혈운동의 지도자가 되었다.

> 나는 순간 '피가 부족하겠구나' 하는 생각을 했다. 아울러 누군가 헌혈을 해야 한다는 생각도 들었다. 그래서 큰소리로 '헌혈! 헌혈!'을 외쳤다. 그 말을 듣고 평소 안면이 있던 기명서가…우리는 헌혈 버스에 올라탔다.…방송을 했다 '시민 여러분 헌혈합니다!!'(현사연, 1990: 828, 정무근).

요컨대 지위와 이름이 사라진 자리에 사건을 만들어내고 이끌어 가는 능력이 들어섰고, 준비되지도 않았고 예상되지도 않았던 이질적 능력들이 모여들면서 각각의 장소마다 고유한 사건을, 상황을 만들어낸 것이다.

말 잘하는 사람은 말 잘하는 능력으로 그 상황에 참여했고, 운전을 하는 사람은 운전하는 능력으로, 밥을 하는 사람을 밥을 하는 방식으로, 환자를 돌볼 줄 아는 사람은 환자를 돌보는 방식으로 그 상황에 참여했고, 그 사건을 함께 만들어낸 것이다.

> 시내 여기저기에서 시위에 참가하고 돌도 던졌다. 아주머니들이 길거리에서 시위에 참가하는 사람들에게 김밥을 나누어주고 있었고, 거리는 여기저기 최루탄이 터져 있어 눈을 뜰 수 없을 만큼 매웠다.…술집 여자들이 세숫대야에 물을 담아가지고 길거리에 늘어서 있었다(현사연, 1990: 464, 김행주).

서로 다른 특이적 능력이나 특이적 활동이 합쳐지면서 하나의 사건을 만들어내고 하나의 상황을 만들어냈으며, 그러한 상황을 주도하는 흐름을, 흐름의 구성체를 만들어낸 것이다. 이질적인 요소들이 특이점으로 작용하며 그러한 특이점들의 분포를 통해 흐름의 양상이 결정되었던 것이다. 또한 그러한 특이적 활동, 특이적 능력들이 모여들며 그때마다의 흐름, 그때마다의 구성체의 특이성을 형성했던 것이다. 들뢰즈처럼 특이성(singularity)을 특이점들의 분포에 의해 정의하고, 스피노자처럼 복수의 요소들이 한데 모여들며 하나의 사태, 하나의 결과를 만드는 것을 '특이적인 것(the singular thing)'이라고 정의할 수 있다면(이진경, 2007), 광주항쟁의 첫째 국면에서 출현해 그 국면 전체를 관통해갔던 이 흐름의 구성체야말로 특이적 구성체라고 말해야 할 것이다.

광주항쟁에서 대중구성체의 지도자들은 이런 특이적 구성체의 특이점이었다. 그들은 서로 촉발하면서 더 분명한 특이점이 될 것을 요구한다. 그렇게 만들어진 지도자들의 분포 내지 배치가 그때마다의 시위대

전체의 성격과 투쟁의 양상을 규정했다. 군사적 공격으로 그 중 한두 개의 특이점을 제거할 수 있을지 모르지만, 그 대신 다른 '어떤 시민'이 새로운 특이점으로 등장하는 것을 막을 순 없었다. 각각의 특이점들은 다른 지도자, 다른 특이점의 부상을 방해하는 것이 아니라, 그들이 자신과 다른 능력을 발휘할 것을 요구했고 촉발했다. 이 대중구성체의 리듬은 누구나 적극적으로 활동하고 자신의 이질성을 극대화할 것을 요구했다. 그 결과 광주의 이 대중적 구성체는 하나의 중심을 가지고 지위에 따라 역할이 부여된 유기적 공동체가 아니라, 특이점들의 분포가 집단의 성격을 규정하는 특이적 구성체가 될 수 있었다. 상황과 국면에 따라 다른 지도자들이 부상했고 그때마다 시위대의 성격은 달라졌으며 투쟁의 양상 또한 달라졌다. 공수부대는 급속하게 변신하는 이 가변적인 다양체의 유연성을 도저히 쫓아갈 수 없었고 감당할 수 없었다.

이처럼 항쟁의 기간 대중의 구성체가 특이적 구성체가 될 수 있었던 것은 지위나 이름이 지워지고 그 대신 말 그대로 비인칭적 특이점들이 언제 어디서든 출현할 수 있게 되었기 때문일 것이다. 지위에 할당된 권리나 권력이 작동하는 한 대개는 그런 지위에 있지 못한 '비인칭적' 인물이 자신의 능력을 사건의 흐름을 규정하는 특이점으로 관여하게 하기는 아주 곤란하다. 역으로 특이적 구성체였기에 어떤 누구든 특이점이 될 수 있는 인물은 지도자가 되고 사건의 흐름을 주도할 수 있었던 것이다. 이런 점에서 이 시기 대중의 구성체를 특징짓는 비인칭성과 특이성은 동일한 것이었다고 해야 할 것이다. 그렇다면 18일 이후 지수적 속도로 성장하며 형성되어간 광주항쟁의 이 대중적 구성체를 '비인칭적 특이성'이란 개념으로 이해할 수 있을 것이다.

흐름을 이룬 물이 그렇듯이, 흐름의 구성체는 기존의 것들을 지우며 간다. 지위도, 이름도, 주어진 자리와 할당된 역할도 모두 지워버린다.

그리고 그 지워진 자리에 새로운 것들이 생성되고 피어나게 한다. 물론 기존의 것이 모두 사라지는 것은 아니며, 기존의 모든 것이 무의미해지거나 무력해지는 것은 아니다. 최정기가 지적하는 것처럼, 당시 무장시위대는 그것이 원래 맺고 있던 미시적 네트워크에 기반해 작동했다(최정기, 2007: 224~225). 하지만 그 네트워크는 애초의 기능과 전혀 다른 방식으로 기능했다. 가령 황금동의 성매매 여성들이 맺고 있던 사적 네트워크는 헌혈운동을 조직하는 데 큰 도움이 되었다. 양동시장의 행상 아주머니들의 요리 솜씨와 미리 확보하고 있던 재고는 시위대에게 식량을 공급하는 데 요긴하게 사용되었다. 덕분에 시위대에게 "먹을 것은 언제나 넉넉했다"(현사연, 1990: 254, 정홍섭). 이런 식으로 기존에 존재하던 네트워크와 자원이 적극 활용되지만, 그것 역시 거대한 흐름이 기존의 장소와 역할, 지위를 지워버린 곳에서 새롭게 재배치되고 재구성되는 방식으로 작동한다.

흔히 하듯이 혁명을 기존의 권력을 전복하고 새로운 권력을 수립하는 것으로 정의하지 않고, 기존의 질서를 근본에서 전복하는 것으로 정의한다면 바로 이런 상황이야말로 '혁명'이라는 말에 부합하는 게 아닐까? 기존의 모든 것을 지우고, 기존의 모든 것이 다르게 기능하고 다르게 작동하게 하는 새로운 배치 속으로 이행하는 것. 다음의 증언에서 '민주화'라는 말로 표현하고자 했던 것은 바로 이것이 아니었을까?

> 가끔씩 아주머니들이 시위차가 지날 때마다 빵, 음료수, 김밥 등을 올려주었다. 법원 앞을 지날 때는 법원 직원이 수고한다면서 음료수를 주고 박수도 쳐주었다. 처음에 나는 민주화가 어떤 것인지 몰랐다. 그러나 그런 상황이 오랫동안 지속되다보니까 이것이 민주화이구나 하는 생각을 하게 되었다.… 항쟁 기간에 내 호주머니에는 5천 원짜리 하나가 들어 있었으나 쓸 데가

없었다. 돈이 있어도 필요치 않았다(현사연, 1990: 448~449, 임병석).

이러한 변화는 애초에 투쟁의 결정적 발단이 되었고, 투쟁의 거대한 흐름을 형성하는 데 결정적인 역할을 했던 분노마저 다른 것으로 바꾸어 놓기도 한 듯하다. 가령 다음과 같은 김행주의 증언은 광주가 만들어낸 구성체가 종국에는 그 분노라는 틀마저 넘어서는 모습을 보여준다.

사람의 마음이란 참 이상한 것이다. 요 며칠간 군인이라면 이가 갈리고 죽여도 시원찮을 것 같더니, 며칠 동안 식사도 하지 못하고 쭈그리고 있는 것을 보니 무섭고 미운 생각보다 안쓰럽다는 생각이 더 들었다. 그 자리에서 자연스럽게 돈이 거둬졌다. 당시 군인들에게는 가게에서조차 물건을 팔지 않을 때였다.···모아진 돈으로 빵과 우유를 구해 나눠주었다(현사연, 1990: 464, 김행주).

이러한 '마음'이 단지 김행주에게만 발견되는 개인적인 것이었는지, 아니면 일반적이라고까지는 못해도 어느 정도 사람들에 의해 공유되었던 것인지는 알 수 없다. 하지만 이런 '마음'을 단지 전투적 자세의 불철저함이나 투쟁을 흐리는 모호한 동정이라고 일축할 필요는 없을 것이다. 만약 이런 '마음'이 단지 예외적인 어떤 한 사람에 한정되지 않는다고 가정할 수 있다면, 그리고 혁명이 원한이나 분노에 머무는 '부정'의 힘이 아니라 새로운 것을 창안하고 건설하는 '긍정'의 힘임을 안다면, 기존의 것들을 지우는 혁명적 흐름 속에서 기존의 분노나 원한마저 지우고 넘어서는 양상이 출현하기도 했던 것이라고 말할 수 있을지도 모른다. 이게 사실이라면, 광주에서 대중의 투쟁은 흔히 생각하는 것보다 훨씬 더 멀리 나아갔던 것이라고 말할 수 있을 것이다.

3. 해방구의 딜레마

1) 수습대책위와 궐기대회

　항쟁은 승리했다. 끔찍한 폭력을 자행하던 공수부대가 대중의 힘에 의해, 그 거대한 흐름에 의해 밀려나고 퇴각했다. 광주는 말 그대로 '해방구'가 되었다. 그러나 사실 혁명운동에서 정말 어려운 상황은 바로 이 지점에서 시작한다. 눈앞에서 적은 사라졌지만, 그렇기에 대중적 투쟁의 흐름은 약화될 수밖에 없다. 그 사라진 적들은 광주시를 포위하고 주변 지역과 절단하여 고립시키고 있다. 그리고 언젠가 다시 더욱 거대한 무력으로 치고 들어올 것이 분명하다. 이러한 상황에서 무엇을 해야 할 것인가? 아마도 해방구를 지키고 해방된 상황을 유지하는 것이 일차적인 문제일 것이다. 그러나 상황을 유지한다는 것은 대체 무엇이고, 그러기 위해선 어떻게 해야 할 것인가?

　분명한 것은 이전 국면과 상황이 근본적으로 달라졌다는 점이다. 도시의 일부 거점을 방어하고 있는 군대를 공격하는 적극적이고 공세적인 대중의 투쟁이 더는 지속될 수 없게 된 것이다. 오히려 이제는 새로이 무장하여 치고 들어올 적으로부터 해방된 광주를, 광주 시민을 지키는 방어적 국면으로 전환된 것이다. 따라서 해방된 상태에 어떤 안정성을 부여하고 새로운 질서를 만들고 유지하는 어떤 조직화가 불가피하게 된다. 그런데 항쟁 전체를 지도한 안정적인 조직이 없는 상황에서 새로운 지도부를 조직한다는 것은 결코 쉬운 일이 아니다. 더구나 지금까지 지도적 역할을 하던 사람들이 안정적인 지도부를 형성했던 것이 아니기에 새로운 지도부를 조직하기 위해선 신뢰할 만한 무언가가 있어야 했다. 이런 경우 대개는 이전의 사회적 지위나 사회적 명망, 이력 등이 일차적인 근거로 사용된다. 그러나 이는 첫째 국면에서 대중적 구성체에 활기를 불어넣었던 핵심적인 요소들이 소멸되고 그 혁명적 사태 이전의 준거들로 되돌아감을 뜻한다. 그것은 해방의 힘을 창출한 요소를 제거하는 것이 될 게 분명하다. 해방된 상황을 유지하기 위해 해방적인 힘을 제거하며 해방 이전의 관계에 기대야 하는 딜레마가 등장하는 것이다.

더구나 광주항쟁처럼 운동의 조직적인 지도부가 없이 진행된 경우에 사태는 더욱더 곤혹스럽게 된다. 혁명적 흐름에 의해 지워진 기존 질서의 요소들이 새로운 질서의 조직화를 자임하고 나서게 되기 때문이다. 홍남순 변호사의 다음과 같은 증언은 이를 아주 잘 보여준다.

> 21일…집에 돌아오는 길에 나는 깨진 유리조각, 부서진 차, 총을 가지고 다니는 시민, 학생들의 모습을 보고 '이 난국을 어떻게 수습을 할 수 있을까'하고 무척 걱정을 했어요. 22일부터 광주를 정상화시키기 위한 수습 활동에 나섰어요.…여야를 총동원하고 사람이 죽으니 의사도 불러야 합니다.…변호사도 부르고, 신문사·방송국도 불러야 해요. 그러자면 돈이 있어야 하니 사업가도 부르고, 군인·경찰·관리 다 불러 함께 수습 얘기를 해야 합니다. 내가 나서서 얘기하자 모두들 내 말이 맞다고 했어요(현사연, 1990: 197, 홍남순).

실제로 공수부대가 철수한 다음 날 공수부대로부터 피로 탈취한 도청에서 새로운 질서의 조직자를 자임하며 나선 이들은 부지사와 '목사, 신부, 변호사, 관료, 기업주 등' 기존 질서의 지배자들이었고, 그들이 만들어낸 것은 '수습대책위원회'였다(황석영, 1985: 141). 이전에 대중적 구성체에 의해 지워졌던 지위와 이름이 '사태를 수습하고' 새로운 질서를 조직하는 원리로 다시 등장한 것이다. 이는 이제까지 지워졌던 이름과 지위, 신원을 드러내고, 그것에 따라 '주어진 자리', 원래의 자리로 돌아갈 것을 요구하게 된다. 다음의 증언은 이러한 상황을 아주 단적으로 잘 보여준다.

> 그들에게 학생증을 보여주며 도청 안으로 들여보내 달라고 했다. 도청에 들어가서는 지휘자부터 찾았다. 젊은 청년 한 명이 나왔다.…꼬치꼬치 캐물었더니 그제서야 재수생이라고 고백했다. 그가 바로 김원갑이다. '이 문제는 재수생이 앞장서서 해결될 것이 아니다. 대학생이 먼저 민주화 시위를 했고 지금의 상황도 그 연장으로 볼 수 있다. 그런데 재수생인 네가 책임자로 일을 수습할 수 있겠느냐? 그러니 학생지도부가 정식으로 구성될 때까지 내가 일을 맡아보마.'…학생대표가 되었다(현사연, 1990: 203, 김창길).

22일 이전에는 광주의 지도자들에게 지위나 신원을 묻는 자는 아무도 없었다. 하지만 이제 '재수생'이라는 신분이 문제가 되고 '대학생'이 나타나 권력을 내놓을 것을 요구한다. 광주항쟁의 기간 동안에는 누나 집에 피신해 있던 김창길이 '대학생'을 표시하는 증명서로써 지금까지의 투쟁에서 지도적 역할을 하던 사람에게서 지도적 지위를 빼앗고 자신이 그 지위를 이용해 '지도자'가 된 것이다. 22일 이전에는 지워지고 필요하지 않았던 이름이 사람을 신뢰하는 조건이 되기 시작한다. 이런 점에서 22일 이후 광주에 최초로 나타난 조직화 시도는 과거로 회귀하는 것에 지나지 않았다. 혁명의 성과를 남기려는 방어 전략은 온데간데없고, 마치 광주의 대중구성체가 없었던 것처럼 되돌리려 했다. 22일 도청 수복 후 초기에 등장한 두 개의 조직체(시민수습대책위원회, 학생수습대책위원회)가 모두 '수습'이라는 명칭을 걸고 있음은 의미심장하다.

광주사태를 '폭도들의 난동'이라고 했을 때 나를 두고 한 말인 것 같아 그만둬버릴까 하고 처음엔 망설이기도 했다(현사연, 1990: 306, 조성환).

문제는 이러한 사태가 단지 '수습위원회'에 한정된 게 아니었다는 점이다. 가령 건달이었지만 시위에 열성적으로 참여했던 조성환의 증언에서 보듯이, 지위나 이름의 확인은 적지 않은 이들의 활동을 위축시켰다. 지위와 이름의 회복, 그것은 이름을 지움으로써 가능했던 폭발적 움직임이 점점 사라짐을 의미한다. 전옥주의 구속은 이런 의미에서 상징적이다. 그때까지 대중운동을 지도한 명실상부한 지도자였던 그가 갑자기 신원을 의심받고 빨갱이로 몰려 시민들 자신에 의해 구속된 것이다(최영태, 2007: 81).

그러나 22일 이후의 사태를 이러한 측면만으로 이해한다면, 사태를 너무도 단순화하는 것이고 혁명적 투쟁을 끌어온 대중적 구성체의 힘을 과소평가하는 것이다. 당장 투쟁해야 할 적은 가시적인 영역에서 사라졌지만, 거대한 투쟁의 흐름 속에서 형성된 감응적 구성체는 여전히 지속되고 있었다. 이전 시기와의 감응적 연속성 속에서, 도청 분수대 앞에서 자연발생적으로 형성된 대중 집회가 그것이었다. "이들의 분노와 상황에 대한 인식은 매우 분명하고 올바른 것이었으며, 도청 안의 수습대책위원회의 토론 내용과는 거리가 있었다. 분수대는 이제 하나의 커다란 공감의 영역을 확보해 나가는 중이었다"(황석영, 1985: 144). 이는 '시민궐기대회'라는 이름으로 정례화되어 두 번째 국면 내내 지속되면서 대중적 구성체나 혁명적 투쟁을 부정하고 과거로 회귀하려는 수습위원들을 규제하는 장치가 되며, 항쟁파가 수습파를 공략하고 약화시키는 토대가 된다. 예를 들어보자.

부지사 정시채가…"광주 시민 단결합시다"고 두 번 외치자, 두 번 모두 시민들이 따라 외쳤다. 다시 "광주시를 보호합시다" 하자, 정적이 흐른 뒤에 단상을 향해 병 한 개가 날아갔다(현사연, 1990: 701, 장세경).

정시채 부지사가 장휴동 씨와 같이 분수대 위에 올라가 "총기를 무조건 반납하고 투항하지 않으면 모두 죽는다"고 시민들을 설득했다. 시민들은 아무 말도 없이 조용히 듣고만 있었다. 장휴동 씨가 연설할 때 나는 분수대 위로 뛰어올라가 마이크를 뺏어들고 울부짖었다.…그들은 모두 쫓겨 내려가고 도청 앞 광장은 성토장으로 변했다(현사연, 1990: 206, 김종배).

보호를 앞세워 광주를 정상화하려 시도한 기존의 지도자 정시채 부지사에게 병이 날아가고, 적절한 대책 없이 무기를 반납하자고 주장하던 장휴동은 마이크를 빼앗긴다. 궐기대회는 명망가들이 아닌 이름 없는 민중이 자신의 의사를 자유롭게 표현하는 장이라는 의미에서 여전히 비인칭적 특이성을 갖는 흐름의 구성체였으며, 사람들이 함께 어우러지고 집단을 이룬다는 의미에서 '감응과 리듬의 구성체'였다. 22일 이후 해방광주는 이처럼 이전 시기 대중적 구성체의 감응을 이어 계속 투쟁하려는 힘과 그 대중적 구성체를 무화시키고 광주를 과거로 되돌리려는 힘이 서로 대결하는 구도를 이룬다.

2) 감응의 연속성과 단절

그런데 실제 진행된 사태는 이보다 더 복잡하게 꼬여 있다. 여기서 문제되는 것은 5·18 이전부터 5월 18일의 시위를 주도했던 학생운동이나 광주 지역의 민주화운동 세력이다. 22일 이후의 상황을 기존의 지배

계급이나 지도적 인사들의 수습위원회와 대중적 구성체의 대립을 통해 이해하려 한다면, 사회운동권이나 학생운동권의 지도자들이라면 의당 지도적 인사들의 수습위와 반대로 투쟁적인 입장에 서야 할 것이라고 생각된다. 그러나 사실은 그렇지 않았다. 나중에 다시 구성된 수습위원회에 참여해 주도적 역할을 했던 조비오, 송기숙, 명노근 등은 양심적 민주인사였고 광주 운동권의 지도자들이었다. 하지만 그들 역시 수세적 수습의 논리로 일관했음은 잘 알려진 바다. 학생수습위원회는 대개 학생운동권 출신이었다. 그렇지만 이들의 대부분은 오히려 '온건파' 내지 '투항파'로서 사실상 지도층 인사들의 수습위와 훨씬 더 가까웠다. 그리고 기존의 조직력과 운동경험을 가진 이들이 이러한 역할을 했기에 사태는 훨씬 더 어렵게 꼬여갔다.

학생운동권이나 사회운동권의 운동경험이 있던 사람들이 어째서 이렇게 그간의 투쟁과 정반대의 방향으로 끌고 갔을까? 무엇이 운동권 활동가들을 투항파와 항쟁파로 갈라놓았던 것일까? 항쟁파와 온건파를 갈라놓은 가장 결정적인 요인은 21일까지 투쟁 과정에 참여했는지 아닌지, 그 거대한 대중적 구성체가 만들어낸 혁명적 감응을 경험했는가 그러지 못했는가 하는 점이었다고 보인다. 즉, 투쟁의 감응, 흐름의 감응을 갖고 있던 사람은 그 감응에 의해 투쟁해야 한다고 보았던 것이지만, 그렇지 않은 경우에는 더 이상의 투쟁이란 무모한 것이었고, 중요한 것은 피해나 희생을 최대한 줄이면서 사태를 수습하는 것이라고 보았던 것이다. 이런 감응의 차이를 무엇보다 잘 보여주는 것은 MBC 방송국의 화재에 대한 다음 두 사람의 증언이다.

곧 MBC 방송국의 2층, 3층에 검은 연기가 치솟으며 순식간에 까맣게 그슬렸다. 이 광경을 바라보던 수많은 시민, 학생은 환호성을 지르고 박수를 치며 '전두환은 물러가라', '독재타도' 등을 외쳤고, 뒤늦게 달려온 소방차는 시민들의 환호성에 접근도 못하고 모두들 멍하니 바라만 보고 있었다(현사연, 1990: 663, 김용철).

'아아! 불이 타오르는데도 이 어둠의 거리여, 이 질곡의 세상이여, 언제쯤 어둠이 싹 벗겨진 광명한 천지가 오려는가. 주여, 우리를 구원하소서'라고 마음으로는 줄곧 기도를 하고 있었다(현사연, 1990: 188, 조비오).

MBC 방송국의 화재는 그것이 잘했건 잘못했건 혹은 방화건 아니건 21일까지의 국면에서 주요한 사건이었다. 김용철의 증언에서 볼 수 있듯이 이는 많은 사람들을 더욱 고양감에 들뜨게 만들었다. 하지만 20일까지 대중적 흐름의 구성체에 참여하지 못했던 조비오 신부에게 이는 이해할 수 없는 비극이었다. 그는 시위대의 행동도, 환호하는 그들의 감응이나 감정도 이해할 수 없었다. 그에게 광주의 대중적 구성체는 기쁨과 해방의 고양감에 가득한 새로운 세계가 아니라 '질곡의 세상'이자 '어둠의 거리'였던 것이다. 따라서 조비오 신부가 해방광주 국면에서 온건파가 되어 '수습'에 주력하는 것은 어쩌면 당연한 일이었다.

이는 다만 조비오 신부나 몇몇 사람의 경우에 한정되지 않는다. 한국현대사사료연구소의 「시민수습대책위원회, 학생수습대책위원회, 시민학생투쟁위원회의」(1990)는 각종 수습위원회와 항쟁위원회 참여자와 22일 이후 도청에서 활동한 사람들의 증언을 싣고 있다. 총 48명의 증언이 실려 있는데, 그들의 성향(종축)과 18일부터 21일까지의 활동상황(횡축)을 중심으로 분류하면 <표 5-2>[4]와 같다.

---

[4] 이 분류는 통상적인 분류와는 조금 다르다. 통상적인 분류는 시민학생투쟁위원회

〈표 5-2〉 도청에서 활동했던 사람의 성향과 18~21일까지 활동상황 분류

	활동 없음	소극 참여	적극 참여
항쟁파(총 21명)	0명	2명	19명
온건파(총 18명)	12명	4명	2명
혼합형(총 9명)	1명	3명	5명

<표 5-2>에서 보듯이 항쟁파는 대부분이 18일부터 21일까지 투쟁에 적극 참여했던 사람들이었다. 온건파는 반대로 대부분 그 시기에 활동이 없거나 소극적으로 참여했던 사람들이었다. 사실 대중이 무기를 들고 국가의 군대와 대결하겠다는 것은 통상적 감각으로는 결코 이해할 수 없는 무모하고 어이없는 태도이다. 18일부터 21까지 진행된 투쟁의 흐름 속에서 형성된 감응 없이는 이해할 수 없는 태도이다. 그러나 이해할 수 없는 그 태도, 그 감응이 바로 공수부대를 몰아내고 광주를 해방구로 만든 것이다. 시위나 투쟁이 총을 들고 직접 무장을 하는 사태는 매우 드문 것이다. 광주 시민들의 경우에도 총칼과 장갑차 앞에서 맨손으로

소속의 사람들을 항쟁파로, 그렇지 않은 사람을 온건파로 분류한다. 하지만 이런 분류로는 대부분의 사람들을 판단할 수 없으므로 좀 더 넓은 범위의 분류 기준을 세웠다. 첫 번째 항쟁파는 시민학생투쟁위원회 소속이거나, 총기 회수에 반대했거나, 무장한 채 외곽 경계 업무를 담당했거나, 최후까지 남아 있었거나, 혹은 그런 사람들과 함께한 사람들이다. 최후까지 남아 있음이 포함된 이유는 '죽어도 저항해야 한다'와 '일단 살아야 한다'가 당시 항쟁파와 온건파를 구획하는 주요 논점이었기 때문이다. 반대로 온건파는 총기 회수에 적극적이었거나, 총기와 관련 없는 일에만 종사하다 26일 도청을 빠져나갔거나, 질서 회복과 수습에 대한 문제의식이 강한 사람이 속한다. 혼합형은 이 둘이 섞여 있는 이들이다. 18~21일 활동 분류에서 활동 없음은 계엄군을 피해 피신했거나 방관한 이들이다. 적극 참여는 시위대에 여러 형태로 합류하고 적극적으로 활동했거나, 무장에 적극적이었던 사람이다. 소극 참여는 방관하거나 도피하지는 않았지만, 적극 참여로 분류할 수 없는 이들이다.

혹은 몽둥이나 차량으로 대항하다가 군대가 발포하면서 그에 대항하기 위해 총을 들게 된 것이다. 발포 행위 앞에서 죽음의 공포를 느꼈다면 아마도 투쟁은 거기서 소강되기 시작했을 것이다. 그러나 이미 참혹한 죽음을 넘어선 이 거대한 감응적 구성체는 거기서 좌절하거나 굴복하기보다는 대항하기 위해 총을 찾아 나선 것이다. 이런 점에서 그들이 총을 든 과정은 어떤 비약이나 과장도 없이 자연스럽다. 그래서 총이라는 살상무기가 등장했음에도 불구하고, 총을 든 사람과 그렇지 않은 사람 사이에는 어떤 근본적 단절이나 깊은 골 같은 것이 느껴지지 않는다. 우연히 총에 접한 사람은 총을 들었고 그렇지 않은 사람은 안 들었을 뿐이며, 상황에 따라 누구든 총을 들 수 있는 것으로 보이기 때문이다.[5]

그러나 이러한 사태, 이러한 감응을 체험하지 않은 사람에게 총을 든 대중이란 너무도 멀고 위험스런 존재였을 것이고, 머지않아 닥쳐올 군대의 무력 앞에 무모하게 노출된 비합리적 행동으로 보였을 것이다. 그래서 아마도 그들은 필사적으로 말리려고 했던 것일 게다. 그것은 그들의 진심이었고 그들의 충심이었을 것이다. '공수부대를 몰아냅시다' 대신 '이성을 회복합시다'라는 구호가 등장한 것은 이와 무관하지 않을 것이다. 그러나 21일까지의 혁명적 감응을 공유한 사람들에게 그들의 진심은 이전에 자신들이 겪어온 모든 것을, 거대한 기쁨과 열정으로 받아들였던 그 모든 감응을 포기하라는, 결코 받아들일 수 없는 권유였을 것이다. 이런 점에서 항쟁파와 온건파의 차이는 도덕성이나 이성적 판단

---

5) 이 점에서 필자들은 총을 들게 됨에 따라 총 든 사람과 그렇지 않은 사람 간에 깊은 심연이 만들어지면서 절대공동체의 일체성에 균열이 생기기 시작했다는 최정운의 평가(최정운, 1999: 273~275)에 동의하지 않는다. 그러한 심연은 오히려 무기를 내려놓으라는 수습파의 요구 앞에서 정말 무기를 내려놓을 것인지 아니면 목숨을 걸고 싸울 것인지를 '결단'해야 했던 상황에서 만들어졌다고 생각한다.

의 차이라기보다 말로 표현할 수 없는 비표상적 감응의 차이였다. 온건파가 자신이 관여했던 항쟁 이전의 감응에 따라 무모한 죽음을 최소화하고자 했다면, 항쟁파는 대중적 구성체를 형성했던 그 강렬한 감응을 해방된 광주의 재조직화에 강하게 반영하려 했다고 해야 할 것이다.

온건파가 처음부터 상황을 막강한 무력 앞에서 패배와 죽음이 예견되는 것으로 이해한 것은 바로 이런 이유에서일 것이다. "지금까지와 마찬가지로 저항해봐야 아무런 승산이 없다. 그러니 무기를 반납"(현사연, 1990: 193, 조비오)해야 한다는 것이다. 사태를 수습하기 위한 대책은 적의 공격 앞에서 '더 이상 죽지 않는 것'이며, '피해를 늘이지 않는 것'으로 설정된다. "2천 명 죽었으면 됐어, 얼마나 더 죽어야 되겠어"라며 항쟁파를 비판하는 송기숙 교수의 생각 역시 이와 동일했을 것이며, 항쟁파의 비난을 받으면서 마지막 날까지 도청에 나타나 고집스레 무기를 버리고 빠져나가자고 사람들을 설득하던 김창길 역시 마찬가지였을 것이다.

문제는 이처럼 항쟁의 시기와 분리된 감응의 인물들이 수습위를 장악하고 조직적인 활동의 주도권을 쥐게 된 반면, 감응의 연속성을 가진 사람들은 그들을 오랜 기간 저지하지 않고 방치했다는 점이다. 그래서 그들은 강력한 반대에도 불구하고 무기 회수에 나선다. 무기 회수는 대중적 구성체에 매우 치명적인 타격을 가하는 결과로 귀착된다. 22일 이후에도 혁명적 투쟁의 감응의 연속성을 가진 '비인칭적 인물'들, 이름 없는 자들은 총을 들고 각지에 흩어져 있었다. 그들에게 총을 들고 있는 것이란 감응의 연속성 속에서 대중적 구성체의 일부로서 지속하는 것을 뜻하는 것이었지만, 총을 내려놓는 것이란 반대로 대중적 구성체에서 분리된 개인으로 돌아가는 것을 뜻했다. 그것은 죽음의 공포 앞에 떠는 이전의 개인으로 돌아가는 것이었다. 따라서 이후 그들로선 할 수 있는 것이 없게 된다.

반면 회수에 반해 총을 계속 들고자 하는 사람도 이제는 총을 드는 것이 자연스러웠던 예전의 감응에서 분리되어, 정말 죽음을 각오하고 총을 들고 싸울 것인지 결단해야 하는 상황과 대면하게 된다. 이러한 대면은 죽음이라는 한계상황을 예상하며 개인적으로 결단해야 함을 뜻한다. 이러한 상황에서 죽음을 각오하고서라도 총을 계속 들겠다고 결심하는 것은, 아무리 혁명적 감응을 강하게 체험했다고 해도 결코 쉬운 일이 아니다. 그들에게 남은 것은 패배가 분명하게 예견됨에도 불구하고 총을 들고 싸우는 비장한 비극이었다. 이런 점에서 그들은 총을 들고서도 좋든 싫든 패배를 기정사실화하는 온건파의 정세인식을 받아들이게 된다. 그들에게 다시 공포가 찾아왔을 것이다. 따라서 이런 조건에도 불구하고 총을 든 사람들, 그들은 결코 흔히 볼 수 없는 비극적 영웅임이 분명하다.

결국 무기 회수는 혁명적 감응을 공유하고 있던 사람들마저 대중적 구성체에 분리된 개인으로 만들었고, 그러한 분리를 모든 사람들로 확산하고 일반화했다. 총으로까지 나아갔던 거대한 자연발생적 흐름은 이제 개별화된 죽음의 공포 앞에서 위축되고 대중적 흐름에서 분리되게 된다. 그들을 휘감아 하나로 묶어주던 리듬이, 흐름이 사라진 것이다. 처음 10만에 육박하던 시민들은 5차 대회에서는 5천 명 정도로 줄어든 것(현사연, 1990: 877, 김태정)이 이와 무관하다고 할 수 있을까?

항쟁파가 항쟁을 계속할 수 있는 것은 무기 회수로 이미 대중적 구성체가 치명타를 입은 이런 조건 위에서였다. 지도부를 장악했지만, 사태는 이미 돌이킬 수 없는 문턱을 넘은 다음이었다. 따라서 광주항쟁의 비극은 적이 들어오기 이전에 이미 시작되고 있었다고 해야 한다. 전사들을 거대한 대중적 구성체로부터 분리해 개인화시키고, 그 개인은 누구도 대신해줄 수 없는 죽음의 공포와 대면하면서 "때로는 패배할 게 분명한

데도 불구하고 싸워야 할 때가 있다"고 느끼며 목숨을 건 결단을 해야 했던 상황, 그것이 바로 고전적인 형태의 비극이 작동하는 조건이기 때문이다.

참고문헌

김두식. 2007. 「5·18에 관한 의미구성의 변화과정과 지역사회의 변화」. 『5·18민중항쟁과 정치, 역사, 사회 1』. 5·18기념재단.
김준. 2007. 「1980년의 정세발전과 대립구도」. 『5·18민중항쟁과 정치, 역사, 사회 3』. 5·18기념재단.
김혜선·정근식. 2000. 「항쟁의 기억, 세 개의 시간」. 5·18기념재단 홈페이지 (www.518.org).
들뢰즈·가타리. 2000. 『천의 고원』. 권혜원·이진경 외 역. 연구공간 수유+너머
박병기 엮음. 2003. 『5·18항쟁 증언 자료집 Ⅲ』. 전남대학교출판부.
스피노자, 베네딕트 1990. 『에티카』. 강영계 역. 서광사.
이종범. 2007. 「5·18항쟁의 지역적 배경」. 『5·18민중항쟁과 정치, 역사, 사회 2』. 5·18기념재단.
이진경. 2002. 『노마디즘』. 휴머니스트
_____. 2007. 「코뮨주의와 특이성」. 『코뮨주의 선언』. 교양인.
최영태. 2007. 「극우 반공주의와 5·18광주항쟁」. 『5·18민중항쟁과 정치, 역사, 사회 2』. 5·18기념재단.
최정기. 2007. 「광주민중항쟁의 지역적 확산과정과 주민참여기제」. 『5·18민중항쟁의 정치, 역사, 사회 3』. 5·18기념재단.
최정운. 1999. 『오월의 사회과학』. 풀빛.
하이데거, 마르틴. 1998. 『존재와 시간』. 이기상 역. 까치.
한국현대사사료연구소. 1990. 『광주오월민중항쟁사료전집』. 풀빛.
황석영. 1985. 『죽음을 넘어, 시대의 어둠을 넘어』. 풀빛.

제6장

광주민중항쟁과 제헌권력
자율주의의 관점에서

조정환(다중네트워크 공동대표)

1. 머리말

1980년 5월 27일, 계엄군의 총칼이 민중항쟁을 영구히 진압할 수 있었던 것은 아니다. 도청에서의 죽음은 미래의 삶을 향한 투신이었고 실제로 5월항쟁은 무력 진압과 상황종료 선언에도 불구하고 이후 사람들의 삶을 규제하는 힘으로 오래 살아남았다. 진상 규명, 학살자 처벌, 피해자 보상 등의 요구가 빗발치면서 5·18은 살아남은 사람들과 새로운 세대들의 운동(이른바 '5월운동')으로 지속되었다. 1987년 6월에 5월운동은 시민과 노동자의 항쟁으로 다시 불타올랐고 7년여 전에 제기되었던 개헌의 요구를 성취했다. 그러나 그것이 5월운동의 끝이 아니었다. 이후에도 그것은 권력에 대항하는 운동으로 지속되면서 한국 사회 재구성의 동력으로 기능했고 전 세계적 사회운동에 상상력을 불어넣었다.

하지만 1997년 광주학살의 책임자들에 대한 불철저하고 미온적인 처벌과 동시에 5월운동은 급격히 그 힘을 잃기 시작했다. 5월운동은 종료되었고 5·18은 기억과 기념의 문제로 되었다는 이야기가 공공연히 떠돈다. 매년 개최되는 5·18 기념행사의 의례적이고 관료적인 분위기가 그것을 사실로서 증언하는 것 같기도 하다.

그렇다면 이제 5월운동은 종료되었는가? 5월운동이 종료된 것이 사실이라면 종료된 그 운동은 누구의 어떤 운동이었는가? 아직 종료되지 않은 다른 5월운동이 남아 있는가? 만약 있다면 그것은 누구의 운동이고, 5월항쟁의 어떤 요소를 발전시키는 것이며, 어디에서 어떻게 전개되고 있는가? 이것이 이 글에서 생각해보고자 하는 문제이다.

문제를 이렇게 설정할 때 5월항쟁에 대한 전통적 이미지는 흔들린다. 1980년의 5월 사건은 폭도들의 난동이었는가, 시민들의 민주화운동이었는가, 민중의 항쟁 혹은 봉기였는가? 이 문제를 둘러싼 오랜 논쟁은 타협적으로, 즉 그것을 민주화운동으로 법인(法認)하고 민중항쟁으로 시인(是認)하는 것으로 귀결되었다. 이 논쟁 자체가 5월 사건 속에 내재하는 균열들을 징후적으로 드러내고 있지만 '민주주의를 위한 민중의 항쟁'으로 종합됨으로써 이 균열은 일단 봉합되었다고 할 수 있다. 집권한 개헌주의 세력에 의해 이 봉합이 5월운동을 실제적으로 종료시키고 신자유주의를 본격화하기 위한 전제로 인식되었기 때문이다.

그러나 균열들은 실재하는 것이었을 뿐만 아니라 더 확대되어 실제로는 봉합될 수도 봉합되어서도 안 될 성격의 것으로 커져 있었다는 점은 간과되고 있었다. 1990년대에 전개된 신자유주의적 자본주의의 본격화와 심화는 1980년 5월 민중의 균열을 확대해 더 이상 민중으로 포섭될 수 없는 새로운 사회적 주체성의 형성을 재촉했다. 그런 만큼 그것은 민중의 민주주의로는 풀 수 없는 새로운 문제들을 제기하는 것이었다. 그러나 이 문제제기는 간과되거나 억압되었고 5월의 기념제화에 대한 비판적 문제의식으로 살아남아 오늘 우리에게 5월 사건에 대한 재조명과 역사적 재서술을 강력하게 요구하고 있다.

우선 봉합된 그 균열을 드러내는 것에서 시작할 수 있을 것이다. 하지만 그것의 파장은 단순히 그 균열들을 드러내는 데 그치지 않을 것이다. 그 균열들에 대한 철저한 탐구는 민중이란 존재 속에 틈입되어 있는 또 다른 균열에 대한 이해로 이끌 것이다. 그리고 이 다른 균열의 발견이야말로 이미 완료된 과거로서 5월을 이해하지 않고 현재 속에 지속되는 과거이자 현재를 찢고 들어오는 도래로서 5월을 파악할 수 있게 만들 것이기 때문이다. 요컨대 그것은 '다른' 5월운동을 생각할 수 있게 만들어 줄 것이다.

이것은 5월 사건 속에 내재하면서 그것을 아래로부터 규정한 역량, 즉 민주주의를 위한 민중의 항쟁 자체를 뿌리에서 추동한 역량을 발견하는 일에서 시작해야 한다. 그것은 제정된 모든 것의 '준원인'(들뢰즈, 1990: 180~189)[1]인 제헌권력을 발견하는 일과 다름없다. 제헌권력을 발견한다는 것은 제정된 권력의 한계 너머를 투시하는 일을 의미한다. 제정된 권력은 무엇을 전개하고 무엇을 봉합했는가? 무엇을 포함하고 무엇을 배제했는가? 이 문제들의 제기를 통해 5월 사건을 새롭게 조명하는 것은 어떤 의미를 지닐까? 우리는 5월운동의 미봉적 종료와 박제화가 펼치는 정치적 상황을 직시해야 한다. 오늘날 자본의 예외독재로서의 신자유주의는 5월항쟁을 가져온 군사적 예외독재로서의 권위주의와 본질에서는 다를 바 없는 정치를 재연하고 있다. 놀라운 것은 권위주의에 저항하면서 5월운동을 전개해온 많은 부분이 자본의 예외독재로서의 신자유주의에 합류하고 있다는 사실이다. 이 경향은 우연적이고 예외적

---

[1] 원인이 어떤 사건들을 야기한 물체적 조합이라면 준원인(quasi-cause)은 그 사건과 비물체적 인과를 맺는 다른 사건이다.

인가, 아니면 그 속에 어떤 필연성이 있는가? 5월항쟁과 5월운동은 권위주의를 신자유주의로 대체하기 위한 운동에 지나지 않았는가?

아마 그 어느 누구도 '그렇다'고 대답하기는 어려울 것이다. 그렇다면 왜 민주주의를 요구한 5월운동은 신자유주의를 정당화해주는 것으로 귀착되었는가? 이러한 귀착에 이르는 과정은 어떤 갈등들에 의해 구성되었는가? 이러한 문제의식으로 5월 사건을 되돌아볼 때 거기에서 유신헌법에 대한 세 가지 태도와 세 가지 유형의 권력경향을 식별할 수 있다. 하나는 전두환이 이끌었던 호헌권력이다. 또 하나는 김대중과 김영삼에 의해 대표되었던 개헌권력이다. 이 둘은 제정된 권력에 기초하는 흐름으로 1992년 이후 서로 접근하고 통합된다. 5월운동은 두 번째 권력, 즉 개헌권력의 헤게모니 속에서 전개되었다. 개헌권력, 특히 1998년 김대중의 집권은 운동으로서의 5월운동을 종료시키는 분기점이 된다.

이 글에서 중요한 것은, 두 번째 흐름과 교차하기도 하고 분리되기도 하면서 가시화·비가시화를 반복하는, 그러나 결코 두 번째 흐름으로 환원될 수 없는 세 번째 유형의 권력을 확인하는 것이며 역사에서 그것의 구성적 우선성을 확정하는 것이다. 그것은 5월 22~27일에 나타났던 자치공동체에 의해 표현된 권력, 즉 제헌권력이다. 이 세 번째 권력의 특성과 그것의 분화와 진화를 좀 더 명백하게 묘사하는 것, 이것이 이 글의 초점이 될 것이다.

2. 신자유주의와 광주민중항쟁

노동 거부와 자치를 주장한 1968년 혁명은 서구에서 케인스주의를 더 이상 가능하지 않은 것으로 만들었다. 자본의 금융화와 이에 기초한 자본의 전 지구적 이동(이른바 '세계화')이 서구에서 노동의 투쟁에 대한 자본의 대응으로 구체화되는 데 1974년의 세계 공황과 석유 위기는 결정적 분기점이다. 이것은 석유 달러의 금융화를 촉진하여 IMF를 거대 권력으로 만들었고, 박정희 정부에 달러가치 상승, 이자율 상승, 유가 상승의 3대 압력을 가하게 된다. 외채에 의지해 급격한 중화학공업화를 추진하고 있던 박정희 정부는 이로 인해 수익성 위기와 무역적자라는 이중의 곤란을 겪는다. 이것이 1970년대 말에 나타난 외채 위기의 정체이며 국가 주도의 발전주의를 더 이상 가능하지 않게 만든 사회·역사적 조건이다(윤소영, 2008: 24~33).

이에 대해 박정희 정부가 취한 대응은 무엇이었는가? 1979년 4월에 나온 '경제안정화 종합시책'은 노동자와 농민에 대한 공격을 통해 국가 주도 발전주의를 시장 주도의 신자유주의로 전환하는 것이 그 방책이었음을 시사한다. 그 방책의 첫 번째 부분은 임금인하와 정리해고이며, 두 번째 부분은 농산물 가격의 인하이다. 첫 번째 부분은 저임금·장시간 노동 체제이지만 고용의 안정을 경험해온 노동자들에게는 삶의 급격한 불안정화를 의미하는 것이었다. 그리고 두 번째 부분은 농가의 소득 하락으로 농민의 삶이 피폐해지는 것을 의미했다.

주지하다시피 유신헌법은 대통령에의 권력 집중, 연임제한 철폐를 통한 장기 집권, 그리고 긴급조치권을 통한 비판 봉쇄 등을 성문화해 박정희 일인 독재를 합법화하는 것이었다. 정치 체제가 과잉 억압적인 것이었음에도 불구하고 민중이 박정희 체제를 감내하고 때로 협력하기도 했던 것은 발전주의적 성장이 가져다주는 최소한의 안정과 부분적인 생활 향상 때문이었다. 그러나 발전주의의 종식과 신자유주의로의 이행은 이러한 성장의 반사효과를 사라지게 하고 삶의 질을 급격히 하락시키는 것이었다. 왜냐하면 경제안정화 시책은 자본의 안정을 위해 민중에게 불안정을 강요하는 적대적이고 불균형적인 시책이었기 때문이다.

즉각 노동자들의 불만이 증대하고 저항이 폭발했다. 그 저항의 선봉에 여성이 섰던 것은 1960~1970년대의 산업이 경공업 중심으로 편제되어 있었고 이것이 여성 노동력을 이용했던 것과 무관하지 않다. 신자유주의로의 이행기에 나타난 대표적 투쟁인 1979년 4월 YH 노동자 투쟁은 경공업에서 중화학공업으로의 구조조정으로 인한 정리해고와 폐업에 맞선 여성들의 투쟁이었다. 또한 이 이행기에 군수산업에서 가장 먼저 정리해고가 이루어졌는데, 이것은 군수산업이 집결되었던 경상 남부 지역에서 저항을 폭발시키는 계기가 되었다. 1979년 10월 15일 부산에서 시작되어 인근 마산·창원으로 확산된 부마항쟁이 그것이다. 이러한 일련의 투쟁들은 1979년 10월 26일 박정희 정부의 종말을 가져오는 뇌관이 되었다. 정리해고와 폐업에 대항하는 투쟁은 점차 사양길에 접어들고 있던 광업에서도 폭발했다. 1980년 4월 사북과 고한에서 전개된 광산노동자들의 투쟁이 그것이다.

이 다양한 투쟁들의 요구는 경제적 요구들에 기초하면서도 점차 유신헌법 철폐라는 정치적 요구로 모아졌다. 이로 말미암아 박정희 정부의 붕괴라는 상황에서 호헌인가 개헌인가 제헌인가를 둘러싼 투쟁이 핵심적 정치 쟁점으로 떠오를 수밖에 없었다. 이런 상황에서 전두환은 유신헌법의 철폐가 너무 때 이른 요구라고 평가하면서 12·12 호헌 쿠데타를 주도한다. 국가 주도 발전주의에서 신자유주의로의 이행을 보장할 법적 무기로 유신헌법을 이용하고자 한 것이다. 여기서 유신헌법의 수호, 즉 호헌은 이미 신자유주의를 의미하게 된다.

다중이 새로운 헌법을 요구하고 있는 상황에서 전두환 일파가 호헌을 밀고 나갈 수 있었던 것은 신자유주의적 구조조정이 평화적으로는 불가능하고 폭력적 억압을 통해서만 가능하다는 인식에 기초하고 있다. 이러한 인식에 미국이 동조하고 있었음은 이제 널리 알려진 사실이다. 요컨대 "한국인들은 정치 체제의 자유화를 원하고 있었지만 미국 정부는 한국 경제의 자유화를 추구하고 있었다."[2] 미국이 한국의 신자유주의적 재편을 배후에서 재촉하고 있었다는 사실을 보여주는 기록이 있다. 광주항쟁이 진압된 지 3일 후인 1980년 5월 30일 글라이스틴 대사는 미 상공회의소가 발행하는 《네이션스 비즈니스》 6월호에 보낸 기고에서 "한국 경제는 지난 20년 동안의 급성장에서 안정적이고 시장 지향적인 경제로 변모할 것"이며 "한국 경제발전의 다음 단계는 강력한 중앙 통제 경제에서 시장의 힘에 의지하는 자유화"로 나아가는 것이라고 서술한 바 있다.[3] 이 기고가 있기 전에 무슨 일이 있었던가? 광주에서의 항쟁이 시민군의 무장봉기로 전환된 날인 1980년 5월 22일 오후 4시 백악관에서 열린 회의에서는 한국의 계엄군이 광주항쟁을 무력 진압하는 문제를 승인했다. 군사적 결정이 이루어진 바로 이 자리에서 반핵운동으로 인해 갈 곳을 찾고 있던 미국의 핵 발전설비를 한국으로 수출하는 것, 그리고 서울의 지하철을 확장하는 것 등을 논의하기 위해 존 무어 미 수출입은행장이 그해 6월 방한하는 문제도 승인했다. 이 회의는 안보 문제와 경제 문제가 본질적으로는 동일하다는 것, 즉 자본의 계급투쟁의 문제임을 인정하는 자리였다. 이 회의 몇 시간 뒤인 5월 23일에 서울의 글라이스틴 대사는 박충훈 총리에게 '단호한 폭동 진압 조치'를 취할 것을 충고한다. 그리고 워싱턴의 호딩 카터 국무부 대변인은, 카터 행정부가 "남한에서 안정과 질서의 회복을 지원하기로 결정했다"는 것을 밝힌다. 그리고 며

---

[2] 출판되지 않은 카치아피카스 발제문 「신자유주의와 광주민중항쟁」의 요약문 (http://www.redian.org/news/articleView.html?idxno=1871) 참조. 강조는 인용자.
[3] 카치아피카스, 「신자유주의와 광주민중항쟁」(강조는 인용자).

칠 뒤인 5월 31일 카터 대통령은 CNN과의 인터뷰에서 "안보 이익이 때로는 인권보다 우위에 있어야 한다"[4]고 말한다. 자본의 안정, 자본주의 국가의 안보와 질서, 자본가의 수익이 인권보다 우위에 서는 일이, '때때로' 나타나는 일시적인 일이 아니라 자본주의의 기초 원리이자 항상적인 사태라는 사실을 여기서 새삼 강조할 필요가 있을까?

도청에서 학살당한 민중의 피가 마르기도 전에 존 무어 수출입은행장은 서울을 방문해 미국의 전력회사인 웨스팅하우스의 원자력 기술을 한국에 팔았다.[5] 캘리포니아 지역 농업 관련 산업은 남아도는 쌀 64만 4천 톤을 팔면서 톤당 100달러씩 가격을 올렸다. 당시 한국으로 밀고 들어온 미국 상품이 원자력과 쌀에 그친 것만이 아니다. 아메리칸 홈 인슈어런스 그룹과 판 아메리칸 항공 또한 한국 시장 진출을 위해 로비를 벌였다.[6] 이러한 사태 진전을 볼 때 "미국에 의해 강요된 신자유주의 축적 구조가 한국에서 시작된 것은 바로 1980년 광주항쟁의 진압이었다"는 카치아피카스의 진단은 광주에서의 학살과 항쟁의 정치·경제적 의미를 정확히 지적하고 있는 것으로 보인다. 박정희 정부가 이미 신자유주의 정책들을 도입한 것을 고려하면 광주항쟁에 대한 진압이 신자유주의의 '시작'은 아니라고 할 수 있을 것이다. 하지만 광주민중항쟁에 대한 무력 진압이 신자유주의가 한국에서 '안정적으로' 전개되기 위한 통과

---

4) 카치아피카스, 「신자유주의와 광주민중항쟁」.
5) 미국원자력학회 한국지회장이며 한국수력원자력 사장을 거친 이중재에 따르면, 한국에 원전이 도입된 것은 1978년 고리 1호기 때부터이다. 그는 "1970년대 두 차례의 석유 파동을 거치면서 에너지를 다변화해야 할 필요성이 제기돼 원전을 도입하게 됐다. 당시는 원전 기술력이 전혀 없어 미국의 웨스팅하우스로부터 모두 전수받았다"라고 말했다(http://blog.hankyung.com/ksk3007/18760).
6) 카치아피카스, 「신자유주의와 광주민중항쟁」.

절차였음은 분명하다. 광주의 민중은 표면의식에서는 권위주의 정부, 유신헌법, 계엄군에 대항해 싸웠지만 몸과 행동으로는 이미 신자유주의화에 맞서 싸우는 전위 투사가 되고 있었으며, 그 과정에서 민중을 넘는 새로운 주체성이 생성되고 있었던 것이다.

3. 1980년 5월 전후 호헌의 논리학과 그 실천

앞서 말한 것처럼 박정희 정부의 붕괴 이후 유신헌법과 발전주의 독재에 대한 세 가지의 입장과 태도가 나타난다. 호헌과 개헌과 제헌이 그것이다. 호헌적 입장은 전두환에 의해 대표되었고, 개헌적 입장은 김대중·김영삼에 의해 대표되었다. 그렇다면 제헌적이라고 부를 수 있는 입장이 과연 있었는가? 제헌적 입장의 비가시성은 그것이 부단히 개헌적 입장에 의해 대의되고 또한 그것으로 환원되곤 했기 때문이다. 심지어 학생운동조차도 기본적으로는 개헌적 입장을 크게 벗어나지 않았다. 그래서 부산·마산·사북·고한·광주의 민중이 그 누구에 의해서도 대의될 수 없는 상황에서 직접 행동으로 자신을 표현할 때면 즉각 '폭도들의 난동'이라는 딱지가 달라붙곤 했다. 제헌적 입장은 바로 폭도들의 난동으로 불리는 이러한 직접 행동적 우발점들에서 간헐적으로 가시화되곤 했던 것이 아닐까?

유신 체제는 이중의 의미에서 독재적이었다. 그것은 사회적으로 부르주아지의 계급 독재였을 뿐만 아니라 부르주아적 입헌주의의 원리들, 특히 권력 분립을 무시한다는 점에서 정치적으로 독재적이었다(슈미트, 1996: 17). 이러한 체제의 유지를 위해 군부가 행정부를 장악하면서 최고의 권력 집단으로 등장하는 것은 자연스러운 일이 된다. 이 이중의 독재 체제는 일종의 내전 질서이다. 여기에서는 전쟁이 정치를 대신하며 예외가 일상이 된다. 계엄과 긴급조치는 유신 체제의 이 전도된 상황을 합법화해 주는 것이었다.

1979년 10월 26일 박정희의 죽음으로 유신권력의 중심에 공백이 생기자 11월 2일 군부의 상층급 장성들은 10월 29일과 30일 이틀에 걸쳐 국방부에서 비밀회합을 갖고 박정희 독재 체제의 법적 근거인 유신헌법을 폐기하기로 공식 결정했다(5·18기념재단, 2007: 14). 이때 유신헌법의 조기폐지에 반대한 인물이 있었는데, 그는 계엄사 합동수사본부장 전두환이었다(5·18기념재단, 2007: 14). 유신헌법의 폐지와 개헌을 통한 민선정부 수립의 노선이 정승화 육군참모총장으로 대표되는 당시 군부의 주된 흐름이었기 때문에 호헌적 입장이 선택할 수 있는 방법은 그 역관계를 강제적으로 뒤엎는 것, 다시 말해 군사 쿠데타였다. 마침내 12월 12일 좌천설이 나돌던 전두환은 하나회를 중심으로 하는 군부 강경파를 포섭해 개각을 하루 앞두고 기습적인 쿠데타를 감행했다. 그러나 이날의 쿠데타로 국가권력 전체가 호헌적 입장의 수중으로 넘어간 것은 아니었다. 12·12는 구직업주의자 중심의 고위 장성을 배제하고 하나회 중심의 신직업주의자 중심의 소장 장성들이 군권력을 장악한 사건으로, 이후 전개될 일련의 다단계 쿠데타의 첫 번째 단계였다. 1980년 4월 14일 전두환은 중앙정보부장을 겸임함으로써 국내외 정보권력을 독점하는데, 이것이 집권을 위한 쿠데타의 두 번째 단계였다. 셋째 단계는 5월 17일 전두환의 측근을 중심으로 소집된 주요 지휘관회의에서 북괴 남침 위협 주장에 근거해 지역 계엄을 전국 계엄으로 확대하기로 결정하고 이를 임시국무회의에서 강제적으로 통과시켜 권력을 실질적으로 신군부의 휘하에 둔 것이다. 5월 22일 신군부는 미국의 승인하에 항쟁에 나선 시민들을 무력으로 진압하는 데 성공함으로써 자신을 승인된 공권력으로 정립했는데, 이것이 쿠데타의 네 번째 단계이다. 마지막 다섯 번째로 전두환은 국가보위비상대책위원회 상임위원장이 되고 8월 16일 최규하를 광주사태에 대한 책임을 물어 하야시킨 후 9월 1일 직접 대통령 자리에 올라 행정권력을 장악한다.7)

이 일련의 과정이 신자유주의로 전환하고 있는 미국이 바라고 또 승인했던 바의 과정이었음은 앞에서 말했다. 한국에 신자유주의는 자유와는 정반대의 것, 즉 계엄과 독재의 폭력적 연장을 통해 본격적으로 도입되기 시작했다. 한반도에 군부 우위의 전쟁 질서를 지속시키는 것(권위주의)이 표면적으로는 시장 중심의 발전(신자유주의)과 모순되는 듯이 보일지 모른다. 하지만 시장이 국내 시장보다는 직접적 세계 시장을 의미하는 한에서, 그리고 시장으로의 신자유주의적 권력 이동이 바로 국가에 의해 추진된다는 점에서 권위주의적 국가권력과 신자유주의는 결코 모순되지 않는다. 정치에서의 독재가 경제에서의 자유화의 이면이자 조건이었던 셈이다.

전두환은 유신헌법의 절차에 따라 1980년 9월 1일 제11대 대통령으로 취임하고, 박정희가 시작했으나 일시 중단되었던 경제안정화 시책을 계속한다. 이중적 의미에서의 정치적 독재는 경제적 자유화와 긴밀히 결합되었을 뿐만 아니라 그것을 촉진하는 것으로 작용했다. 경제 자유화가 곧 자본에게 무한정의 축적과 착취의 자유를 보장하는 것에 있다는 것은 이후의 시책들을 통해 입증되었다. 대외 시장 개방으로 초국적 금융자본은 한국으로 자유롭게 유입되었고, 한국 시장은 세계 시장의 일부로

---

7) 이와 같은 다단계 쿠데타론은 손호철(「광주민중항쟁의 재조명」), 마크 피터슨(「광주는 전두환 집권의 다단계 쿠데타였다」), 정해구(「광주민중항쟁 연구」), 이상우(「군부와 광주와 반미」) 등에 의해 제시되었다(5·18기념재단, 2007: 127).

뚜렷이 편입되었다. 그리고 그것이 3저(유가, 물가, 금리)라는 우연한 조건들과 맞아떨어지면서 한국은 호황을 누리게 되고, 전두환 정부는 군사적이고 전쟁적인 예외지배에서 정치적인 정상지배로의 전환을 모색하게 된다. 이것이 1983년 말부터 1985년까지의 정치적 유화 국면을 규정짓는 조건이었다. 그러나 유화 국면은 전두환 정부의 정치적 지배를 가능하게 만들기보다 그에 대항하는 아래로부터의 강력한 운동을 사회 전체에 넘쳐흐르게 했다. 이에 호헌적 입장은 야권 일부와의 야합을 통해 내각제 개헌이라는 준호헌적 보수대연합을 시도했으나, 1987년 초부터 불붙기 시작한 대중적 도전에 직면하여 실패하고 4·13 호헌 조치라는 반동으로 기울었다.

4. 개헌의 논리학과 그 실천

그렇다면 1980년 5월 전후에 개헌의 논리와 실천은 어떻게 전개되었는가? 앞서 말했듯이 개헌적 입장은 10·26 이후 일시적으로 한국 지배계급의 주류 입장으로 부상했다. 실제로 최규하 대통령 권한대행 체제는 개헌을 관리하기 위한 과도정부로 인식되고 있었다. 그러나 12·12 쿠데타로 개헌 입장의 주도권은 다시 호헌 입장으로 넘어가게 된다.

부마항쟁과 그 여파로 나타난 박정희의 죽음은 김영삼과 신민당에게 집권과 개헌의 호기로 다가왔다. 박정희 정부하에서 국회의원직 제명, 가택 연금 등의 탄압을 받았던 김영삼의 신민당은 비상계엄의 해제와 과도기간의 단축을 주장하면서 집권 준비를 서둘렀다. 하지만 그는 대통령 후보 지명 문제에 몰두했을 뿐 오랜 발전주의 통치의 고통에 설상가상으로 신자유주의화의 고통까지 겪고 있던 민중의 불만과 해방에의 요구를 대의하는 것에는 관심을 갖지 않았다. 결국 김영삼은 전두환이 주도한 일련의 쿠데타에 밀려 제5공화국하에서도 가택 연금과 정치적 탄압을 면하지 못했다.

　박정희 정부하에서 망명·구속·연금 등을 겪으면서 정치활동을 금지 당했던 김대중은 1980년 3월 1일 복권된 직후 "나는 이 나라에 진정한 민주주의가 확립될 수 있다는 확신을 갖기 전에는 결코 대통령 후보 지명 경쟁에 뛰어들지 않겠다. 우리는 우선 민주주의를 다져야 하며 대통령 후보 지명 문제는 잠시 미루어놓아야 한다"(5·18기념재단 엮음, 2007: 28)라며 민주주의 문제를 당시의 핵심 의제로 제기했다. 그러나 그 민주주의가 무엇을 의미하는 것이었을까? 그것은 유신 독재에 대항한다는 것, 부르주아 입헌주의를 회복한다는 것, 다시 말해 정치적 민주주의를 달성한다는 것을 넘는 것이 아니었다. 그러므로 그것은 신자유주의적 자본주의에 대항하는 것이 아니라 신자유주의를 달성할 다른 정치적 환경을 조성한다는 정도의 내용을 갖는 것이었다. 그러나 이러한 의미의 개헌적 주장 역시 전두환의 단계적 쿠데타에 밀려 어떠한 기회도 얻을 수 없었다. 오히려 김대중은 광주민중항쟁을 김대중의 내란음모사건으로 분식한 전두환 정부에 의해 내란주모자로 몰려 사형을 선고받았고, 세계 각국 지식인들의 구명운동으로 형 집행이 정지되어 미국으로 강제 출국 당해야 했다.

　당시 개헌적 입장이 정당이나 정치가의 수준에서만 표현된 것은 아니다. 개헌론적 정치가들에 대한 감금과 탄압으로 개헌적 입장은 역설적으로 당시의 재야 세력과 학생운동에 의해 대리되었다. 재야의 국민연합은 반독재 민주화를 운동의 초점에 놓음으로써 정치가적 개헌 입장과 공동보조를 취했다. 어떤 민주화인가(형식적 민주주의인가 실질적 민주주의인가)를 둘러싼 분열이 재야운동 내부에 잠복하고 있었지만 개헌 입장에 대한 탄압이 심화되면 될수록 이 쟁점은 표면화되기 어려워졌고 반독재 공동전선을 강화해야 한다는 요구가 지배적이 되었다. 계엄 철폐와 유신 세력 퇴진 요구가 그것이다.

이렇게 민중의 요구를 대의하는 어떠한 정치 세력도 존재하지 않았기 때문에 민중이 자생적으로, 직접적으로, 그리고 행동으로 생활상의 요구를 제기하기 시작한 것은 극히 자연스러운 일이었다. 당시 학생들은 총·학장 퇴진, 어용·폭력·무능 교수 퇴진, 재단 비리 척결, 시설 확충, 학생회 부활 및 학내 언론 자유화 등의 학내 요구들을 제기했다. 노동자들도 자본에 대항해 투쟁했는데, 그 투쟁들의 압도적 다수는 임금 체불에 대한 항의였으며, 휴·폐업이나 정리해고에 대해 항의하는 경우도 적지 않았고 임금 인상을 요구하는 경우도 늘어나고 있었다. 노동자들의 요구에는 발전주의에서 신자유주의로의 전환의 징후들이 짙게 묻어나고 있었다. 여기서 우리가 주목해야 할 것은 노동자들의 요구가 이처럼 생존권적이고 경제적인 것이었음에도 불구하고 그 투쟁 형태가 직접 정치권력과 격돌하는 격렬하고 폭발적인 모습을 띠었다는 점이다. 이것은 호헌적 입장도 개헌적 입장도 민중을 대의하지 않고 있었다는 점과 무관하지 않다. 특히 산업 구조조정으로 인한 정리해고에 항의하는 사북탄광 노동자들은 물론이고 동국제강, 인천제철 노동자들의 파업도 지역 점거, 경찰과의 충돌, 파괴, 방화 등의 정치적 투쟁 형태들을 보여주었다.

이러한 민중의 투쟁들은 개헌적 입장과 여러 갈래로 연결되어 있었다. 하지만 1980년 봄 서로 분열되어 경쟁하던 개헌적 정치 세력들은 민중의 투쟁을 대의할 능력을 갖고 있지 못했다. 아니, 이들은 호헌 세력의 탄압으로부터 자신을 지킬 능력조차도 보여주지 못했다. 광주민중항쟁 과정에서도 개헌적 입장은 시민수습위원회와 학생시민수습위원회의 형태로 재출현했다. 하지만 무기 회수와 반납으로 시민군의 무장을 해제함으로써 계엄군의 관용을 얻고자 한 이 입장은 계엄군의 포위와 공격 속에서 인간적 존엄을 걸고 싸우는 민중을 설득할 수 없었고 결사항전을 주장하는 민주시민투쟁위원회에 길을 비켜주어야 했다.

5. 제헌적 주체성의 구성과 독자화: '폭도들'의 권력

그렇다면 1980년을 전후한 상황에서 호헌 세력이나 개헌 세력으로부터 독자적인 제헌 세력을 식별할 수 있는가? 호헌 세력은 민중을 대의하는 일에 관심을 갖지 않았고 일방적으로 민중을 지배하고자 했다. 그러면 개헌 세력이 민중을 대의했는가?

개헌 세력은 민중에 대한 대의를 집권 수단으로 이용하고자 했고 민중을 집권의 동력으로 동원하는 데 주로 관심을 가졌다. 그래서 민중을 대의하는 일은 학생운동과 소규모의 급진적 정파운동에게 맡겨졌다. 그러나 그러한 운동들은 여러 차례에 걸친 탄압으로 정치 세력화되기 힘든 조건에 있었다. 1980년 전후 민중의 폭발적 직접 행동의 원인이 대의 불가능성에 있지는 않았지만, 대의 불가능성에 의해 촉발되었던 것만은 분명하다. 이 직접 행동들은 자율적인 것이었지만 민중이 곧장 정치적 자치를 주장하는 것으로 나아가지는 않았다.

처음에 민중은 호헌적 세력에 대한 반대와 개헌적 세력에 대한 지지(탄압과 차별의 중지)를 통해 개헌 세력이 자신들을 정치적으로 대의해 줄 것을 기대하고 요구하는 태도를 보였다. 광주민중항쟁조차도 이러한 경향에서 자유롭지 못했다. 5·18항쟁이 5월 17일 계엄령의 전국 확대와 김대중 구속을 계기로 폭발했던 것, 그리고 민중의 초기 요구가 계엄령 철폐와 김대중 석방으로 나타난 것은 이를 보여준다. 여기서도 역시 투쟁의 급진적이고 자율적인 형태와 요구의 개헌주의적 성격 사이에 커다란 간극이 발견된다.

그러나 투쟁은 제헌적 능력을 더욱 구체화하면서 마침내 제헌주의를 개헌주의로부터 분리시키는 방향으로 진전되었다. 5월 18일 전남대 학생들의 시위에서 폭발한 항쟁은, 5월 22일 분명한 두 가지 노선으로 분화된다. 하나는 시민수습위원회와 학생수습위원회(내의 협상파)의 개헌주의 노선이고, 다른 하나는 학생수습위원회 내의 투쟁파를 기초로 이후 민주시민학생투쟁위원회로 발전하는 제헌주의 노선이다. 주권에 저항하는 다중을 살 가치가 없는 존재, 그래서 죽어도 좋은 존재로 취급할 때 개헌주의는 주권의 우선성을 승인하면서 관용과 선처를 구할 명분(무기 회수와 반납)을 찾았던 반면, 제헌주의는 다중의 저항과 생명의 우선성을 단호히 천명하면서 저항하는 다중의 생명을 짓밟는 주권을 무효로 선언하고 거부하는 것으로 나타났다.

이 두 노선의 움직임을 좀 더 자세히 살펴보자. 22일 낮 12시 30분경 관료, 변호사, 목사, 신부, 기업가 등 15명으로 구성된 5·18수습대책위원회(위원장 최한영)가 구성되었다. 이들의 요구사항과 제안은 ① 사태 수습 전에 군을 투입하지 말 것, ② 연행자 전원 석방, ③ 군의 과잉 진압 인정, ④ 사후 보복 금지, ⑤ 부상자·사망자 전원에 대한 치료 및 보상, ⑥ 전일방송을 즉시 재개하여 사실을 보도할 것, ⑦ 이상의 요구가 관철되면 무장해제한다 등 일곱 가지였다(5·18기념재단 엮음, 2007: 177). 이 요구사항들은 항쟁이 발생하게 된 사회·경제적 및 정치적인 원인의 해결보다 더 이상의 피해 발생을 제거하고 사태를 현 수준에서 동결하는 것에 집중되어 있다. 더 이상의 인명 피해를 없애고 상처를 치료하자는 인도주의적 관점이 이 요구사항들을 관통한다. 여기에는 '계엄 철폐'나 '전두환 퇴진', '김대중 석방' 등과 같은 항쟁 초기의 개헌적 요구들마저도 들어 있지 않다. 수습대책위원회가 내놓은 요구들의 기저에 깔려 있는 정서는 공포이며, 그 성격은 주권의 관용에 대한 호소이고, 그 목표는 계엄군으로 표현되는 주권권력의 과잉에 대한 비판을 통해 주권을 순화하는 것이다. 이 개헌주의적 흐름은 민중항쟁을 기존의 제정권력을 합리화하기 위한 압력 도구로 사고하기 때문에 실제적으로는 전두환으로 대표되는 기존 권력을 합법적 주권으로 승인하는 효과를 낳는다. 그리고 이는 시민군의 무장에 대한 도덕적 부정을 통해 거리의 다중은 시민이 아니라 폭도이며 그들의 행동은 저항이 아니라 난동이라는 주권의 지각양식을 정당화해준다. 개헌주의는 이미 인간이 아닌 자들의 목소리, '주권은 죽었다'는 그들의 초인적 부르짖음의 정치적·역사적 새로움을 해독할 능력을 갖고 있지 못했다.

투쟁이 상승하는 국면에서 공포에 기초한 개헌주의의 득세는 투쟁의 예봉을 꺾고 그것을 기울게 만드는 것으로 기능했다. 관용에 대한 호소마저 받아들여지지 않은 상태에서 오히려 선 무장해제를 주장하는 계엄군의 요구만 받아들여져 적지 않은 무기들이 회수·반납되었기 때문이다. 개헌주의는 이렇게 투쟁의 기운을 꺾으면서 일반수습위원회와 학생수습위원회로 분화·확대된다. 일반수습위원회는 계엄군과의 협상과 대중에 대한 설득을 담당하고 학생수습위원회는 실질적 대민 업무를 담당했다. 수습위원회는 이제 일종의 하위 정부로서 시민을 설득의 대상으로 위치 짓는다. 시민군으로 결집된 시민들은 결코 권력 주체가 될 수 없고 오직 통치의 대상이 되어야 한다! 계엄군이 진압을 위한 충정작전을 구체화하고 한미 간에 진압 일시를 조율하고 있는 가운데 수습위원회는 5월 23일까지 전체 무기의 절반 수준인 2,500여 정의 카빈소총, M16, 권총 등을 회수했다(5·18기념재단 엮음, 2007: 180).

그러면 무엇이 개헌주의의 득세를 저지하고 흐름을 역전시켜 제헌주의의 주도성을 살려냈던 것일까? 흐름을 역전시킨 과정에서 박남선·윤상원 등 특이한 개인들의 활동이 눈에 띈다. 박남선은 골재를 채취하는 차량 운전수로 유동 삼거리에서 200여 명의 시민군을 조직한 후 시민군 상황실을 맡고 있었다. 그는 수습회원회의 회유에 의한 무기 반납 움직임에 맞서 자신의 허락 없이는 무기를 내주지 말라는 무기반출금지명령을 내린다.[8] 학생운동 출신으로 들불야학을 통해 노동운동에 투신한 윤상

---

8) 송기숙의 회고록에는 이 과정이 다음과 같이 기록되어 있다. "그런데 다음 날이면 혹시 나올지 몰랐던 학생회 간부들이 나타나지도 않았고 달리 지도부가 나타나지도 않았다는 것이다. 그러면 어제 붙였던 임시라는 조건이 문제가 되지 않을 수 없었다. 그 점을 의논하기 위해서 조용한 데가 없느냐고 했더니 그들은 도청 별관 지하실이 좋다고 했다. 당시 어마어마하게 소문이 났던 폭약이 쌓여 있던 곳이다. 학생수습위원회 간부들과 함께 그곳으로 갔다. 김동원 교수도 같이 갔다. 그곳은 어둠침침해서 폭약은 제대로 보이지 않았고 무더기만 크게 보였다. 두어 트럭 분량이었다. '임시' 문제는 간단하게 결론이 났다. '임시'를 떼어버리고 그대로 활동을 하면 어떻겠느냐는 것이어서 그렇게 하라고 했다. '그런데 문제가 한 가지 있습니다. 어제 저녁 박남선이라는 사람이 따로 상황실을 설치했는데, 우리 말을 잘 듣지 않으니 그가 우리 밑으로 들어오도록 설득을 좀 해주십시오.' 나는 예상대로 생길 것이 생겼구나 싶었다. 그러면서 그 순간 거기까지는 내가 개입할 일이 아니라는 생각이 들었다. '그가 어떤 사람인데?' '꽤 열심히 싸운 사람 같은데 자기 동생이 이번 싸움에 죽었다는 것 같습니다.' '직업은 무엇이고?' '그것은 잘 모르겠습니다. 학교는 별로 다니지 않는 것 같은데, 권총을 차고 다니며 설칩니다.' '한번 만나는 보겠네마는 거기까지는 내가 깊이 관여하기 곤란할 것 같네. 그러나 충돌은 하지 말고 같이 의논을 해가면서 일을 하는 것이 좋을 것 같구만.' 내가 이렇게 애매하게 말하자 학생들은 기대에 어긋난 것 같았으나 나는 나대로 시민군 지도부를 학생들이 맡아야 한다는 점에는 근본적인 회의가 있었으므로 그들 사이에서 헤게모니가 자연스럽게 조정되기를 바랄 수밖에 없었다. 여기서 다소 충돌이 있더라도 어떻게든 자기들끼리 조정이 되어야 할 것 같았다. 그래야 운동의 기본 흐름에 따라 올바른 지도부가 탄생할 것이라는 생각이 들었으며, 그렇게 되면 나는 여태 느끼고 있었던 부담에서 벗어날 수 있을 것 같았다. 그러나 박남선이 어떤 사람인가 그는 한번 만나보고 싶었으나

원은 수습위원회의 활동으로 인해 가라앉고 있던 투쟁을 다중의 총의회인 민주수호범시민궐기대회를 조직함으로써 다시 고조시켜냈다. 또한 그는 항쟁 기간 동안 투사회보를 제작해 투쟁의 의지를 결집시켰고 내외신 기자들에게 투쟁의 대의를 설명했다.

이 특이한 개인들의 활동이 시민군에 내재하던 제헌적 잠재력을 기폭시킴으로써 광주의 '폭도들'은 수습위원회의 개헌주의적 흐름에 의한 투쟁의 침식을 극복하고 호헌파에 맞설 힘을 만회할 수 있었다. 특히 민주수호범시민궐기대회는 23일부터 매일 오후 2시 시민과 민중이 직접 참여해 다양한 문제를 논의하고 결정하면서 정치적 집단지성과 집단의지를 생산하는 다중 자치의 공간이 되었다.9) 그리고 박남선이 지도한

그가 어디를 가고 없어 그때는 만나지 못했다"(http://altair.chonnam.ac.kr/~cnu518, 강조는 인용자).

9) 당시 직접 민주주의의 모습에 대한 기록은 이러하다. "노동자, 시민, 학생, 가정주부 등 각계각층 사람들이 분수대 위로 올라가 계엄군의 만행을 성토하고 앞으로의 수습대책을 토론했다. 또한 그때 파악된 피해상황이 보고되었으며 장례준비를 위한 모금운동을 벌이기도 했다"(http://altair.chonnam.ac.kr/~cnu518/data/data1_42.html). 또 다른 기록의 내용은 다음과 같다. "비가 내리는 가운데 아침부터 운집한 5만여 군중이 도청 앞에서 전두환 화형식을 비롯한 성토를 시작하며 대대적인 시가행진을 벌였다. 이 궐기대회에서 어느 한 서점에서 제작한 전두환 화형식을 하기도 하였으며 또한 이 대회에는 계층을 구분하기 힘들 정도로 많은 시민이 참가하였다. 대회가 한창 진행 중인 16시 30분경부터 갑자기 소나기가 쏟아졌다. 시민들은 몇 사람을 제외하고는 모두가 미처 우산을 준비하지 못했음에도 자리에서 이탈하지 않고 계속 비를 맞으면서 대회를 지켜보았다. 한편 계엄분소에 다녀온 수습위는 계엄사 측으로부터 약속 받은 8개 사항을 인쇄한 '계엄분소 방문협의 결과보고'라는 전단을 배포하였다.…시민수습대책위원들의 만류에도 불구하고 학생, 청년들에 의해 '제2차 민주수호 범시민궐기대회'가 열렸다. 이 대회 이름을 궐기대회라는 딱딱한 용어를 피해 '자유성토대회'라고 부르기도 했다. 이 대회는 도청 광장과 금남로 그리고 인근 도로를 꽉 메운 10만에 가까운 시민들이 참석한 가운데 열렸다. 이 대회가

시민군은 시민 스스로를 권력 주체로 인식하게 만드는 군사 조직으로 기능했다. 이렇게 해 도청에 자리 잡은 민주시민투쟁위원회는 이른바 '폭도들'이 만들어 낸 일종의 혁명적 자치정부의 성격을 띠어 갔다. 1980년 봄에 정치가적 및 시민운동적 개헌주의 세력 아래에 잠복해 활동하던 제헌주의 세력이 분명한 형태를 갖고 나타난 것이다.

6. 제헌권력의 양상과 특징

마침내 자신을 권력 주체로 구성한 광주의 '폭도들'은 누구였던가? 5월 21일 최초로 편성된 120명의 시민군 대부분은 공장노동자, 건설노동자, 목공, 구두닦이, 웨이터, 일용품팔이 노동자들이었다. 예컨대 시민군 상황실장 박남선은 골재 채취 차량 운전사였으며, 기동타격대장 윤석루는 자개공이었고, 경비대장 김화성은 식당종업원이었다. 특히 기동타격대는 영세기업체 노동자, 비정규직 노동자 및 무직자가 23명으로 82퍼센트를 차지하고, 나머지가 학생 2명(7퍼센트), 중산층 2명(7퍼센트), 농민 1명(4퍼센트)으로 구성되어 있다(이정로, 1989).

'폭도들'을 진압하기 위한 충정작전 개요는 그들이 누구인가를 좀 더 분명하게 이해할 수 있게 해 준다. 충정작전 개요에는 작전이 행사되는 두 가지 상황이 설정되어 있다. 첫째는 소요이고, 둘째는 폭동이다.

진행되는 동안 스피커 소리가 끊기기도 했는데, 주최 측은 도청에서 방해한다고 비난하기도 하였다. 궐기대회 도중 마이크가 자꾸 꺼져버렸다. 그때는 앰프시설이 좋지 않아서 그런 줄 알았는데 나중에 알고보니 궐기대회가 한참 진행되고 있을 때 정보원이 도청으로 들어가 방송시설을 분해해서 들리지 않도록 한 것이다"(http:// www.v518.org/sub3/03-04.html).

소요는 '학생 및 사회집단이 의사를 비정상적 방법으로 표현해 법질서가 위협되는 상황'을 지칭한다. 여기서 위협되는 법질서가 유신헌법에 기초한 법질서임은 물론이다. 이때 진압 책임은 경찰이 지며 작전은 수세적 저지에 머문다. 설득과 봉쇄 및 저지를 통해 달성하고자 하는 작전의 목표는 소요의 확산 방지와 자진 해산이다. 이때 사용하는 장비는 방석모, 방석복, 방패 등 자기보호를 위한 것들이다. 1980년 5월 18일 이후 광주에 경찰이 아니라 계엄군이 파병되었고 방석모·방석복·방패 등이 아니라 장갑차·헬기·기관총 등이 사용된 것을 고려하면 광주항쟁의 주체들이 소요 행위를 하고 있는 '학생 및 사회집단'으로 파악되지 않았음은 분명하다. 계엄군은 광주항쟁을 둘째의 경우, 즉 폭동으로 파악하면서 작전을 전개했다. 그러면 충정작전 개요는 폭동을 어떻게 정의하고 있는가? 폭동은 '다중의 집단이 사회 법질서를 파괴할 목적으로 폭도화한 상황'이다. 이에 대한 진압의 책임은 군과 경찰이 지며, 작전의 성격은 공세적이고 작전의 목표는 분쇄와 주모자 체포를 위한 돌격, 와해, 재집결 불허이다. 이를 위해서는 기본 화기를 최대한 이용하며 와해 후 체포를 위해 진압봉을 휴대해야 한다고 되어 있다.[10]

소요를 일으키는 학생 및 사회집단은 그 행동이 비정상적이라 할지라도 아직은 국민·민중이다. 이들은 치안의 대상이지만 전쟁과 살상의 대상은 아니다. 그런데 폭도화한 다중의 집단은 어떠한가? 그들은 법질서를 위협하는 것이 아니라 파괴하는 것으로, 즉 설득을 통해 법질서 속에 다시 포섭할 수 있는 대상이 아니라 체포·분쇄해야 할 대상으로, 즉 제거 대상으로 이해된다. 그들은 법질서로 포섭될 수 있는, 다만 비정상

---

10) 1988년 11월 11, 14, 15일의 광주특위 문서 검증 시 국방부 제출 자료인 「충정부대장 회의록」(5·18기념재단, 2007: 428에서 인용하여 재구성).

적 상태에 놓여 있을 뿐인 민중과는 다르다. 그들은 치안의 대상이기보다 전쟁과 살상의 대상이다. 어느 누구에 의해 대의되지도 못하며 현존하는 법질서와 주권질서의 외부로 추방되어야 할 사람들, 그들은 이미 민중이 아니라 다중이다.

항쟁의 과정에서 민중은 다중으로 전환되었다. 시민 상태가 자연 상태로 전환된 것이다. 이제 새로운 질서가 나타나야 할 것은 이 자연 상태로부터이다(스피노자, 2001). 광주의 다중은 국가에 대한 모든 의무를 거부했다. 병역과 세금을 거부하며 자신들을 분명한 제헌적 주체성으로 명명했다.[11] 투사가 된 다중은 스스로를 투쟁적 자치의 주체로 구축했다. 광주에 투쟁과 삶의 공동체가 출현한 것은 다중이 자신을 제헌적 주체성으로, 내전의 주체로 구축한 바로 그 순간이었다.

계엄군과의 전쟁을 위한 협력은 분업적으로 전개되었다. 청년들이 전위에서 계엄군과 맞서 싸울 때 여성들은 보도블록을 공급했고 공사장 인부들은 무기가 될 만한 것들을 구해왔다. 젊은 여성들은 다친 사람들에

---

[11] 5월 21일 광주 세무서 방화는 광주 민중이 더 이상 국민이 아님을 선언한 사건이다. "남녀노소 할 것 없이 굉장히 많은 시민들이 모여들었다. 도로는 시민들로 가득 찼다. 세무서 양쪽에 2명의 공수가 거총 자세로 서 있었고, 시민들이 함성을 지르며 세무서 쪽으로 몰려가자 공수들이 건물 안으로 들어가면서 총을 쏘아댔다. 그때 세 사람이 총에 맞아 쓰러졌다. 그것을 보고 흥분한 시민들이 '우리가 낸 세금으로 국방을 튼튼히 해놓으니 오히려 국민의 가슴에 총부리를 겨누다니! 세무서도 필요 없다. 불 질러 버리자'고 소리쳤다. 나는 그곳에 있던 청년들을 규합하여 주유소에서 휘발유를 가져와 군용트럭에 붓고 불을 붙였다. 나와 청년 1명이 트럭을 몰고 후진해 가다 세무서 건물 앞에서 뛰어내렸다. 세무서 건물에 불이 붙자 그곳에 있던 시민들이 박수를 치며 환호성을 질렀다. 그때 세무서 안에 있던 공수들이 M16을 난사했다. 주위는 총소리, 비명소리로 순식간에 아수라장으로 변했다"(한국현대사사료연구소, 1990: 문장우 구술 조사. http://altair.chonnam.ac.kr/~cnu518/board518/bbs/board.php?bo_table=sub6_03_01&wr_id=5&page=69).

대한 치료와 간호를 담당했고 아주머니들은 김밥·주먹밥·음료수 등을 준비했다. 싸우다 죽은 사람들은 죽음과 주검 그 자체를 통해 계엄군과 국가에 대한 분노를 불러일으키며 산 자들 사이의 경계를 허물어뜨리며 공동체의 감정을 생산했다.

카치아피카스는 투쟁을 통해 형성된 이 공동체를 코뮌으로 부르면서 1871년 이후 처음으로 광주에 코뮌이 등장했다고 해석한다.

지난 2세기 동안 민중의 자발적 통치능력을 보여주는 두 개의 사건이 있는데, 그것은 바로 1871년의 파리 코뮌과 1980년의 광주민중항쟁이다. 파리와 광주에서 비무장 시민들은 각자의 정부에 맞서 도시의 통제권을 장악했고, '법과 질서'를 회복하려는 중무장세력의 존재에도 불구하고 민중 권력을 유지했다. 봉기한 수만 명의 민중들은 전통적 형태의 정부를 효과적이고 효율적으로 대체한 민중권력의 기관을 창출했다. 해방의 시기 동안 범죄율은 급감했고, 민중은 그때까지 경험해보지 못했던 유대와 연대의식을 서로에 대해 느꼈다. 1871년 프랑스-프로이센 전쟁에서 승리한 프로이센 군이 수도인 파리를 접수하려 이동하자 파리 코뮌이 일어났다. 프랑스 정부의 무기력한 항복과 프로이센의 진무 공작에 파리 시민들은 격분했고, 3월 18일 파리 국민방위군이 상대적 무혈 쿠데타를 통해 파리의 통제권을 장악했다. 정부의 공격에도 불구하고 코뮌 전사들은 프로이센 정복자들의 지원을 받는 프랑스군에 맞서 70일간의 항쟁을 계속했다. 그들은 파리 방어와 일상생활을 관리할 자신들의 정부를 수립했고, 선출된 민중의 대표들은 해방된 도시를 통치했다. 마침내 압도적 군사력으로 봉기는 진압되었고, 수천 명이 '유혈의 일주일'로 불리는 시가전에서 전사했다. 군대의 화력이 수십 배나 증가된 한 세기 후에, 1980년 광주민중항쟁이 일어났다. 외국의 정복군이 도시로 진격하지 않았지만, 광주의 시민들은 미국의 지원을 받는 자국 정부에 맞서 반란을 일으켰다. 정예 공수부대가 광주 시민에게 끔찍한 잔혹 행위를 벌이자 수천 명의 민중이 군대에 맞서 싸워 그들을 도시 밖으로 몰아냈다. 그들은 해방공간을 6일간 유지했다. 해방광주에서 매일 열린 시민집회에서 수십 년간 억눌린 민중의 목소리가 터져 나왔다. 광주 시민들은 질서를 유지했고 새로운 형태의 정부, 즉 민중에 의한 민중을 위한 정부를 창출했다. 우연의 일치이지만, 파리 코뮌이 진압된 같은 날인 5월 27일 광주 코뮌도 군대에 의해 진압당했다(카치아피카스, 2004).

카치아피카스에 따르면 파리와 광주에서 일어난 두 봉기 사이에 다음과 같은 유사성이 발견된다.

1. 민주적 의사결정을 위한 민중권력기관의 자연발생적 등장
2. 아래로부터 무장저항의 발생
3. 범죄행위의 급격한 감소
4. 시민들 사이에 진정한 연대와 협력
5. 계급, 권력, 지위에 의한 서열의 중지
6. 참여자들 사이에 내부적 분열(카치아피카스, 2004).

무장 저항 속에서 활기 넘치는 연대와 협력의 공동체가 탄생한 것이 파리와 광주의 공통점이다. 이 공동체 속에서는 계급과 권력과 지위에 의한 서열이 중지되었고 범죄 행위가 급격히 감소했으며, 의사결정이 실제로 민주적인 방식으로 이루어졌다. 이것은 주권이 소멸할 수 있는 최적의 조건이다. 범시민궐기대회는 봉기한 사람들 사이의 다양한 차이를 인정하면서도 그것을 투쟁과 자치의 방향으로 조정하는 집단적 결정의 기관이었다. 여기서 다중 한 사람 한 사람은 자율적 권력 주체로 등장

한다. 투쟁의 휴지기에 개헌권력이 부상했던 것과는 달리 시민궐기대회로 투쟁의 집단의지가 상승하면서 제헌권력을 좀 더 분명한 모습을 드러냈다.

최정운은 5월항쟁 후기에 절대공동체가 탄생했다고 보는 점에서 카치아피카스와 유사한 견해를 보인다. 그렇다면 항쟁의 전기에는 공동체가 존재하지 않았는가? 그는 절대공동체의 탄생 이전에 전통적 지역공동체가 투쟁을 이끌었다고 본다. "19일부터 20일 오전까지 광주의 공동체는 거리에서 싸우는 각 시민들에게 내재해 있는 것이었다. 전통적 공동체가 없었다면 이 싸움은 시작되지도 못했을 것이다"(5·18기념재단 엮음, 2007: 263). 기존의 지역 공동체는 무엇에 기초한 것이었는가? 첫째, 상공업의 발달이 뒤진 광주 지역은 외지로부터의 인구 유입이 거의 없고 오히려 많은 사람들이 다른 지역으로 이주했기 때문에 주민들의 농촌 공동체적 동질성이 유지되고 있었다. 둘째, 저개발로 인해 가난한 사람들이 많이 살고 있었으며 가난한 사람들은 높은 담장이 없이 살고 있기 때문에 공동체적 유대감이 높았다. 셋째, 장기간 지속된 박정희 정부하에서 상대적 차별을 겪었기 때문에 차별당하는 집단으로서의 저항감과 결속감이 더 높았다. 광주에 이미 있던 지역 공동체가 계엄군의 만행에 분노한 것이 5월 18일 항쟁의 기폭제가 되었다.

이런 의미에서 광주민중항쟁의 시동은 지역 공동체에 의해 이루어졌다고 볼 수 있다. 학생이나 시민 한 사람 한 사람에 대한 계엄군의 폭력 행위가 공동체에 대한 공격과 파괴로 인식되고 공동체 전체가 공분을 느꼈기 때문이다. 하지만 지역 공동체는 그것이 기존 질서의 일부인 만큼 한계 또한 갖고 있다. 지역의 민중적 공동체는 현재의 차별에 불만을 품고 있지만 기존 질서 속에서 더 나은 지위를 획득하고 주권에 더 가까이 다가갈 것을, 그리고 주권에 더 많이 참여할 것을 기대한다. 그래서 지역 공동체는 새로운 삶을 생산하는 공간이라기보다 기존의 것을 보존·방어하고 확장하려는 성격을 갖는다. 이 때문에 그것은 지역의 향상을 위해 기여할 수 있는 더 큰 능력을 가진 사람들, 즉 유력 인사나 지식인에 의해 커다란 영향력을 받는다. 그래서 지역 공동체는 개헌주의적 흐름에 쉽게 동화된다. 22일 전후 발생한 시민수습위원회가 신부, 목사, 교수, 지역 관료 등의 지역 유지 중심으로 꾸려졌고, 이어 민중의 상징적 대의자들로 여겨졌던 학생들에 의해 학생수습위원회가 꾸려진 것은 우연이 아니다. 하층의 민중 자신은 최일선에서 싸웠음에도 수습위원회의 수습 대상이 되었다. 이것이 지역 공동체가 자신을 방어하는 일반적인 방식이다. 하지만 수습위원회에 무조건적 투항을 요구함으로써 더 이상 낡은 방식으로 사는 것을 허용하지 않았던 것은 계엄군이었다. 전두환의 계엄군은 지금과는 다르게 생각하고 또 지금과는 다르게 행동하지 않을 수 없도록 모든 사람들을 강제했다.

다르게 살도록 강요당하는 그 상황에서 누가 적절한 변용능력을 발휘했던가? 지역 공동체의 중심 부위가 아니라 그것의 주변 부위, 즉 소외된 사람들이었다. 노동자들, 막노동꾼들, 운전수들, 식당종업원들, 중국집 배달부들, 어쩔 수 없이 무직으로 지내는 실업자들, 건달들, 여성들, 가정주부들.[12] 그들은 지역의 다른 사람들과 마찬가지로 계엄군의 만행에 대해 공분을 느꼈다. 더 중요한 것은 그들이 기존의 지역 공동체에서, 더 본질적으로는 신자유주의적 전환을 준비하고 있는 현존의 자본주의 사회에서 배제되며 짓밟혀온 인간적 존엄을 만회할 기회를 보았다는

---

12) 항쟁 과정에서 탁월한 선동력을 발휘한 전옥주가 간첩 용의자로 몰려 계엄군에 넘겨진 사건은 이념적 편견뿐만 아니라 여성에 대한 편견이 사람들의 마음에 얼마나 깊게 뿌리내리고 있었는가를 보여주며, 그것의 극복이 얼마나 어려울 것인가를 시사해준다.

것이다.

그들은 공포를 딛고 일어나 존엄한 존재로서의 자기를 천명하는 데 앞장서기 시작했다. 계엄군과 직접 맞서는 시민군의 다수가 부르주아 사회와 지역 공동체에서 낮은 지위에 있거나 배제되었던 여러 형태의 가난한 사람들이었다. 항쟁의 후기에 조직된, 살아남을 가망성이 거의 없었던 기동타격대는 더욱더 가난한 사람들 중심으로 꾸려진 잡색부대였다(라인보우·레디커, 2008: 331~335). 그들의 등장으로 지역 공동체는 다른 유형의 공동체로, 현존하는 주권 질서와 화해할 수 없는 공동체로, 요컨대 정치적 자치 공동체로 변신하기 시작했다. 이제 시위와 항쟁은 자신의 존엄을 선언하기 위해 모인 다중의 봉기(蜂起)로 변모한다.13) 존엄을 선언하는 투쟁에서 각자는 직업이나 신분을 벗어나며, 어떠한 이해관계에서도 자유로운 전인(全人)으로 다시 태어난다. 혁명은 부르주아 사회가 강요하는 정체성을 지키는 행동이 아니라 그 주어진 경계들을 넘어서면서 공통됨을 구축하는 행동이었던 것이다. 그 순간 각자는 바로 자신의 지도자이자 모든 사람에 대한 지도자이다. 그 순간 각자는 법적 인간의 권리로서의 인권을 달성하는 데 머무르지 않고 초인을 달성한다. 이것이 만인의 만인에 대한 자기지배로서의 절대적 민주주의이자 초인들의 공동체이다. 초인들의 공동체는 특이성들의 절대적 협동으로서의 사랑에 의해 조직된다(네그리, 2004: 6장).

그런데 주권에 대항하는 그들이 왜 애국가를 부르며 태극기를 흔드는 것으로 자신들의 의지를 표현했을까? 그것은 기존의 주권국가 대한민국에 대한 사랑과 애국적 충성의 표시였는가? 최정운은 이 행위들을 새로운 국가의 탄생으로 설명한다(최정운, 2007: 231~291). 만약 이것이 새로

---

13) '봉기(蜂起)'는 인간이 아니라 곤충인 벌들의 무리, 벌떼들의 움직임을 형상화한다.

운 국가의 탄생이며 국가적 권위에 대한 요구라면 이러한 행위는 인류애와 융합될 수 없을 것이다. 그것은 또 민족주의의 한계를 벗어날 수도 없을 것이다. 그러나 죽음과 삶의 경계를 지워버린 절대적 존엄을 표현하는 순간에, 민족의 이익이 자리할 공간은 없다. 애국가와 태극기는 국가를 잃어버린, 그래서 국가가 없는 사람들의 비주권적 나라사랑의 표현이며 그것에서 나라사랑과 인류사랑은 결코 모순되지 않는다(네그리·하트, 2008: 80~83). 그것은 국가가 분열시킨 사람들 하나하나를 다시 연결시키는 사랑의 행위이다.

그런데 이 사랑의 공동체가 왜 총을 들었으며 폭력으로 자신을 표현하고 지키고자 했는가? "우리는 왜 총을 들 수밖에 없었는가? 그 대답은 너무나 간단합니다. 너무나 무자비한 만행을 더 이상 보고 있을 수만 없어서 너도나도 총을 들고 나섰던 것입니다."[14] 무장 폭력은 공동체를 무차별 살상하는 계엄군의 만행에 대한 저항이며 '전쟁에 대항하는 전쟁'이었다. 자신의 부모형제들이 무참히 대검에 찔리고 귀를 잘리고 연약한 아녀자들이 젖가슴을 잘리는 상황, 계엄군이 시민들의 행동을 난동으로 몰면서 무차별적으로 발포하는 상황에서 선택할 수 있는 것이 무엇이었겠는가? 시민군의 폭력은 방어적인 것이었다. 가장 공격적으로 보이는 폭력 조직인 기동타격대조차도 '차량통행증과 시내 주유소의 유류를 보급받기 위한 유류보급증, 상황실출입증 등을 발부하는 한편, 외곽지대에서 자체 방위를 맡고 있던 시민군들과 연락을 취하면서 그들을 지원하기 위해' 편성된 것이다.

그렇지만 절대적으로 비대칭적인 무력관계에서 많은 희생자를 내면서

---

14) 1980년 5월 25일 민주수호범시민궐기대회에서 발표된 성명서, 「우리는 왜 총을 들 수밖에 없었는가」.

계엄군과 무력으로 정면 대치하는 것은 무모한 일이지 않은가? 또한 폭력에 폭력으로 대응하는 것은 윤리적으로 문제적 대응방식이 아닌가? 만약 퇴로가 열려 있었다면 이런 질문은 일정한 정당성을 가질 수 있을지도 모르겠다. 희생을 줄이기 위해 집단적으로 도주하는 것이 가능했다면 총으로써 타자 및 자기의 생명, 그리고 여러 유형의 부의 파괴를 불러오는 것은 정당화되기 어려울 수 있기 때문이다.

하지만 광주를 벗어날 퇴로는 없었다. 로마를 빠져나와 지중해를 건너고자 했던 스파르타쿠스의 군대는 로마군이 지중해 쪽의 퇴로를 막자 로마로 진격해 로마군과 대치할 수밖에 없었는데, 광주의 시민군들은 스파르타쿠스의 군대와 같은 운명에 처해 있었다(조정환, 2003: 서문). 당시 계엄군은 탱크와 장갑차를 동원해 외부에서 광주 시내로 들어오는 진입로 7개 지점을 차단·봉쇄하고 있었으며, 시 외곽의 야산을 중심으로 매복해 시민군이 통과하려 하면 사격을 가했기 때문이다. 광주는 완전히 고립된 섬으로 외부와 모든 소통이 끊긴 상태였다. 어느 누구도 죽음을 무릅쓰지 않고는 나갈 수 없고 또 들어올 수도 없는 포위 상태, 광주는 절대적 계엄, 글자 그대로의 포위 상태(state of siege)에 있었다.

주권이 포위를 통해 다중을 지배한다는 사실이 여실히 입증된 순간이었다. 5월 27일 계엄군은 '폭도들은 투항하라', '너희들은 포위됐다', '총을 버리고 투항하면 생명은 보장한다'는 내용의 방송을 계속했다. 포위해 투항을 강요하고 투항하면 생명을 보장한다는 것이 주권의 논리였다. 생명을 보장받을 가치가 있는 것은 주권에 투항해 복종하는 자의 무력한 생명뿐이라는 것이 주권의 논리였다.

퇴로는 없었으며 무력으로 승리할 가능성도 없었다. 광주 이외 지역의 민중이 항쟁에 나설 가능성도 막혀 있었으며 국제적 차원의 민주 연대가 현실적인 것도 아니었다. 광주항쟁을 폭도들의 난동으로 모는 미디어들의 홍보전쟁은 나머지 지역을 항쟁에 동참하지 못하도록 막고 있었으며 미국은 전두환과 광주항쟁에 대한 진압을 공모하고 있는 상태였다.[15] 그렇다면 패배가 자명한 상황에서 시민군은 왜 총을 들었는가?

　무력 진압에서의 패배가 필연적이며 자명했다고 보는 것은 사후적 결론을 역사 속에 투사하는 것일 뿐, 당시 항쟁 지도부에게 패배가 자명한 것으로 느껴지지 않았을 수 있다. 기록에 의하면, 23일과 24일 궐기대회 후 YMCA에서 반성 및 평가 모임이 열렸다. 이 자리에서 윤상원을 중심으로 정상용, 이양현, 김영철, 정해직, 박효선 등 지도부들은 향후 투쟁의 방향 등을 심도 있게 논의했는데 여기서 불철저한 도청의 수습위원회를 혁파하고 새로운 투쟁 조직을 결성하기로 함과 아울러 향후 투쟁 목표로 ① 최규하 정부의 퇴진, ② 계엄 해제, ③ 전두환 처단, ④ 구속자 석방, ⑤ 시민 명예 회복 및 사상자 피해 보상, ⑥ 민주 정부 수립 등을 설정했다. 이러한 투쟁 목표를 쟁취하기 위해서 ① 시민궐기대회의 지속적 개최, ② 도청 수습위에 참여해 강력한 투쟁 지도부를 결성할 것, ③ 청년 학생들의 무장화 및 무장 시민군과의 합세, ④ 무기 반납 결사반대, 협상 반대, ⑤ 투쟁의 타 지역으로의 확산 등의 투쟁 방향에 합의했다. 이것은 항쟁 지도부가 투쟁의 타 지역으로의 확산 가능성을 믿고 있었음을 보여준다. 또한 당시 항쟁 지도부는 미국 항공모함의 내항을 알고 있었고 미국의 동향에 대해서도 논의했다. 그들은 미국이 전두환의 살육 만행을 묵인·방조하는 제국주의적 속성을 지닐 수밖에 없다고 인식했지

---

15) 5월 23일 미국은 항공모함 '코럴시'호를 축으로 한 미사일 구축함 두 척과 순양함, 보급함 등 7척으로 구성된 기동타격군을 한국 주변 앞바다에 투입했다. 그리고 미 제7함대 소속 항공모함인 미드웨이호, 공군정보통제기 'e3e' 두 대를 한국 주변에 급파했다. 이것들은 신군부가 진압에 실패해 무장 항쟁이 전국적으로 번질 경우 주한 미군을 직접 동원할 계획이었음을 보여준다.

만 한편으로 전두환 일파가 아직 군을 장악하지 못했다고 보고 미국이 살인 군부에 지지를 보내지 않을 가능성을 고려하고 있었다.16)

이러한 고려 속에서 들었던 총, 그러니까 26일 이전에 시민군이 들었던 총은 파괴를 위한 것이라기보다 계엄군의 만행을 국내외에 알리고 투항을 강요하는 적에 맞서 존엄을 선언하고 연대를 호소하는 깃발과 같은 의미를 가졌다. 그 이후 27일을 맞는 총도 실제로는 파괴의 무기일 수 없고 오직 방어의 무기이고 존엄의 깃발이었을 뿐이다. 그러나 그것은 현재 사람들과의 연대를 호소하는 깃발은 더 이상 아니었다. 항쟁 지도부조차도 이미 피의 진압을 예상하고 있었고 군사적으로 승리할 수 없다는 것을 알고 있었다. '도청에서 나갈 사람은 나가도 좋다'는 권고는 그것을 함의한다. 투쟁에 참가하기보다 그것을 대의하고자 했던 개헌주의 입장이 하나둘 도청을 떠난 후 그곳에 남은 결사항전 대오는 자신의 생명을 파괴하면서 불의의 세력을 파괴하는 자살폭파자와도 다르며, 어떠한 파괴도 하지 않으면서 권력을 쥔 자들의 폭력에 의해 죽임을 당하고 그로써 불의에 대해 그리고 새로운 비폭력적이고 비파괴적인 세계의 가능성에 대해 증언하는 순교자들의 저항과도 다르다.

한편으로 도청 결사항쟁 대오는 무기를 들고 무기를 든 적에 대한 저항을 선택한다는 점에서는 자살폭파자들을 닮았다. 총을 든다는 것은 생명에 대한 파괴의 위협이다. 그 파괴의 대상은 반드시 적에 한정되지 않으며 아(我)로도 향할 수 있다. 그렇기 때문에 무장은 투쟁을 치열하게 만드는 동시에 투쟁 대오에 결의에 따른 위계를 도입하면서 전선을 좁히는 기능도 수행한다. 총을 든 쪽과 총을 들지 않은 쪽 사이의 구획의

---

16) 임낙평, 「윤상원 열사의 삶과 투쟁」(http://altair.chonnam.ac.kr/~cnu518/ board518/ bbs/board.php?bo_table=sub6_03_01&wr_id=991&page=5).

위험은 비록 그것이 강한 유대감에 의해 균열과 위계화로 되지 않을 때라도 잠재적으로는 실재한다. 총을 든 쪽은 잠재적 권력으로, 잠재적 국가로 기능한다. 민주시민투쟁위원회의 형태가 점차 근대적 국가 형태를 닮아가고 있었던 것은 총과 시민군의 효과였다고도 할 수 있다. 이런 의미에서 총은 근대성의 동형 원리에 오염된 저항 수단이다. 근대에 생산이 공장에 집중되고 폭력이 군대에 집중되었듯이 저항도 시민군과 그 지도부의 형성을 통해 집중의 형상을 띠고 나타난다. 그러나 광주도청 결사대는 자신들을 기다리는 것이 승리가 아니라 패배이며 삶이 아니라 죽음이라는 것을 알고 있었다. 그러한 인지 속에서의 목숨을 건 저항은 불의의 폭력을 증언함과 동시에 미래를 향해 지속될 저항의 가능성을 증언하고 있다는 점에서 순교자들의 저항을 닮았다. 포위라는 조건에서 그들은 도청에 집중했고 총이라는 파괴의 무기를 들었지만, 그 총은 적을 파괴하기는커녕 자신을 방어하기에도 너무나 약한 무기라는 것을 그들 자신도 너무나 잘 알고 있지 않았던가. 이런 의미에서 도청에 포위된 그들에게 총은 자신들을 향한 거대한 폭력이 정당하지 않음을 고발하기 위한 수단이었으며, 불의의 권력과 화해할 수 없고 또 화해해서도 안 된다는 것을 선언하는 선언문이었으며, 현재 자신들이 죽더라도 미래에 다른 삶이 가능할 수 있다는 순교자적 증언과 다름없었다.

7. 제헌권력의 변형

이 순교가 사랑의 행동이며 미래를 향해 던져진 현재의 주권에 반대하는 구성적 행동이었다는 것, 이것은 5월항쟁 이후에 전개된 5월운동을 통해 입증된다(네그리·하트, 2008: 411~412). 5월운동은 진상 규명, 학살 책임자 처벌, 희생자에 대한 보상 등을 둘러싸고 반복적이고도 지속적으로 진행되어왔다. 하지만 5월운동은 1997년 학살 책임자 전두환과 노태우에 대한 미온적인 사법 처리를 계기로 급격히 국가화되어 이제 운동이 아니라 기념제로 석화(石化)되었다. 항쟁이 주권에 통합된 것이다. 이것은 5월 사건을 존재의 존엄에 입각한 제헌적 사건으로 보기보다 과잉진압과 기존 법질서로부터의 일탈에 의한 탈법으로 규정해온 개헌주의적 관점이 승리했음을 보여준다. 다시 말해, 수습위원회가 민주시민투쟁위원회를 누르고 승리한 셈이다. 이것이 5월항쟁 청산 논리의 구조이다.

1990년대 신자유주의의 본격화로 개헌주의가 호헌주의와 더 이상 정치적 변별성을 갖지 않게 되면서 신자유주의에 대한 무의식적이면서도 근본적인 저항이었던 5월항쟁은 개헌주의적 공식 정치 일정의 걸림돌 이상이 아니게 되었다. 5월항쟁은 현재나 미래의 문제가 아니라 과거의 일로 처리되어야 했고 새로운 구성력이 아니라 청산되어야 할 상처로 정리되어야 했다. 5·18은 이제 더 이상 비극적 주제가 아니라 매해 반복되는 기념제적 희극의 주제로 자리 잡게 되었다.

그렇지만 5월항쟁 이후의 운동들은 (심지어 해외의 운동들조차도) 5월항쟁에서 상상력뿐만 아니라 전략과 전술을 얻어왔다고 해도 과언이 아니다. 1987년 6~9월의 투쟁은 광주의 투쟁이 고립 속에서 비극적 최후를 맞이한 후 뒤늦게 전국적으로 부활한 사건이다. 5월은 부활했다. 서울시청은 광주도청을 닮았지만 섬처럼 포위되지는 않았다. 투쟁이 전국에서의 동시다발이라는 형태로 나타나고 전 세계적 시선이 한반도 남단에 쏠린 현실에서 주권이 투쟁들을 포위하는 것이 불가능했기 때문이다. 광주민중항쟁에서 5월 21일을 분기점으로 개헌주의를 넘는 제헌주의적 흐름이 생성되었듯이, 6월 10일의 항쟁도 호헌주의와 개헌주의의 대타협이었던 6월 29일을 분기점으로 개헌을 통해서는 수용할 수 없는 새로운 흐름으로 독자화되었다.

　이 투쟁은 호헌주의자들의 승리로 끝난 5월과는 달리 호헌주의와 타협한 개헌주의자들의 승리로 끝났다. 1987년의 투쟁에서 제헌주의는 노동해방이라는 이름으로 독자화되었고 1987년의 투쟁을 1991년 5월까지 끌고 가는 연속혁명적 끈기를 보였으나, 결국 개헌주의의 주도성을 극복하지는 못했다. 제헌주의 흐름의 중심에 놓였던 민주노조운동은 1990년대 중반을 경유하면서 점차 개헌주의적 흐름의 좌파로 자리매김되었다.

　1997년에 5월운동이 종료되었다면 그것은 개헌주의적이었거나 개헌주의에 포섭된 시민과 민중의 5월뿐이었다. 개헌주의는 5월 사건을 항쟁보다는 학살로 규정한 후 그 학살을 호헌주의의 책임으로 돌리는 데 관심을 집중했다. 5월항쟁을 개헌주의적으로 청산한 후 호헌주의가 추진해온 신자유주의적 개혁을 5월의 이름, 즉 민주주의의 이름으로 계속 추진한 것은 개헌주의 세력 자신이었다. 신자유주의적 개헌주의는 정리해고, 비정규직, 실업자 등의 방식으로 새로운 다중을 대량 생산했고 국경을 넘어 이주하는 디아스포라 다중을 회피할 수 없었다. 개헌주의는 베트남에 파병했던 이전의 호헌주의적 주권과 마찬가지로, 아프가니스탄·이라크 등지에 군대를 파병해 그곳의 다중을 억압함으로써 5월항쟁을 낳은 적대 구조를 전 지구적 차원에서 재생산하는 데 동참하고 있다. 그래서 5월의 적대는 제국 대 다중의 모습으로 확대 재출현한다. 자본주의의 신자유주의적 전환이 그것에 대한 저항으로서 5월 민중항쟁을 낳았다면 신자유주의의 본격화와 심화는 5월항쟁 과정에서 비로소 모습을 드러낸 반주권적 다중을 매순간 곳곳에서 양산하면서 그 적대를 심화하고 있는 것이다.

　요컨대 주권과 다중의 적대는 이제 전 지구적 차원에서 범역적이고 보편적인 것으로 출현하고 있다. 대추리 주민, 장애인, 이주노동자, 이랜드와 KTX의 비정규직 노동자 등의 투쟁은 FTA에 반대하는 투쟁, 광우병 위험에도 불구하고 미국 소 수입을 강행하는 이명박 정부에 대한 투쟁과 별개의 것들이 아니다. 김대중·김영삼·노무현으로 이어지는 개헌주의 세력에 의해 심화된 신자유주의적 자본 독재가 재집권한 호헌주의인 이명박 정부에 의해 더욱 노골화되고 있기 때문에 5월항쟁을 낳은 잠재력은 더욱 깊은 곳에서 더 확산된 형태로 내연할 수밖에 없다.

그것이 언제 어떤 형태로 다시 제헌적 모습을 드러낼 것인가? 이에 대해 아무도 단언하기는 힘들겠지만, 2002년 이래 미국을 규탄하고 전쟁에 반대하는 목소리로 광화문 일대를 수놓았고 6년 뒤 청계천과 국회의사당으로 옮겨 밝혀지고 있는 수많은 촛불들이, 신분도 동기도 목표도 다양한 그 잡색의 촛불들이 28년 전 광주 시민들이 들었던 총의 등가물이 아니라고, 아니 탈근대 시대에 새롭게 창출된 제헌주의의 삶의 정치적 무기가 아니라고 누가 말할 수 있겠는가?[17]

---

17) 무기를 혁신할 필요성에 대해서는 네그리·하트(2008: 3부 3장) 참조.

참고문헌

5·18기념재단 엮음. 2007. 『5·18광주민중항쟁의 전개과정』. 심미안.
네그리, 안또니오. 2004. 『혁명의 시간』. 정남영 옮김. 갈무리.
네그리·하트. 2008. 『다중』. 조정환·정남영·서창현 옮김. 세종서적.
들뢰즈, 질. 1999. 『의미의 논리』. 이정우 옮김. 한길사.
라인보우·레디커. 2008. 『히드라』. 정남영·손지태 옮김. 갈무리.
슈미트, 칼. 1996. 『독재론』. 김효전 옮김. 법문사.
스피노자, B. 2001. 『국가론』. 김성근 옮김. 서문당.
윤소영. 2008. 『일반화된 마르크스주의의 개론』. 공감.
이정로. 1989. 「광주봉기에 대한 혁명적 시각전환」. ≪노동해방문학≫, 5월호.
조정환. 2003. 「제국의 석양, 촛불의 시간」. 갈무리.
최정운. 2007. 「폭력과 사랑의 변증법: 5·18 민중항쟁과 절대공동체의 등장」. 5·18기념재단 엮음. 『5·18광주민중항쟁의 전개과정』. 심미안.
카치아피카스, 조지. 2004. 「파리 코뮌과 광주민중항쟁」. ≪노동자의 힘≫, 제54호.

제7장

'급진 민주주의'의 관점에서 본 광주 5·18

조희연(성공회대 민주주의연구소 소장)

1. 시작하면서: 광주 사건, 광주 문제, 광주 정신

'광주 사건'은 1980년 광주라는 특정한 역사적 시공간에서 발생했다. 광주 사건은 5월 18일 신군부가 시행한 비상계엄으로부터 시작해 27일 광주 사건의 최후 저항자들이 진압됨으로써 종결되었다. 이 광주 사건은 5·18 문제와 광주 5·18 정신을 남겼다. 이후 5·18 문제와 광주 5·18 정신은 한국 민주주의의 진보에 커다란 영향을 미쳤다. 여기서 광주 문제는 광주 사건의 진상규명이라든지 광주 피해자들의 명예회복과 배상 등 광주항쟁 이후 한국 사회가 해결해야 할 정치적 의제가 된 것을 의미하며, 이후 한국 정치는 이 문제로 씨름했다. 5·18 정신은 광주 사건에서 드러난 광주의 주체들이 담지하고 있는 지향과 정신을 의미하며, 이는 다양한 타자들에게 다양한 방식으로 해석되면서 전승되는 정신이라고 할 수 있다.

광주 사건의 전개 과정은, 1980년 '서울의 봄' 이후 전국적으로 확산되어가고 있던 학생들의 민주화 투쟁과 노동자들의 생존권 투쟁을 진압하고 국가권력을 장악하기 위해 신군부 세력이 5월 18일 0시를 기해 전국에 비상계엄을 실시하는 것에서 발단된다. 광주 사건은 10일간의 긴 시간을 거쳐 27일 새벽 종결된다. 이 광주 사건은 광주에 계엄군이 투입되고 낮은 수준의 민중적 저항이 시작되는 초기(18~29일의 시기)와, 신군부 세력의 폭력성이 민중의 저항에 대항해 준전시적인 학살폭력으로 발전되어갔고 이에 대응하는 민중의 자위 투쟁이 전개되어 계엄군이 광주 외곽으로 퇴각하게 되는 중기(5월 20일~21일의 시기), 계엄군이 퇴각한 후 일종의 '해방광주'가 실현된 1주일간의 후기(21~27일의 시기)로 나눌 수 있다.[1]

이러한 광주 사건에서 우리는 많은 것을 발견하게 된다. 거기에는 독재를 극복하고 민주주의를 회복하기 위한 강렬한 지향과 정신이 있었다. 그 강렬한 정신은 국가의 노골적인 폭력과 대면했고, 이에 대해 자위적 무장투쟁을 전개했다. 그리고 국가의 폭력적 힘을 극복하고 7일간의 '해방광주'를 실현했다. 이후 수백 명의 광주 시민들이 죽었지만 그 정신은 이후 민주화의 근본적인 저항 에토스로서 작용했다.

광주 사건이 종결된 이후 광주 문제는 광주의 피해 '당사자들'뿐만 아니라 광주 정신을 따르고자 하는 많은 사람들과 집단·조직들에 의해서 담지되고 국가에게 그 해결을 요구하는 방식으로 제기되었다. 그러나 정치의 장에서는 특정한 정치적 주체들에 의해 담지되고 이를 통해 진전되고 표현되었다. 한편 광주 사건 이후 광주 정신은 모두에게 그 해석이

---

[1] 광주학살과 광주항쟁의 구체적인 내용에 대해서는 전남사회운동협의회(1985)와 광주광역시 5·18사료편찬위원회(1997) 참조. 이 글은 광주민중항쟁의 구체적인 사실에 대한 분석은 아니기 때문에 서술은 논의에 필요한 부분에만 한정된다.

열린 정신으로서 다양한 방식으로 해석되고 전유(專有)되었다. 그런데 이 광주 5·18 정신은 시기에 따라 특정한 방식으로 전승·표현되었다.

이 글은 '광주 사건'의 의미를 급진 민주주의적 관점에서 재해석하고 나아가 '광주 문제'가 다루어지는 시기에 따라 '광주 정신'이 상이하게 해석·전승되는 것을 밝히면서 현 단계 광주 5·18 정신의 올바른 계승이라는 과제를 다시 생각해보고자 한다.

통상 법적·제도적 측면에서 1980년 광주 사건은 '광주 민주화운동'이라고 표현되며 주체의 특성에 따라 광주민중항쟁으로 표현된다. 전자가 광주 사건이 지향하고 있었던 '민주주의'라는 지향을 드러내고자 하는 것이라면, 후자는 광주 사건의 주체를 이야기하는 것이라고 생각된다. 광주 민주화운동이라는 표현에서도 드러나듯이 광주항쟁은 말 그대로 '민주주의'를 지향하는 운동이었다. 1987년 6월 민주항쟁에서 정점에 이른 한국의 민주주의운동은 광주 5·18 민중항쟁에서 중요한 정신적·도덕적 영감을 받고 있었고, 지난 20년 동안 한국 사회는 민주주의를 향한 고투 과정에 있었다고 할 수 있다. 필자는 광주 5·18의 핵심적인 지향으로서의 민주주의, 광주항쟁의 주체로서의 민중이라는 두 가지를 출발점으로 논의를 전개하고자 한다.

여기서 우리는 민주주의가 하나가 아니고 다양한 관점의 민주주의가 존재한다는 점을 상기해야 한다. 1987년 이후 지난 20년간 미국식 '자유민주주의'나 선거 민주주의, 절차적 민주주의를 민주주의로 사고했다면 한국 사회는 상대적으로 이를 성공적으로 성취한 상태에 있다고 할 수 있다. 어떤 민주주의냐에 따라 한국 민주주의는 달리 해석될 수 있다. 5·18의 핵심어를 민주주의라고 할 때 30여 년이 되어가는 지금 5·18 정신의 현재적 계승은 바로 이 '민주주의론의 심화'에 있다는 것이 필자의 생각이다. 이 글에서 필자는 필자 나름의 '급진 민주주의론'을 설정하고 그에 비추어 광주의 현재적 성찰의 문제에 접근해보고자 한다.

필자의 관점에서 볼 때 한국 사회는 지난 20년간 이른바 자유민주주의적 개혁 단계를 '성공'적으로 거치면서 새로운 개혁 단계로 이행하는 병목 지점에 도달했지만, 그 지점을 돌파하지 못하고 '신보수 정권의 출현'이라는 우회로로 들어섰다. 이는 1979년 박정희의 죽음 이후 한국 사회가 곧바로 민주화 이행의 경로로 가지 못하고 신군부 정권이라고 하는 우회로로 들어섰던 것과 유사하다. 지난 20여 년 동안 광주민중항쟁의 정신은 이러한 민주주의의 진전에서 중요한 정신적 에토스였다. 이제 새로운 병목 지점을 통과해 한국 사회가 한 단계 높은 단계로 가기 위해서 그리고 그 과정에서 5·18 정신이 지속적인 정신적 에토스가 되기 위해서는, 민주주의에 대한 우리의 인식이 새롭게 심화되어야 하고 그러한 새로운 인식의 근거들이 광주 5·18 항쟁의 정신과 연계되어야 한다고 생각한다.

1997년, 2002년 정권 교체기에도 우리는 민주주의의 의미를 물었던 적이 있다. '과잉 민주주의'가 운위되는 시점에 과연 민주주의는 여전히 가슴 설레게 하는 급진적 언어일 수 있는가. 필자는 '그렇다'고 말하고 싶다. 그러나 한국 사회가 민주주의의 함의를 지금까지와는 다른 지평으로 급진적으로 확장할 때 비로소 '그렇다'는 응답은 의미를 갖는다고 믿는다. 그런 점에서 이 글은 '민주주의의 급진적 확장' 혹은 '급진 민주주의'의 시각에서 광주 5·18 항쟁을 검토하고, 그 속에서 급진적 민주주의의 지향을 발견하고, 그를 통해 향후 한국 민주주의 발전에서 5·18 정신의 계승이 필요함을 논하고자 한다.

2. 급진 민주주의와 '민주주의의 사회화'

급진 민주주의는 민주주의의 잠재적인 '평등의 원리' – 1인1표주의로 표현 – 를 급진적으로 확장함으로써 정치적·경제적·사회적 차원에서의 배제와 불평등, 차별을 극복하고자 하는 지향이라고 표현할 수 있다. '민의 자기통치(self-rule of people)'라는 정신 위에 존립하는 민주주의는 하나의 주어진 정체(polity)의 구성원이 자신이 속한 사회의 정치적 의사결정 과정에 동등한 지위에서 참여하도록 하는 제도로서 출발했다는 점에서, 민주주의는 기본적으로 정치적 평등과 평등한 참여 사상 위에 서 있다고 할 수 있다. 민주주의가 근대 이후의 '표준적인' 정치체제 원칙으로 정착한 이후 모든 국가는 민주주의를 불가피하게 수용했다. 그러나 그 민주주의는 기존의 지배 질서와 타협적으로 공존·결합하는 형태로 뿌리내리기도 했다. 그 결과 평등과 참여의 원리에 기초한 민주주의가 현실적으로는 다양한 형태와 성격을 갖는 경제적·사회적·문화적·인종적 불평등이나 차별과 공존하면서 존재하게 되었다.

많은 경우 사회 속에 존재하는 불평등과 차별을 극복하기 위한 다양한 급진적 사상들과 민주주의를 별개의 것으로 인식한다. 그러나 경제적 불평등을 척결하고자 하는 사회주의나 공산주의와 동일한 것은 아니지만, 민주주의는 스스로의 급진적 확장을 통해 사회주의와 공산주의가 추구했던 사회경제적 평등을 민주주의의 과정으로 실현하고자 한다. 민주주의가 구현하는 '1인1표주의'가 제한적이긴 하지만 시장과 자본주의의 '1원1표주의'와 갈등하면서 그것을 인간화하는 데 크게 기여했다. 어떤 의미에서는 민주주의의 이름으로 사회주의와 공산주의의 많은 지향들이 실현될 수 있었다.[2] 또한 민주주의는 사회 내에 존재하는 다양한 사회적 불평등과 차별에 저항하는 여성주의·반인종주의 등의 사상과도 동일한 것은 아니지만, 민주주의의 급진적 확장 속에서 다양한 사회적 해방사상이 추구했던 '사회 내의 불평등과 차별'을 극복해가는 계기가 될 수 있었다. 서구 급진주의의 역사적 발전 과정을 볼 때, 제프 일리(2008)가 지적한 것처럼 19세기 서구에서의 급진적 민주주의 혹은 사회적 민주주의(social democracy)는 사회주의, 공산주의, 무정부주의, 급진적 공화주의 등과 같은 급진적 사상들을 포함하는 복합적 급진 사상으로 존재했다.

민주주의 자체의 내재적인 논리에서 볼 때에도 경제적 불평등이 극단화될 경우 혹은 사회적 차별이 극단화될 경우 정치적인 평등과 참여가 불가능하게 되므로, 민주주의는 그 자체로 경제적·사회적 불평등과 차별의 개혁의 동력으로 작용한다고 할 수 있다.

급진 민주주의적 관점에서 볼 때,3) 현실의 민주주의는 특정한 권력관계 속에서 존재한다. 이 권력관계라고 하는 것은 정치적·경제적·사회적 권력을 특정한 집단이 독점하는 식으로 권력의 불평등과 위계가 존재하

---

2) 샹탈 무페는 "근대 이후 자유민주주의의 탄생과 함께 시작된 자유와 평등의 조화에 관한 문제"(무페, 2006: 23)에 대해서, 보편적 자유와 권리 등에 기반을 두는 자유주의적 전통과 인민주권에 기반을 두는 민주주의적 전통이 경쟁하고 긴장을 가지면서 존재하고 있다고 보고 있다. 그는 "근대 민주주의를 논의할 때 그것의 특징이 두 가지 상이한 전통 사이에서 표출된 것에 의해 특징지어지는 근대 사회의 정치적 형태를 다루고 있다는 점을 인식하는 것이 중요하다. 한편으로는 법의 지배, 인권의 보장과 개인적 자유에 대한 존중 등의 가치로 구성되는 자유주의적 전통이 있고, 다른 한편으로는 평등과 치자와 피치자의 동일시, 그리고 인민주권 등의 사상으로 구성되는 민주주의적 전통이 있다"(무페, 2006: 15)고 서술한다.
3) 필자는 성공회대 민주주의연구소의 연구팀들과 함께 급진 민주주의의 이론적 정립과 급진 민주주의 관점에서의 한국 민주화와 아시아 민주화에 대한 분석을 시도하고 있다(성공회대 민주주의연구소 급진민주주주 연구모임, 2009; 조희연·김동춘, 2008; 조희연, 2008).

는 관계를 의미한다. 독재는 물론이고 민주주의 역시 특정한 정치적 독점과 사회적·경제적 독점의 결합체제로 존재한다. 정치적 권력을 특정한 집단이나 개인·세력이 독점하는 데에 정치적 독점이, 경제적 자원이나 권력을 특정한 집단이나 개인·세력이 독점하는 데에 경제적 독점이 존재한다. 나아가 다양한 사회적 권력 ― 위신이나 존경, 네트워크, 정체성, 편견 등 ― 을 특정한 개인이나 집단이 지배적으로 통제하거나 사회 내에 존재하는 다양한 사회적 분할선(예컨대 인종적 분할선)을 경계로 지배적 집단이 정치권력과 경제권력을 불평등하게 보유할 때 사회적 독점이 존재한다.

따라서 민주주의는 권력의 특정한 독점 복합체로 존재한다고 말할 수 있다. 형식적으로는 민주주의의 외양을 가지고 있지만 모든 현실의 정치체제는 권력 독점의 양상에 따라 그 실질적 구성에서 차이를 갖는다. 그런 점에서 민주주의를 실현해가는 과정은 민주주의의 실질적 구성 과정이라고 말할 수 있고, 그 구성은 정치적 독점과 사회적·경제적 독점이 어떻게 결합되어 존재하느냐에 따라 규정된다.

독재에서 민주주의로 전환되거나 형식적 민주주의로 이행한 이후 민주주의의 변화 과정은 정치적·경제적·사회적 여러 층위에서 다층적인 탈독점화가 이루어지는 고투(苦鬪)와 갈등의 과정이다. 이런 갈등은 독재에서 민주주의로 이행할 때 격렬하게 드러난다. 독재는 보다 극단적이고 가시적인 형태로 이러한 독점이 이루어진 상태이기 때문이다. 민주화 과정에서 이것의 해체·재편·변형 과정을 겪는다. 민주주의 이행 과정은 독재라는 정치적 형식이 민주주의라는 정치적 형식으로 변화하는 과정인 동시에 정치권력의 독점구조의 변형 및 독재하에서 고착화된 사회적·경제적 독점구조의 변형과 재편을 둘러싼 갈등 과정이기도 하다. 그리고 그러한 탈독점화가 얼마나 광범위하게 이루어지는가에 차이가 있다.

이런 점에서 독재에서 민주주의로의 이행, 민주화 이후의 민주주의의 변화 과정은 민주주의의 정치적·경제적·사회적 탈독점화의 한계를 둘러싼 각축 과정이라고 할 수 있다. 모든 사회의 민주주의는 바로 이러한 한계에서 차이를 보인다. 민주주의 이행 과정에서 민주주의가 확립될 때 그 민주주의가 어느 지점에서 한계를 갖느냐 하는 것은 각 사회의 민주주의 발전 정도에 따라 다르다. 내부의 사회적 분할선을 중심으로 하는 경계가 '권리의 경계'가 되는 경우도 있으며, 독재에서 민주주의로 이행했지만 그것이 지배적 인종 내부의 권력 이동으로 종결되는 경우도 있다. 미국 민주주의도 1960년대 흑인 인권운동이 촉발되기 전까지는 '안정적인' 백인만의 민주주의였다. 흑인은 미국 민주주의의 '외부'에 존재하고 있었다. 많은 경우 민주주의 이행 및 공고화 과정에서 경제적 독점이나 사회적 독점 질서와 충돌하지 않고 존재할 수도 있다.

급진 민주주의의 관점에서 볼 때 "민주주의는 하나의 정치제도가 아니라 사회적·계급적 각축 과정을 통해서 새롭게 구성되는 역사적·현재적 구성물이다"(조희연 편, 2008: 20)라고 할 수 있는데, 그 각축은 바로 이러한 탈독점화의 한계를 둘러싼 갈등이라고 할 수 있다. 급진 민주주의는 바로 그러한 타협적 공존의 현실 민주주의를 그 원리에 비추어 사회적·계급적 투쟁을 통해[4] 급진적으로 확장함으로써 민주주의의 부단한 재구성을 지향한다.

현실 민주주의는 언제나 특정한 정치적·경제적·사회적 권력의 독점에

---

[4] 여기서 계급적·사회적 투쟁이라고 하는 표현을 사용하는 이유는 경제주의적으로 협애화된 계급적 투쟁만이 아니라 광의의 계급적 투쟁, 즉 사회적 투쟁이 정치를 규정하기 때문이다. 사실 마르크스가 인류 역사를 계급투쟁의 역사로 규정하는 것 자체가 자본주의 사회에서의 노자 간의 계급을 넘는, 다양한 형태의 지배와 피지배 집단의 투쟁, 즉 광의의 사회적 투쟁으로 보는 것을 의미한다.

의해 구조화되어 있기 때문에, 민주주의의 경계가 확장되지 않을 경우 민주주의는 제한될 수밖에 없다. 현실 민주주의는 스스로를 급진적으로 자기 확장하지 않는다면 기존 독점적 세력의 저항과 응전에 의해 공동화(空洞化)되게 되며 지배적 질서의 '민주주의적 외피'로 전락하게 된다. 예컨대 민주화 과정에서 부활한 민주주의적 정치가 새로운 사회경제적 하위주체들(예컨대 빈곤 여성)의 요구를 수용하지 못하고 그것을 새로운 시장적 방식으로 주변화시킬 수도 있다. 쉽게 말해서 독재가 없어지고 민주주의가 되었지만 실상은 주기적으로 자신을 소외시킬 '대표자'를 선택하는 체제가 들어설 수도 있다. 과거 독재적 독점 구조는 해체되었지만 민주주의적 외양을 띤, 시장을 통한 더욱 가혹한 체제에 직면할 수도 있다. 많은 아시아 나라에서 이러한 비판적 목소리가 들려온다. 일종의 민주주의적 독점 혹은 시장적 독점이 나타나는 것이다. 한국에서도 직선제는 회복되었지만 양극화나 소득분배 양극화, 비정규직화, 고학력자의 더욱 높은 실업률 등으로 상징되는 새로운 현실에 직면하게 되는 것도 민주주의 공동화의 예라고 할 수 있다. 이런 점에서 민주주의는 부단히 스스로를 급진적으로 확장하지 않는다면 부단히 공동화되는 체제라고 말할 수도 있다.

이러한 공동화에 대립하는 지향을 '민주주의의 사회화'라고 표현할 수 있다. 이는 민주주의의 주체인 사회구성원(그들로 이루어지는 사회)의 요구와 정치적 괴리가 극복되면서 사회경제적 하위주체들이 수용 가능한 수준으로 다층적인 탈독점화와 평등화가 이루어지는 것을 의미한다. 진정한 의미에서 독재의 극복과 새로운 민주주의의 안정화는 바로 민주주의의 사회화가 얼마나 진전되느냐에 달려 있다. 이런 점에서 '민주주의의 사회화 없이 민주주의의 공고화는 없다'고 할 수 있다. 민주주의의 사회화가 진전된다면 정치적 탈독점화와 다원화가 진행되는 속에서 경제적·사회적 독점이 완화되고, 그 과정에서 사회경제적 하위주체들이 독재하에서보다 더 사회적·경제적 자원을 향유하고 지배적 집단의 독점적 지배로부터 더 적게 소외되는 방향으로 민주주의가 변화할 것이고, 민주주의는 더욱 공고화·안정화될 것이다.

이러한 점을 민주주의의 '내부와 외부'라는 표현을 통해 서술할 수 있다. 즉, 급진 민주주의의 관점에서 볼 때 현실 속의 민주주의는 언제나 그 외부를 가지고 있다. 현실이 내포하는 특정한 관념과 제도, 권력관계는 특정한 의제와 사람, 집단, 목소리, 요구와 이해를 민주주의의 내부에서 실현하는 것을 제약한다. 특히 정치적·경제적·사회적 권력의 독점 여부가 민주주의의 외부를 존재하게 한다. 급진 민주주의는 바로 이러한 민주주의의 내부와 외부의 경계를 부단히 변화시킴으로써 민주주의의 외부를 내부화하는 것을 지향한다.

실제 사회 속에는 구성원들 간의 '적대성'에 기반을 둔 다양한 '정치적인 것(the political)'[5])이 존재한다. 그런데 문제는 다양한 정치적인 것들이 모두 민주주의 혹은 민주주의 정치의 내부에 반영되지 않는다는 것이다. 민주주의의 사회화는 바로 이러한 민주주의의 외부를 내부화하는 과정을 의미한다. 물론 이 내부화 과정은 민주주의를 구성하는 특정한 권력

---

5) 인간의 사회적 삶 속에는 구성원들 간의 경쟁·대립·적대의 성격이 내재되어 있다. 무페는 C. 슈미트의 논의를 빌려 '적대 없는 사회는 불가능하며 적대는 사회의 본질'이라고 말한다(무페, 2006: 178). 바로 이러한 사회 내에 존재하는 근원적인 대립과 경쟁, 적대가 바로 다양한 '정치적인 것'들을 만들어낸다. 문제는 다양한 정치적인 것들이 제도화된 정치 내에 얼마나 수렴되느냐, 그것이 어떤 정치적 과정으로 '가공'되느냐 하는 점이다. 근대 민주주의는 경쟁·갈등·적대하는 세력들의 공존 프레임이 되어 근대 이전의 '살육적 적대'를 '적대적 경쟁'으로 전환하는데 기여하게 된다.

체계나 권력의 특정한 현실적 독점과 투쟁하면서 이루어진다.

여기서 보다 근원적인 차원에서 정치, 특히 제도적인 정치가 포괄하는 '정치적인 것'들과 새로운 민주주의 정치의 관계를 생각해보게 된다. 기본적으로 독재를 대신하는 '민주주의적 정치'는 정치적·경제적·사회적 탈독점화를 둘러싼 갈등에서 얼마나 '적대적 갈등'으로부터 '경쟁적 갈등'으로 전화할 수 있느냐 하는 문제이다. 주지하다시피 독재와 민주주의로의 이행은 시민적·정치적 권리의 회복과 선거 민주주의의 회복이라는 제도적 변화에만 국한되지 않는다. 그것은 '정치'의 회복이다. 이러한 변화의 일차적인 출발은 당연히 독재가 제도 정치의 공간에서 배제하거나 억압했던 '정치적인 것'의 회복이다. 과거에 비정치 혹은 반정치로 규정되었던 '정치적인 것'들이 민주주의적 정치 공간에 회복된다. 민주주의적 정치의 확장 과정은 바로 제도 정치 공간에 더 많은 정치적인 것들을 '장외 정치'에서 '장내 정치'로 끌어들이는 것이다.

민주화 과정에서 회복되는 민주주의적 정치가 보다 직접적으로 사회경제적 변화와 연관되는 것은 그러한 사회경제적 변화를 구성하는 요구들이 정치의 장에 표현되고 경쟁적 갈등의 주제가 될 수 있는가와 연관되어 있기 때문이다. 사실 정치는 '정치적인 것'들이 갈등하고 타협하는 제도화된 장이다. 민주주의의 재구성 과정은 정치의 재구성 과정이라고 할 수 있는데, 민주화 과정에서 회복되는 '민주주의적 정치'가 얼마나 다양한 사회경제적 하위주체들의 요구와 이해 – 독재하에서 억압되었던 '정치적인 것들' – 를 정치 공간에서 내포화할 수 있느냐는 것이 관건이다. 즉, 새로운 민주주의적 정치의 사회 – 다양한 사회경제적 하위주체들의 요구와 이해, 그것들이 표현하는 다양한 정치적인 것들 – 에 대한 개방성이다. 이런 점에서 민주주의의 문제는 정치와 사회의 관계 문제이다. 정치는 정치 그 자체가, 아니면 특정한 시공간에 존재하는 정치가 사회의 정치적인 것들의 얼마만큼을 내부화하는가 하는 문제이다.

예컨대 민주화 과정에서 빈곤·비정규직·양극화 등의 문제와 외국인노동자·여성 등의 요구가 민주주의적 정치 공간에 얼마나 반영되느냐에 따라 사회경제적 변화의 결과가 규정된다. 이것은 사회경제적 하위주체 혹은 사회경제적 소수자들의 '정치', 더 정확하게는 그들이 표현하는 '정치적인 것'들이 비정치나 반정치로 규정되어 배제되는가, 아니면 새로운 정치적 요구로서 제도 정치 내에 포섭되어 경쟁적 갈등의 주제가 되는가 하는 문제와 연관되어 있다.

새로운 민주주의적 정치 공간의 안정화―공고화론자들이 이야기하는 공고화의 핵심 내용―는 민주주의적 정치에 대한 기존 기득권 세력의 제약 정도와 사회경제적 하위주체의 기대 수준(시민사회의 활성화 수준)에 의해 영향을 받는다. 민주주의적 정치의 확장 속도가 느릴 때 또는 구독점적 집단에 의해 제약될 때 하위주체들은 민주주의적 정치에 대한 기대를 포기하고 '비제도적 수단에 의한 정치'를 향하게 된다. 사실 포퓰리즘(populism) 혹은 민중주의라고 이야기하는 독재 이후에 출현하는 새로운 민주주의적 정치가 독재하에서 억압되었던 다양한 사회경제적 하위주체들의 요구와 이해를 반영하지 못하게 되면서, 그것이 우파 또는 좌파 포퓰리즘의 형태로 동원되고 표현된다고 할 수 있다.

새로운 민주주의적 정치 공간의 안정화는 사회경제적 하위주체들의 요구가 민주주의적 정치 내에 표현되고 수용되는 정도―하위주체들의 대의(representation), 경제적 복지에 대한 보완 정책 등―에 따라 달라진다.[6]

---

6) 부치-글룩스먼이 그람시의 개념을 빌려 이야기한 바와 같이, "정치는 곧 헤게모니 경쟁으로 이루어져 있다"(Buci-Glucksman, 1980: vii). 이때 헤게모니 경쟁이라고 하는 것은 억압과 폭력에 의해 특정 정치적인 것들이 정치로부터 배제되는 것이 아니라 그것이 민주주의 정치의 장에 표현되고 각축을 통해 어느 일방이 대표하는

소수자에 대한 정치적 배제는 그들의 경제적 불평등과 사회적 차별 구조와 연관되어 있다. 문제는 새로운 민주주의적 정치 공간에서 이들의 요구와 이해가 정치적인 요구로서 다루어지는 것은 경제적·사회적 변화에 영향을 미치는 변수가 된다. '민주주의 사회화'는 새로운 민주주의적 정치가 바로 이러한 배제와 불평등, 차별을 어떻게 효과적으로 내부 의제화하느냐를 의미한다.

여기서 잠깐 급진 민주주의론의 이론적 위상을 살펴보자. 이론적으로 볼 때 급진 민주주의에는 다양한 흐름이 있을 수 있다. 통상 급진 민주주의라고 할 때 라클라우와 무페의 급진 민주주의론을 연상한다(Laclau and Mouffe, 1990; 무페, 2006). 그들의 급진 민주주의는 '포스트마르크스주의적 논의'와 결합되어 계급적 적대로 환원되지 않는 다양한 사회적 적대들, 생산관계적 차원으로 확장되지 않는 정치적·이데올로기적 차원의 자율성, 프롤레타리아 이외의 다양한 사회적 주체들의 독자적 지위 등에 중요한 통찰을 제공했다. 라클라우와 무페 식의 급진 민주주의는 사회주의가 자유주의와 민주주의를 어떻게 대면할 것인가 하는 점, 현대 자본주의에서의 다양한 적대들과 다양한 주체들과 노동자계급적 주체들의 관계 등에 대한 중요한 문제제기를 동반하고 있다. 그러나 그들의 논의는 '경제적 사회구성체'를 이데올로기적 사회구성체로 전치해버리는 문제, 경제주의와 환원주의에 대한 성찰적 반성에서 더 나아가 또 다른 '담화환원주의'적 경향을 띠는 문제, 총체화에 대한 비판에서 탈총체화의 경향을 드러내는 문제, 다양한 사회적 주체의 인정에서 주체성의 구조적 근거를 방기한 문제, 필연성에 대한 비판에서 우연성의 논리로의 환원 등 새로운 문제점을 드러내고 있다고 생각된다(우드, 1993; 제솝, 1985:

요구와 이해가 주변화되거나 타협·조정되는 것을 의미한다.

4장 11절).

라클라우-무페의 급진 민주주의를 '자유주의적 급진 민주주의'로 규정한다면, 필자의 입장은 일종의 '좌파 급진 민주주의론'이라고 할 수 있는데, 이는 한국적이면서 일반성을 갖는 것을 지향한다. 이 말은 우리가 직면하는 한국 민주주의의 현실을 기초로 일반적 이론화를 해야 한다는 것이다. 이런 점에서 불완전하지만, '독점'이라는 개념과 '민주주의의 사회화'라고 하는 지향을 중심으로 서구적 논의와는 구별되는 새로운 논의를 시도해보고자 하는 것이다. 이론적 측면에서 볼 때 한국적 급진 민주주의론은 기존의 마르크스주의나 사회주의의 입장에서 보면 자유주의론의 합리적 핵심을 급진적으로 전유하는 것이며, '구조주의적' 마르크스주의적 입장에서는 '포스트구조주의적' 논의들을 급진적으로 전유하는 지적 시도라고 할 수 있다. 통상적인 마르크스주의적 프레임이 중시하는 계급적 적대의 프레임을 재구성함으로써 다양한 사회적 적대들을 어떻게 '내부화'해낼 수 있을 것인가, 나아가 계급적 주체들로 환원되지 않는 다양한 사회적 저항 주체들을 어떻게 기존의 프레임을 급진적으로 재구성함으로써 다룰 수 있을 것인가 하는 점에 급진 민주주의론적 문제의식이 있다고 할 수 있다.

이 글은 독재, 더 나아가 사회를 '다층적인 독점 복합체'로 파악하는 기조 위에서 논의를 전개한다. 탈근대주의를 포함한 다양한 포스트구조주의가 마르크스주의를 포함한 구조주의적 시각에 던지는 도전의 핵심에는 '차이'의 인식론과 차이의 정치학이 존재한다. 급진 민주주의의 관점에서 '무한대로(limit) 급진적으로 확장된 민주주의'는 모든 사회적 차별들이 그 자체로 존중되는 '차이'가 될 것이다. 그것은 아마도 '단일한 중심이 존재하는 것이 아니라 중심이 복수화되고 다수화되며' "중심을 제거하는 것이 아니라 중심이 과잉되는"(고병권·이진경 외, 2008:

177~178) 어떤 상태일 것이며, 모든 차이에 차별의 흔적이 제거되고 차이 그 자체가 되는 어떤 상태일 것이다.

또한 급진 '민주주의'는 민주주의론인 한에서 사회주의와 구별될 수밖에 없다. 그러나 민주주의가 내포한 잠재적인 평등주의적 원리(1인1표주의, 민의 자기통치)를 급진적으로 확장하면, 사회주의론이 대결하는 경제적·계급적 불평등으로 사적 소유 자체를 폐지하지는 못하지만 최대주의적으로 공적·정치적으로 규율한 어떤 상태를 실현할 수 있다고 본다. 아니 그렇게 되기를 지향한다. 왜냐하면 '소유·분배·통제가 계급에 따라 근본적으로 불평등하게 구조화된 사회에서 진정한 민주주의를 달성'하는 것이 불가능하기 때문이다. 여기에는 "사적 이익의 정당성에 대한 공격을 민주적 원칙과 양립하게 만들 수 있는가"(일리, 2008: 59)라는 문제가 존재한다. 그 극대의 지점(민주주의를 급진적으로 확장하는 지점)은 '생산수단의 사회화'로 표현되는 사회주의의 지점과 멀지 않을 것이라고 생각한다.

물론 급진 민주주의의 차원은 경제적 의제에만 국한되지 않는다. 앞서 서술한 바와 같이 사회적 차원에서의 권력관계의 평등화를 포함한다. 급진 민주주의는 물론 중앙 정치적 차원을 넘어서서 미시 정치의 생활세계 영역으로, 풀뿌리 수준으로 확장되어야 한다. 지구화 시대 급진 민주주의는 국민국가적 차원을 넘는 글로벌한 차원으로 확장되어야 한다(조희연, 2006d). 결국 필자는 급진 민주주의의 이론적 구성이 "탈자유주의적(post-liberal) 민주주의의 시각에서 마르크스주의와 포스트구조주의의 합리적 핵심을 결합하는 방식으로 구성될 수 있다"(조희연·김동춘, 2008: 30)고 생각한다.

3. '순수 폭력'으로서의 국가와 '순수 정치'로서의 광주 코뮌[7]

여기서는 급진 민주주의적 시각에서 광주 사건의 민주주의론적 재규정을 시도해보고자 한다.[8]

먼저 정치는 사회구성원들에게 영향을 미치는 집단적인 의제들의 공적 결정을 둘러싼 집단 및 개인들의 상호관계와 활동이다. 그런데 현실의 정치는 언제나 정치의 출발점이 되는 사회(혹은 사회구성원)와 괴리되어 존재하게 된다. 이러한 성격을 갖는 정치는 근대 사회에서는 대의민주주의라는 형태로 구체화되었다. 이러한 근대 대의민주주의에서 정치와 사회의 관계는 사회의 구성원인 민(民)이 정치 주체로서의 상징적 위치를 부여받은 반면에, 정치는 사회구성원의 '협약적 위임'을 통해 대의자들의 정치로 협애화되었다.

이러한 정치와 사회의 관계에 대해 통상 제도 정치 중심주의적 시각과

---

[7] 조희연(2006d)은 '정치의 국가화' 3가지 유형 및 4가지 사례를 설명하고 있다. ① '정치의 국가화'를 위한 금단의 기제가 작동하는 조건 속에서 사회의 정치화를 위한 행위들이 '비합법 정치'의 형태로 표출된 경우이다. ② 배제의 기제에 대응하는 '정치의 사회화'의 시도들은 '장외 정치'라고 할 수 있는 1960·70년대 재야운동의 형태로 표출되었다. ③ 선택적 포섭의 기제에 대항하는 사회적 정치의 모습은 시민 정치라고 할 수 있는 낙선운동과 같은 형태로 표출되었다. 여기서는 ②와 ③의 '사회적 정치'를 '경계 정치'라고 부르고 있다. 경계정치라고 하는 것은 기존의 제도 정치의 경계가 국민적 지지를 받지 못하면서 그 경계 외부에 있는 '장외 정치'가 제도 정치가 제대로 수행하지 못하는 역할을 수행하는 경우를 말한다. ②와 ③의 경우는 제도 정당들이나 의회 공간들이 '대의' 기능을 제대로 수행하지 못하는 상황에서 운동단체들이 제도 정당의 기능을 대행하며, 제도적 대의 기능을 시민사회 기구들이 수행하는 '대의의 대행' 현상을 의미한다. ④ 1980년 광주에서 이루어졌던 '순수 정치'이다.

[8] 더 자세한 서술은 조희연(2006d) 참조.

정치와 사회(사회 내의 정치적 활동) 간의 경계에 대한 고정화된 시각이 존재한다. 전자에 따를 때 근대 대의민주주의에서 정치는 제도화된 정치를 의미하고, 이것의 외부에 있는 것은 비정치로 규정된다. 근대 대의민주주의는 한편에서는 소수의 상층 집단에 한정되어 있던 정치를 국민을 대표하는 대의자들의 정치로 재정립해냈지만, 다른 한편에서는 정치를 제도 정치로 한정하는 한계를 가지는 이중성을 드러낸다.

정치는 기본적으로 사회 내에 존재하는 정치적인 사회 활동의 일부를 제도 정치로 개념화하고 나머지는 사회적 활동으로 개념화한 것과 다름 없다. 이런 점에서 모든 정치는 정치와 비정치 사이의 특정하게 구조화된 '경계(boundary)'를 갖는다. 정치와 비정치의 경계가 갖는 가변성과 구성성은 경계 자체가 부단히 재구성되고 주체적으로 허물 수 있다는 것을 의미하는 것이기도 하다. 근대 민주주의 하에서 특정하게 경계 지어진 정치가 존재하고 그 정치는 특정한 방식으로 작동하고 있다고 할 때, 그러한 경계를 허물고 상대화하기 위한 활동들이 존재한다. 나아가 제도 정치와 그 '경계 외부의 정치' 간의 '경계 정치'도 존재한다.

다음으로 정치와 사회의 경계는 결코 고정화된 것이 아니며, 정치와 사회의 역동적 상호관계에 의해 구조화된 어떤 것으로 파악된다. 무엇이 정치인가 하는 정치의 '경계'와 정치에서 무엇이 의제화되고 무엇이 정책화되어야 하는가 하는 정치의 '내용'과 관련해 민주주의는 결코 고정물이 아니다.

그렇다면 근대 민주주의하에서 정치의 경계, 정치의 내용을 결정하는 요인은 무엇인가. 여기서 필자는 민주주의를 단순히 선거 절차나 제도 정치의 규칙이 아니라 계급적·사회적 투쟁 과정이자 그러한 투쟁에 의해서 정치의 경계와 내용이 규정되는 공간이라고 규정한다. 이러한 전제에서 볼 때 근대 민주주의하의 정치(이것을 민주주의 정치라고 표현하자)에서는 (민주주의적) '정치의 국가화'와 '정치의 사회화'를 지향하는 두 가지 흐름이 존재한다.

'정치의 국가화'는 정치라고 하는 장이 국가화된 지배에 대한 동의가 창출되는 장으로 기능하도록 하려는 시도를 의미한다. 반대로 정치의 사회화라고 했을 때 국가에 의해 정치의 특정한 구조화─ 그 한계와 내용, 사회적 이슈에 대한 정치의 반영 등─ 에 대응해 민중이 자신의 요구와 지향에 부응하는 형태로 정치를 변화·확장시키고자 하는 노력을 의미한다. 특정한 방식으로 구조화된 제도 정치로 정치를 한정하고자 하는 정치의 국가화에 대항해 정치를 사회화하고자 하는 시도가 제기되는 것이다. 정치의 국가화는 기존하는 정치적 질서─ 특히 근대 이후에는 근대 대의민주주의─ 가 지배와 충돌하지 않으면서 유지되도록 하는 노력인 반면, 사회의 정치화는 기존 정치의 변화를 추구하는 흐름이기 때문에 변화의 동력은 바로 사회 내에서 아래로부터 이루어지는 '사회의 정치화'를 위한 노력과 활동이 된다. 이러한 '정치의 사회화'를 추구하는 운동이 바로 '사회적 정치'이며, 그러한 사회적 정치의 조직화된 형태가 바로 운동정치(사회운동)라고 할 수 있다.

이런 기제들을 통해 작동하는 '정치의 국가화'에 대응해 정치를 사회의 요구와 일치시켜 변화시키고자 하는 '정치의 사회화' 시도들이 다양하게 전개된다. 정치의 사회화를 지향하는 행위들은 그 정치적 지향성에 따라서 온건한 타협적 흐름과 급진적 흐름이 존재할 수 있다. 타협적 흐름은 기성 정치의 경계를 넘으면서도 기성의 정치를 근원적으로 부정하지 않으면서 기성의 정치를 '개혁'하고자 하는 흐름이라고 한다면, 급진적 흐름은 기성의 정치에 대한 단절과 변혁을 지향하는 흐름이라고 할 수 있다. 근대 대의민주주의의 맥락에서 온건한 흐름은 근대 대의민주주의의 존재론적 긍정 속에서 이를 민주주의의 이상에 맞추어 보완하고 개혁하고자 하는 노력으로 표현된다고 할 수 있다.

'정치의 사회화' 흐름은 과정적 측면에서 정치를 사회구성원의 직접적인 자기결정 과정으로 만들고자 하는 흐름과, 내용적 측면에서 사회구성원의 요구와 정치를 일체화시키고자 하는 흐름이 존재할 수 있다. 전자를 정치의 과정적 경계를 확장하고자 하는 흐름이라고 한다면, 후자를 정치의 내용적 경계를 둘러싼 흐름이라고 할 수 있다. 이런 점에서 '정치의 사회화' 운동은 정치의 경계를 둘러싼 투쟁이라고 할 수 있다. 따라서 정치의 사회화를 위한 노력은 민주주의의 외부를 부단히 내부화하는 결과를 가져온다. 민주주의의 내부와 외부는 지배와 저항의 상호작용에 의해 부단히 그 경계가 재구조화되는 것이다.

특정한 시공간에서의 정치가 사회화되는가 또는 국가화되는가 하는 것은, 특정한 의제나 요구와 이해, 그것을 담지하는 세력이 민주주의의 내부에 존재할 수 있는가 없는가 하는 것으로 제기된다. 일반적으로 특정한 사회 집단들이나 그들의 요구는 특정한 정치 세력으로 대표된다(이것을 넘는 직접 민주주의의 고민들이 존재하지만). 그래서 정치의 사회화, 그로 인한 민주주의의 사회화는 현실적으로는 배제된 특정한 정치 세력이 내부에 존재할 수 있도록 하는 것이며, 그를 통해 배제된 사회 집단들과 그들의 요구가 민주주의 제도의 내부에서 반영되고 해결되도록 하는 것을 의미한다.

이처럼 정치가 지배 헤게모니의 장으로 작동하도록 하기 위한 '정치의 국가화'의 기제들로서는 금단(禁斷), 배제, 선택적 포섭이 있다. 특정한 정치 활동을 특정한 정치 공동체의 (의사) 합의에 의해 비정치의 영역으로 유폐시키는 것이 금단, 강압적 수단에 의해 특정한 정치 활동을 제도 정치의 장으로부터 억압하는 것이 배제, 정치와 사회의 괴리가 극단화된 위기 상황을 극복하기 위해 사회의 요구와 인자를 제도 정치로 흡수하는 것이 선택적 포섭이다. 이 외에도 국가, 정치와 사회의 관계를 둘러싸고 국가가 완전히 폭력으로 일체화되어 정치가 소멸하는 상황이 존재하기도 하며, 특정한 시공간에서 국가의 폭력 그 자체로 일체화되는 현상도 나타날 수 있다. 1980년 광주의 학살에서 드러난 국가는 바로 이런 상태라고 할 수 있다. 금단은 '의사 합의'를 창출하고 그것에 의존하는 방식으로 특정한 정치를 민주주의의 외부로 만든다. 배제는 강제적·억압적 방식으로 특정한 정치를 민주주의의 외부화한다. 반면에 선택적 포섭은 바로 그러한 금단과 배제가 대중의 변화된 저항에 부딪치게 되고 그리하여 지배와 국가의 위기가 출현하게 될 때 특정한 사회적 정치를 내부화하는 과정을 의미한다.

다음으로 국가와 정치의 관계에서 두 극단의 유형들을 상정해 볼 수 있다. 그람시가 지적하듯이, 국가는 폭력으로서의 정치사회와 동의로서의 시민사회로 구성된다고 할 때, 국가가 완전한 폭력과 강압으로 통치하는 경우와 완전한 동의로서의 국가를 상정해볼 수 있다. 전자는 국가 통치 세력이 민중의 동의를 전혀 획득하지 못한 상태에 놓여 있는 경우를 의미하며, 후자는 강압의 필요성이 전혀 없이 민중의 절대적인 지지를 받는 경우를 의미한다. 국가가 완전한 폭력으로 작동하게 될 때 거기에는 정치가 소멸된다. 반대로 국가의 폭력성이 완전히 극복되거나 혹은 폭력의 필요성이 전혀 없는 상황을 상정해볼 수 있다. 후자는 '이상향'적인 상태라고 할 수 있으며, 현실에서는 전자가 많이 나타난다. 극단적인 전체주의적 체제나 제3세계의 극단적인 군부 독재, 유고와 같은 내전적 상황에서 소수파 인종에 대한 다수파 인종의 폭력 통치가 그러한 예라고 할 수 있다.

이런 전제에서 1980년 광주 사건의 의미가 무엇인지 살펴보자. '정치의 사회화'를 위한 사회적 투쟁에서 광주항쟁은 독특한 의미를 갖고 있다고 생각된다. '정치의 사회화'의 최고 형태는 정치가 사회와 일체화되는 상태(정치가 사회로부터 유리되지 않는 상태)라고 한다면, 광주항쟁에서 바로 이러한 정치와 사회의 일체화 상태가 실현되었고, 필자는 이를 '순수 정치'라고 부르고 있다.

광주항쟁은 우리에게 국가·정치·사회의 관계에 대한 중대한 세계사적 경험 모델을 보여주고 있다. 광주항쟁은 두 가지 측면을 지니고 있다. 하나는 광주학살이며 다른 하나는 광주무장항쟁과 해방광주의 실현이다. 이 글의 맥락에서 광주학살의 의미는 정치가 소멸하고 국가가 폭력 그 자체가 된 상황을 의미한다. 1980년 광주 사건은 '본질로서의 국가폭력'이 '현실로서의 국가폭력'이 된 사건이었다. 통상 '본질로서의 국가폭력'이 '현실로서의 국가폭력'이 되지는 않는다(조희연·조현연, 2002). 지배에 대한 자발적인 동의의 장으로서의 정치가 완전히 소멸되는 경우는 드물기 때문이다. 그러나 혁명적 위기 상황이나 지배 세력이 피지배 세력의 저항에 대해 극단적인 불관용을 보이는 상황도 존재할 수 있다. 이때 국가는 폭력으로 일면화되고 정치는 소멸하게 된다. 이러한 정치의 소멸 상황, 그람시적 표현으로는 헤게모니가 전적으로 부재한 강압 그 자체로서의 국가 상황에 대한 전형적인 예가 1980년 광주학살의 상황이다. 국가가 폭력 그 자체가 되는 순간이 바로 1980년 광주에서 일어났던 것이다.

그런데 이러한 정치의 소멸과 국가의 폭력화에 대해 사회와 그 구성원인 민중이 응전하는 방식은 다양하다. 통상적인 하나의 방법으로 침묵, 묵종, 도피 등의 경로가 있을 수 있다. 국가의 압도적인 폭력에 직면하여 생존 자체가 문제시되는 상황에서 민중이 다양한 방식으로 굴종을 선택할 수 있다. 묵종이냐 순수 정치로 가느냐의 기로에서 중요한 계기는 바로 폭력으로서의 국가, 평상시 동의의 갑옷을 벗어던지고 순수 폭력으로서 드러난 국가를 넘어설 수 있느냐 없느냐이다. 사실 근대 권력이 '인민주권론'과 '주권재민'의 기초에 서 있는 권력이라는 점을 상기할 때 국가가 '순수 폭력'으로서 드러나는 상황이 오히려 예외적일 수 있다. 국가가 순수 폭력으로 드러날 때 통상적인 상황은 그에 대응하는 묵종과 순응이다. 여기서 광주의 위대성이 존재하게 된다. 광주는 바로 그 순수 폭력에 대항해 민중적 자위 투쟁을 전개한 것이다. 폭력화한 국가에 대응해 '사회의 무장적 자기조직화'가 전개된 것이다. 일체의 정당성의 외피를 벗어던진 국가에 대해, 이미 정당성을 상실해버린 국가에 대해 광주 민중은 그 순수 폭력을 넘어서기 위한 민중 자위 투쟁을 전개한 것이다. 바로 이러한 민중 자위 투쟁을 통해 순수 폭력으로서의 국가를 넘어선 바로 그 지점에 순수 정치가 나타날 수 있는 공간이 형성되는 것이다.

물론 1992년 LA 사태나 2005년 11월 그루지야 사태에서 알 수 있듯이 폭력으로서의 국가가 물러난 자리에 반드시 순수 정치가 출현하는 것은 아니다. 이른바 '무정부주의'적 상황은 다양한 가능성을 보여준다. 예컨대 대중 속에 존재하는 약탈이나 방화 등 무정부주의적 모습들이 현상할 수 있다. 그러나 광주에서는 민중 스스로가 국가가 되는, 민중 스스로가 공적 규율의 주체가 되고 폭력의 기제가 필요 없는, 정치와 사회가 일체화된 상태를 실현한 것이다. 여기에 광주의 또 다른 위대성이 있다.

광주는 국가·정치·사회의 관계에서 '정치의 사회화'의 유토피아적 모습을 구현한 사건이었다. 해방광주에서는 '정치의 사회화'의 최고 목표인 '정치와 사회의 일체화'가 실현된 코뮌적 형상을 구현했다. 이런 점에서 1980년 광주에서 실현된 광주 코뮌은 국가의 순수 폭력에 대응하는 순수 정치의 세계적 모델이라고 생각된다.

특별히 광주항쟁에서 민중의 무장투쟁으로 국가폭력을 극복하고 민중 자치 공간을 형성한 22일 이후 27일 진압까지의 시기에 민중은 스스로가 질서의 주체가 되었다. 국가적 통치기구의 부재에 대응해 시민 스스로가 어지러운 거리를 청소하고 질서의 주체로 나선 것이다. 과거 국가기구의 공무원은 새로운 통치 질서하에서 전기·수도 등의 지원 사업을 수행했고, 상점에서는 식사를 무료로 나누어주었다. 또한 시민군은 계엄군의 반격을 대비해 자발적·지속적으로 경비를 서기도 했다. 모든 사람이 '해방광주' 속에서 각자 도울 수 있는 일을 찾아 자발적으로 헌신했다.

이 과정에서 흥미로운 것은 은행·금융기관, 금은방 등에 대한 약탈 사건이 한 건도 없었다는 점이다. 기타 일반 상점에 대한 약탈 행위도 전혀 없었다(카치아피카스, 2002: 231).[9] 새로운 통치기구와 민중 자위 군대의 식사 등도 민중의 자발적인 지원에 의해 해결되었다. 시민군 지도부는 차량통행증·유류발급증·상황실출입증을 만들기도 하고 기동타격대를 편성하고 시민군 전체를 아우르는 통치 질서를 스스로 구성했다. 민중의 전사(戰士)로 변화한 시민군은 민중을 학살하는 '국가의 군대'와 달리 스스로가 헌신과 모범의 선도자처럼 행동했다. 카치아피카스는 "이러한 해방된 순간에 시민들이 보여준 행동은 (그들에게) 자치와 협동이라는 고유한 능력이 있음을 드러냈다"[10]고 쓰고 있다. 이것은 국가폭

---

9) 광주에서의 '질서'와 약탈·방화 등의 부재는 광주 시민이 너무 '도덕적'이었고 지배가 부여한 소유권 질서에 적응했기 때문이며, 만일 급진적인 계급의식을 가졌더라면 '약탈적 재분배' 같은 행위나 급진적인 재분배 같은 일도 일어났을 것이라고 보는 견해도 있다. 그러나 이는 단기적인 민중 자위 투쟁 과정에서 피어난 단기적 코뮌의 특성, 그리고 신속하게 구성된 민중 자치 지도부에 적극적으로 협력하고자 하는 적극적인 행위 등이 어우러져서 나타난 행위로 해석되어야 한다고 생각한다.
10) 그는 "지난 두 세기 동안 세계 역사의 두 사건이 수천 명의 민중들이 스스로를 통치하는 자발적 능력을 보여주는 독특한 신호탄이 되었다"(카치아피카스, 2002: 228)고 말하면서, 파리 코뮌과 광주 코뮌의 유사성을 "1. 민주적인 의사결정을 하는

력이 민중 자위 투쟁에 의해 극복된 공간에 정치와 사회가 원래 일체화되어 있던 본래의 모습으로 회복된 것을 의미한다. 국가에 의한 통치에 대응해 민중의 자치가 대두한 것이며, 이 과정에서 국가통치 속에서 나타난 민중의 도덕성을 뛰어넘는 민중 자치적 도덕성이 나타나게 되었다고 표현할 수 있다. 이것이 바로 순수 정치의 모습이었다. 물론 단편적인 것이었을 수 있고 일시적인 것이었을 수 있다. 그러나 이는 국가통치와 국가화된 정치를 넘어서서 사회와 일체화된 정치, 사회와 민중 자신의 통치가 출현하는 것을 의미했다.

앞서 서술한 금단, 배제, 선택적 포섭이라고 하는 정치의 국가화 기제들은 기본적으로 정치와 사회의 괴리를 전제로 한 상태에서 정치를 통해 사회를 국가가 통할하는 방법들이라고 할 수 있다. 1980년 광주에서는 정치와 사회의 괴리를 전제로 한 '정치의 국가화 대 정치의 사회화'의 각축을 뛰어넘어 마르크스가 파리 코뮌에서 발견했던 코뮌적 형상이 실현되었다. 사회구성원이 집단적인 의제들을 공적으로 결정하는 과정으로서의 정치는 이제 사회와 괴리된 모습이 아니라 완전히 일체된 모습으로 짧은 해방광주 시기에 출현했다.

필자는 광주항쟁은 파리 코뮌에 버금가는 근대적인 '순수 정치'의 모습이라고 생각한다. 순수 정치하에서 정치와 사회의 경계가 해소되고, 정치와 사회가 일치하는 순수한 유형의 정치가 출현하게 된다. 필자는 정치와 사회의 경계가 없어지면서 자연스럽게 사회의 집단적 의제를 민중 자신이 결정하는 상황, 민중 자신이 자기 규율의 주체가 되는 상황,

---

대중 조직의 자발적 출현, 2. 아래로부터 무장된 저항의 출현, 3. 도시 범죄 행위의 감소, 4. 시민들 간의 진정한 연대와 협력의 존재, 5. 계급, 권력 그리고 지위와 같은 위계의 부재, 6. 참여자들 간의 내적 역할 분담(internal divisions)의 등장"(카치아피카스, 2002: 229)으로 정리하고 있다.

그리고 국가화된 정치가 소멸된 상황에서 사회 그 자체가 곧 정치가 되는 모습이 광주에서 나타났다고 생각한다. 정치와 사회의 일치는 정치가 필요하지 않은 상황을 의미한다. 정치의 억압적 기능은 소멸하고 정치의 협의적 기능만이 존재하는 어떤 상황을 의미한다.

물론 이러한 순수 정치는 국가폭력이 민중의 자위 투쟁을 통해 극복된 시공간에서 비로소 가능하다. 1980년 광주의 민중이 무장 항쟁을 통해 폭력적 국가집단을 후퇴시킨 상황은, 일종의 '위로부터의 권력'이 부재한 공백 상태이고 여기서 '아래로부터의 권력'의 실현태인 민중 자치의 순수 정치가 실현된 것이다. 광주항쟁은 정치가 실종된 절대폭력 상황에서 민주주의의 원형이라고 할 수 있는 민중의 정치적 자치가 순수하게 출현했다. 이런 점에서 광주 코뮌은 19세기 파리 코뮌의 20세기적 모습이라고 생각한다.

광주항쟁은 배제의 동학으로 운영되던 정치가 위기에 직면하면서 '정치의 사회화'를 위한 저항들을 폭력적으로 억압하는 과정에서 생겨난 현상이라고 필자는 해석한다. '정치가 부재한' 순수 폭력적 국가─정치란 지배에 대한 동의를 창출하는 계기이다─는 극단적인 정치의 위기 상황에서 변화를 거부하는 세력이 '절대적 폭력'으로 자신을 운영하는 상태이다. 이때 정치는 실종되며 국가의 폭력성은 순수하게 드러난다. 이에 대응하는 '정치의 사회화'를 위한 사회 활동은 '절대공동체' 혹은 순수한 민중 자치로 나타나게 된다. 즉, 정치를 사회적 삶으로서 실현하는 상태가 구현되는 것이다. 광주항쟁은 국가가 정치를 말살할 때 어떻게 민중 자치적 정치, 순수한 사회적 정치가 출현하는가를 잘 보여주고 있다. 가장 순수한 국가는 가장 순수한 사회, 가장 순수한 정치를 출현시킨다고 표현할 수도 있다.

4. 지배의 기획과 지식인의 상상을 뛰어넘는 저항적 주체성과 광주 사건의 민중

이 절은 '광주 사건 주체'의 특성을 드러내고자 하는 서술이다. 이 절에서는 특별히 광주 사건에서 드러난 민중의 특성을 이전 시기 민중의 변화와 관련해 서술하고자 한다.

1980년 광주민중항쟁의 민중은 1960년대 이후 박정희 개발 독재하에서 산업전사로 '구성'되었던 국민적 균열의 연장선상에 존재한다. 1960년대 박정희 체제는 반공주의적 동원과 개발주의적 동원을 통해 새롭게 위로부터의 대중 동의를 창출하면서 자신의 독재 체제를 안정화시켰다. 이것은 '대중독재론'에서 서술하는 것처럼 일정하게 성공을 거두었다. 그래서 '위로부터의 독재'는 일정 측면에서 '아래로부터의 독재'가 될 수 있었다.

1960년대 박정희 체제는 쿠데타로 인해 정치적 정당성이 취약한 상태에서 반공주의적·개발주의적 동원을 통해 저항 운동의 도전을 통제하면서 지배의 동의 기반을 유지할 수 있었다. 그러나 1970년대 초반 한국 사회는 경제개발의 '성공적' 진전으로 제기되는 새로운 문제들에 직면해가고 있었다. 박정희가 추동하는 경제적 근대화와 산업화가 가속화되면서 '개발의 환희'는 뒷전이었고, 이전과 다른 많은 문제와 모순들이 출현했다. 근대화와 개발의 '성공'적 진전으로 새롭게 출현한 현상들은 도시 문제와 도시 주거 문제, 도시의 부동산 투기 문제, 와우 아파트 붕괴와 같은 부실 공사 문제, 도심 재개발에 따른 철거 문제, 광주대단지 폭동에서 드러난 바와 같은 도시빈민의 문제, 개발의 지역적 편중 문제, 1970년대 전태일 분신 사건으로 상징적으로 분출한 개발과 근대화의 진전에도 불구하고 수탈당하는 노동자의 새로운 저항 등이었다. 구체적인 사례를 들면, 1970년의 노동쟁의는 1969년에 비해 10배 이상이 증가한 1,656건이었다. 이처럼 개발이 동반되는 새로운 모순, 저항 운동의 도전에 따르는 위기의식 등으로 박정희 체제는 1960년대 말 3선 개헌 시도를 거쳐 1972년 종신 체제로서 보다 '전체주의적인 억압 체제'인 유신 체제를 구축하게 된다. 이런 점에서 1970년대, 특히 1972년 유신 체제 이후의 시기는 독재적인 반공·개발 동원 체제의 헤게모니적 균열기라는 성격을 갖는다.11)

권력이 민중을 지배에 복종시키고 순응적 존재가 되도록 하는 과정은 지배의 헤게모니를 형성하는 방식으로 이루어진다. 이러한 헤게모니화의 과정은 무엇보다도 지배적 집단의 요구와 지향을 보편화하여 종속적 집단이 이를 일체화하도록 하는 방식으로 이루어진다. 지배와 저항의 구성적 각축 과정에서 지배의 동의적 기반, 즉 헤게모니는 지배의 '특수적' 지향이 얼마나 시대를 대변하는 '보편적' 지향이 될 수 있느냐에 달려 있다. 다음으로 지배적 집단이 표상하고 구성하는 '집단적 정체성'에 종속적 집단을 통합시키는 과정을 통해서 헤게모니를 형성한다.

구체적으로 1960년대 박정희 세력의 지배에 대한 동의를 확충하기 위한 전략은 '근대적' 개발주의적 담론을 전면화하는 것으로 나타났다. 박정희 개발 독재는 새롭게 개발주의를 전면화하고 동시에 그것을 이전의 반공주의적 동의 기반과 결합함으로써 지배에 대한 대중의 수동적 동의를 능동화하고자 했다.12) 다음으로, 개발 동원 체제의 개발주의적

---

11) 1970년대의 전개 과정에 대해서는 강준만(2002)과 한국정신문화연구원(1999) 참조.
12) 필자는 수동적 동의와 능동적 동의를 구분한다. 단순화시켜 이야기하면, 지배에 대한 민중의 동의는 수동적(마지못해 하는) 동의가 있고 능동적(적극적) 동의가 있다. 순수한 강압에 의한 묵종과 순수한 자발적 동의 사이에는 많은 변이들이

프로젝트는 '국민화(國民化)' 프로젝트를 내포하고 있다. 국민화란 국민 속에 존재하는 다양한 차이들과 적대들을 주변화시키면서 국민이라고 하는 집단적 정체성 속에 통합하는 것을 의미한다. 근대화 프로젝트는 한 나라의 경제를 근대적 경제로 발전시킨다는 것인데, 정치적 독립에 이어 경제적 독립과 자립을 성취한다고 하는 취지에서 이러한 국가적 목표에 전체 국민을 일체화시키고 동원하는 것이다. 경제적 민족주의에 의해 정당화된 근대화 프로젝트가 촉진하는 '국민화'는 분명 한국에서 성공적이었고, 그만큼 동의적 기반을 확충할 수 있었다. 이런 국민화 프로젝트가 갖는 헤게모니적 요소 때문에 민중은 일정 수준에서 국가가 주도하는 위로부터의 개발 프로젝트에 아래로부터의 자발성을 가지고 결합했던 것이다.

 그러나 1970년대가 되면서 근대화 프로젝트에서 보편적 이해로 비상했던 개발 독재 세력과 그 후원을 받는 부르주아의 이해와 지향은 이제 그 보편성의 지위를 위협받게 되었다. 박정희 시대에는 가족 전체가 잘살기 위해서는 가족 구성원 모두가 희생해야 한다는 식의 논리로 스스로를 정당화했다. 이를 위해 한 사회의 경제적 자원을 자본가와 기업, 시장의 발전을 위해 집중해야 한다는 논리는 사실 기업가의 논리가 경제적 민족주의에 의해서 보편적 이해로 해석되는 것을 의미했다. 그러나 모든 국민을 잘살게 할 것으로 보편화된 근대화와 개발이라고 하는 것은 자본주의적 개발의 과정과 다름없고, 그것은 '국민의 계급적 분화'를

 존재한다. 필자는 그람시가 이야기하는 지배의 강압적 계기와 동의적 계기에서 순수한 강압과 순수한 동의는 존재하지 않고, 현실에서는 '강압적 동의'와 '동의적 강압'의 형태로 존재한다고 본다. 문제는 동의의 계기인 강압이 민중에 의해 어떻게 수용되느냐 하는 것이다. 수동적 동의는 능동적 동의에 비해 강압의 계기가 강하고 대중의 자발성이 약한 경우를 의미한다(조희연, 2004).

가져오는 과정이라는 인식이 확산되었다. 이처럼 지배적 집단이 가진 이해의 보편화가 균열되는 것은, 개발이 진행된 1970년대 초부터 전태일의 분신이나 광주대단지의 도시빈민 폭동 등과 같이 민중－개발의 수혜자이면서 동시에 이러한 개발이 가져오는 불평등구조의 하층민－이 저항하게 되는 데서도 확인할 수 있다.

경제적 민족주의 담론을 통해 보편화된 근대화와 개발이라는 지배적 집단의 경제적 이해와 지향은 이제 상층 계급을 위한 '특수적' 이해이며 지향이라는 것이 점차 체득되어가게 되었다.13) 이것은 동시에 부르주아와 기업의 특수적 이해를 보편적 이해로 전환시키는 개발주의적 담론의 동의 창출 효과가 약화되어갔음을 의미한다.

사실 절대 빈곤 상태에서 성장의 가시화는 농촌을 기준으로 살아온 많은 사람들과 노동자들에게 일정한 '진보적 만족'을 주었다. 농촌의 삶에서 도시적 삶으로의 전환, 농업 노동에서 산업 노동으로의 전환은 지배에 대한 수동적 동의, 나아가 일정한 능동적 동의를 표시할 수 있는 근거를 제공했던 것이 사실이다. 농촌 배후지를 떠나 도시 산업 지대에 취업한 '여공'들은 출신 배후지와의 비교를 통해 도시적 삶에 만족하며 지배에 동의를 표하는 단계를 지나 이제 자신의 삶의 조건에 대해 회의하게 된다. 점차 개발의 '신선함'은 '주어진' 것으로 인식되었다. 개발을 성취하기 때문에 강압적 권력이 정당하다는 인식도 점차 약화되었다.

1960년대 박정희 개발 체제가 갖는 동의 기반은 1970년대를 거치면서 대중의 인식 지형 자체가 확대되고 대안적 인식 가능성이 존재하게 됨으로써 헤게모니적 성격을 상실하게 되었다. 이제 '민주주의가 밥 먹여주

---

13) 민중신학, 민중사회학, 민족경제론, 분단사학 등 인문사회과학에서의 진보 학문의 부활도 같은 사례가 될 수 있다.

냐'고 하던 민중이 '밥만 먹고 살 수 없다'고 말하게 되었다. '빵 대신에 민주주의'를 요구하게 된 것이다. '타는 목마름으로' 민주주의를 갈망하는 층이 점차 확산되어갔다. 이처럼 새로운 저항적 존재의 출현이 바로 민중 시대의 개막이다.

코뮌주의론에서의 대중과 자율주의론에서의 다중은 분명 기존의 '구조주의적' 주체 인식이 갖는 고정성과 경직성을 극복하고 '포스트구조주의적' 주체 인식의 새로운 통찰을 부여하고 있다. 특히 계급, 인민, 민중 등으로 표현된 획일성의 주체 인식, 통일성으로 상징되는 주체 인식을 넘어서서 대중의 특이성과 유동성, 비고정성, 혁명적 역동성, 고유성을 내포하는 복합적 존재 인식을 위한 지적 통찰을 제공하고 있다.[14] 대중론과 다중론의 표현을 빌리면, 기존의 민중론은 '공통성'을 본질로 파악하는 한계를 드러낸 것이 사실이다. 그러나 대중이나 다중에게 민중과 다른 존재론적 특성을 부여할 필요는 없다고 생각한다. 대중적 존재, 다중적 존재, 인민적 존재, 민중적 존재가 상이한 존재성을 갖는 것은 아니다. 그러나 필자는 대중론과 다중론의 통찰을 기존의 민중론의 풍부화로 전유하는 방식을 취하고자 한다.

이런 견지에서 급진 민주주의적 관점에 서서 '광주항쟁 주체로서의 민중'의 특성을 세 가지로 재개념화해볼 수 있다. 첫째, 광주민중항쟁에

---

14) 대중은 유동적 존재이고 흐름 그 자체이고 혁명적 역동성의 존재이며, 우리가 보는 고정적인 대중의 특성은 대중이 고정화되어 국가와 자본에 의해 특정한 방식으로 포획된 존재 상태임도 잘 드러내고 있다. "대중의 흐름이 특정한 방식으로 응고되었을 때, 남성, 민족, 계급 등의 물적 지층화가 나타난다"(고병권·이진경 외, 2008b: 50)는 것이다. 네그리 등에 의하면, 다중(대중, multitute)은 통일된 실체성을 갖는 존재가 아니며, "결코 단일한 사회적 존재(a single social body)가 아니며 그렇게 될 수도 없다"(Hardt and Negri, 2001: 243).

참여한 민중은 반독재라는 시대적 과제로 하나의 '역사적 블록'을 구성하고 있었지만, 복합적인 저항 주체들로 구성되어 있었다. 민중은 단일한 실체가 아니라 다양한 사회경제적 하위주체들 및 소수자들로 구성된 복합적 구성체라고 할 수 있다.

필자는 민중 개념의 유효성이 소멸된 것으로 보고 대체적 개념 – 다중이건 대중이건 – 을 찾는 노력과는 달리, 민중 개념의 재해석을 통해 그것의 유효성을 재발견해야 한다고 생각한다. 민중 개념을 폐기하고 여타의 개념을 사용하는 시도 속에는 민중을 독재라는 특수한 역사적 배치 속에 고정화되어 있는 '반독재적 존재'로 보는 사고가 전제되어 있다. 이처럼 민중을 반독재적 존재로 보면, 독재의 과제가 소멸한 곳에 민중은 소멸한 듯이 보인다. 따라서 민중을 특정한 하나의 역사적 시기에 존재했지만 이제는 다른 존재로 이행한 것으로 파악하면 새로운 개념을 찾으려는 노력을 하지 않을 수 없다.

필자는 1970년대와 1980년대 민중의 역사적 구성을 고정된 것으로 볼 필요는 없다고 생각한다. 다양한 사회경제적 하위주체들을 '역사적 블록'으로 만드는 계기와 그들의 저항성은 상이하지만 하나의 존재에서 다른 존재로의 전환으로 파악할 필요는 없다고 생각한다. 민중은 본시 복합적 주체성을 갖고 있다.

민중의 다(大)중성, '다중(多衆)의 민중화(民衆化)'

그런데 이러한 민중의 복합적 주체성을 간과하고 당시의 핵심적인 과제 – 즉, 여러 주체들을 연합시키는 과제 – 로서의 반독재를 중심으로 민중을 고정화시켜 파악해온 경향이 있다. 민중에는 '시대적 과제에 대한 저항의 존재로서의 공통성'과 '복합적 주체성'이라고 하는 이중적 측면이 존재했다. 그러나 전자의 절대화 속에서 후자를 폐기하는 오류에 빠졌다고 생각한다. 이 점은 1980년대의 논쟁을 돌아보면 더욱 분명하게 드러난다. 예컨대 1980년대 '인식의 급진화' 속에서 모든 개별 운동들은 그 자체의 고유성은 부차화되고 '전체' 변혁운동에의 복무라는 시각에서 바라보면서 '도구화'되었다. '따로 또 같이' 하는 1990년대 여성운동의 모토도 이때는 충분히 인식되지 못했으며, 여성은 '물을 날라준다든지' '전경에 꽃을 달아준다든지' 하는 식으로 '가부장적 운동 질서'의 보조적 역할로 파악되기도 했다. 심지어 광주항쟁을 묘사하는 데에서도 이런 식의 인식이 드러난다. 기독교 교회운동의 경우도 기독교 교회 내부 현실의 '독자성'을 고려하는 방향에서의 실천보다는 전체 변혁운동에의 복무로 모든 것이 인식되었다. 변혁성은 개별 운동의 정체성을 극복하는 데서 찾아졌다. 이는 전체 반독재운동과 개별 운동의 관계이지만, 민중 개념의 인식에서도 정확히 드러난다고 생각한다. 실제 1980년대 필자의 인식도 그러했다.

민중을 반독재적 존재로 보는 것은 다양한 사회경제적 하위주체들을 블록화하는 시대적 과제가 반독재라는 과제였기 때문에 불가피한 결과였지만, 이처럼 상이한 요구와 이해를 갖는 존재들을 '연합적 존재'로 만드는 시대적 과제가 상이할 수 있다는 점을 전제하지 않으면 민중 개념의 화석화가 초래된다. 개발 독재에 대응했던 민중은 1970년대 후반이 되면서 저항성이 다양한 분야로 확산되어 통상 이야기하는 노동자·농민·빈민을 넘어 다양한 존재들의 블록으로 변화해가고 있었다. 광주항쟁에 참여한 사람들의 구성을 보더라도 이러한 민중의 복합적 저항 주체성이 확인된다. 이런 점에서 광주민중항쟁의 주체는 '다중(多衆)'적 혹은 '대중적' 존재였다고 할 수 있고, 그렇기 때문에 민중의 다중성(多衆性)과 대중성을 이야기할 수 있다고 본다.

민중은 각자 자기 삶의 문제와 주제들을 가지고 다양한 방식으로 저항하는 존재들이고 특정한 역사적 배치 속에서 공통성을 갖게 된다고 할 수 있다. 단지 민중을 이념화된 시각에서 노동자계급이나 특정한 집단으로 획일화하거나 특정한 지도 집단으로 상징화해버리는 과정에서 민중의 다중성은 사상되고 민중의 고정화된 공통성만 부각되었다고 생각한다. 예컨대 부마항쟁은 '민중·민주화운동으로 회수·수렴될 수 없는, 도시 하층민의 이질성과 복합성을 드러내는 도시 봉기'(김원, 2006: 320)였다는 것이다. 그리고 독재에 저항하는 과정은 '이질적이고 중층적인 주체들이 형성되고 재구성되는 과정'이었는데, 이러한 주체들이 반독재적 존재로 획일화되었고, 그것은 민중·민주화운동 담론 생산자층이 자신과 상이한, 그러나 하나의 정체성으로 통합이 불가능한 주체들을 배제·통합하려는 정치적 기획의 일부였다"(김원, 2006: 321)고 해석하고 있다. 필자는 민중 개념이 민주화운동 주체들에 의해 사용되는 과정에서, 그리고 그에 대한 지배 권력의 담론적 억압 과정에서 특정한 개념으로 고착화되어갔고 그 핵심 주체들이 아닌 복합적 주체들을 타자화하는 결과가 나타났다고 생각한다.

민중 개념이 대중적으로 사용되기 시작한 1970년대 말 민중은 이질적이고 복합적인 존재로 파악되었다. 이는 다음과 같은 표현에서 찾아볼 수 있다. "민중도 대중, 공중, 백성, 서민이라는 말들과 개념이 비슷합니다. 모두가 다수라는 점입니다. 다음은 그 개념 속에 내포된 특권층이 아니고 비특권층이라는 요소", "수는 많지만 피지배자의 입장에 서 있고, 반드시 단일 계층적인 것은 아니고 그 속에는 여러 계층적인 요소가 복합적으로 병존하는, 그러면서도 부당한 정치권력에 대해서는 과감히 저항하는 세력"을 민중으로 보고 있다.[15] 1980년대 민중 개념의 계급론적 분석(혹은 고착화)을 선도했던 박현채도 『민중과 역사』(1984)에서 "민중은 역사적 존재이다. 따라서 민중은 모든 역사를 통하여 같은 것으로 존재하지는 않는다.…민중이 갖는 계급·계층적인 복합성이 보는 사람으로 하여금 민중이 지니는 일면적인 성격을 강조함으로써 다른 것으로 표현케 한다는 것이다. 대중, 평민, 서민, 억압받고 있는 계급, 소외된 사람들, 하층계급, 빈곤에 허덕이는 사람들과 같은 것은 민중 구성의 변화와 함께 주어지는 다른 표현이다"라고 말하고 있다.

필자는 이런 점에서 개념의 폐기보다는 재해석을 통해 민중이 다양한 계급들, 다양한 복합적인 구성을 갖는 도시 하층민들, 다양한 이질적 소수자들의 연합적 구성임을 확인하고자 한다.

우선, 민중은 지배 체제에 의해 상이한 방식으로 소외되고 공론의 장에서 자기 목소리를 갖지 못한 배제된 존재들의 공통이름이라고 말할 수 있다. 즉, 민중은 특정한 지배적 질서-독재 혹은 민주주의-하에서 억압되고 실현되지 않는 다종다양한 요구와 이해를 갖는 다양한 주변적 존재들을 의미한다. 1970년대 말의 민중이 갖는 공통성은 자신의 삶을 질곡하는 파쇼적 독재였다. 이 공통성은 억압의 공통성에서 유래하는 저항의 공통성16)을 말한다. 1960년대 개발 독재하의 개발·성장 프로젝트 속에서 많은 민중은 '조국의 근대화의 역군'으로, '산업전사'로 호명

---

15) 전자는 안병직의 표현이고, 후자는 당시 대표적 민중론자였던 한완상의 표현이다(이세영, 2006: 307~308에서 재인용).

16) 공통성은 "특이한 개별자들 간에 차이들을 무화시키지 않고 오히려 소통할 수 있는 통로를 넓혀감으로써 지니게 되는 공통성"(네그리·하트, 2001)이라고 할 수 있다. 자율주의와 코뮌주의에 의하면, 개별성의 앙상블로서의 다중과 대중이 부단히 사회를 새롭게 만들어가게 된다. 여기서 욕망은 해방적 힘으로 상정된다. 다중의 역능은 개별성과 차이들의 역능이기 때문에, 다중의 역능이 보장되기 위해서는 개별성과 차이가 보장되어야 한다.

되다가 1970년대를 거치면서 점차 저항적 주체로 거듭나고 있었다. 이러한 저항적 주체들은 단일한 주체가 아니었으며 생산과 재생산의 전 영역에서 개발 독재의 모순에 의해 고통받고 개발 독재 체제로부터 배제된 다양한 존재들이었다. 따라서 민중은 복합적 저항 주체의 연합이고 배제된 다종다양한 존재들의 공통이름이라고 파악되어야 한다.

둘째, 민중의 가장 핵심적인 특징은 '저항적 주체성'을 갖는 존재라는 점에 있다고 생각한다. 민중의 출현은 바로 '국민화 프로젝트'로 통합되어 있던 '국민'의 분열에서 찾아진다. 공돌이·공순이라는 정체성을 당연한 것으로 받아들이고, 개발 동원 체제가 부각시키는 산업역군으로서의 정체성을 자기화하면서, 동시에 자신이 떠나온 농촌적 삶과 비교되는 도시 산업 부문의 삶에 만족하며 일하는 '순응적 노동자'의 시대가 가고, 이제 비판의식과 반독재의식, 권리의식을 갖는 저항적 주체의 시대가 출현하게 되었다. 이는 직접생산자와 '사회경제적 하위주체(subaltern)'가 점차 주체화되는 것을 의미하는데, 그러한 주체화된 존재를 한국에서는 민중(民衆)이라고 부르기 시작했던 것이다.

1970년대 말 민중이라는 개념은 저항운동 내부에서 독재 체제와 자본주의 체제에 의해 착취당하고 수탈당하는 노동자·농민·도시빈민 등을 상징하는 개념으로 사용되었다. 1970년대 민중의 주체화란 노동자와 농민 등 하층계급과 계층들이 권력에 의해 호명되고 동원되던 순응적 정체성을 벗어던지고 점차로 새로운 저항적 정체성-개인에 따라서 의식의 수준은 다양할 수 있지만-을 갖게 되는 것을 의미했다.

국민으로 호명되던 노동자들이 이제 그 국민 내부의 불평등성과 국민을 명분으로 하는 독재의 강압성에 비판적 인식을 갖게 된 것이다. 물론 1970년대에도 박정희 정권이 호명한 국민은 분명 있었다. 그러나 노동자들은 이제 그 국민을 단일한 것으로 생각하지 않게 되었으며, 자신의

'이등(二等) 국민적 지위'를 직시하고 저항하게 된 것이다.17) 이제 산업역군으로 동원되는 여공이 노동운동의 전사로,18) 박정희의 정치적 지지자였던 농민이 정치적 '불만'의 주체로, 나아가 동질적인 국민이 아니라 경제적 계급으로의 분화 과정이 나타나게 된다.19)

이런 점에서 저항적 주체성을 갖게 된 다양한 사회경제적 하위주체들의 이름이 바로 민중이다. 민중 개념 자체의 출현은 다양한 사회경제적 하위주체들이 순응의 존재에서 저항의 존재로 전환된 것을 의미한다. 1970년대 및 1980년이라는 시공간에서 다양한 사회경제적 하위주체들

---

17) "국민 만들기는 기본적으로 다양한 의지와 욕망을 지닌 '다중'을 단일한 의지와 욕망을 지닌 통일된 인민의 집합체로 만드는 것이었다"(임지현, 2004: 38).
18) 한 노동자의 말은 이런 변화를 잘 보여준다. "저는 그냥 노동운동을 알게 된 것을 진짜 행복이라고 생각을 해요. 저는 10년 전이나 지금이나 똑같이 내가 이것밖에 잘할 수 없어서 하는 것 같은 느낌도 들구요. 노동운동이 저한텐 삶을 완전히 바꿔놓는 건데, 갈등의 기회도 거의 없었어요. 많은 활동가들이 옆에 와서 사회를 변화시켜야 된다고 하다가 1~2년 하다가 떠났는데, 그 사람들은 이념 때문에 시작한 거라면, 저는 삶 때문에 시작을 했기 때문인지는 모르겠어요. 세상이 바뀌지 않았다, 여성 노동자들이나 노동자들의 삶은 그대로인데 왜 네가 떠나야 되냐, 그런 게 제 주제였어요. 물론 사회주의나 이런 거 꿈꾸는 사람들은 이 사회가 더 이상 희망이 없다고 생각하는지는 모르지만, 저는 제가 해야 될 일은 있다고 생각을 했던 거구요. 그리고 저한테는 세상을 보게 되는 눈을 굉장히 획기적으로 만들어줬고요. 앞으로도 뭐 죽는 날까지 그냥 이 길을 갈 수밖에 없을 것 같아요" (김지선, 2002).
19) 박정희 개발 동원 체제에서 "'국민의 분화'가 본격적으로 나타나는 1960년대 후반에 역설적으로 국민을 상징적으로 통합시키기 위한 '민족주의적 상징 정치'가 정책적으로 강화되기 시작했다"(조희연, 2007). 박정희 체제는 개발 동원 체제의 헤게모니적 균열에 응전하기 위해 혹은 그것을 예방적으로 차단하기 위해 다양한 시도를 했다. 그것에는 도덕적 훈육국가, 민족주의적·국가주의적 훈육국가 등으로 표현할 수 있는 다양한 전략들이 실시되었다(조희연, 2007: 4, 5장).

의 저항적 존재화라고 표현하는 것이 바로 민중이었다. 모든 지배와 정치 질서는 특정한 민중 질서를 전제로 한다. 특정한 방식으로 구성된 민중이다. 지배에 의해 구성되고 호명되는 민중과 그러한 지배적 질서를 뛰어넘고 지배의 상상력을 뛰어넘는 저항적 주체로서의 민중이 존재한다. 1970년대 말 이후 민중이라는 개념으로 드러내고자 했던 것은 후자였다. 지배 권력은 언제나 특정한 권력 기획에 의해 민중을 순응적 존재로 통합하고자 하지만 현실의 민중은 바로 다종다양한 성격의 저항성을 드러낸다.

여기서 민중의 정치적 지향 자체도 통상적인 반독재 담론처럼 '전투적 반독재의 지향'으로만 존재하지 않는다. 거시적 흐름에서 보면, 박정희 독재 기간 동안 한편에서는 위로부터 권력의 기획에 의해 주어지고 내재화되어가고 있던 근대적 개발주의의 헤게모니적 요소가 영향을 미치고 있었고, 다른 한편에서는 민주주의의 시대정신화에 따라 그 헤게모니의 약화와 권력 담론의 내적 균열 속에서 임지현의 '대중독재론' 등이 지적하는 복합적 현상이 나타났다. 즉, 박정희식 지배에 적극적으로 포섭되고 그 헤게모니의 영향하에 있는 보수적 대중과 반대로 소수의 저항적 대중 그리고 그 회색 지대의 광범한 중간 지대가 점차 변화해가게 된다. 비록 근대 발전주의 헤게모니로부터 자유롭지 않지만, 민주주의를 지배적 가치로 가진 저항적 대중이 출현하고, 반대로 근대 발전주의 헤게모니를 내면화하고 있는 보수적 대중에게도 그 헤게모니의 약화 현상이 나타난 것이다.

이 과정에서 박정희 지배에 적극적인 혹은 소극적인 동조자도 소극적인 반대자로, 때로는 소극적인 중립 지대로 전환되는 경우도 많았다. 여기서 임지현(2004: 23~24)이 이야기하는 것처럼 대중을 특정 방식으로 획일화하려는 권력의 욕망이 곧 대중의 욕망이 되지 않고, 새로운 상호 소통을 통해 새로운 민주적 공통성을 만들어가려는 다중의 욕망이 권력의 욕망과 긴장하며 존재하는 복합적 상황이 나타나게 되었다고 생각된다. 그러나 이러한 과정은 '인식의 제로섬'적 변화 과정이 아니었다. 한편으로 반독재 민주화운동의 전면에 선 사람들에게도 박정희식 근대화적 개발주의 가치가 내재해 있는 반면,[20] 동시에 박정희의 열렬한 추종자들에게서도 민주주의 가치는 회피할 수 없는 것이 되어가고 있었다. 개개인의 의식세계 내에서도 복합적 심리가 공존하게 된다고 생각한다. 여기에 복합성이 존재하며, 한 개인이 갖는 동의의 복합성, 대중들 사이의 정치적 태도 분화, 회색 지대의 존재도 나타나게 된다(조희연, 2005c).[21]

민중은 그러한 의식과 태도의 복합성 속에서도 일정한 지배적 현실에 대한 저항적 주체성을 갖는다는 데 핵심적 특징이 있다고 생각한다. 이런 점에서 민중 구성의 복합성과 민중의 중요한 정체성으로서의 저항적 주체성을 염두에 둔다면 - 또한 다중이라는 개념을 사용하더라도 그들의 저항적 주체성을 염두에 둔다면 - '다중의 민중화'라는 표현이나 '대중의 민중화'라는 표현을 사용할 수 있다. 한 사회적 존재가 저항적 주체성을 갖는 것은 존재 자체의 특성이기보다 '존재의 구성적 변화'이다.

셋째, 광주민중항쟁의 주체로서의 민중은 1970년대 말 이후 일반적인 의미에서의 민중과는 또 다른 '예외적인 저항적 주체성'을 보여준 존재였다. 즉, 기존의 '지배가 부여한 상상력의 지평'을 뛰어넘는 방식으로 민중의 저항적 주체성이 표출되었다는 데 1980년 민중의 특별함이 존재

---

[20] 김보현(2006)은 저항 엘리트조차도 반공주의, 개발주의 및 민족주의적 이데올로기로부터 자유롭지 못했다고 분석한다.
[21] 임지현은 이러한 점을 적절히 '지배에 포섭된 저항과 저항을 낳는 지배 등의 복합적 현실'(임지현, 2004: 23)이라고 표현하고 있다.

한다. 광주민중항쟁에서 존재했던 민중은 기존의 지배적 질서에 대한 순응을 벗어던지고, 혹은 기존의 지배적 질서에 의해 호명되고 순응된 존재성을 뛰어넘었다는 것뿐만 아니라 '저항적 주체성의 극단'을 보여준 존재였다. 그런 점에서 '정상성'으로 보면 '예외적'인 저항적 주체성을 보여주었다고 할 수 있다.

광주에서의 민중— 그것이 국가권력의 예기치 않은 폭력에 의해서든지 어떤 계기에 의해 촉진되었든지— 은 기존의 질서를 '이반'하고 그 질서에 대해 '반란의 총'을 든 다양한 저항 주체들이었다. '총을 든 민중'은 1970년대 민중운동에 속한 사람조차도 상상하지 못했던 존재적 특징이었다. 한국전쟁 이후 민중이 총을 든다는 것은 시대적 상상을 뛰어넘는 것이었다. 광주민중항쟁에서 민중은 지배적 질서에 대해 '절연(絶緣)'할 수 있는 잠재력을 갖는 존재성을 지니고 있음을 드러냈다. 이것이 '예외성'이라고 할 수 있다.

자위(自衛)적이지만 무장투쟁은 한국전쟁 이후 소멸한 저항 양식이었다. 그러나 국가가 '순수 폭력'으로 나타난 순간 이러한 저항 양식은 홀연히 부활했다. 사실 반공주의적 교육을 받은 민중은 특정한 행위 양식을 강요당하고 있었다. 그러나 권력이 폭력이 될 때 민중은 '사회의 자기 조직화'의 한 양식으로서 무장을 선택한 것이다. 광주민중항쟁에서의 민중은 '순수 폭력'으로서의 지배와 국가를 마주하고 순응을 선택할 것인가 무장 저항을 선택할 것인가의 기로에 서게 되었다. 그리고 저항적 주체성의 극단인 '총을 든 민중'의 모습으로 나타났다. 권력의 폭력 공포에 사로잡혀 있던 존재가 그것을 넘어서는 순간 스스로 무장적 저항의 주체로 전환될 수 있었다.

이 예외성은 '지배의 기획'과 '지식인의 상상'을 뛰어넘는 예외성이었다고 생각한다. 광주의 민중은 바로 민중 자체가 정태적인 존재성으로 파악될 수 없음을 말해주고 있다. 즉, 민중이 지배의 현실에 대응하는 '응전적인 자기 구성적 존재'임을 드러내주고 있다. 이런 점에서 민중의 '상상'은 지배의 기획과 지식인의 상상을 뛰어넘는 무한성을 가지고 있고, 민중의 '구성적 역능'이 있다면 바로 여기에서 발견된다고 생각한다. 여기서 필자는 '총을 듦'을 강조하고자 하는 것은 아니다. 지배의 기획이나 지식인의 상상을 뛰어넘어 일상적인 순응의 존재로부터 극단적으로 이반할 수 있는 존재성을 강조하고자 하는 것이다.

5. 광주 문제의 추이와 5·18 정신: 광주 문제의 제도적 해결과 제도화의 이중성

이 절에서는 광주 사건 이후 광주 문제가 어떠한 배치를 경험하게 되는지 살펴보고 그 과정에서 5·18 정신의 계승을 위한 노력이 어떤 궤적을 그리는가에 대해 살펴보고자 한다.

1) 광주 사건 이후 광주 문제의 억압과 '혁명적 급진화'의 동력으로서의 5·18정신

5·18 이후 6월 민주항쟁 때까지 광주 문제는 억압된 의제였고 금기의 의제였다. 광주학살이라고 하는 '태생적 아킬레스건'을 갖고 출범한 전두환 정권은 줄곧 광주 문제가 공론화되거나 정치의 장에서 의제화되는 것을 억압했다. 1987년까지 광주 문제는 파쇼화된 독재에 의해 '비정치'의 영역으로 강제적으로 배치되고 있었다고 할 수 있다.

이처럼 광주 문제가 억압된 의제였기 때문에 1980년대 반독재 민주화운동은 광주항쟁의 정신을 급진적으로 재해석하면서 스스로 혁명적 운동과 전투적 운동으로 변화해갔다. 이 시기에 광주 정신은 주로 운동의 혁명화와 급진화의 정신적 에토스로 작동했다고 할 수 있다. 어떤 의미에서 광주 문제가 억압되었기 때문에 광주 정신과 광주 문제는 상승 작용하면서 반독재 저항운동의 이슈와 정신을 급진적으로 지배하고 있었다고 할 수 있다.

물론 광주 문제, 즉 광주학살의 진상 규명과 책임자 처벌 자체가 반독재 민주화운동의 주요 이슈였음은 두말할 나위가 없다. 즉, 광주의 진상을 규명하고 가해자를 처벌하며 피해자들에게 명예회복과 배상을 행하는 요구를 담고 있는 광주 문제는 언제나 운동 공동체의 핵심적인 요구사항이었다. 반면에 군부 권력에게는 당연히 금압과 금기의 대상이었다.

1980년의 정치적 좌절과 광주민중항쟁에 대한 자성적 평가 속에서 1970년대의 운동 수준을 뛰어넘는 새로운 운동의 주체적 조건을 둘러싼 다양한 논의들이 – 비공식적 수준에서 – 광범위하게 전개되었다. 분단과 한국전쟁을 통해 단절을 겪었던 한국의 사회운동은 바로 이 시기에 1960년대의 소시민적 민주화운동 단계, 1970년대의 포퓰리즘(populism)적 민중운동 단계를 뛰어넘어 한국 사회의 총체적 변혁을 전망하고 실현하고자 하는 변혁적인 민중운동으로 변신할 수 있는 조건을 예비하게 된다(조희연, 1989: 14).[22]

---

22) 어떤 의미에서 인식과 실천의 '질적 비약'이 있었는데, 그 계기는 광주민중항쟁에 대한 성찰에서 길어 올려진 급진적 저항의 에토스였다. 필자는 다음과 같이 쓴 바 있다. "사회운동의 주체, 인식적 기초, 대상, 동력, 방법 등에 대한 반성이 광범위하게 이루어지기 시작"하면서, 여러 가지 인식상의 변화가 나타나게 되었다. "첫째, 1970년대까지의 사회운동이 소시민적 운동관, 포퓰리즘적 운동관을 극복하지 못

1980년대 중반이 되면서 한국 사회의 변혁의 전망에 대한 소시민적 (혹은 프티부르주아적) 인식이 광범위하게 비판되고 극복되었다. 나아가 사회운동의 계급적 기초에 대한 인식이 한국 사회의 계급 구성에 대한 인식과 더불어 확산되었다. 그 결과 변혁의 계급적 전망(탈자본주의적인 변혁)이 명확해졌으며, 그 연장선상에서 노동운동의 주도성이 강조되었다. 이처럼 변혁의 주체 세력에 대한 규정과 함께 변혁의 대상에 대한 인식도 심화되었다. 즉, 한국 사회는 그 자본주의적인 경제적 기초에서

> 했으며 변혁운동으로서의 성격을 갖지 못했다고 하는 반성이다. 예컨대 억압적 정치권력에 대한 양심적 비판이나 경제적 불평등에 대한 도덕적 비판이 있었을 뿐, 정치권력의 획득이나 경제 체제 자체의 변혁에 대한 전망과 의지가 없었다고 하는 것이다. 둘째, 대중의 자연발생적 투쟁을 체제 변혁적 투쟁으로 전화시킬 목적의식적 전위 또한 부재했다는 반성이 있었다. 광주민중항쟁이 대중의 혁명적 진출과 변혁역량을 새삼 확인시켜주었다고 할 때, 문제는 대중을 지도할 전위의 형성과 그러한 전위와 대중의 굳건한 결합 여부인데, 이 점에서의 역량부족이 사회운동의 근본 한계라는 것이다. 셋째, 80년 봄의 패배는 노동계급 등 주력군의 미성장에 그 근본원인이 있으므로 기층 민중, 특히 노동계급의 성장과 그 정치적 진출을 가속화하는 데 집중적인 역량이 투입되어야 한다는 반성이다. 즉, 1970년 대까지의 사회운동이 주로 학생, 지식인, 일부 선진적인 기층 민중을 중심으로 진행되었기 때문에 대중적인 계급운동이 되지 못하였으며, 주력군이 미성장한 상태에서의 방어전적 성격 이상을 띨 수 없었다는 것이다. 이는 1970년대 사회운동의 추진 '동력'이 갖는 계급적 한계를 가리킨다. 넷째, 군부 독재 체제를 지원하는 외세에 대항하는 '반외세자주화' 역량이 결여되었다는 반성이다. 특히 광주사태에 대한 미국의 비호 때문에 1970년대 사회의식을 지배하고 있던 '미국에 대한 소시민적 환상'이 깨어짐으로써 광주사태는 민족모순에 대한 근본적인 인식의 계기가 되었다. 그리하여 외세의 지배를 받고 있는 현실을 극복할 수 있는 대중의 식과 주체적인 역량을 확보해내는 것이 1980년대 사회운동의 핵심적 과제로 인식 되었다"(조희연, 1989: 15). 이와 같은 사회운동의 인식의 급진화와 혁명화는 광주가 남긴 유산이기도 했으며, 1980년대 사회운동가들이 광주를 급진적으로 재해석하면서 이룩한 변화이기도 했다.

볼 때 독점자본이 지배 블록의 기본적인 구성원이며, 여기에 독점자본의 계급적 이해를 폭력적으로 관철하는 파시즘적 국가권력과 이러한 파시즘-독점자본의 유착 체제를 비호하는 외세가 지배 블록의 주요한 구성원이 된다는 것이다. 나아가 사회운동의 계급적 기초에 대한 인식 위에서 자본주의 체제 자체의 극복을 주요 내용으로 하는 변혁운동으로서의 성격이 강조되고 그 전략·전술적 논의가 심화되었다. 이러한 인식의 변화는 비록 전부는 아니지만 한국 사회운동이 '변혁운동으로 자기정립'을 하게 되었음을 의미한다.

5·18 정신의 급진적·혁명적 계승이 지배적이었다고 하는 것은, 1980년대 반독재 민주화운동의 정치적 지향이 그런 방향으로 동질화되는 것을 의미하는 것은 아니다. 당시에 반독재 민주화운동에 참여하는 개인이나 집단의 이념적 스펙트럼은 다양했다. 온건보수주의에서부터, 저항적 자유주의, 마르크스주의, 레닌주의, 북한식 사회주의 지향, 무정부주의, 네오마르크스주의 등이 다양하게 분포하고 있었다. 단지 1980년 이전 운동가들 내부에는 — 최소한 공개적인 수준에서 — 마르크스주의나 레닌주의, 주체사상을 포함한 급진주의적 지향들이 존재하지 않았다. 그러나 광주학살의 경험 속에서 국가권력의 폭력성을 투명하게 인식하면서 많은 운동가들이 급진화되어갔고, 그 결과 운동 공동체의 이념적 스펙트럼이 급진적인 방향으로 확대되어갔다고 할 수 있다. 더구나 반독재에 대한 투쟁 과정에서 대체로 급진적인 이념을 갖는 집단이 실제 투쟁에서 전투적 전략을 택하고 있었고 반독재운동이 그러한 전투적 투쟁에 의존하는 만큼 그들의 운동 공동체 내에서의 헤게모니도 강했다.

광주 사건의 경험과 5·18 정신의 급진적 계승 속에서 비로소 한국의 진보 진영에 급진주의가 '복원적으로' 뿌리내리게 되었다고 할 수 있다. 복원적이라고 하는 것은 한국전쟁 이후 한국에서 급진주의 내지 혁명주의적 인식과 실천의 전통이 단절되어 있다가 광주학살과 그에 대한 재해석 속에서 새롭게 급진주의와 혁명주의가 복원되는 방식으로 등장했다는 의미이다. 급진주의의 '복원적 태동'을 본 급진주의와 혁명주의는 1980년대에는 운동 공동체를 넘어서 일정하게 대중화하는 양상을 나타냈다.

1987년 이전의 한국 정치 변동에는 다양한 경로가 가능했었다. 이른바 '타협적 민주화'의 경로가 열려 있었다. 예컨대 1983년 말 유화 조치의 시행으로 한국의 정치가 안정의 길로 갈 수도 있었으며, 1985년 이민우 파동에서 보이듯이 내각제라는 제도적 전환 속에서 군부 세력과 반독재 야당의 타협적 공존의 길도 가능했었다. 그러한 중요한 길목에서 반독재 야당의 비타협적 투쟁을 촉진하는 데 광주항쟁의 급진적 유산들도 크게 작용하였다고 할 수 있다. 한 가지 흥미로운 것은 광주항쟁에서 '총을 든 민중'은 그 상징성만으로도 미국을 포함한 이 땅의 지배적 세력에게 존재론적 위기감을 주었다는 점이다. 비록 그것을 진압하고 파쇼적 독재 정권이 재구축됐지만 1983년 이후의 유화적 조치 – 아래로부터의 위협에 대응하는 위로부터의 개혁적 조치 – 들이 시행되는 원인(遠因)이기도 했다.

2) 1987년 광주 문제의 '지역주의적 정치화'와 제도화의 이중성

1987년까지의 시기에는 독재를 극복하고 민주주의 체제를 실현하고자 하는 반독재 타도 투쟁에 초점을 두었다고 한다면, 1987년 이후의 시기에는 형식적 민주주의 제도가 복원된 상태에서 독재의 유산을 최대한 척결하고 민주주의를 실현하고자 하는 과제에 초점을 두었다고 할 수 있다. 이제 시대적 과제는 독재 타도에서 독재의 유산을 극복하고 민주주의 체제를 정착시켜가는 '민주개혁(democratic reform)'으로 변화했다. 여기서 민주개혁이라고 하는 것은, 독재하에서 왜곡되게 구조화된 국가, 정당, 시장, 기업 등 제반 구조의 민주적 개혁을 지향하며 그것을 추동하는 개혁을 의미한다.

이러한 민주개혁의 과제에는 광주 문제를 포함한 과거의 국가적인 범죄에 대한 진상규명과 청산도 들어 있었다. 이를 포괄적으로 '과거 청산'이라고 불렀다. 과거 청산이란 과거의 국가 및 권력집단이 행한 권력 남용 및 반인도주의적인 범죄적 행위에 대해 사후적으로 진상규명과 그에 상응한 처벌 및 배상을 행하는 과정이라고 할 수 있다. 구체제하에서의 국가폭력이 야만적인 학살이나 인종 청소, 고문 등 반인도주의적 범죄를 동반했을 때[23] 이러한 과거 청산의 필요성과 당위성은 중요해지고 도덕적 의무가 된다. 이러한 작업을 포괄적으로 역사 청산, 과거 청산이라고 할 수 있다. 독일 파시즘 지배하에서의 유태인 학살 책임이 제2차 세계대전 이후 현재까지 전개되는 것도 같은 맥락이라고 할 수 있다. 한국에서도 전체주의화된 독재 체제가 민중적 저항으로 민주적 체제로 전환되는 1987년 6월 민주항쟁 이후, 구체제의 국가 및 권력집단의 범죄 행위를 처벌하기 위한 노력이 과거 청산의 형태로 전개되었다.

과거 청산은 과거의 이슈를 둘러싼 현재적 투쟁이라고 할 수 있고, 이는 현재적 권력관계에 의해 그 범위와 성격이 결정된다는 점에서 '현

---

[23] 1973년 피노체트 정권이 아옌데 정권을 무너뜨리고 군부통치를 실시한 이후 3,000여 명이 고문 등으로 살해되었고 10만 명 이상이 실종된 것으로 추정되고 있다. 1976년 이후 아르헨티나의 군부정권하에서도 '좌익색출'이라는 이름의 '더러운 전쟁(dirty war)'으로 실종자만 3만 명에 이르는 것으로 보도되었다. 1974년 인도네시아가 포르투갈 퇴각 이후 동티모르를 점령한 후 총 80만의 인구 중 20여만 명이 살해되었다.

재성(現在性)'을 갖는다. 여기서 '과거 청산의 정치적 공간(political space for redressing the past injustices)'을 이야기할 수 있다.24) 과거 청산의 정치적 공간이란 과거 체제하에서 자행된 범죄적 국가폭력의 문제를 정치사회적 '의제화'할 수 있는 여지가 생기는 것을 의미한다. 1987년 이후 광주 문제를 해결하기 위한 투쟁은 6월 민주항쟁으로 획득된 최소한의 정치적 공간을 활용하면서 더 철저한 민주개혁으로 나아가며, 그 일환으로 더욱 철저하게 과거 청산을 진행하기 위한 투쟁의 과정이었다.

6월 민주항쟁 이후 과거의 독재 정권을 그대로 계승한 노태우 정부는 광주 문제가 정치화되고 민주주의적 정치 공간의 새로운 의제로 등장하는 것을 봉쇄·억압하고자 했다. 노태우 정부의 기본적인 방향은 과거 청산을 억압하고 막으려는 것이었다. 이에 대해 과거 청산을 강제하려는 야당 및 시민사회 세력의 '외부로부터의' 투쟁이 전개되었다. 1987년 이후 의회 정치의 복원으로 의회 내부에서 광주청문회나 5공비리청문회를 통해 광주 문제가 제기될 수 있었다. 이는 의회 외부의 광주 문제가 1987년 이후 의회 내부와 외부 모두에서 쟁점화되었음을 의미한다. 그런데 노태우 정부의 권력적 성격에 의해 광주학살의 진상을 규명하고 책임자를 처벌하려는 노력은 1988년 12월 전두환 전 대통령의 국회 사과와 백담사 유배 정도로 타협되고 제약되었다.

이렇게 타협적이고 미봉적인 과거 청산이 제도 정치권에서 이루어졌지만, 아래로부터의 과거 청산과 독재의 과거를 극복하려는 노력은 계속되었다. 김영삼 정부는 반독재 야당 세력의 일부가 구독재 세력과 집권

---

24) 통상적인 개념을 사용한다면 '정치적 기회구조'(Tarrow, S., 1994)가 될 것이다. 아래부터의 변동이냐 위로부터의 변동이냐와 같은 변동의 구조적 성격은 정치적 기회구조를 결정하게 된다.

연합을 구성하고 거기에 참여함으로써 탄생한 정부이다. 이런 성격 때문에 문민정부하에서 광주 문제에 대한 과거 청산의 정치적 공간이 이전에 비해 확장되어 나타나게 된다. 문민정부의 입장에서도 광주 문제의 일정한 해결을 지향하게 된다. 이에 따라 문민정부하에서 5·18이 '광주민주화운동'으로 재정의되고 12·12사건이 '쿠데타적 사건'이라는 사법적 판단이 내려지게 되었다.

노태우 정부와 달리 반독재 민주화운동의 배경을 가지고 있는 문민정부는 광주 문제의 제도적 해결을 도모했다. 그것이 1990년 8월 6일 「광주민주화운동관련자보상등에관한법률」이었다. 이는 5·18과 관련해 사망, 질병, 투옥, 해직, 제적 등 각종 희생에 대한 명예회복 및 보상, 기념사업, 묘역 조성 등을 추진하기 위한 것이었다. 그러나 이 법의 제정-그 자체도 아래로부터의 투쟁을 통해 강제된 것이기는 하지만-은 광주민주화운동의 학살과 관련한 진상규명 및 법적 처벌은 유보한 채 희생자들에 대한 보상만을 행함으로써 광주민주화운동의 이슈를 '과거 청산'의 영역에서 배제하려는 과거 청산의 불철저화를 의미한다고 볼 수 있다.

이처럼 광주 문제의 불철저한 제도적 해결에 대응해 광주 문제의 한 단계 높은 해결을 위한 투쟁이 아래로부터 전개되었다. 단순한 보상 차원을 넘어서서 광주학살 책임자 처벌을 위한 노력은 「5·18민주화운동등에관한특별법」의 형태로 법제화되어 표현되었다. 1995년 12월에 제정된 이 법은 1980년 5월 18일부터 1993년 2월 24일까지의 기간을 '국가의 소추권 행사에 장애사유가 존재한 기간'으로 상정하고 그 기간을 공소시효의 진행이 정지된 것으로 간주하여 재정신청이 가능하게 하는 방식으로 광주학살 책임자들의 처벌을 가능하게 했다. 또한 5·18과 관련해 유죄 판결을 받은 경우 이에 대한 재심이 가능하도록 했으며, 기념사업도 가능하도록 했다. 그리고 특징적으로 5·18 관련자 보상 등에

관한 법률에 의해 '보상'을 받은 경우 이를 '배상'으로 간주한다고 하는 전향적인 조치를 취했다. 이는 과거 청산이 불철저하게 마무리되었음에도 불구하고 새로운 아래로부터의 투쟁과 노력으로 과거 청산의 수준이 높아진 상징적인 사례라고 할 수 있다.

이러한 위로부터의 보수적 민주화의 경로에서 김대중 정부, 즉 국민정부의 수립은 상당한 비약의 의미를 갖는다. 한편으로는 야당 정부라는 점에서 전향성을 가지고 있으나, 다른 한편으로는 구세력과 연합해 성공한 정권이라는 점에서 '태생적 이중성'을 지니고 있는 김대중 정부의 개혁 및 그 일부로서의 과거 청산은 복합적인 성격을 지닌 채로 진행된다. 바로 이러한 국민정부의 복합성은 국민정부하에서 다양한 과거 청산의 제도적 공간들이 확장되었지만 그것이 위로부터의 거시적 한계(구세력들의 다양한 저항으로 표출)와 아래로부터의 부단한 투쟁이 각축하는 형태로 전개되게 만들었다.

국민정부하에서는 광주와 관련된 입법뿐만 아니라 다양한 과거 청산 입법이 만들어졌다. 50년 만에 야당 정부가 성립함으로써 과거 시기의 억압과 관련된 각종 과거 청산 이슈들이 부각되고 이의 해결을 위한 노력이 진행되었다. 과거 청산의 현재적 이슈들은 구정권하에서 자행된 의문사 사건의 규명이나 민주화운동 희생자들의 명예회복 등의 문제였다. 이와 관련해 「민주화운동관련자명예회복및보상등에관한법률」, 「민주화운동기념사업회법」, 「의문사진상규명에관한특별법」이 제정되었고, 나아가 「광주민주유공자예우에관한법률」이 제정되었다. 다음으로 이전 시기에 미해결 과제로 남아 있었던 '역사적 과거 청산 이슈'를 둘러싸고 「제주4·3사건진상규명및명예회복에관한특별법」이 제정되었다. 마지막으로 이러한 과거 청산 이슈들이 발생하지 않도록 하기 위한 '예방적 제도화'의 사례로서 「국가인권위원회법」이 제정되었다.

〈표 7-1〉 문민정부와 국민정부의 과거 청산 관련 입법

시기	문민정부		국민정부
명칭	광주민주화운동 관련자보상등에 관한법률	5·18민주화운동등에관한 특별법	광주민주유공자예우에관한 법률
제정	1990.8.6.	1995. 12. 21	2002. 1. 26
법안 내용	광주민주화운동 과 관련해 사망, 질병, 투옥, 해직, 제적 등 각종 희생에 대한 명예회복 및 보상, 기념사업, 묘역 조성 등을 추진.	광주항쟁 당시의 범죄행위에 대해 공소시효를 정지. 1980년 5월 18일부터 1993년 2월 24일까지의 기간을 '국가의 소추권 행사에 장애 사유가 존재한 기간'으로 상정, 이 기간을 공소시효의 진행이 정지된 것으로 간주하는 방식으로 광주학살 책임자들의 처벌을 가능하게 함.	5·18 희생자에 대한 지원을 확대해 국가유공자에 준하는 지원책(교육지원, 취업지원, 의료지원 등)을 실시하기 위한 법.
배경	광주학살에 대한 진상규명 및 책임자 처벌은 1980년 이후 광주의 당사자들뿐만 아니라 사회운동의 핵심적인 이슈였다. 노태우 정부하에서의 광주청문회를 거쳐 보상 관련법 제정, 진상규명 및 책임자 처벌 관련 특별법 제정으로 이어졌다.		1990년 8월 6일 공포된 「광주민주화운동관련자보상등에관한법률」에 의거해 광주민주화운동의 의미 재규정과 명예회복 및 보상이 이루어진 바 있는데, 광주 희생자를 '국가유공자'로 전환하기 위한 캠페인이 전개되었다(이전 단계 과거 청산의 상향).

특히 광주 문제의 제도적 해결과 관련해 제정된 「광주민주유공자예우에관한법률」은 광주 희생자를 '국가유공자'로 전환하기 위한 캠페인이 결실을 거둔 것이라고 할 수 있다. 광주민중항쟁 희생자가 국가유공자로 인정되고, 민주화운동의 정신이 국가적 기념사업이 되는 과정은 헌법정신의 근본적 전환을 의미한다.[25] 이전 시기에 '국가'유공자, 즉 정부에서

---

25) 민주화운동 관련자의 명예가 회복되고 광주민주화운동 관련자가 국가유공자가 되고 5·18묘역이 국립묘지가 되는 것에 대해, 문부식은 '기억의 국가화'라는 견지

세금으로 그 공을 기리는 사람들의 범주는 주로 반공유공자, 전몰자, 경찰 및 군인으로 구성되어 있었다. 이러한 호국(護國) 유공의 범주들은 대체로 '탄압'의 편에 서서 희생당하거나 죽음을 당한 경우에 대한 보상과 명예회복을 의미했다. 따라서 광주 입법을 통해 저항의 편에서 희생을 당했던 사람들이 국가유공자로 인정된 것은 이제 안보를 위한 희생뿐만 아니라 민주주의를 위한 저항 과정에서의 희생도 국가 유공의 범주에 든다는 것을 의미하기 때문에 질적 전환이라고 할 수 있다.

　국민정부에 이어 출현한 노무현 정부는 '과거 청산 정부'라고 표현될 정도로 광범위한 과거 청산 작업을 진행했다. 「삼청교육피해자의명예회복및보상에관한법률」, 「군의문사진상규명등에관한법률」, 「노근리희생자심사및명예회복에관한특별법」, 「동학농민혁명참여자등의명예회복에관한특별법」, 「한일수교회담문서공개등대책기획단의설치및운영에관한규정」, 「일제강점하제동원피해진상규명등에관한특별법」, 「일제강점하반민족행위진상규명에관한특별법」, 「친일반민족행위자재산몰수에관한법률」 등이 제정되어 오랫동안 요구되어온 과거 청산 작업들이 폭넓게 이루어지게 되었다. 2005년 5월 3일에 제정된 「진실·화해를위한과거사정리기본법」은 포괄적인 과거 청산을 위한 법이라고 할 수 있다. 이와 함께 과거 국가기관으로서 인권 탄압이나 독재적 탄압 과정에서 반인간적 범죄에 연루된 군·경찰·국정원 등이 자체적으로 과거 청산 관련 위원회나 부서를 마련해 과거 청산에 나섰다. 5·18기념일은 국가기념일로 제정되어 중앙정부 및 지방정부가 기념행사를 치르는 상황이 나타나게 되었다.

　　에서 비판했는데 이를 둘러싼 논쟁이 전개된 바 있다. 문부식(2002), 조희연(2002), 《황해문화》, 2002년 겨울호 참조.

민주개혁 투쟁, 독재의 유산을 척결하는 투쟁에서 광주 문제는 가장 핵심적인 개혁 의제의 하나였다. 5·18의 진상을 규명하고 책임자를 처벌하며 피해자들의 신원을 받아들여 정당한 명예회복과 배상을 하는 광주 문제는 지속적으로 중요 개혁 의제로 존재했다. 비록 불철저하지만, 이상에서 보는 바와 같이 민주개혁 투쟁의 진전 과정에서 점차 광주 문제는 제도적 해결의 경로를 겪게 된다. 위로부터의 '수동혁명적 민주화'의 과정에서 구보수 세력의 입장에서도 광주 문제는 해결해야 될 최대의 '아킬레스건'에 해당하는 사건이었는데, 그 사건이 비록 불완전하지만 형식적으로는 점차 해결되는 방향으로 나아가게 되었던 것이다.

이러한 제도화는 독재에 의한 '정치와 비정치의 경계'가 민중의 저항에 의해 더 이상 유지될 수 없게 된 조건에서, 과거의 '정치와 비정치의 경계'를 재설정하고 억압된 비정치들의 일정 부분을 민주주의적 정치의 영역으로 '내부화'하는 것을 의미한다. 즉, 광주 문제가 민주주의의 외부에서 내부로 이동하는 의미를 담고 있다.

광주 문제의 제도적 해결의 과정에서 광주 문제의 담지자는 광주를 기반으로 하고 광주와 '혈연적'으로 연결되어 있는 김대중의 정당과 일체화되는 '의도하지 않은 효과'를 수반했다. 광주 사건은 김대중이라고 하는 상대적으로 비타협적인 반독재 야당 지도자의 탄압과 '혈연적'으로 연관되어 있었고, 그 자신이 광주 사건 희생자의 한 사람이기 때문에 광주 문제와 5·18 정신은 김대중의 정치적 행보와 운명과 관련된 식으로 표현되었다.

광주가 상대적으로 비타협적인 개혁 자유주의 정당을 굳건하고 지속적으로 지지하는 것은, 한국 민주주의가 중대한 병목 지점을 통과하는 계기를 제공했다. 독재에서 민주주의로 가는 첫 번째 병목 지점은 선거 민주주의의 도입이라고 할 수 있다(한국에서 정착의 과제는 이미 1960·70년

대부터 지속되었다). 독재 세력이 이를 수용하지 않고 저항하기 때문이다. 두 번째 병목 지점은 정권 교체라고 할 수 있다. 선거 민주주의의 도입 이후에도 독재적 세력의 재집권이 계속될 수 있으며 선거를 통한 권위주의 체제의 유지도 가능하기 때문이다. 광주 문제와 5·18 정신은 바로 민주주의 발전의 두 번째 병목 지점을 통과하는 중대한 동력으로 작용했다. 김대중 정당이 정치적 위기에 직면하는 시기(예컨대 1988년 4월 총선, 1990년 3당 합당 이후 등)에 광주는 반독재 개혁 자유주의 정당의 지속적인 지지기반으로 남아 있으면서 친독재 보수 정당의 위기에 맞물려 반독재 야당 정부 시대 - 정권 교체 - 가 가능한 조건을 마련했다. 즉, 민주개혁의 후퇴나 정체(停滯)를 방지하면서 한국 민주주의가 진전될 수 있는 계기와 추동력을 마련했다.26)

광주 문제의 제도적 해결의 '의도하지 않은 효과'

광주 문제의 제도적 해결은 여러 가지 지점에서 의도하지 않은 문제점을 동반했다. 먼저 광주 문제의 지역주의적 정치화라는 결과를 초래했다. 1987년 이전까지 광주 문제의 해결은 일부 독재의 지역적 근거지를 제외하고서는 운동 공동체 내부나 대중 수준에서 '도덕적 정당성'을 갖는 요구사항으로 인식되었다. 비록 이를 거부하는 친독재적 집단이나 개인에게도 이를 '도덕적'으로 정당화될 수는 없었다. 그러나 1987년 양김의 분열과 1988년 4월 총선을 통해 고착화된 모습으로 출현한 '지역주의적 정당 질서'에서, '김대중 정당'이 광주 문제를 제도적으로 해결하

---

26) 김대중 정부와 노무현 정부하에서 민주개혁의 과제들이 국가를 통해서 실현되는, 제도화의 단계로까지 발전하였다. 각종 과거청산 위원회들이 만들어졌다. 이러한 과제들은 더 높은 과거청산을 요구하는 집단에서는 불철저하다고 비판하였지만, 보수적인 집단에서는 '과잉' 과거청산이라고 비판하였다.

기 위해 노력하는 과정에서 자연스럽게 광주 문제가 광주를 기반으로 하는 반독재 개혁(자유주의)정당-김대중 당-의 정치적 의제로 인식되는 '의도하지 않은 효과'를 낳았다. 물론 여타의 정당들이 상이한 시각에서 광주 문제의 제도적 해결을 요구했지만, 광주가 압도적으로 김대중 정당의 지지기반으로 존재함으로써 광주 문제가 지역 의제로 왜소화되는 현상이 확대되었다. 이를 '광주 문제의 지역주의적 정치화'라고 표현할 수 있겠다. 광주 문제를 민주개혁의 합의적 의제로 수용하기보다는 지역주의에 기반한 정치적 요구로 왜곡하고자 하는 세력들의 주장이 최소한 일부 지역에서 대중적 호소력을 가진 채로 존재하는 상황이 나타나게 된 것이다. 더구나 지역주의적 구도 속에서 또 다른 역(逆)지역주의적 동원의 결과로 김대중의 정치적 지지기반으로 나아가 김대중의 정치성으로 규정되는 왜곡성을 동반하게 되었다.

둘째, 제도적 해결 과정에서 광주 문제가 탈(脫)제도화적 급진성이나 제도를 뛰어넘는 급진적 에토스로 승화될 수 있는 계기들이 약화되었다. 광주민주항쟁이 중앙정부와 지방자치단체에 의해 '공식적'으로 의례화되어 기념되는 현상은 '광주항쟁의 의례화'라는 결과를 가져왔다. 필자는 이러한 민주개혁의 진전이나 과거 청산 등 제도화를 비판적으로 볼 필요는 없다고 생각한다. 이는 투쟁의 성과이기도 하다. 앞서 서술했듯이 예컨대 5·18 희생자는 세 차례의 법제정을 통해 '국가유공자'의 반열에 오르게 되었다. 호국 유공자와 동일하게 피해 유공자로 자리매김하게 되었다. 과거 '진압 유공자'라고 할 수 있는 군경이 주로 받는 국가유공자의 지위에 민주주의를 위해 싸운 피해자와 운동가들이 오르는 것은 부정적인 것은 아니다.

단지 광주의 급진적 저항 에토스마저 '대한민국의 국가주의적 에토스'로 재위치되는 딜레마에 봉착한 것이 우려된다. 5·18 정신은 기본적으로

'저항의 에토스'이며 저항의 에토스로서 작용할 때 그 빛을 발휘하는데, 어떤 국가의례의 에토스로 위치 지어지는 것이 갖는 딜레마가 존재하는 것이다. 광주 문제는 제도화된 해결책을 지향하고 반독재 개혁 자유주의 정당과 연합하고 그 기반이 되는 정치적 에토스로서 작용하는 데 반해, 5·18 정신은 저항의 에토스로서 권력을 비판하고 저항한다는 점에서 '광주 문제와 5·18 정신의 긴장'이 확대되었다.[27]

3) 민주개혁적 정치와 신자유주의적 경제의 결합 속에서의 광주

광주 문제와 5·18 정신의 긴장은 1987년 6월 민주항쟁 이후 민주개혁 투쟁의 진전으로 인해 과거 독재의 유산을 척결하는 민주개혁이 진전되고 그것이 제도화의 수준으로까지 실현되는 데 따른 딜레마라고 할 수 있다. 그런데 다른 한편에서 광주항쟁의 정신적 에토스 속에서 출현한 민주 정부들하에서 본격적으로 신자유주의적 경제 기조가 전면화되면서 광주 정신은 또 다른 딜레마에 직면하게 된다.

주지하다시피 김대중 정부에는 50년 만의 야당 정부라고 하는 성격과 외환위기 극복을 위해 개방화 정책과 노동유연화, 민영화 등 일련의 신자유주의적 정책 기조를 전면화한 정부라는 성격이 공존한다. 김대중 정부의 성립은 반독재적 진보 그리고 민주개혁적 진보의 일부를 구성하고 있던 개혁 자유주의 정치 세력이 집권 세력이 된다는 것을 의미했다. 그런데 50년 만의 반독재 야당 정권으로 성립한 김대중 정부는 경제위기 극복이라는 과제를 실현하기 위해 미국과 IMF가 요구하는 신자유주의

---

[27] 모든 역사적 계승은 '당사자'가 중요하지만, 당사자에 의해 계승이 '독과점'될 때 협애화되는 양면성이 존재한다.

적 개방화 정책을 전면화했다. 이는 '경로 의존적'인 방식으로 이후 한국 사회의 방향을 규정하게 되었다. 이처럼 IMF 위기 극복이라는 이름으로 반독재 민주화운동을 배경으로 하는 집권 개혁 자유주의 정치 세력은 금융시장 개방 등 이른바 신자유주의적 개방을 전면화했고(이는 문민정부에서부터 세계화라는 이름으로 진행되었고, 이후 참여정부하에서 한미 FTA라는 이름으로 진행되었다), 이를 통해 신자유주의적 지구화가 '외적 제약'이 아니라 '내부적 힘'이 되었다. 이것은 반독재 세력의 일부가 독재적 보수 세력과 민주개혁 의제를 둘러싸고는 대립하지만 한국 신자유주의적 자본주의 담지 세력의 일부가 된다는 것을 의미했다. 이것이 이른바 '97년 체제'의 성격이다.28)

---

28) 1987년 체제와 1997년 체제라는 개념들이 정치 체제의 변화나 노동 체제를 다루는 과정에서 상이한 의미에서 다양하게 사용되었다. 필자는 1987년 체제를 "1987년 6월 민주항쟁 이후 현재까지의 정치적·사회적 행위와 관계, 갈등을 규정하는 일정한 상호작용의 틀"로 규정하는데, 이는 이중성을 가지고 있다. 즉, "1987년 체제는 한편에서 민주개혁이 시대적·국민적 과제가 되어 있는 체제이고 다른 한편에서는 구(舊)체제의 프레임이 일정하게 구속력을 가진 형태로 작용하면서 민주개혁의 철저한 전개를 제약하는 체제"이다. 그런 점에서 1987년 체제는 시대적·국민적 과제가 된 민주개혁을 추동하기 위한 아래로부터의 힘과 그것을 제약하고 구체제의 붕괴가 아니라 타협적 재편으로 귀결되도록 하는 힘이 각축하는 체제라고 할 수 있다. 전자가 6월 민주항쟁으로 상징된다면, 후자는 6·29선언으로 상징된다. 그런 점에서 "1987년 체제는 6월 민주항쟁과 6·29선언으로 교직(交織)된 체제"(조희연, 2005)라고 규정한 바 있다. 박명림(2005)은 헌정 체제의 관점에서 1987년 체제를 "대통령제 권력 구조 및 3권 분립과 선거주기의 불일치(교착 상태 및 분할정부 지속), 법치국가 관념의 강화(사법국가로의 진행 예측 결여와 정치의 사법화 강화), 대의민주주의의 강화와 직접민주주의의 폭발적 발전 예측 결여(참여와 대의의 충돌 빈발), 사회국가 관념의 결여(노동·복지), 탈냉전 및 세계화 상황에의 대비전무(영토 조항 및 국가보안법 체제의 지속, 이주노동자 문제)"로 정리하고 있다. 이러한 규정은 헌법 질서의 성격에 초점을 맞춘 것이다. 진보적 시민사회론의

국민정부의 성립으로 반독재 민주화운동과 민주개혁 세력이 집권함으로써 한편으로는 기존의 야당적 민주개혁 의제들이 국가정책으로 '제도화'되어 일정하게 실현되고 다른 한편으로는 국가권력의 책임 주체로서 도전받는 양상이 나타났다(이는 보수 세력이 민주개혁적 진보 세력을 '권력비판'의 형태로 문제제기를 할 수 있는 '도덕적 공간'을 제공한다). 이는 1997년 반독재 민주 세력이 집권으로 자신들이 주장하던 의제들을 국가정책으로 실현할 수 있게 되었지만, 반대로 국정운영의 책임을 져야 하는 주체로 전화되었음을 의미한다. 역설적으로 반독재 민주 정부의 집권을 도왔던 1997년 경제위기는 다른 한편으로 김대중 정부로 하여금 전면적

입장에서 보면, 1987년 체제는 구권위주의 체제의 지속성과 연속성이 결합되어 있는 '개혁의 공간'과 개혁의 한계를 동시에 내장한 체제라고 할 수 있고, 1987년 이후 민주개혁운동의 프레임이 설정한 체제라고 할 수 있다. 노동의 입장에서 1987년 체제는 1987년 개정노동법에서 표현되는 바와 같이 민주노조운동의 형식적 권리와 공간을 합법적으로 부여받았으면서도, 복수노조 금지, 노조의 정치활동 금지 등의 규제적 장치들이 공존하는 불완전한 체제를 의미한다(노중기, 1997; 임영일, 1998). 그런데 정일준(2007)은 '87년 체제'는 없으며 오히려 1997년 체제가 한국 사회의 구조 변동을 설명하는 데 더 규정적인 개념이라고 주장한다. 그런 의미에서 '1987년 체제는 없다'라고까지 이야기한다. 김호기도 "87년 체제라는 개념이 안고 있는 문제는 산업화 시대에 대응하는 '1961년 체제'처럼 경제적 측면에서의 단절과 전환이 명확하지 않다"고 지적한다. 필자는 1987년 체제를 순수하게 정치적인 변동으로 그리고 1997년 체제를 사회경제적 구조변동으로 보는 방식보다는 1987년 체제의 이중적 성격을 주목하고, 1987년 체제에서 작용하는 두 가지 갈등적 힘에서 1997년 체제의 성립으로 보수적 힘이 강화되게 되었다고 보고자 한다. 필자는 이를 '자본주의와 민주주의의 전쟁'으로 표현하고, 1987년 체제는 민주주의의 확장을 통해 자본주의를 공적·정치적으로 규율하고자 하는 힘이 강력하게 작용한 반면, 1997년 체제는 신자유주의적 지구화의 '엄호' 속에서 자본주의의 힘이 민주주의의 확장을 저지하고 그 급진적 의미를 주변화하는 힘으로 작용하는 체제였다고 규정한다.

인 개방화와 신자유주의적 경제개혁을 추진하지 않을 수 없는 상황에 놓이게 했고 제한적인 사회정책을 도입하면서 개방화와 시장 중심적인 구조개혁을 추진하게 만들었다. 국민정부하에서 「국민기초생활보장법」 같은 선도적인 노력이 진행되었다. 그러나 국민정부를 잇는 참여정부하에서 중산층의 붕괴나 양극화 등의 이슈에 대해 효과적인 사회정책을 만들어내지 못했다.

민주정부의 민주개혁적 정치와 신자유주의적 경제의 모순적 결합

반독재 민주화운동을 배경으로 하는 개혁 자유주의 정부(이른바 '민주정부'로서의 국민정부와 참여정부)하에서 추진되는 일련의 개방화와 시장 자율화 정책은 모순적·이중적 성격을 지니고 있었다. 왜냐하면 한편으로는 '민주개혁 대 반개혁'의 연장선상에서 민중의 사회적 요구와 이해를 제도화하는 사회정책들(「국민기초생활보장법」 등의 제정)이 확대되는 흐름이 있었으며, 다른 한편으로는 개방화(금융시장 개방 등)·민영화·탈규제 정책, FTA 추진 등으로 상징되는 신자유주의적 정책을 확대하는 흐름이 공존했기 때문이다.

이런 점에서 필자는 반독재 민주정부의 성격을 경제위기 극복과 신자유주의적 지구화의 구조적 제약 속에서 추진하는 '신자유주의적 경제'와 반독재 민주화와 민주개혁의 연장선상에서 지향하는 '민주개혁적 정치'의 모순적 결합으로 표현한다. 반독재 민주정부하에서 이 양자는 긴장을 가진 채로 결합되어 있었다. 이처럼 '민주개혁적 정치와 신자유주의적 경제의 결합'에 기초한 민주정부하에서 민주개혁적 정치가 신자유주의적 경제를 제기하는 문제들을 해결하지 못하고 대중 생활의 악화가 지속되자, 민주개혁이라는 의제를 중심으로 '민주개혁적 진보'를 지지하던 대중이 이반하게 되었고, 반독재 민주화운동 – 반독재적 진보, 그리고 그를 계승하는 민주개혁 투쟁-을 배경으로 하는 민주정부의 지지기반이 붕괴되었다고 할 수 있다.

이는 민주개혁적 정치를 확장해 신자유주의적 경제를 제어하지 못한 주체적 요인으로 대중 삶의 경제적 기반을 균열시키는 구조적 결과가 나타났기 때문이라고 생각한다. 이러한 결과적 현상을 필자는 '투명하고 민주적인 신계급사회'(조희연, 2007d)의 출현이라고 표현한다. 역설적 표현이기는 한데, 자유 민주주의적 개혁의 진전으로 투명성과 절차적·정치적 민주성은 증가되었지만 사회경제적 측면에서 퇴보가 나타났다. 신자유주의적 기조가 가져오는 파괴적 결과를 민주주의의 급진적 확장으로 해결하지 못함으로써 새로운 '신자유주의적 불평등 시대'가 도래한 것이다.29)

어떤 의미에서 1987년 이후 한국 사회는 '민주주의와 자본주의의 전쟁' 상태에 있었다고 표현할 수 있다. 마셜(T. H. Marshal)은 20세기의 역사를 '자본주의와 시민권의 전쟁'(Marshal, 1964: 84)으로 표현한 바 있는데, 이 표현을 원용하면 개발 독재 보수 세력은 독재를 통해 한국에 자본주의를 정립시켰고, 1987년 6월 민주항쟁에서 정점에 이른 투쟁으로 반독재 세력과 민중 세력은 한국에 민주주의를 정립했다고 할 수

---

29) 민주개혁의 진전으로 그리고 수동혁명적 민주화의 진전으로 민주주의적 정치가 확장되고 광주 문제를 포함한 비정치의 영역이 민주주의적 정치의 영역으로 내부화하는 것과 함께, 포스트개발자본주의화와 신자유주의적 지구화의 모순이 이러한 민주개혁적 정치를 재구조화했다. 즉, 민주개혁을 통해 정치적 차원에서 민주성과 투명성의 진전을 이룩할 수 있었지만, 민주주의 정치의 주체로서의 민중은 새로운 신자유주의적 불평등의 조건에 규정되면서 정치적으로 포섭되고 경제적으로 배제되는 현상이 나타났다. 예컨대 비정규직의 문제로 고통을 받는 민중은 자신의 비정규직 의제가 민주주의적 정치의 내부에서 토론되고 해결되지 않으면 민주주의적 정치의 외부에서 운동을 통해 의제화해야 하는 상황에 이른다.

있다. 1987년 이후에는 민중이 정립한 민주주의와 독재·보수 세력이 정립한 자본주의의 '전쟁'이 진행되었다고 할 수 있다. 다시 말해, 반독재 세력과 민중 세력은 1987년 투쟁을 통해 정립된 정치적 민주주의를 여러 분야로 확장하고 동시에 그것을 사회경제적 민주주의로 확대하면서 자본주의에 대한 민주주의적 규제를 확장하려고 투쟁해왔다면, 한국의 자본 세력과 보수 세력은 1987년 투쟁으로 정립된 민주주의를 현실로 받아들이는 대신 이를 자본주의의 정치적 외피로 싸서 '최소 민주개혁'으로 왜소화하거나 형식화·무력화하려고 투쟁해왔다고 할 수 있다.

그러나 1997년 체제 이후 민주개혁적 진보의 일부를 구성하는 자유주의적 집권 세력은 '민주주의와 자본주의의 전쟁'에서 민주주의의 급진적 확장을 통해 자본주의(신자유주의적 자본주의)의 파괴적 결과에 응전하지 못했다. 어떤 의미에서 중도자유주의 개혁 세력이 "민주주의를 절차적·정치적 민주주의로 제한하고 민주주의의 사회경제적 차원을 주목하지 못하고 시장적 경쟁 강화와 그를 위한 개방을 민주주의의 심화로 오인하고 달려감으로써 보수가 원하는 것을 진보의 이름으로 완성"(서영표, 2008)하는 역설적 상황이 전개되었다. 김대중 정부 시기의 '민주주의와 시장경제의 병행 발전'은 포스트독재 시기에 요구되는 '시장경제의 합리화' 그 자체였는지도 모르며, 참여정부의 FTA 추진은 지구화 시대에 요구되는 '시장경제의 신자유주의적 재편'을 위해 보수 세력이 원하던 바였다고도 할 수 있다. 그 결과 보수와 중도자유주의 개혁 세력의 차이는 없어졌으며 대중은 점차 개혁 세력으로부터 떠나갔고, 민주정부의 지지기반(개혁적 중간층 등)은 붕괴되었다. 이것은 신자유주의(와 신자유주의적 지구화)의 거대한 공세 속에서 과거 반독재 민주화운동의 중요한 행위 집단이었던 중도자유주의 정치 세력이 주도성을 상실하였음을 의미한다.

제도 정치의 차원에서 보면 이것은 반독재 진보와 민주개혁적 진보의 일부를 구성했던 자유주의 세력의 헤게모니적 지위 약화를 의미한다.[30] 그런데 이처럼 자유주의 집권 세력의 헤게모니의 균열 속에서 급진진보적 세력이 대안 집단으로 부상하지는 못했을 뿐만 아니라 대중에게도 실현 가능한 대안 세력으로 인식되지 않았다. 그 결과 민주개혁을 최소 합의로 하는 '역사적 블록(민주개혁을 공통분모로 하는 자유주의 세력과 급진 진보 세력의 연합, 민주개혁을 매개로 하는 민주개혁적 진보 세력과 대중의 연합)'은 해체되었고, 대중은 보수적 방향으로 견인되어갔다. 붕괴한 중도자유주의적 대안을 대체하는 급진진보적 현실 대안은 존재하지 않는 상태에서 '지푸라기라도 잡는 심정'으로 보수 정당을 압도적으로 지지하게 된 것이다. 이것이 이명박 정부의 성립이다.

광주 문제의 제도적 해결의 진전과 5·18 정신의 딜레마

이런 점에서 '1997년 체제'에 해당하는 1997~2007년은 양면성이 존재하는 시기였다고 정리할 수 있다. 즉, 1987년 이후의 '반개혁적 보수 대 민주개혁적 진보'의 대립 전선이 한편에 존재하면서, 다른 한편에서는 새롭게 '친(親)신자유주의적 보수 대 반(反)신자유주의적 진보'의 전선이 형성되어 있었다. 과거 반독재 민주화운동의 역사적 배경을 가지고 있는 자유주의적 집권 세력은 한편으로는 민주개혁을 지향하는 진보적 세력으로서의 성격을 갖는 반면에, 다른 한편으로는 개방화와 시장주의적 정책을 지향하는 이른바 친신자유주의적 세력으로서의 성격을 갖게

---

30) 여기서 당연히 과거 독재적 보수와 반개혁적 보수의 일부를 구성했던 보수적 정치 세력과, 반독재 진보와 (민주개혁적 진보의 일부로서 민주개혁 국면에서 '민주개혁의 급진화' 투쟁을 선도했던) 급진진보와 좌파 세력의 헤게모니 경쟁이 나타났다. 그러나 후자는 '국민정치'의 수준에서 대안 세력으로 인정받지 못했다.

되었다고 할 수 있다. 1997년 체제하의 친신자유주의적 (보수)세력은, 과거 독재적 보수를 계승하는 세력과 반독재를 계승하는 개혁자유주의 세력으로 구성된다고 할 수 있다.31) 바로 이러한 이중적 성격이 진보운동에 복합성을 부여했다. 즉, 신자유주의적 정책을 추구하는 집권 세력이 동시에 민주개혁 세력이라고 하는 모순적 상황은, 신자유주의를 둘러싼 투쟁 전선을 전면화하지 못하는 한계를 제공했다.32)

이러한 이중성은 5·18 정신의 발현에서도 딜레마를 부여하고 있었다. 5·18 정신은 광주 문제의 제도적 해결이나 그것을 담지하는 반독재 야당의 지지정서로 왜소화될 수 없는 더욱 폭넓고 급진적인 것임에도 불구하고, 1987년 체제하에서 광주 문제의 제도적 해결과 그 과정에서 불가피하게 개혁자유주의적 집권 세력에 대한 지지정서로 유폐되었다. 이런 점에서 5·18 정신은 '민주화 이후 민주주의'의 급진적 에토스로서 계승되거나 부활하지 못했다. 즉, 5·18 정신은 독재의 유산을 척결하는 급진적 민주개혁의 정신으로는 작동했지만, '민주화 이후의 민주주의'가 동반하는 새로운 모순들과 파괴적인 문제들에 응전하는 급진적 정신으로

---

31) 이는 개발 독재가 파쇼화하면서 자유주의적 세력이 독재로부터 이탈하면서 반독재적 진보에 급진적인 반독재적 진보와 자유주의적인 반독재적 진보 세력으로 구성되게 된 것과 유사하다.

32) 필자는 가끔 "대자본의 입장에서 볼 때 자본운동에 대해서 일정한 사회적 규제를 행사하는 민주정부하에서의 마이너스와 민주정부의 정치적 안정화 효과에서 발생하는 플러스를 상쇄하면 플러스일까 마이너스일까"라는 물음을 제기한다. 또한 "신보수 정권이 사회적 규제를 풀어서 탈규제화하고 '비즈니스 프렌들리'한 정책을 취함으로써 발생하는 플러스와 신보수 정권하에서의 정치적 불안정화 효과에서 발생하는 마이너스를 상쇄하면 플러스일까 마이너스일까, 그리고 그것을 민주정부하에서의 상황과 비교하면 어느 쪽이 대자본의 입장에서 볼 때 더 좋은 상황인가"라고 의문을 제기한다.

부활하지는 못했다.

이런 점에서 1997년 체제의 이중성에 대한 인식이 필요하다. 김대중 정부의 성립은 한편으로는 반독재와 민주개혁 의제들을 한 단계 높게 실현할 수 있는 계기였지만, 다른 한편으로는 새로운 문제(이 문제들은 포스트개발자본주의화와 신자유주의적 지구화의 도전으로 인해 구성된다)가 출현하는 과정이었다. 독재와 그 유산으로 구성되는 과거 모순의 해결 과정이면서 신자유주의적 불평등 시대의 새로운 모순의 출현 과정이라고도 표현할 수 있다. 광주는 분명 과거 모순의 해결을 추동하는 동력이었고 급진적 추진력이었으나, 새로운 모순에 대응하는 급진적 정신으로 계승되지는 못했다. 이런 점을 고려할 때 민주정부가 광주 문제의 제도적 해결뿐만 아니라 광주 정신의 급진 민주주의적 계승에 노력할 필요가 있었다고 할 수 있다.

앞서 필자는 민주주의의 공동화 대 (민주주의의 급진적 확장을 통한) 민주주의의 사회화의 대립을 언급한 바 있다. 광주 문제 해결의 한 단계 도약을 의미하는 김대중 정부와 노무현 정부하에서 우리는 이미 이러한 선택에 직면했었고, 포스트 민주정부하에서 이러한 상황은 더욱 분명해지고 있다. 당연히 5·18 정신은 결코 과거 모순의 해결 — 즉, 독재 대 반독재의 대립 구도에서 규정되는 반독재 및 민주개혁의 모순 해결 — 로만 국한될 수 없으며, 광주항쟁 희생자들의 진상규명, 명예회복, 가해자 처벌의 문제에만 국한될 수 없다. 이와 같은 것들로 구성된 광주 문제를 해결하는 것이 민주주의라고 한다면 민주정부의 수립으로 그 의제는 상당히 높은 수준으로 달성되었다고 볼 수 있다. 그러나 광주가 소원했던 진정한 민주주의와 사회적 요구를 실현하는 진정한 정치의 실현이라는 차원에서 볼 때 한국의 민주주의는 중대한 위기와 도전에 직면해 있다. 물론 광주 문제 자체도 철저하게 해결된 것은 아니지만, 5·18 정신은 한 시대의 지배적 모순에 저항하는 새로운 급진적인 저항 에토스로 부활해야 한다고 생각한다.

6. 신자유주의적 불평등 시대, 신보수 정권 시대의 5·18: 새로운 급진 민주주의적 에토스로서의 5·18

이명박 정부의 성립은 앞서 서술한 바와 같은 이중성을 갖는 1997년 체제의 전환을 의미한다. 이명박 정부의 성립은 국민정부와 참여정부의 '신자유주의적 경제와 민주개혁적 정치의 모순적 결합'이 해체되고, 신자유주의적 경제와 그에 잘 조응하는 신보수 정치(신우파 정치)의 결합이 출현했음을 의미한다.

1987년 6월 민주항쟁이라고 하는 민중적 저항에 의해 한국 사회가 민주주의 이행의 도정에 들어섰고, 이 과정에서 노동자계급의 조직적·정치적 발전, 대중의 사회경제적 요구의 수용 등이 일정하게 진전되었다. 이것에 대한 보수 세력의 대반격이 크게 나타나지 않았던 것은, 대중의 민주주의에 대한 요구가 강렬했고 한국 경제의 전반적인 호조가 민중적 요구의 수용을 위한 경제적 공간을 유지시켰기 때문이다. 그러나 1997년 경제위기 이후 한국의 자본 세력과 보수 세력은 한편으로 국민정부와 참여정부에 의해 수행된 제한적이나마 '제도화'를 수반하는 민주개혁적 정치의 확장과 그 과정에서의 제한적 사회정책의 확장(예컨대 「국민기초생활보장법」 등의 제정)에 의해 위기의식을 느끼고 다른 한편으로 1997년 경제위기 이후 상대적인 한국 경제 호조건의 퇴조, 개방화 이후의 자본의 축적 기제의 전반적인 재조정, 세계 경제의 불안정 등으로 위기의식을 갖게 되면서 계급권력의 회복을 위한 대대적인 반격에 나서기 시작했다.

그리고 개발 독재의 전략적 지원을 받으면서 이미 크게 성장한 경제적 자본가계급의 물적 기반, 강력한 보수적 언론권력의 대중적 영향력 등에 힘입어 반격이 성공을 거두었다.

이런 배경에서 출범한 이명박 정부의 성격을 필자는 한국형 신보수 정권[33]으로 규정한다.[34] 이것은 1960·70년대의 박정희식 개발독재를

---

[33] '신보수(new conservative)'라고 할 때 통상 두 가지 용례가 있다. 첫째는, 1980년대 이후 영국의 대처 정부나 미국의 레이건 정부와 같이 이전의 상대적인 진보 개혁 정부-영국의 노동당 정부, 미국의 카터 정부-의 정책을 비판하면서 새롭게 기업 친화적인 정책, 신성장 정책을 주도하던 정부를 지칭한다. 제숍(Jessop, 1988)은 이러한 신보수 정권의 핵심적 특징을 신성장주의라고 지적하는데, 이는 복지국가의 '1국민프로젝트'를 해체하고 '2국민프로젝트'의 출현으로 규정된다. 둘째는, 미국의 부시 정부와 같이 보수당 정부 중에서도 이라크전에서와 같이 '공세적 개입 전략'을 구사하고 가족 가치 중시, 낙태 반대, 동성애 반대 등과 같이 '기독교 근본주의'적 경향을 드러내고 있는 흐름을 의미한다. 이것은 사회주의 붕괴를 계기로 대안 부재의 상황에 돌입함으로써 자본주의에 대한 계급적·정치적 제약들이 대거 약화되고, 그로 인해 시장 근본주의적 지향이 더욱 세계화되고 글로벌 자본 축적이 더욱 강화되는 조건을 배경으로 한다. 이는 1960·70년대의 사회민주주의적 계급 정치에 대해 보수가 국민국가적 지형에서 정치적 반격의 성격을 띠고 있었던 것과 대비된다. 부시 정부는 네오콘적 신보수와 지구적 신자유주의와 공세적 군사주의가 결합된 성격을 띠고 있다고 할 수 있다. 이때 네오콘의 군사주의적 공격성은 네오콘적 보수의 중요 특징이기는 하지만 9·11 사건과 같은 계기적 요인에 의해 강화된 특수성이 존재한다고 생각한다. 한국에서 '신보수'라고 할 때의 '신(新)'은 1960·70년대의 개발 독재적 보수 혹은 '파쇼화되었던' 보수, 즉 구보수와 구별된다고 하는 한국적 의미를 담고 있다.

[34] 이명박 정부의 성격을 둘러싸고 ≪한겨레신문≫에서 논쟁이 있었다. 여기서 필자는 이명박 정부와 1960·70년대의 개발독재적 정권의 연속성 및 차별성을 드러내기 위해 '신보수 정권'이라는 용어를 사용했다(조희연, 2008c; 2008d). 고세훈(2008)은 이명박 정부에 대해 '보수'라는 개념을 더구나 '신'보수라는 개념을 부여하는 것이 전혀 부적절하다고 주장했다. 그는 보수를 '대외적으로 국가의 자율성을

구(舊)보수 정권으로 하는 대칭 규정이다. 당연히 구보수 정권과 신보수 정권은 차별성과 연속성을 갖는다.

신보수 정권의 출범은 시민사회 및 민중 진영의 입장에서는 새로운 현대사의 사이클이 시작되었음을 의미하고 새로운 경쟁과 쟁투(爭鬪)의 대상이 출현했음을 의미한다. 더구나 65퍼센트에 이르는 보수 지지(한나라당 지지, 자유선진당 지지 포함)를 염두에 둔다면 그 경쟁과 쟁투의 대상에 대중에 대한 강력한 호소력이 있다. 1930년대 파시즘의 대두가 중간층과 자영업자층, 심지어 노동자계급의 압도적인 지지로 가능했음을 상기할 때 진보 세력으로서도 고민해야 할 대목이다.

이렇게 보면 2008년 이후의 상황은 '신자유주의 불평등 시대, 신보수 정권 시대'로 규정될 수 있다. 이미 국민정부와 참여정부를 거치면서

추구하고 대내적으로 유기체적 일체성을 추구하는 지향'으로 규정하고 박정희 정권이나 이명박 정부를 보수로 규정하는 것, 더더군다나 '신'보수로 규정하는 것에 대해 반대했다. 강원택(2008)은 이명박 정부는 과거 냉전형 보수와는 구별되는 '계급적 속성을 띠는 경제적 우파와 물질주의적 가치의 결합'으로 특징화될 수 있다는 점을 강조했다. 홍성민(2008)은 이명박 정부의 복합적 성격을 논하면서, 특히 '감성의 정치'가 작동한다는 점을 강조했다. 필자는 1960·70년대의 정권과 이명박 정부의 성격을 비교하면서, 변화의 측면과 불변의 측면이 동시에 고려되어야 한다고 생각한다. 1990년대 이후 정권이 바뀌면 언제나 신정권의 성격을 둘러싸고 논쟁이 있었다. 그 논쟁 참여자들에게는 두 가지 시각이 교차했던 것 같다. 하나는 '불변론적' 시각 혹은 정서이다. '본질적인 차원'에서 정권의 구조적·계급적 성격에는 변화가 없다는 것이다. 다른 하나는 엄청난 변화를 지적하는 '변화 강조론'이다. 필자는 계급 본질적으로 동일성을 확인하는 것과 정권이 작동하는 방식과 성격 변화를 동시에 드러내야 한다고 생각한다. 사실 이명박 정부에는 '보수'라는 표현을 사용할 수 없을 정도로 조야한 측면이 존재하는 것이 사실이다. 그러나 동일성만 강조하는 방식으로는 환원론적 서술만 존재하지 차이를 드러내는 '분석'이 불가능하다고 생각한다.

민주개혁의 과제가 진전되는 동시에 신자유주의적 기조가 확대되고 그 과정에서 '신자유주의적 불평등'이 전면화되기 시작했는데, 민주정부가 제대로 응전하지 못한 신자유주의적 불평등은 신보수 정권의 성립을 낳았다. 이런 점에서 이명박 정부의 성립은 신자유주의적 불평등과 신보수 정권이라는 두 가지 측면으로 규정할 수 있다.

신자유주의 불평등 시대, 신보수 정권 시대의 핵심적 과제는 '복합적 반(反)신자유주의적 정치'의 강화라고 할 수 있다. 사실 국민정부와 참여정부하에서 반신자유주의적인 정치적·사회적 실천들이 있었다. 그러나 참여정부나 국민정부가 그것은 완료되지 않은 민주개혁이라는 시대적 과제로 인해 '복합적' 성격을 가짐으로써 반신자유주의적 이슈들은 충분히 예각적으로 드러나지 않았다. 그러나 이명박 정부는 '전면적인 신자유주의적 경쟁 국가'를 지향한다. 이른바 '경제 살리기'와 '줄푸세'(세금과 정부 규모를 '줄'이고, 불필요한 규제를 '풀'고, 법질서를 '세'우자)라는 이명박 정부의 슬로건에서도 드러나듯이 전면적인 신자유주의 정권인 것이다. 분명 1960·70년대의 '파쇼적 보수'와는 다르지만, 신자유주의라고 명명되는 어떤 현상에 대해 대중의 수준에서 그 문제점과 모순을 명명백백하게 드러내는 정권이라고 할 수 있다.

신자유주의적 기조는 이미 국민정부 이전부터 시작되고 있었다. 예컨대 문민정부에서의 세계화 국정 기조의 등장과 우루과이라운드에의 참여 등을 들 수 있다. 국민정부와 참여정부를 관통해 신자유주의적 기조는 정부와 정당의 기조로 보다 광범위하게 삼투해가고 있었다. 그러나 그것은 민주개혁적 정치에 의해 제한되거나 복합화되는 방식으로 진행되었다. 민주개혁적 정치와 신자유주의적 기조 사이에 긴장도 존재했다. 그러나 이명박 정부에서는 양자 간의 긴장과 모순이 사라졌으며 신자유주의적 기조가 더욱 전면화되면서 대중의 수준에서 더욱 분명하게 드러나게 되었다.

이러한 조건은 앞서 서술한 바와 같이 '광주 문제와 광주 정신의 긴장'이라는 딜레마를 벗어나게 해준다. 민주정부가 표상하는 '민주개혁적 정치'는 광주 문제를 포함한 민주개혁의 과제를 실행한다는 '진보성' 때문에 그 민주정부하에서 새롭게 제기되는 문제들 – 신자유주의적 불평등 문제를 포함 – 에 대해 광주 정신의 급진적 계승을 제약했던 데 반해, 이제 신보수 정권은 광주 정신의 저항적 에토스가 새로운 모순을 대면하는 형태로 발현될 수 있는 새로운 지평을 제공하고 있다고 생각한다.

대중의식의 급진화 없이 한국 민주주의의 진전은 없다

향후 신보수 정권하에서는 민주화 20년, 민주정부 10년 동안에 성취한 개혁의 후퇴를 막기 위한 '방어적 투쟁'이 상당 부분 중요시될 것이다. 그러나 방어적 투쟁 그 자체만으로는 자유주의 세력의 재헤게모니화로 이어질 수 있다. 예컨대 이명박 정부가 '위기'에 처하게 될 때 현재와는 다른 상황을 형성해야 한다. 최소한 자유주의 세력의 단독 헤게모니는 균열되어야 한다. 한 단계 높은 사회 진보를 위한 반신자유주의적 정치와 여타의 급진화 투쟁이 전개될 필요가 있다. 진보 세력의 개입 지점도 여기에 있다.

그런데 중요한 점은, 한 단계 높은 한국 사회의 진보를 위해서는 대중의 급진화 혹은 더 넓은 의미에서의 사회의 급진화가 진전되어야 한다는 것이다. 현재 우리는 지난 20년간의 자유민주주의적 개혁 단계에서 한 단계 높은 사회(적)민주주의로 가는 민주주의의 사회화와 사회 진보로 가는 병목 지점에 있다고 할 수 있다. 이 병목 지점을 통과하려면 보다 급진화된 민중이 출현하지 않으면 안 된다. 이는 충분조건은 아니지만 필요조건이라고 생각한다.

한국 민주주의의 사회(적)민주주의로의 도약과 사회 진보의 최대 병목 지점을 규정하는 대중의식적 조건을 은유적으로 드러내기 위해 필자는 '강남 사람은 계급의식이 투철한데 강북 사람이 계급의식이 없다'고 표현한다.35) 박정희식 선진화와 친기업적인 신성장 정책을 추진하는 신보수 정권이 대중, 그 중에서도 노동자계급까지를 포획하는 것이 바로 현 시기 한국 민주주의와 사회진보의 최대 병목 지점이라고 할 수 있다.

어떤 의미에서 한국 사회는 1987년 6월 민주항쟁으로 형성된 '계급적 역관계'의 틀 내에서 성취할 수 있는 민주개혁과 사회진보의 한계 지점에 도달했다고 할 수 있다. 즉, 광주의 희생과 헌신으로 만들어준 토양과 그 토양 위에서 누적된 투쟁을 통해 6월 민주항쟁이 형성한 '계급적·사회적 역관계'에서 성취할 수 있는 일은 거의 성취한 단계에 도달했다. 1987년 이후의 민주개혁을 가능하게 했던 계급적 역관계를 변화시키지 않으면 포스트 민주화 시대의 새로운 진보를 추동하기 어려운 상황에 있다. 이에 5·18 정신도 새롭게 급진적으로 재해석되지 않으면 안 된다.

앞서 양극화, 고용불안정 등의 새로운 문제들에 대해 참여정부가 적극

---

35) 이 부분을 둘러싸고 조희연과 강준만의 논쟁이 있었다(조희연, 2007d; 강준만, 2007a; 2007b 참조). '강남 사람은 계급의식이 있고 강북 사람은 계급의식이 없다'는 표현에 대해 강준만(2007a)은 '강남-강북의 이분법'을 비판하면서 "조희연은 민중의 분노와 위협을 동원정치의 동력으로 쓰자는 것이다"라고 비판했다. 조희연(2007d)은 한국 사회가 1987년 이후 20년 동안 '자유민주주의적 개혁' 단계를 거쳐왔는데 한 단계 높은 사회경제적 민주주의로 이행하기 위한 병목 지점에 도달해 있고, 이를 위해서는 '1987년 6월 민중항쟁적 대중'이 보다 '급진적 대중'으로 전화되고 그를 통해 보수의 강고한 저항을 극복하지 않으면 안 된다는 반론을 제기했다. 이에 대해 강준만은 노무현 정부-혹은 이를 반면교사로 삼아야 하는 진보세력-은 대중에게 다가가는데 어떻게 대중과의 소통에 실패했는가를 반성해야 한다는 점을 지적했다.

적인 사회정책을 취하지 못했다는 점을 지적했는데, 사실 이러한 정책은 한국 사회의 거대한 계급적·사회적 기득권 세력의 저항에 의해 시행되지 못했다는 구조적 요인이 존재한다. 2007년 초 필자와 최장집, 손호철 등의 진보 논쟁 과정에서 노무현 정부하에서의 '민주주의의 위기'는 참여정부 통치 주체들의 주체적 한계에 기인하지만, 구조적으로는 이미 개발 독재를 통해 거대하게 성장한 계급적·사회적 기득권 세력의 강고한 힘에 기인한다는 점을 주장한 바 있다. 비록 개발 독재는 물러갔지만 개발 독재의 강력한 국가적 지원으로 성장한 자본가 계급과 다양한 계급적·사회적 보수 세력들은 이제 스스로의 힘으로 경제적·정치적·시민사회적 기제들을 통해 '부르주아적 지배'에 도전하는 위협 요소들을 무력화하면서 이 땅의 보수적 질서를 유지하고 있다. 한국의 신자유주의적 자본주의에 의해 고통당하는 노동자계급과 민중은 정작 투철한 계급적 의식이 존재하지 않으며 '변형된 반공주의' – 과거의 수평적인 대결적 반공주의가 변형된 '체제 우월론적 반공주의' – 에 의해 그 계급적 각성의 질곡이 나타나고 있다. 물론 글로벌한 차원에서 '국제경쟁력 강화' 같은 과제를 불가피한 시대적 과제로 인식케 하면서 대중이 새로운 시장경쟁에 순응해 경쟁력 제고를 향해 달려 나가도록 촉진하는 신자유주의의 효과도 존재한다.

이러한 현실의 최대 피해자가 되는 계급과 계층은 그에 상응하는 계급의식과 계층의식이 없는데, 최대 수혜자 계급과 계층은 '투철한' 의식을 가지고 '종합부동산세'에 저항하고 자유주의적 정권을 '좌파 정권'이라고 생각하면서 이반한 것이다. 이 과정에서 정작 자신의 계급적 이해를 옹호하는 진보 정당을 사표 심리의 대상으로 생각하는 사고가 지배하고 있다. 이것은 한국 사회의 상층 계급은 자신의 이해를 보호하는 정당을 잘 알고 적극 지지하는 데 비해, 노동자와 하층계급은 자신의 계급적 정당을 제대로 파악하지 못할 뿐더러 지지하지 않음을 의미한다. 이것이 현존 계급적·사회적 역관계의 의식적 내용이다. 이러한 의식적 조건들을 급진적으로 변화시켜내지 않는 한, 신보수 정권 시대의 새로운 모순들이 현재화되더라도 진보적 지향으로 나아가지 않을 수 있다.

한 단계 높은 사회 진보를 실현하고 한국 민주주의와 국가를 반신자유주의적 사회국가로 전환시키려면 더욱 급진화된 대중 주체가 출현해야 한다. 부유층에 대한 세금 중과 정책에 대해 스스로 세금을 내는 위치가 아니면서도 '세금 폭탄'이라고 인식하는 대중이 존재하는 한 반신자유주의적 사회국가로 가는 길은 요원하다. 이런 점에서 신자유주의적 자본주의의 파괴적 결과에 저항하는 분노한 노동자, 농민, 다양한 하위주체들이 출현하지 않는 한 '민주개혁'을 뛰어넘는 진보를 성취하기란 어렵다. 신보수 정권이 펼치는 전면적 신자유주의 정책의 파괴적 결과에 대응하면서 반신자유주의적인 사회국가를 상상할 수 있는 새로운 계급적·정치적 의식을 확보해야 하고, 이 점에서 새로운 급진적 에토스가 필요하다. 5·18 정신의 급진적 부활과 계승이 바로 이 지점에서 필요하다.36)

광주의 정치적 지향 자체도 변화되어야 한다. 반독재를 계승하는 반독

---

36) 한 단계 높은 사회 진보를 성취하기 위한 대중 의식적 조건을 만들려면 보수적 언론권력에 대한 인식이 달라져야 한다. 즉, 조선일보를 비롯한 보수 언론은 이제 독재적 유산을 옹호하고 민주개혁을 반대하는 '반(反)개혁지'일 뿐만 아니라 계급적·사회적 기득권 세력의 이해를 옹호하는 새로운 '우파 계급지(階級紙)'로서의 성격을 지배적으로 가지게 되었다(조희연, 2007d). 대중은 강력한 평등주의적 의식을 가지고 현재의 양극화와 비정규직화, 사회경제적 삶의 하락 등에 분노하면서도 그것을 신개발주의적·신시장주의적 방법을 통해 해결할 수 있을 것이라고 하는 일종의 '신보수적' 의식으로 경도되고 있으며, 이른바 조·중·동으로 상징되는 보수적 계급지의 '계급적·정치적 교양'을 매일매일 받으면서 신개발주의적·신성장주의적 비전에 경도되는 것이다.

재 개혁 정당에 대한 정치적 지지가 한국 민주주의의 '역류할 수 없는 마지노선'을 형성하는 데 기여했다. 몇 번 역류의 기회가 있었지만 그것이 차단될 수 있었던 것은 광주의 정치적 지지가 있었기 때문이다. 그런데 이제는 반독재 개혁자유주의적 정치성만으로 신자유주의 불평등 시대의 민주주의를 진전시킬 수는 없다. 광주민중항쟁이 실현하고자 했던 것은 독재를 물리치고 그 자리에 민주주의를 건설하는 것이었다. 5·18 정신은 더 높은 수준의 급진적 민주주의─민중 민주주의 등─를 상상하고 추진하는 에토스로서 작용했다. 그러나 민주개혁 국면에서 그리고 민주정부 시기에 광주 정신은 제도화의 동력─더욱 확장된 과거 청산이나 민주개혁 의제들의 제도적 구현 등─으로 한계가 그어졌다. 이제 신자유주의적 불평등 시대, 신보수 정권 시대에 광주 정신은 '민주주의의 사회화'를 위한 급진적 에토스로 부활해야 한다. 신자유주의적 민주주의의 외부에 방치되어 있는 사회경제적 하위주체들의 요구와 이해가 민주주의의 내부에 실현되어 더욱 인간다운 민주주의를 실현하기 위한 동력으로 재충전되어야 한다.

우리는 언제나 이상으로서의 민주주의와 현실로서의 민주주의 간의 괴리를 대면하고 있다. 민주주의의 정신을 급진적으로 확장하고자 하는 데 급진 민주주의의 정신이 존재한다. 5·18의 핵심 정신이 민주주의였다면 민주주의의 급진적 확장의 지향에서 그 정신을 구현해야 한다. 신자유주의적 불평등 시대, 신보수 정권 시대에는 민주주의의 진보를 촉진하는 세력의 구성과 경계가 달라진다. 반독재운동을 계승하는 개혁 야당의 경우 민주정부의 수립 이전에는 민주개혁적 진보를 구성하고 있었으나 이제 그 일부는 진보적인 주체로서 한계를 가진다. 민주개혁 국면에서 상대적으로 개혁적인 반독재 지역 야당에 대한 압도적 지지는 제도 정치가 보수 패권 체제로 후퇴하거나 상대적으로 타협적인 반독재 야당의 헤게모니하에 머무는 것을 저지하는 효과를 가지고 있었던 것도 사실이다. 때로는 민주개혁의 후퇴, 위로부터의 민주개혁에 의한 지배의 안정화에 저항하면서, 민주개혁의 확장을 촉진하는 마지노선으로 존재했다.

그러나 신자유주의적 불평등 시대 신보수 정권하의 포스트 민주개혁 국면에서는 어떻게 새롭게 진보적 전선을 형성할 수 있느냐 하는 것이 중요하다. 이런 점에서 반독재 개혁 야당을 지원함으로써 한국 민주주의의 진보의 동력을 제공하던 광주 5·18의 정치적 지향이 변화해야 한다. 한편으로는 반독재 야당의 사회경제적 개혁주의를 강화하도록 하는 '철회의 위협'으로 작용해야 할 것이며, 다른 한편으로는 신자유주의적 불평등 시대 반신자유주의적 정치를 적극화하는 세력에 대한 적극적인 후원과 지지가 강화되어야 한다.

7. 요약과 맺음말

필자는 먼저 '민주주의의 급진적 확장' 혹은 '급진 민주주의'가 갖는 함의와 그것의 민주주의론적 의미를 서술했다. 급진 민주주의는 민주주의의 잠재적인 '평등의 원리' ― 1인1표주의에서 표현되는 것과 같은 ― 를 급진적으로 확장함으로써 정치적·경제적·사회적 차원에서의 배제와 불평등, 차별을 극복하고자 하는 지향이라고 표현될 수 있다. 그런데 독재는 말할 것도 없고 모든 현실의 민주주의는 이상적 민주주의로 존재하지 않고, 특정한 형태의 정치적 배제, 경제적 불평등, 사회적 차별과 공존한다. 급진 민주주의의 관점에서 볼 때 민주주의는 하나의 정치 제도가 아니라 사회적·계급적 각축 과정을 통해 새롭게 구성되는 역사적·현재적 구성물이기 때문에 민주주의의 급진적 확장으로 현실의 민주주의를 부단히 재구성해가는 것이 필요하다. 그렇지 않을 때 민주주의는 부단히 공동화되고 허구화된다. 이러한 공동화에 대립하는 지향을 '민주주의의 사회화'라고 표현했다. 이는 민주주의의 주체인 사회구성원(그들로 이루어지는 사회)들의 요구와 정치의 괴리가 극복되면서 사회경제적 하위주체가 수용 가능한 수준으로 다층적인 탈독점화와 평등화가 이루어지는 것을 의미한다.

이런 전제에서 필자는 광주 사건의 민주주의론적 재규정을 시도했다. 독재에 저항하면서 민주주의를 회복하는 과정은 '민주주의적 정치'를 회복하는 과정인데, 이 회복된 정치를 둘러싸고 '정치의 국가화' 대 '정치의 사회화'를 위한 각축이 전개된다. 정치의 국가화는 정치가 국가화된 지배에 대한 동의가 창출되는 장으로 기능하도록 하려는 시도를 의미한다. 반대로 정치의 사회화는 정치를 사회와 일치되도록 하는, 즉 정치가 사회적 요구를 실현하는 장이 되도록 하고 동시에 정치가 사회적 주체의 직접적인 자기통치가 되도록 하는 시도를 의미한다. 해방 이후 한국 사회에서는 사회 및 민중의 요구와 괴리된 정치를 사회적 요구에 맞추어 변화시키고자 하는 다양한 시도들이 전개되었다. 1980년 광주에서 국가는 일체의 '정치'를 말살하고 '순수 폭력'으로 드러났다. 정치가 소멸되고 국가가 폭력 그 자체로 일체화된 준전시적 학살폭력에 대응해 민중의 무장 자위 투쟁을 전개하여 국가폭력을 극복한 상태에서 '정치와 사회가 일체화되는' 상태를 실현했다. 이를 필자는 순수 정치로 개념화했다. 정치와 사회의 경계가 없어지면서 자연스럽게 사회의 집단적 의제를 민중 자신이 결정하는 상황, 민중 자신이 자기 규율의 주체가 되는 상황, 국가화된 정치가 소멸된 상황에서 사회 그 자체가 곧 정치가 되는 모습이 광주에서 나타났다. 이런 점에서 1871년 파리 코뮌과 1980년 광주 코뮌은 근대 정치 공동체의 두 가지 세계사적인 전형 사례였다.

다음으로 필자는 광주민중항쟁 주체의 성격을 새롭게 조명해보고자 했다. 광주민중항쟁의 민중은 '지배의 기획과 지식인의 상상'을 뛰어넘는 '예외적인 저항적 주체성'을 드러냈다. 기존의 일면화된 민중 개념을 성찰하면서, 민중은 이질적이고 복합적인 저항 주체들의 연합이라는 점, 민중은 지배 체제에 의해 상이한 방식으로 소외되고 공론의 장에서 자기 목소리를 갖지 못하고 배제된 존재들의 공통이름으로 해석되어야 한다는 점, 민중의 출현은 바로 '국민화 프로젝트' 속에서 통합되어 있던 '국민'의 분열에서 기인하는 저항적 주체성의 출현에서 그 핵심 특징이 찾아져야 한다는 점, 나아가 광주민중항쟁에서 존재했던 민중은 기존의 지배적 질서에 대한 순응을 벗어던지고 혹은 기존의 지배적 질서에 의해 호명되고 순응된 존재성을 뛰어넘었다는 것뿐만 아니라 '총을 든 민중'으로서 자신을 드러냈다는 점, 이는 '저항적 주체성의 극단'을 보여준 존재 - 즉, '예외적인 저항적 주체성'을 보여준 존재 - 라는 점 등을 지적했다.

그리고 필자는 1987년 민주화가 시작된 이후 광주 문제가 제도화된 정치적 의제로 변화되고, 광주 문제의 제도적 해결이 진전되면서 광주 정신이 딜레마에 빠졌음을 지적했다. 광주 사건 이후 1987년 6월 민주항쟁 때까지 광주 문제는 억압된 의제였고 금기의 의제였다. 1987년까지 광주 문제는 파쇼화된 독재에 의해 '비정치'의 영역에 강제적으로 배치되고 있었다. 이처럼 광주 문제가 억압된 의제였기 때문에 1980년대 반독재 민주화운동은 광주항쟁의 정신을 급진적으로 재해석하면서 스스로 혁명적 운동과 전투적 운동으로 변화해갔다. 이 시기에 광주 정신은 주로 운동의 혁명화와 급진화의 정신적 에토스로 작동했다.

그런데 1990년대 이후 광주 문제가 '과거 청산'의 핵심 이슈로 부상하면서 법적·제도적 해결을 위한 궤적에 진입했다. 그런데 광주 사건은 김대중이라고 하는 상대적으로 비타협적인 반독재 야당 지도자의 탄압과 '혈연적'으로 연관되어 있었고, 그 자신이 광주 사건 희생자의 한 사람이기 때문에 광주 문제와 광주 정신은 김대중의 정치적 행보와 운명과 관련된 식으로 표현되었다. 이것은 광주문제의 지역주의적 정치화라고 하는 의도하지 않은 결과를 가져왔다. 광주 정신은 광주 문제의 제도적 해결이나 그것을 담지하는 반독재 야당의 지지정서로 왜소화될 수 없는 더욱 폭넓고 급진적인 것임에도 불구하고 1987년 체제하에서 광주 문제의 제도적 해결과 그 과정에서 김대중 정당의 지지정서로 유폐되었다. 또한 광주 문제의 제도적 해결 과정에서 광주 문제가 탈제도화적 급진성이나 제도를 뛰어넘는 급진적 에토스로 승화될 수 있는 계기들이 약화되었다. 광주민주항쟁이 중앙정부와 지방자치단체에 의해 '공식적'으로 의례화되어 기념되는 현상은 '광주항쟁의 의례화'라고 하는 결과를 가져왔으며, 이는 광주 문제와 광주 정신의 긴장이라고 표현할 수 있다.

이러한 긴장은 민주정부— 김대중 정부와 노무현 정부—에서 더욱 확대되었다. 주지하다시피 김대중 정부에는 50년 만의 야당 정부라는 성격과, 외환위기 극복을 위해 개방화 정책과 노동유연화·민영화 등 일련의 신자유주의적 정책 기조로 전면적으로 전환한 정부라는 성격이 공존한다. 즉, '민주개혁적 정치'와 '신자유주의적 경제'가 모순적·이중적으로 결합되어 있었다. 이러한 이중성은 바로 광주 정신의 발현에서도 딜레마를 가져왔다. 이런 점에서 5·18 정신은 '민주화 이후 민주주의'의 급진적 에토스로서 계승되거나 부활하지 못했다. 즉, 독재의 유산을 척결하는 급진적 민주개혁의 정신으로 작동한 5·18 정신은 '민주화 이후의 민주주의'가 동반하는 새로운 모순들과 파괴적인 문제들에 응전하는 급진적 정신으로는 부활하지 못했다.

이명박 정부의 성립은 '민주개혁적 정치'와 '신자유주의적 경제'의 이중성을 갖는 1997년 체제의 전환을 의미한다. 이명박 정부의 성립은 긴장 속에서 결합하고 있던 '신자유주의적 경제와 민주개혁적 정치의 모순적 결합'이 해체되고, 신자유주의적 경제와 그에 조응하는 신보수 정치(신우파 정치)의 결합이 출현했음을 의미한다. 시민사회 및 민중 진영의 입장에서 보면, 신보수 정권의 출범은 새로운 현대사의 사이클이 시작되었고 새로운 경쟁과 쟁투(爭鬪) 대상이 출현했음을 의미한다. 필자는 바로 이 지점에서 광주 정신의 급진적 부활과 계승이 필요하다고 주장했다.

광주는 반독재를 계승하는 개혁 정당에 대한 정치적 지지가 한국 민주주의의 '역류할 수 없는 마지노선'을 형성하는 데 기여했다. 몇 번 역류의 기회가 있었지만 그것이 차단될 수 있었던 것은 광주의 정치적 지지가 있었기 때문이다. 그러나 이제는 반독재 개혁자유주의적 정치성만으로 신자유주의 불평등 시대의 민주주의를 진전시킬 수 없다. 신자유주의적 불평등 시대, 신보수 정권 시대의 광주 정신은 '민주주의의 사회화'를 위한 급진적 에토스로 부활해야 한다. 이런 점에서 필자는 신자유주의적 민주주의의 외부에 방치되어 있는 신자유주의 불평등 시대에, 광주 정신은 사회경제적 하위주체의 요구와 이해가 민주주의의 내부에 실현되어 더욱 인간다운 민주주의를 실현하기 위한 동력으로 재충전되어야 한다고 주장했다.

우리는 신자유주의적 불평등 시대, 신보수 정권 시대라는 새로운 조건에 놓여 있다. 급진 민주주의론적 시각에서 보면, '민주주의의 공동화 대 민주주의의 사회화'의 새로운 각축에 놓이게 되었음을 의미한다. 여기에 광주 정신의 재해석과 전환이 필요하다. 문제는 한국 민주주의의 비상(飛翔)에서 광주가 어떻게 재도약의 에너지로 작용할 수 있을 것인가이다. 이 점에서 광주는 신자유주의 불평등 시대의 새로운 진보적 형상을 입어야 한다.

　독재의 유산, 민주개혁, 특히 정치적 개혁주의의 시각에서 보면 민주주의의 외부는 대단히 축소되었다. 그러나 사회경제적 개혁주의의 관점에서 보면 여전히 민주주의의 외부는 광활하게 남아 있다. 오히려 '민주적이고 투명한' 신계급사회의 작동 원리는 형식적인 민주성과 투명성으로 신계급사회적 현실에서 배제된, 그 목소리가 민주주의의 내부에 들리게 할 수 없는 다양한 사회경제적 하위주체들을 더욱 '민주적'으로 배제하는 체제가 될 수도 있다. 이런 점에서 민주주의의 제도적 해결의 에토스로서 작용하던 5·18 정신은 민주주의 자체의 급진적 확장을 통해 신자유주의 불평등 시대, 신보수 시대의 민주주의를 진보시키는 데 중요한 에토스로 작용해야 한다.

　여기서 중요한 인식론적 과제는, '당사자'들에 의해 독점될 필요도 없이, 광주라는 지역에 한정될 필요도 없이, 5·18 정신은 해석의 독점을 넘어 특정한 해석의 주체도 없이 모두에게 열려진 자산으로 존재해야 하고 부단히 재해석되어야 한다는 점이다. 필자는 이렇게 결론을 내고 싶다. '5·18 정신의 급진성을 이어받아 우리 모두 이 시대에 급진 민주주의자가 되자!'

참고문헌

강원택. 2008.「계급성 뚜렷한 경제·물질주의적 우파다」. ≪한겨레신문≫, 3월 21일.
강준만. 2002.『한국현대사산책』1~3권. 인물과 사상사.
_____. 2007a.「조희연: 민중의 분노·위협이 대안인가」. ≪인물과 사상≫, 5월호.
_____. 2007b.「개혁·진보는 커뮤니케이션의 문제다」. ≪인물과 사상≫, 12월호.
고병권·이진경 외. 2007.『소수성의 정치학』. 그린비.
_____. 2008b.『코뮨주의 선언: 우정과 기쁨의 정치학』. 교양인.
고세훈. 2008.「한국형도 신보수도 아니다, '이명박 정부'일 뿐」. ≪한겨레신문≫, 3월 14일.
김동춘. 2000.『전쟁과 사회: 우리에게 한국전쟁은 무엇이었나』. 돌베개.
_____. 2001.「20세기 국가폭력과 과거청산」.『인권과 평화』. 성공회대 인권평화센터.
김무용. 1999.「한국현대사와 5·18민중항쟁의 자화상」. 학술단체협의회 편.『5·18은 끝났는가』. 푸른숲.
김보현. 2006.『박정희 정권기 경제개발: 민족주의와 발전』. 갈무리.
김원. 2006.「박정희 시기 도시하층민: 부마항쟁을 중심으로」. 이상록·장문석 편.『근대의 경계에서 독재를 읽다: 대중독재와 박정희 체제』. 그린비.
김유진. 2002.「민주주의이행기 과거청산의 동학」. 조희연 편.『국가폭력, 민주주의 투쟁, 그리고 희생』. 함께 읽는 책.
김지선. 2002.「좌담: 노동운동과 나」(성공회대 노동사연구소, 11월 21일).
김창진. 1990.「광주민중항쟁의 발전구조: 무장투쟁과 '민중권력'」.『광주민중항쟁연구』. 사계절.
_____. 2001.「시민의 저항과 무장항쟁」. 광주광역시 5·18사료편찬위원회 편.『5·18광주민중항쟁사』.
김호기. 2008.「이명박 정부와 사회통합적 세계화」. ≪사회비평≫, 봄호.
김홍명·김세균. 1990.「광주5월민중항쟁의 전개과정과 성격」. 한국현대사사료연구소 편.『광주5월민중항쟁』. 풀빛.
나의갑. 2001.「5·18의 전개과정」. 광주광역시 5·18사료편찬위원회 편.『5·18광주민중항쟁사』.

네그리·하트. 2001. 『제국』. 윤수종 옮김. 이학사.

노영기. 2005, 「'5·18항쟁과 군대'에 대한 연구」. ≪민주주의와 인권≫, 제5권 1호. 전남대 5·18연구소.

노중기. 1997. 「한국의 노동체제 변동, 1987~1997년」. ≪경제와 사회≫, 36호.

라클라우, 에네스토 1990. 『사회변혁과 헤게모니』. 김성기 외 옮김. 터.

무페, 샹탈. 2006. 『민주주의의 역설』. 이행 옮김. 인간사랑.

문부식. 2002. 『잃어버린 기억을 찾아서: 광기의 시대를 생각함』. 삼인.

박명림. 2005. 「한국헌법과 민주주의: 무엇을, 왜, 어떻게 바꿀 것인가」. 『창비-시민행동 공동 심포지엄 자료집』.

박찬승. 1997. 「선언문·성명서·소식지를 통해 본 5·18」. 광주광역시 5·18사료편찬위원회 편. 『5·18광주민중항쟁』.

박현채. 1984. 「민중과 역사」. 『한국자본주의와 민족운동』. 한길사.

보비오, 노르베르토 1998. 『제3의 길은 가능한가: 좌파냐 우파냐』. 새물결.

서영표. 2008. 「그래도 희망은 있다」. ≪레디앙≫(http://www.redian.org/news/articleView.html?idxno=9478).

성공회대 민주주의연구소 급진민주주 연구모임. 2009. 『민주주의의 외부와 급진민주주의 전략』. 성공회대 급진민주주의 세미나 창간준비1호(http://dnsm.skhu.ac.kr/board/view.php?id=arch_thesis&page=1&sn1=&divpage=1&sn=off&ss=on&sc=on&select_arrange=headnum&desc=asc&no=124).

손호철. 2007. 「'두려움의 동원' 정치를 넘어서자」. ≪레디앙≫, 1월 31일.

안승국. 1999. 「세계자본주의체제에 있어서 포드주의의 위기와 포스트포드주의」. ≪국제정치논총≫, 제393호.

오유석. 1999. 「외곽지역의 항쟁으로 본 5·18민중항쟁」. 학술단체협의회 편. 『5·18은 끝났는가』. 푸른숲.

오페, 클라우스 1985. 「신사회운동: 제도정치의 한계에 대한 도전」. 한국정치연구회 정치이론분과 편. 1993. 『국가와 시민사회』. 녹두.

우드·우드. 1993. 『계급으로부터의 후퇴』. 손호철 옮김. 창비.

윤수종. 2001. 「제국주의에서 제국으로」. ≪진보평론≫, 제9호.

이병천. 2007. 「양극화의 함정과 민주화의 깨어진 약속」. 이병천 편. 『세계화시대 한국자본주의』. 한울.
이세영. 2006. 「'민중' 개념의 계보학」. 『우리안의 보편성』. 한울.
일리, 제프. 2008. 『미완의 기획, 유럽 좌파의 역사(The Left 1848~2000)』. 유강은 옮김. 뿌리와이파리.
임영일. 1998. 『한국의 노동운동과 계급정치, 1987~1995』. 경남대출판부.
임지현. 2004. 「'대중독재'의 지형도 그리기」. 임지현·김용우 편. 『대중독재: 강제와 동의 사이에서』. 책세상.
전남사회문연구소 편. 1988. 『5·18광주민중항쟁 자료집』. 광주.
전남사회운동협의회 편. 1985. 『죽음을 넘어 시대의 어둠을 넘어』(황석영 기록). 풀빛.
정일준. 2007. 「민주화 20년과 포스트 87년 체제의 전망」. 『제10회 비판사회학대회 발표 자료집』.
정해구. 2001. 「군작전의 전개과정」. 광주광역시 5·18사료편찬위원회 편. 『5·18광주민중항쟁사』.
제숍, 밥. 1985. 『자본주의와 국가』. 이양구·이선용 옮김. 돌베개.
_____. 2000. 『전략관계적 국가이론』. 유범상 외 옮김. 한울아카데미.
조정환. 2003. 『아우또노미아: 다중의 자율을 향한 네그리의 항해』. 갈무리.
조현연. 2008. 「진보의 혁신적 재구성과 재창당에 관한 몇 가지 쟁점 비판」. ≪레디앙≫, 5월 5일.
조희연 편. 2008b. 『복합적 갈등 속의 한국 민주주의: '정치적 독점'의 변형』. 한울.
조희연. 1989. 「80년대 사회운동과 사회구성체논쟁」. 박현채·조희연 편. 『한국사회구성체논쟁(I)』. 한울.
_____. 2001. 「5·18과 80년대 사회운동」. 광주광역시 5·18사료편찬위원회 편. 『5·18민중항쟁사』.
_____. 2001. 『한국민주주의와 사회운동의 동학』. 나눔의집.
_____. 2002. 「'과잉'과거청산인가 '과소'과거청산인가: 문부식 씨의 '우리 안의 폭력' 논의에 대한 재성찰」. ≪경제와 사회≫, 가을호.
_____. 2003. 「정치사회적 담론의 구조변화와 민주주의의 동학: 한국현대사 속에서의 지배담론과 저항담론의 상호작용을 중심으로」. 조희연 편. 『한국의 정치사

회적 지배담론 변화와 민주주의의 동학: 한국 사회운동과 민주주의의 동학(3)』. 함께읽는책.
_____. 2004. 「박정희 시대의 강압과 동의」. ≪역사비평≫, 제67호.
_____. 2004. 「저항담론의 변화와 분화에 관한 연구: '급진화'와 '대중화'의 긴장을 중심으로」. 조희연 편. 2004.『한국의 정치사회적 저항담론과 민주주의동학』. 함께읽는책.
_____. 2004. 『비정상성에 대한 저항에서 정상성에 대한 저항으로』. 아르케.
_____. 2005a. 「'87년체제'와 민주개혁운동의 전환적 위기: 그 원인과 대안의 탐색」. ≪시민과 세계≫, 제8호.
_____. 2005b. 「'반공규율사회'형 자본주의 발전과정에서의 노동자계급의 '구성'적 출현: 1960·70년대를 중심으로」. 이종구 외.『1960~70년대 노동자의 생활세계와 정체성』. 한울.
_____. 2005c. 「박정희 체제의 복합성과 모순성 - 임지현 등의 반론에 대한 재반론을 겸하여」. ≪역사비평≫, 70호.
_____. 2006b. 「참여정부에 대한 실망과 절망을 '급진적 열망'으로 전환시키기 위해 우리는 무엇을 해야 하는가」. ≪레디앙≫, 11월 1일.
_____. 2006d. 「장외(場外)정치, 운동정치와 '정치의 경계 허물기': 비합법전위조직, 재야운동, 낙선운동, 광주꼬뮨」. 신정완·조희연 외.『우리안의 보편성』. 한울.
_____. 2006d. 「지구촌 민주주의와 국민국가 민주주의의 대안적 재구성 원리 탐색: 지구촌 민주주의론 서설」. 조희연 편.『민주화·세계화 '이후' 한국 민주주의의 대안 체제 모형을 찾아서』. 함께읽는책.
_____. 2007.『박정희시대와 개발독재체제』. 역사비평사.
_____. 2007a. 「'지적'의 올바름과 '진단'의 오류」. ≪레디앙≫, 1월 25일.
_____. 2007b. 「'제도정치 중심주의' 대 '사회중심주의'」. ≪레디앙≫, 1월 25일.
_____. 2007c. 「'신보수', 진보세력에게 좋은 조건인가」. ≪레디앙≫, 2월 5일.
_____. 2007d. 「한국 민주주의의 병목 지점과 그 돌파구는 무엇인가」. ≪월간 인물과 사상≫, 11월호.
_____. 2008a. 「'신자유주의 지구화 시대의 정치'와 신보수정권」. ≪동향과 전망≫, 제72호.
_____. 2008c. 「서구-과거와 같고도 다른 '한국형 신보수 정권'」. ≪한겨레신문≫, 3월 7일.

_____. 2008d. 「'한국만의 보수'는 재구성되고 있다」. ≪한겨레신문≫, 4월 4일.

_____. 2008e. 「'헤게모니 균열'의 문제설정에서 본 현대한국 정치변동의 재해석: 그람시의 헤게모니론의 재해석에 기초하여」. ≪마르크스주의≫, 제9호.

_____. 2008f. 「신자유주의적 불평등/신보수정권 시대의 '복합적 반신자유주의 정치'」. ≪진보평론≫, 제35호.

조희연·김동춘 편. 2008. 『복합적 갈등 속의 아시아 민주주의: '정치적 독점'의 변형을 중심으로』. 한울.

조희연·조현연. 2002. 「국가폭력, 민주주의투쟁 그리고 희생: 총론적 이해」. 『국가폭력·민주주의투쟁 그리고 희생』. 함께읽는책.

진보정치연구소. 2007. 『사회 국가, 한국 사회 재설계도』. 후마니타스.

최장집 편. 2005. 『노동없는 민주주의: 한국민주주의의 취약한 사회경제적 기반』. 후마니타스

최장집. 1993. 『한국민주주의의 이론』. 한길사.

_____. 2006. 「민주주의의 민주화: 한국민주주의의 변형과 헤게모니」. 후마니타스.

최정기. 2002. 「한국의 정치변동과 사법적 처벌의 변화」. 조희연 편. 『국가폭력·민주주의투쟁·역사적 희생』. 나눔의 집.

최정운. 1997. 「절대공동체의 형성과 해체」. 광주광역시 5·18사료편찬위원회 편. 『5·18광주민중항쟁』.

_____. 1999. 『오월의 사회과학』. 풀빛.

카치아피카스, 조지. 2002. 「역사 속의 광주항쟁」. ≪민주주의와 인권≫, 제2권 2호. 전남대 5·18연구소.

톰슨, 에드워드 팔머. 2000. 『영국노동자계급의 형성』1·2. 나종일 외 옮김. 창작과비평사.

포터, 마이클. 2001. 『경쟁론』. 김경묵 옮김. 세종연구원.

폴라니, 칼. 1997. 『거대한 변환』. 민음사.

_____. 2002. 『전세계적 자본주의인가 지역적 계획경제인가』. 홍기빈 옮김. 책세상.

풀란차스, 니코스 1994. 『국가, 권력, 사회주의』. 박병영 옮김. 백의.

하비, 데이비드. 2007. 『신자유주의』. 최병두 옮김. 한울.

한국정신문화연구원 엮음. 1999. 『1970년대 전반기의 정치사회변동』. 백산서당.

허성우. 2007. 「한국 민주주의 20년, 개혁주의 젠더정치학의 성과와 한계」. 『6월 민주항쟁 20주년 기념 학술대토론회 자료집』.

홀, 스튜어트 2007. 『대처리즘의 문화정치』. 임영호 옮김. 한나래.

홍성민. 2008. 「'보수'지만 '보수'일 수만은 없다」. ≪한겨레신문≫, 3월 28일.

히르쉬, 요하힘. 1993. 「포드주의적 보장국가와 신사회운동」. 한국정치연구회 정치이론분과 편. 『국가와 시민사회: 조절이론의 국가론과 사회주의 시민사회론』. 녹두.

Buci-Glucksmann, Christine. 1980. *Gramsci and the State.* trans. by D. Fernbach. London: Lawrence and Wishart.

Cho, Hee-Yeon. 2003. "Political Sociology of Kwagŏch'ŏngsan in South Korea." *The Review of Korean Studies*, vol.6, no.1, June.

Hardt. M. and A. Negri. 2001. "Adverntures of the Multitude: Response of the Authors." *Rethinking Marxism*, vol.13, no.34, Fall/Winter.

Harrison. 1993. *Democracy.* London: Routledge.

Hirsch, J. 1995. *Der nationale Wettbewerbsstaat-Staat, Demokratie und Politik im globalen Kapitalismus.* Berlin: Id-Verlag.

Jessop, B. 1988. *Thatcherism: a Tale of Two Nations.* Cambridge: Polity Press.

_____. 2002. *The Future of the State.* Cambridge: Polity Press.

Marshall, T. H. 1964. "Citizenship and Social Class." *Class, Citizenship, and Social Development.* NY: Doubleday and Company, Inc.

Tarrow, S. 1994. "Power in Movement: Social Movements." *Collective Action and Politics.* Cambridge: Cambridge Univ Press.

제8장

아나키스트적 시각에서 본 5·18

김성국(부산대 사회학과 교수)

나는 기억을 두려워합니다. 기억은 결코 선명한 것이 아닙니다. 기억은 항상 재구축됩니다. 즉, 사람들은 항상 유령들 혹은 더 나쁘게는 환영들의 포로가 되어버립니다(네그리, 2006: 111).

1. 다시 5·18을 기억하며

최근 5·18의 '국가화'가 진행되는 가운데 '사회화'는 점점 축소된 결과, 5·18의 내포와 외연이 협소화 및 추상화되면서 5·18에서 민주주의의 생명력을 찾기가 어렵게 되었다(이광일, 2005; 정호기, 2007)는 반성에 주목하고 싶다. 10년 전 5·18을 자유해방주의적 관점 혹은 아나키스트적 관점에서 국가폭력에 대항해 광주시민사회가 시민공동체를 이루며 무장투쟁으로 나아갔던 것으로 해석한 필자(김성국, 1998)로서는 매우 반가운 비판이다. 아울러 한때 5·18에 대한 계급론적 혹은 민중주의적 해석이 지배 담론으로서 독점적 지위를 누렸지만, 보다 다양한 해석이 등장하게 된 것 또한 담론의 해방이라는 점에서 5·18의 성숙이라 간주하고 싶다.

얼마 전 프랑스에서는 1968년에 발생했던 68혁명 제40주년을 맞아 흥미롭고도 유익한 논쟁이 벌어졌다. 특히 사르코지 대통령이 제안한 혁명주의 및 반자본주의로서의 68청산론을 비판하면서 "68을 잊어라. 그 과거가 죽었다고 말하는 것은 아니지만 68은 이미 세상을 갈아엎고 변화시킨 후 그 속에 묻혀 있다. 68로 다시 돌아갈 수 없다"는 68의 스타 콩방디 의원의 적극적 청산론은 매우 신선하게 그러나 다소 우울하게 들린다. 왜냐하면 모든 혁명은, 한편으로는 혁명 이후 전개된 일련의 수습·정리 과정에서 소위 혁명의 주역이었다고 자처하던 세력들의 변신과 일탈이라는 슬픈 역사적 역설을 수반했으며, 다른 한편으로는 자신이 제기한 역사적 과제가 소멸되는 것을 지켜보면서 새로운 혁명을 요구하기에 언제나 생명력을 가지기 때문이다.

그러면 오늘날 5·18은 어떤가? 5·18은 자기실현의 현재진행형인가 아니면 자기좌절의 과거완료형인가? 군부 독재의 퇴진과 민주 정권의 설립 이후, 매우 당연한 전개였지만 엄숙하게 때로는 화려하게 거행된 기념사업과 합리적 사후처리 방안으로서 물질적 보상이 제도적으로 구체화되면서, 혹시나 5·18은 그 진정성의 빛을 잃고 제도화나 세속화의 길로 빠져들고 있는 것은 아닌지?[1] 과연 5·18은 특정 지역으로서 광주를 벗어나 전국의 기억과 꿈이 되었는지? 나아가 5·18이 민주운동가, 특히 소수 운동 주도자나 지식운동가들만의 독점적 역사 해석의 무대가 되어

---

1) 김홍중(2008)은 87체제 다음의 97체제(1997년부터 현재까지)를 포스트 진정성 시대로 개념화하면서, 진정성을 인간의 내면이 외면을 부정하여 상호 갈등과 부조화를 초래하는 상태로 규정하고, 생존 논리를 추구하는 동물성(사적 세계 탐닉형) 및 속물성(타자 지향형)과 대비시킨다.

버린 것은 아닌지? 5·18은 분명 세상을 뒤집는 전기가 되었지만, 뒤집힌 세상이 제대로 바로잡힌 것 같지는 않다.

5·18의 한 줄기 큰 흐름이었던 계급투쟁이나 사회주의적 혁명의 꿈은 1980년대를 걸쳐 화려하게 피어났지만 처연하게 무산되고 있다. 그러나 필자가 5·18에서 발견하고 강조했던 시민혁명의 불길은 87체제를 탄생시키며 여전히 타오르고 있다. 5·18이 우리에게 제시하고 싶었던 시민사회는 어떤 것일까?

5·18의 진원이었던 광주가 오늘날 평화와 문화를 표상하고 추구하는 아시아의 메카를 지향하는 것은 올바른 방향 설정이다. 그러나 어떤 평화인가? 누구를 위한 문화인가? 국가폭력의 야만성에 대한 반성으로서 그리고 그 극복으로서 인권을 위한 평화의 제전에서는 최소한 국가주의에 대한 시민사회적 저항과 전복의 '역능'이 강조되어야 하고, 5·18을 기리는 문화의 터에서는 잡초처럼 들꽃처럼 무참히 짓밟히고 처연히 꺾였던 무명의 외로운 육신들과 영혼들을 위로하고 기리고 되살리는 '다중'의 난장굿판과 대동사회의 신명놀이판이 대항문화·반문화라는 깃발을 펄럭이며 펼쳐져야 할 것이다. 필자가 시대착오적으로 5·18로부터 너무나 많은 것을 기대하는 것은 아닐까? 이제부터 시간이 다시 흘러 20년, 30년이 지나면 5·18은 어떻게 기억될까? 아니 어떻게 기억되면 좋을까?

이 글은 근대가 발명하고 완성한 폭력적 국가 체제와 경쟁적 자본주의의 모순과 한계를 일찍부터 비판하면서 대안사회를 제시해왔던 이념인 아나키즘의 시각에 근거해 5·18을 이해하고 5·18의 꿈과 비전을 재구성해 보고자 한다.[2] 이 글을 통해 5·18로부터 새로운 시대적 소명의식을

---

[2] 이 글의 기본적 토대는 김성국(1998)이 제공하므로, 5·18의 아나키스트적 해석에

발견하여 특히 한국에서 두드러지게 나타나는 국가와 시민사회 간의 전도된 권력관계를 분명하게 재인식하고, 이를 역전시키는 전기를 모색해볼 것이다.

비록 프랑스 대혁명처럼, 68혁명처럼 혹은 한국의 4·19혁명처럼, 6월혁명처럼, 5·18도 도식화되는 기념식 축사와 축제의 자기도취적 자축과 성취감 속에서 그리고 집단기억의 탈추억화 속에서, 나아가 지배 및 반지배 질서에 의해 상습적으로 도구화되는 가운데 자신의 생명이었던 무한한 욕망과 불가능에 대한 도전의식을 잊어버리고, 창조적 파괴를 위한 반란의 열정을 상실하고 있는지 모른다. 어쩌면 그것은 모든 위대한 인간 서사가 시간의 흐름과 함께 퇴색하고 변질되는 운명을 따르는 것이겠지만.

그럼에도 불구하고 그 망각의 날들을 대비해 5·18의 새로운 기억을 위한 하나의 자기충족적 예언을 시도해보려는 것이 이 글의 가치 전제가 된다. 물론 이 글은 아나키스트의 과제인 '행동에 의한 선전(propaganda by deed)'을 따라서 왜곡과 낙인, 오해와 편견의 늪에서 완전히 빠져나오지 못한 소수파의 이념인 아나키즘의 정체성을 회복해보려는 부수 효과도 겨냥하고 있다.

2. 어떤 아나키즘인가

아나키즘도 시대의 변화에 따라 다양하게 분화되었다. 그럼에도 불구

사용되었던 구체적인 자료와 문헌 그리고 전개 과정에 대한 경험적 분석을 알기 위해서는 이를 참조.

하고 모든 아나키즘에 어떤 공통적인 요소가 있다면 그것은 무엇일까? 단순화의 위험이 있겠지만, 개인적 자유(individual freedom)와 사회적 해방(social liberation)의 확대 및 심화를 위해 강제(coercion) 혹은 강제의 구조적 속성인 폭력(violence)을 전면적으로 그리고 철저하게 거부하는 것이 아나키즘의 핵심이라고 규정하고 싶다. 그러므로 반폭력주의 및 그 논리적 연장으로서 평화주의를 추구하는 아나키즘은, 역사적으로 최소한 민주주의 정치 체제가 확립되기 이전에는 당대의 현실에서 최대 최고의 폭력적 조직이었던 기존의 비민주적·반민주적·독재적 국가 체제에 대한 강력한 반대운동을 이론적으로나 실천적으로 전개한 것이다. 아나키즘이 추구하는 대안적 사회는 자주인(self-master)으로서 인간들이 자유연합(free association)해 상호부조(mutual aid)와 자주관리(self-management)를 실시하는 자기조직성(self-organization)의 조직 원리를 토대로 자유와 해방을 보장하는 공동체적 연대를 이룩하는 것이다.[3]

여기서 두 가지 점을 명확히 할 필요가 있다. 첫째, 국가의 폭력성 혹은 국가폭력은 모든 국가의 필수불가결한 존재 원리이다. 역사적으로 전쟁은 거의 예외 없이 국가 탄생과 국가 유지의 기반이었다.[4] 크고

---

[3] 공동체적 연대란 어떤 단일한 혹은 총체적인 집단목표나 가치의 실현을 위한 서열적·강제적 질서를 의미하는 것이 아니라 네트워크적으로 형성된 가변적·유동적 집단정체성을 유지하는 수평적·자발적 질서를 지향한다.

[4] 오늘날 전통적인 인명살상형 전쟁은 새로운 국가 설립 혹은 혁명이나 국가 유지의 명분 아래 일부 아프리카 지역과 정치적 불안정 지역에서 전개되고 있다. 그 대신 소위 선진 지역에서는 무역전쟁, 문화전쟁, 정보전쟁, 자원전쟁 등이 국가경쟁력 강화라는 구호 아래 전개된다. 나아가 위험사회의 도래와 함께 국가는 각종 위기 상황을 준전시(準戰時)의 비상사태처럼 정치화하여 자신의 존재이유를 확인시키고자 한다. 예컨대 최근의 세계적 금융위기는 탐욕적인 '자본의 논리'를 견제하고 감시해야 하는 국가가 이를 방치해 발생시켰지만, 그 처리 과정에서는 (금융)질서의

작은 전쟁을 치르지 않고 형성된 국가가 역사상 존재하는가? 제도화된 폭력의 정수요 집결체인 군대 없는 국가가 있는가? 평화의 구축과 질서의 유지를 위해 불가피하게 군대가 필요하다는 기능론적 해석은 '역기능의 기능성'이라는 모순적 현실을 정당화할 뿐이다. 폭력으로서 비폭력, 즉 평화를 이룩하겠다는 도구적 합리성의 산물이 바로 군대 그리고 전쟁이 아닌가.

우리에게는 간디처럼 비폭력으로써 폭력을 제어하겠다는 발상의 전환이 필요하다. 혹은 들뢰즈와 가타리처럼 유목주의의 전투장(contested terrain)에서 진지전을 펼치며 전쟁기계를 동원해 국가 장치를 마비시키거나(혹은 국가의 핵심 기제를 역이용하기?), 네그리처럼 다중(multitude)의 대항권력으로서 반란과 전복을 조직화하는 반제국 전쟁의 재구성을 모색해볼 수도 있을 것이다. 아니면 네트워크 사회에 걸맞도록 카스텔의 제안(Castells, 1998)처럼 정체성 권력을 새로운 역사적 프로젝트를 위한 급진화의 수단으로 활용해야 할 것이다.

둘째, 오늘날 지구상에 존재하는 선진적이고 성숙한 민주 국가라 할지라도 필요하다면 언제든지 국가폭력을 비장의 보도로서 애용할 수 있다는 사실이다. 거대 제국 미국이 야기한 일련의 람보적 전쟁들, 영국에 의한 아일랜드 내전 및 포클랜드 전쟁, 프랑스의 아프리카 내전 개입, 아프리카에서 전개되는 국가권력의 성립과 쟁취를 위한 대학살, 일본 자위대의 가상전쟁 훈련 등등의 사례에서 보듯이 국가폭력은 전쟁을 그 결정적 수단으로 활용하면서 인종 차별과 종족 학살, 종교 탄압과

수호자로서 '국가 개입'이라는 방식을 취하면서 자신의 능력과 권위를 재확인시키고 있다. 역설적으로 전쟁과 같은 위기 상황은 국가 존립의 필수요건이 아닐 수 없다.

이단자 처벌, 국가 기간산업으로서 군수산업의 성장 등에 동원된다. 물론 그 대의명분으로는 독립국가 쟁취라는 민족주의적 과제나 세계평화를 위한 어쩔 수 없는 최후 선택이라는 구실이 자주 사용된다.

아나키즘은 국가폭력에 대한 안티테제로서 무정부, 보다 정확히 표현하면 무지배를 상정한다. 주지하듯이 바로 이 무정부(에 대한 세속적 오해)로 인해 아나키즘은 비현실적 낭만주의나 사회질서를 파괴하는 폭력주의로 국가 체제를 옹호하는 좌·우파 모두로부터 극렬한 비판의 대상이 되어왔다. 그렇지만 모든 위대한 유토피아 사상들은 궁극적으로 국가 없는 무정부 상태를 요구한다. 마르크스주의도 일시적으로 프롤레타리아 독재 국가 체제를 승인할 뿐이다.

아나키즘이 주창하는 무정부란 현존하는 국가 체제에 구조화된 폭력성을 해체한 후 자기조직성의 원리에 의해 발생하게 될 새로운 자기통치, 자기결정, 혹은 자유연합에 의한 자주관리의 사회를 의미한다. 만약 국가 체제의 지배·엘리트계급이 진실로 국민을, 대중을, 시민을 '머슴이 되어' 섬기고 봉사한다면 그러한 국가 체제는 이미 질적으로 기존의 국가 체제와는 근본적으로 상이한 새로운 사회조직이 될 것이다. 이 새로운 사회조직을 아나키즘은 '아나키(Anarchy=An+Archy=강제와 폭력을 휘두르는 우두머리·지배자 없는 상태)'라고 부르는 것이다. 아나키즘이 사회조직의 원리로서 자기조직성을 최고의 가치로서 인정하는 이유가 바로 이와 같은 강제와 억압의 대안으로서 자유와 해방의 세계 혹은 자유연합과 자주관리의 조직을 전제하기 때문이다.

말보다는 행동을, 이론보다는 실천을 우선시한 고전적 서구 아나키스트들은 역사적으로 당대에 현존했던 폭력적·억압적·착취적 기구였던 자본주의 체제와 국가 체제 양자를 모두 전면적으로 전복시키려는 무장투쟁의 방법을 선택했다. 아나키스트의 행동원리인 직접행동(direct action)

은 과거에는 주로 폭력적인 투쟁방식－무장폭동, 암살, 파괴 등－에 의존할 수밖에 없었기 때문에 반대파들에 의해 테러리스트라는 비난을 감수해야 했다. 조선의 위대한 아나키스트였던 신채호·유자명·정화암 등도 항일독립운동을 전개하면서 테러리즘을 활용했다. 그들은 어떤 테러리스트인가? 단언컨대, 아나키즘은 결코 무분별한 테러리즘을 옹호하지 않는다.

아나키스트는 저항적 직접행동을 통해 기존 체제나 질서를 전복하고자 하는 혁명주의자이다. 그러나 마르크시스트와는 달리 아나키스트는 혁명을 달성한 후 혁명 과제를 완수한다는 명분으로 새로운 국가권력 체제의 구축을 거부하기 때문에 전위당과 전문혁명가의 역할을 강조하는 정치혁명(political revolution)보다는 대중과 더불어 민중 속에서 시민을 위해 새로운 사회조직의 건설을 추구하는 사회혁명(social revolution)을 더욱 중시한다. 비록 정치혁명이 사회혁명에 선행하여 발생해야 한다는 마르크스주의의 현실주의가 설득력이 있을지는 몰라도, 사회혁명이 혁명의 진정한 수단이요 최고 목표라는 점에는 양자가 모두 동의한다.

만약 국가의 폭력적 지배와 획일적 규율 없이 살고자 한다면, 우리는 어떤 방식으로 살아야 할까? 아나키즘, 특히 크로포트킨 계열의 아나르코코뮤니즘(Anarcho-Communism)에 의하면, 사회는 코뮌 혹은 작은 공동체를 기반으로 자유연합과 자주관리에 의해 조직되어야 한다. 단계론적으로 기술하자면, 중앙집권적 국가 체제로부터 분권형 국가, 연방주의 국가, 최소 국가, 가장 기본적이면서 핵심적인 자치단위로서 수많은 코뮌들이 다차원적으로 결합하는 네트워크 국가 혹은 무정부 사회가 형성되는 것이다.

끝으로 아나키즘이 상정하는 대안 사회 혹은 코뮌 사회는 현실과 동떨어진 몽상이 결코 아니다. 도처에서 강력한 국가 체제가 엄존하는 이

척박한 현실 속에서도 이미 자유인들은 저항의 수단으로서 그리고 전복의 거점으로서 다양한 코뮌들을 형성하여 즐겁게 투쟁하며 살고 있다. 일상의 질서를 벗어난 작은 공동체들을 주위에서 발견하는 것이 결코 어렵지 않을 것이다. 물론 이들 공동체에서도 갈등과 경쟁은 발생할 수 있지만, 적어도 자유와 해방을 위한 최소 기준의 공통분모 위에서 최대 기반의 공약수를 발견할 수 있을 것이다.

요컨대 아나키즘은 폭력적 국가 체제라는 잘못된 제도적 메커니즘과 이에 따른 강압적인 지배·복종 혹은 서열적 사회관계를 타파해 자기조직성에 기초한 자유연합과 상호부조 그리고 자주관리의 사회조직에 기반하는 공동체적 연대를 구축하기 위해 직접행동의 원칙에 따라서 각종 저항 행위를 전개한다.

이상에서 논의된 아나키즘의 주요 개념을 재구성해 5·18의 아나키스트적 분석을 위한 간단한 구조적 분석 모형을 제시하면 <표 8-1>과 같다.

3. 대하 5·18을 흐르는 아나키즘의 물결

아나키스트 연구자들은 외롭게 반문해왔다. 5·18의 핵심은 국가폭력, 무정부 상태와 공동체, 그리고 직접행동으로서 무장투쟁인데 왜 아나키스트적 관점이 이토록 외면되고 있는지? 물론 아나키즘이 모든 것을 설명하지는 않더라도, 많은 것 특히 매우 중요한 몇 가지 사실을 설명해 줄 수 있다는 점이 널리 인정되어야 할 것이다.

적어도 1980년의 5·18에서 아나키즘이 명시적으로 거론되었거나 아나키스트가 공개적으로 개입했다는 증거는 아직까지 나타나지 않고 있

〈표 8-1〉 5·18의 아나키스트적 분석 구조

5·18의 구조적 전개 과정	신군부의 권력 장악 논리	아나키스트 자유해방 논리
① 구조적 조건	· 국가질서 유지 · 합법적 절차	· 국가폭력 발생 · 시민사회의 저항, 시민불복종
② 구조적 반작용	· 공권력의 부재 · 내란	· 직접행동의 필요성 · 무장투쟁
③ 구조적 전환	· 전시 상황 · 국기 문란과 반역	· 무정부 상황 · 혁명적 반란과 전복
④ 새로운 구조적 관계	· 설득과 위협, 포섭과 배제의 이중적 차별화 전략	· 자기조직성 · 상호부조와 자주관리 · 공동체적 연대의 형성
⑤ 재구조화	· 성공적 진압 · 신군부 정권의 성립	· 예정된 현실적 실패와 민주화 투쟁의 급진화

다. 굳이 나타날 필요가 있을까? 아나키즘은 아나키스트의 이념적 전유물이 아니라 역사적으로 강제와 억압에 저항했던 수많은 사람들의 영혼과 가슴속에 본능적 구조나 유전인자처럼 혹은 어떤 역능적 대항 생체권력처럼 내장된 것이기 때문이다. 이 점에서 '모든 저항적 인간들은 아나키스트다'라는 명제는 그 과장적 모호성에도 불구하고 역사적인 설득력을 갖는다. 마르크스주의가 애지중지한 프롤레타리아계급도 한때는 이론적으로나 실천적으로 상당 수준·단계까지 아나키스트적 시각을 공유했다.

5·18에서 아나키즘은 어떤 현실 혹은 어느 역사적 특이점(singularity)에서 그 열정적 욕망의 모습을 드러내고, 자신의 파국적 미학을 완성했을까? 원초적으로 신군부의 의도된 국가폭력이 반국가폭력주의로서 아나키즘의 시공간적 편재성을 확인시켜주는 '구조적 조건'이었다면, 다음으로는 이에 무장투쟁으로 저항했던 시민군의 직접행동은 미완으로 예정

된 혁명이 걸어야만 했던 '구조적 반작용'이었으며, 그 결과로 형성된 무정부 상황은 새로운 사회 변화를 예고하는 '구조적 전환'이라 할 수 있으며, 이 과정에서 발생했던 공동체적 사회연대, 즉 시민공동체는 그간 타율적 국가가 요구한 경쟁적 효율성의 영역을 거부한 시민들의 자기조직성이 발휘한 상호부조라는 새로운 '구조적 관계'의 형성을 표상한다. 그러나 시민군이 진압되면서 '재구조화'가 이루어지는데 지배 권력구조는 신군부의 권력 장악으로 재편되었던 반면, 대항 권력구조는 1980년대 민주화 투쟁의 급진화로 고양되었다.

이상의 네 가지 상호 연관된 구조적 개념들을 중심으로 5·18의 아나키즘적 연관성을 검토해보겠다.5)

1) 구조적 조건으로서 국가폭력

기존의 모든 연구들도 한결같이 5·18의 원초적 죄악으로서 국가폭력을 거론한다. 그러나 국가폭력의 존재 혹은 발생 메커니즘을 역사구조적 차원에서 이해하기보다 신군부의 정치적 책략과 군사 진압 전략의 측면이나 혹은 다소 빗나간 것이지만 자본주의적 (계급)모순 구조의 심화라는 관점에서 접근하고 있다.

그러나 아나키즘은 인류 역사를 걸쳐 국가의 부정적 측면으로서 그것이 폭력의 총체라는 사실을 강조한다. 국가의 탄생, 국가의 유지, 그리고 부국강병이라는 국가의 목표는 폭력과 구조적으로 연결되지 않을 수

---

5) 재구조화의 문제는 이 글에서 거론하지 않는다. 이 글의 분석틀로서 비록 거시 구조적 접근이 강조되기는 하지만 미시적 차원의 동학을 무시하거나 과소평가하려는 의도는 없다. 기든스처럼 구조를 규칙으로서의 제약과 자원으로서의 기회라고 이해한다면 구조 분석은 행위의 영역에도 적용될 수 있을 것이다.

없다. 물론 국가의 폭력성은 독재 체제 아래서 가장 직접적이고도 높은 강도로 일상화되지만, 민주주의체제하에서도 국가질서가 위기에 처했다고 국가권력이 판단하면 언제든지 그 벌거벗은 야만성을 드러낸다. 따라서 국가 체제가 존속하는 한 국가폭력은 내재화된 역사구조적 조건이다. 이 야만적 국가폭력이 5·18의 광주에서만 예외적으로 모습을 드러냈던 것은 아니다. 우리가 살아온 20세기가 인류 역사상 최고의 '폭력 시대'였고, 그 폭력의 대부분이 국가폭력이었다는 사실을 인식할 필요가 있다 (Keane, 1996).

    5·18을 초래한 구조적 요인은 다차원적으로 규정할 수 있다. 광주 지역에 축적되어온 역사적 저항 구조로부터 자본주의적 모순 구조에 이르기까지 이념적 스펙트럼에 따라 다양한 설명이 가능하다. 아나키즘은 항상 폭력적 국가 체제의 존재를 사회적 모순과 갈등의 가장 직접적인 구조적 요건으로 간주한다. 무자비한 국가폭력이 5·18의 가장 핵심적인 배경이자 특성이었다는 사실은 이제 더 이상의 논증을 요하지 않을 만큼 자명하다.

    그렇다면 왜 신군부는 그러한 야만적 폭력을 기획했는가? 그것은 결코 우연히 아니다. 역사적 사실로서 모든 국가권력은 거의 예외 없이 민족국가 설립 과정 혹은 국가권력 투쟁에서 대내외적인 전쟁을 치르게 된다. 신군부 또한 대내외적 정당성을 얻기 위해, 자신들의 물리적 힘과 합법적 권위를 과시할 수 있는 정치적 기회 구조를 마련하기 위해 군사작전으로서 5·18을 기획한 것이다.

    5·18의 국가폭력은, 4·19처럼 다소 비체계적이며 우발적인 결정(예컨대 시위 진압을 위한 발포 명령과 깡패 동원 등)에 의한 것이 아니라 의도적 기획의 의혹이 크다는 점에서 더욱 폭력적이다. 미리 반폭력을 예상하며 사전에 준비된 폭력처럼 더 이상 폭력적인 것이 있겠는가? 이처럼 기획

된 폭력의 동원은 국가체제와 같이 치밀하고 막강한 조직적 자원의 소유자가 아니면 불가능하다. 제2차 세계대전과 항일독립군의 희생을 통해 획득한 해방과 대한민국 건국, 좌우파의 내전과 6·25전쟁으로 공고화된 남북한 분단 체제, 4·19 유혈혁명에 의한 민주당 정권의 성립, 쿠데타에 의한 박정희 정권의 대두와 같이 민주화의 성공 이전에 전개된 한국의 현대 정권 수립사에는 언제나 대내외적 전쟁 혹은 가상적 전쟁에 대한 공포감 조장 등과 같은 국가폭력이 존재했다.

국가 질서가 국가폭력으로 유지되는 경우 그것을 독재 체제라고 한다. 국가폭력은 5·18과 같이 총검을 앞세운 물리적 힘을 통해 행사될 수 있지만, 민주주의 체제에서는 각종의 상징적 폭력(예컨대 여론조작과 여론몰이, 허위사실 유포, 가상적 위험과 위기적 공포감의 확대 등)도 널리 활용된다. 과연 현존하는 한국의 국가 체제에는 폭력적 요소가 무시해도 좋을 만큼 제거되었는가? 제왕적 대통령, 문민 독재, 포퓰리즘, 문화·언론·운동권력 등 한국적 특유의 폭력성이 여전히 건재하고 있는 것은 아닐지?

5·18은 국가폭력에 의해 진압되었지만, 그 패배는 일시적이었을 뿐이다. 5·18은 한국 민주화의 쟁취에 필요한 시간을 단축함으로써 그 희생의 폭도 줄였다. 5·18 이후 민주화운동은 더욱 급진적으로, 보다 전투적으로 발전했다. 민주화운동은 국가폭력의 야만성과 정교성으로부터 얻은 교훈을 운동 방식과 이념의 전투적 급진화를 통해 되돌려주었다. 사실 5·18 이후 한국의 민주화운동은, 일부 세력에 의해 점차 폭력화되는 성향을 나타냈는데 반(反)폭력적 운동이 폭력을 운동 수단으로 사용하게 된 것은 그 명분의 타당성에도 불구하고 일종의 역설이 아닐 수 없다.[6]

---

6) 여기서 우리는 대항 폭력의 불가피성을 묵인하는 와중에서도 이에 대한 비판적

2) 구조적 반작용으로서 무장투쟁

무장투쟁은 흔히 민중투쟁의 방식에서 최종적인 혹은 최고의 성숙 단계로 간주된다(장을병, 1990). 폭력에 대한 반폭력은 극한적인 상황에서 다른 대안이 없을 경우 불가피하게 최후의 자위 수단으로 선택될 뿐 아니라, 대부분 죽음을 각오하고 시도되는 비장한 자기희생의 헌신이기 때문이다. 상당한 비판과 논란의 대상이 되었지만, 많은 아나키스트들은 직접행동의 투쟁 방식으로 무장투쟁, 예컨대 봉기와 암살, 파괴 등을 빈번히 사용했다.[7] 특히 니힐리스트 성향의 아나키스트들은 부정의 논리에 따라서 자기(생명의)부정을 통해 불의의 세상을 부정하는 폭력의 미학을 추구하기도 했다.[8]

5·18 항쟁에서 최고의 역동적 백미이자 최대의 논란 대상이기도 했던 것은 시민군으로 대표되는 무장투쟁이었다. 통상적으로 말하면 국기를 문란시키는 반란 혹은 반역 행위에 해당하는 집단적 무장투쟁이 특정 지역에서 일정 기간 지속되었다는 사실은 해방 이후 한국의 민주운동사에서는 희귀한 사례이다. 사회운동에서 경찰에 대항해 학생·시민·노동자들이 전선을 이루어 일시적으로 폭력적 충돌을 일으키거나, 경찰의

반성이 확산되었고, 이를 토대로 당시 민주화운동의 주도 세력이었던 계급적·민중적 세력과는 점차 차별화·분리화되는 시민사회 세력이 형성되는 분기점을 발견할 수 있다.

[7] 물론 톨스토이나 간디에 의해 주창된 평화주의적 아나키즘(pacifist anarchism)도 존재한다.

[8] 인식론이나 사회사상의 한 형태로서 니힐리즘을 부정적으로만 평가해서는 곤란하다(하이데거, 2000). 니힐리즘에 함유된 맹목적 혹은 굴종적 삶에 대한 거부와 생명초월을 통한 새로운 생명의 재창조라는 긍정적 지향성을 인식하는 반면, 속류 생명중심 사상이 갖는 무비판적 세속성과 존재론적 무저항성을 자각해야 할 것이다.

공격에 대응해 거점을 확보하고 폭력적 저항을 시도했던 사례가 있기는 해도 5·18처럼 국가공권력의 상징인 도청을 점령하고, 무기를 탈취·소유하고, 국가의 정규 군대에 맞서 조직적으로 저항전선을 확보한 경우는 없다. 특히 무장 해제와 투항을 요구하던 여러 세력들의 요구를 거부하고 끝까지 무장투쟁을 고수하면서 희생을 감내한 투쟁 방식도 예외적인 것이었다.

아나키즘은 비합법적 무장투쟁의 선구자이다. 한국에서도 일제하 독립투쟁의 방략으로서 외교론, 자력갱생론, 문화주의론 등을 비판하면서 무력투쟁론을 주창한 세력이 바로 아나키스트들이었다. 1920년대 초 의열단이 주도한 암살 행위의 배후에는 아나키즘이 작동하고 있었다. 좌우합작을 추구한 신간회는 합법적 틀 내에서 항일운동을 전개했으나, 아나키스트들은 비합법적 무장투쟁만이 광복으로 가는 유일한 길이라는 점을 분명히 인식하고 있었다.[9]

물론 5·18의 경우에는 무장투쟁만이 유일무이의 길은 아니었을 것이다. 그러나 집단적 죽음이 예고된 무장투쟁이 존재하였던 까닭에 5·18은 민주화운동의 정점으로 간주되는 것이 아닐까? 합법적 폭력에 맞서는 비합법적 대항 폭력의 단호함과 비타협성은 바로 아나키즘이 추구하는 직접행동의 논리를 관통하는 것이다. 물론 합법적 수단을 동원하거나 절차적 정의에 따르는 것은 일상적 안정과 관행적 질서가 부여되었을 경우에는 당연한 행동지침이 된다. 그렇지만 엄청난 폭력의 거대한 야만성에 대항해 자신의 미력한 존재기반에 위축되지 않고 불가피한 희생에

---

9) 신간회의 역사적 역할과 위상에 대한 일방적인 긍정적 평가나 미화 대신에 그것이 코민테른의 지도에 의해 성립되고 해체되었다는 비자주적 측면과 일제가 당시 가장 강력하고 위협적이었던 아나키스트 독립운동 세력을 고립시켜 제거한다는 분할 정복의 차원을 가졌다는 점을 인식할 필요가 있다.

대한 두려움도 버리고 자신이 확보한 자유와 해방의 진지를 사수함으로써 자유해방의 혁명정신을 만인을 위해 영원히 살리겠다는 5·18의 무장투쟁 전략은 '생즉사 사즉생(生卽死 死卽生)'의 살신성인의 길이었다. 일제하 아나키스트 테러리스트들도 모두 죽음을 자청하며 나라를 얻고자 했다. 폭력적 시민불복종은 굴종의 길을 거부한 5·18시민군이 선택한 비장한 자기완결성이었다.

오늘날 5·18 무장투쟁의 비극적 결과가 개죽음 혹은 무의미한 희생이었다고 누가 말할 수 있겠는가? 일제하 아나키스트 테러 행위의 반제국주의 효과를 누가 부정할 수 있겠는가? 베트남전에서 승려들의 분신자살은 엄청난 충격과 반향을 초래하지 않았던가? 분신의 불꽃은 미군의 가공할 화력을 압도하는 상징적 폭발력을 지니고 있었기 때문이다. 5·18에서 시민군의 최후 항전은 그야말로 미리 공언된 자살 행위와 다름없었다. 그러나 그것은 뒤르켕이 말한 사회적 차원의 자살, 보다 정확하게는 자기가 꿈꾸고 갈구하던 사회에 대한 헌신적 통합이 요구한 이타적 자살이었다.

소수자의 무장투쟁은 그 과정의 격렬함과 진지함에도 불구하고 그 결말은 언제나 자기희생이라는 비극적 승화를 전제로 하고 있다. 아나키즘도 역사적으로 항상 실패하고 배반을 당하는 불행의 미학을 연출해왔다. 그런데 매우 역설적이지만 아나키즘은 이처럼 실패의 역사를 축적해왔기 때문에 오늘날 새로운 미래를 전망할 수 있는 기회를 갖게 된 것이다. 마르크스주의의 현실 정치적 성공이 그것의 타락과 부패를 초래한 것이 아닌가?[10]

---

[10] 그람시의 위대성이 가능했던 주요 배경의 하나도 그가 오랫동안 수감 생활을 했기 때문에 스탈린의 무자비한 숙청이나 자아비판 강요로부터 벗어날 수 있었던 점이다.

5·18에서 사수파가 택한 무장투쟁의 길과 타협파가 택한 무장 해제의 길은 당시의 정황에서는 둘 다 필요하였던 것이고, 모두가 나름대로 의미 있는 길이었다. 다만 전통적으로 아나키즘이 추구하는 길은 직접행동을 선호하는 무장투쟁의 길이다. 5·18과 같은 극한적 상황에서 합법적·타협적 수단은 더욱 합리적이고, 효과적이고, 안전한 길이었다. 비합법적·무력적 수단은 보다 감성적·열정적이고, 도전적이고, 위험한 길이다. 삶의 어떤 결정적인 순간에는 평범한 일상의 존재들도 지양과 고양의 자기변신을 이루며 노예적 삶과 무기력한 관행적 질서를 깨고 자신의 영웅, 즉 자기주인[自主人]이 될 수 있다. 그래서 영웅은 죽음을 두려워하지 않는다고 하던가?[11]

3) 구조적 전환으로서 무정부 상황

아나키즘을 무정부주의라고 번역한 것은 절반의 성공이자 절반의 실패였던 것 같다. '무정부'라는 표현은 반민주적 혹은 비민주적인 폭력적 국가 체제를 부정하고, 타파한다는 이념적 가치를 극명하게 드러내는 장점을 갖는다. 이와 동시에 그것은 생산적 권력이나 역능으로서의 대항권력이 주도하는 민주주의 국가 또한 반국가의 명분하에 일괄적으로 폐기처분의 대상으로 간주하는 비현실적인 극단성을 시사한다.[12]

---

11) 아나키즘이 일반적 조건에서도 생명의 위험을 감수하라고 요구하는 것은 결코 아니다.

12) 이와 관련해 21세기 오늘날 전 세계적으로 진정한 민주주의를 시행하는 국가가 얼마나 될 것인지 궁금하다. 아니, 최소한 보통·비밀선거가 안정적으로 제대로 실시되는 민주국가라도 얼마나 될지? 나아가 소위 선진 민주주의 국가 내부를 들추어보았을 때 과연 민주주의가 실질적으로 어느 정도 관철되고 있는지도 비판

현실적으로 무정부 혹은 무정부적 상황이 국가공권력이 미치지 못하는 법의 사각지대에서 혹은 공권력의 위용에도 불구하고 불법과 비리가 번성하는 무법지대에서 발생하는 것이라면, 우리는 오늘날 국가 체제 속에서 살면서도 도처에서 무정부적 상황에 직면하고 있다. 사회에 만연해 있고 증가 추세에 있는 탈법과 위법 그리고 제거하기 어려운 체제 도전적 세력은 국가 질서와 함께 공존하는 무정부적 질서가 아니겠는가? 이 점에서 무정부는, 역설적이지만 지극히 일상적인 것이라고 할 수 있다.13) 그렇다면 무정부 상태가 우리의 일상적 삶에서 크게 위험하거나 불편한 것도 아니지 않은가? 현대의 아나키스트들은 무정부주의에 의거해 현존하는 법이나 국가기구의 전면 폐지를 요구하는 시대착오적 주장을 더 이상 하지 않는다. 억압적·지배적·착취적·기만적·조작적 기능을 수행하는 폭력적인 법과 국가기구를 폐지하고, 이를 근본적으로 개조해 개인적 자유와 사회적 해방을 '급진적으로' 증진시키고자 할 뿐이다. 이 점에서 아나키스트에게 무정부는 새로운 질서의 시작을 위한 강력하고도 다양한 상상력을 제공한다.

군대가 철수하고 시민군이 도청을 점령하면서 5·18의 광주는 그야말로 '무정부' 상황을 연출한다. 정부가 없는 상황으로서의 무정부는 항상 무질서와 혼란의 대명사로 알려져 있다. 그러나 최근의 카오스 이론이 밝히고 있듯이, 혼란은 시간의 경과와 함께 나름대로의 질서를 생성한다.14) 어쩌면 혼란 그 자체가 새로운 질서의 원초적 모습이 아니겠는가?

적으로 검토해야 할 것이다. 그렇지만 21세기의 아나키즘은 순정주의(purism)에 입각한 극단적 실천노선 대신에 변화된 사회조건을 감안해 워드(Ward, 1973, 2004)처럼 실제적·실용적(practical/pragmatic) 관점을 활용해야 한다.
13) 최근 한국의 각종 선거에서 발생하는 투표율의 충격적인 하락 추세는 국가권력이 요구하는 정치 질서가 교란 혹은 약화되고 있다는 증거가 아닐까?

도대체 사회적으로 무엇이 가치 있는 질서이고 무엇이 위험스런 혼란인가? 위험한 질서와 유용한 혼란은 없는 것인가? 국가 탄생 이전의 모든 사회는 그야말로 혼란의 아수라장이었던가? 춘추전국시대의 혼란과 진시황의 통일천하 질서는 어떤 단절과 연속성을 가지는가? 질서는 반드시 좋은 것이고 무질서·혼란은 항상 나쁜 것인가? 구체적으로 어떤 혼란과 어떤 질서를 말하는가? 혼란을 겪지 않고 위대한 질서가 창조될 수 있을까? 나아가 새로운 질서는 항상 혼란을 야기하지 않는가? 사회통합이 사회갈등과 상호 대각적 규정을 반복하며 공존하듯이 질서도 혼란의 기반 위에서 자기정체성을 확장하는 것이다. 아마 질서나 혼란은 시공간적 흐름과 함께 존재론적 특이성을 항시 교환하는 가변적 복합적 상황일 것이다.

5·18의 무정부 광주는 혼란과 질서가 상호 견제의 균형을 이루며 작동했다. 그것을 지나치게 미화할 필요는 없다. 워낙 짧은 기간이었으므로 그렇지만 역사적으로 존재했던 여러 무정부적 상황들은 아나키즘에 자신감을 제공한다. 파리 코뮌, 스페인 혁명, 헝가리 폭동, 수많은 자율적 자치공동체 등의 경험을 통해 무정부 상태에서도 질서가 자생적으로 존재할 수 있다는 사실을 확실히 알게 되었다. 많은 경우 이 자생적 질서는 기존의 타율적 질서보다 더욱 신뢰와 존경의 대상이 되고 있다.

여기서 한 가지 명심할 점은 공권력의 부재로서 무정부가 소위 말하는 '공공의 적'이나 '반시민적 세력'의 활동을 반드시 촉진하지는 않는다는 점이다. 공권력과 결탁하는 폭력적 세력이나 공권력의 내부에 발생하는 지극히 사적이고 당파적인 세력은 오히려 공권력의 소멸과 함께 소멸될

---

14) 루만(Niklas Luhmann)의 자동생산 이론은 체계의 자기조직성을 강조한다. 이남복 (2002) 참조.

수도 있다. 인간의 자치능력은 국가의 지배 집단에 의해서 의도적으로 과소평가되어 왔다. 지방자치의 문제점은 지방자치를 지방민이 주체가 되어 시행하지 못하고 지방의 소수 지배 세력이 장악하고 있기 때문에 발생한다. 민주 국가라는 권력 체제가 성립된 이후에도 일반 시민 혹은 시민사회는 자기통치능력이 부족하다는 근거 없는 엘리트주의에 의해서 시민권력화(empowerment of citizens)를 거부당해 자치훈련과 학습의 기회를 상실하게 되었고, 소수의 권력 참여자들만이 시민을 '대표'하여 권력 게임을 즐기고 있을 뿐이다. 시민이 참여하지 않거나 못하는 민주 정부란 허울에 불과할 뿐이니 그런 정부야말로 진실로 '나쁜 의미의 무정부'가 아니겠는가.

4) 새로운 구조적 관계로서 공동체적 연대

5·18의 특성을 공동체의 관점에서 분석한 연구들이 많다. '절대공동체'(최정운, 1998), '역사공동체'(정근식, 2003), '체험-기억공동체'(정일준, 2007), '시민공동체'(김성국, 1998) 등이 제시되었다. 공동체론에 관한 한 아나키즘은 이론적으로나 실천적으로 매우 설득력 있는 분석과 대안을 제시해왔다. 마르크스주의는 초기의 유토피아적 사회주의를 부정하고 과학적 사회주의를 표방하면서부터 인간(소외)과 공동체(commune 혹은 community)에 대한 관심을 유보하거나 소홀히 하면서 국가라는 권력투쟁의 장에 몰입했다.15)

---

15) 마르크스가 코뮤니즘에 대해 제대로 논의하지 않은 혹은 논의하지 못한 이유는 그의 경직된 과학적 국가사회주의가 코뮌에 기초한 코뮤니즘에 대한 비전과 전망을 가로막았기 때문이 아닐까?

그러나 아나키스트는 절대공동체 개념의 제안자가 주장하듯이 "이곳에는 사유재산도 없고, 생명도 내 것 네 것이 따로 없었다.····이 공간에서 시민들은 공포를 이성으로 극복한 인간으로서 해후하고 축하의 의식을 통해 연대감을 확인했다. 시민들이 추구했던 인간의 존엄성 회복은 개인의 용감한 투쟁에 대한 자기 확신 외에 동료 인간들의 인정, 그리고 그들의 새로운 공동체, 절대공동체로부터 객관적으로 이루어졌다.····이 절대공동체는 절대적 적에게 증오심을 모으고 사랑만으로 이루어진 공동체였다.····절대공동체의 형성은 저항할 수 없는 거대한 힘으로 다가온 성스러운 혁명이었다"(최정운, 1998: 305, 319, 322~323)라고 5·18의 공동체를 신성화하거나 미화하지 않는다.16)

특히 5·18의 절대공동체를 '루소가 시민사회와 주권을 동일시했듯 국가권력이 절대공동체와 밀착되어 서로 소외되지 않는 곳'으로 고양시키면서, '현세의 대한민국과는 너무나 공통점이 없는 짧은 시간에서만 존재할 수 있었던 상태의 국가'라고 규정하여 '사회적·경제적·윤리적 원칙 언어의 속박으로부터 몸, 생명의 해방이 이루어진 유토피아로서 다시 갈 수 없는 곳'으로 절대화·신비화하는 방식에 심정적으로는 공감하고 싶기도 하지만 분석적으로는 결코 동의하지 못한다.

왜냐하면 절대공동체를 형성시킨 '폭력과 사랑의 변증법'은 분명히 인간생명 혹은 인간존엄성의 파괴와 재생을 위한 '감격과 승화의 드라마'로 재구성할 수 있겠지만, 동시에 '(국가)폭력과 (공동체적·저항적) 연대'라는 구조적 모순관계를 이루며 인류 역사를 통해 거의 보편적으로 처절한 희생을 치르며 반복되고 있는 '비애(悲哀)와 비하(卑下)의 일상적 삶'이기도 하다. 이런 의미에서 절대공동체는 예외적인 것이 아니다.17)

---

16) 최정운에 의하면 절대공동체는 "성스러운 초자연적 체험이었다"(1998: 315).

모든 혁명의 거리에서, 대항문화나 반문화의 축제에서, 베이(Bey, 1991)가 창안한 반역과 전복의 일시적 자율공간(temporary autonomous zone: TAZ)에서 그와 같은 '체험의 원초적 순수성'(최정운, 1998: 324)을 표상하는 열정과 헌신은 항상 존재했다.

여기서 더욱 본질적인 것은 그러한 일시적 해방은 결코 5·18의 공동체가 근본적으로 지향한 것이 아니라는 점이다. 국가폭력에 대항한 역사상의 모든 위대한 투쟁들은 일시적 카타르시스나 잠정적 해방이 아니라 일상적 삶의 양식으로서 지속 가능한 공동체적 연대를 추구했다. 이런 의미에서 절대적 공동체의 유토피아는 사상누각이자 일장춘몽으로 아쉽기는 해도 깨어질 수밖에 없고 반드시 깨어져야만 한다. 그러나 아나키스트 공동체가 전제하는 현실적 유토피아는 불안정하기는 해도 파괴되지 않고, 갈등 속에서도 지속적으로 창조·재창조된다는 점이 다르다. 공동체는 어디에도 없는 이상향이 결코 아니다. 그러나 국가 없이 살기 위해서는 공동체가 필수적일 뿐이다(테일러, 2006).

아나키스트의 공동체는 일상적·세속적이며, 현실과 함께 살아 움직이며 존속해 나가는 것이므로 항상 재발견과 재복원 그리고 변화와 재구성의 대상일 뿐이다. 역사적으로 국가 체제의 성립 이후 사회의 국가화라는 권력 작용에 의해 부단하게 축소의 위기에 당면한 사회의 공동체화는 5·18이 남겨놓은 전 지구적 차원의 실천적 과제이다. 오늘날처럼 시민사

---

17) 훨씬 짧은 순간이지만, 과거 우리는 주변 시민들의 묵시적 혹은 직접적 격려를 받으며 데모 대열에 끼어서 거리를 점령하여 구호를 외치고, 노래를 부르고, 최루탄에 맞서 화염병과 돌멩이를 던지며, 부상자를 돕는 과정에서 5·18의 절대공동체적 체험을 공유하지 않았던가? 특히 동지의 죽음을 알고 싸웠을 경우에는. 부마항쟁에서 학생과 시민이 하나가 되어 전진하던 그 순간들에도 절대공동체적 열정과 사랑이 존재했다.

회에 공동체적 연대가 부족하다면, 개인의 자유는 방종으로 흐르기 쉽고 사회적 해방은 국가권력의 강고한 품속에서 질식해버리거나 아니면 영원한 미숙아로 길들여지고 말 것이다.

놀랍게도 혹은 너무나 당연하게도, 무정부 상황의 광주에서 매우 주목할 만한 현상으로서 상당한 수준의 공동체적 사회연대가 형성되었다. 이미 앞에서 무정부가 곧 혼란 상태를 의미하는 것은 아니라고 밝혔지만, 질서의 가장 높은 수준이라고 할 수 있는 공동체적 연대가 무정부 상황에서 발생한 사실을 어떻게 설명할 수 있는가?

아나키스트 크로포트킨에 의하면, 인간 사회는 경쟁과 협동의 두 가지 원리에 의해서 움직이나 후자가 전자보다도 더욱 기본적이다.18) 특히 인간이 본성적으로 혹은 역사적으로 발전시켜온 상호부조적 협동관계는 위계적 지배에 기반을 두는 국가권력 체계가 성립하면서부터 상호 갈등적 경쟁관계에 의해 대체되기 시작했다. 이 같은 추세는 자본주의적 시장경제가 주도하면서 더욱 강화되어 오늘날 세계는 경쟁의 논리에 의해 지배되고 있다. 아나키스트들은 현대 복지국가의 탄생도 그것이 자본주의적 불평등 분배를 해소하기 위한 시도라는 점에서는 인정하나, 인간의 자발적인 상호부조 능력과 기회를 '조세부담을 통한 복지예산의

---

18) 크로포트킨(Peter Kropotkin)이 제시한 "평등과 우애를 기초로 한 자유로운 결사체"(이진경, 2001: 60)로서의 중세 도시가 아나키스트 공동체를 위한 하나의 전형이 된다. 일제하 아나키스트 이회영이 만주에서 설립하고자 했던 생산과 교육 그리고 투쟁의 공동체도 하나의 유사한 사례가 될 것이다. 여기서 필자는 공동체주의와 코뮌주의의 발생론적·진화론적 차이를 구별하려는 이진경(2001)의 존재론적 시도를 적극적으로 평가하지만, 아나르코코뮤니즘을 통해 아나키즘과 사회주의가 최종적 순간(in the last instance)에 즐겁게 화해하는 구조적 조건을 중시하기 때문에 양자의 차이를 "특이성의 복수성을 설명하고 허용하는 공통성"(네그리, 2006: 113)의 관점에서 이해하고자 한다.

확보'라는 관료적 제도와 복지전담기구의 소관으로 이전시켜버림으로써 자본주의적 효율성을 재확인하는 결과를 초래했다고 비판적으로 지적한다.

사실 인간은 자본주의적 무한경쟁 속에서도 여전히 많은 형태의 상호부조적 협동관계를 자발적으로 형성하거나 지속시키고 있다. 가족이나 친구관계, 직장 내 동료관계, 취미클럽이나 봉사단체, 의도적 공동체 관계 등 비경쟁적 관계가 중심을 이루는 많은 결사조직들이 자본주의 사회 내부에 존재한다. 경쟁적 관계가 발생시키는 긴장과 피로, 허무와 좌절 등에 대처하기 위한 방편으로서뿐만 아니라, 타인을 배려하고 돕는 사회적 책임의 즐거운 수행으로서도 상호부조는 인간이 본능적으로 간직하고 있는 자생적인 생존원리이다.

따라서 무정부라는 새로운 극한 상황에서 공동체적 연대가 발생했다는 것은 어쩌면 놀라운 발견이 아니라 매우 자연스런 귀결이라고 볼 수 있다. 왜냐하면 국가 지배 체계가 작동하는 무정부 이전의 광주는 일상의 관행에 따라 경쟁적 삶을 주축으로 영위될 수 있었지만, 국가라는 일상의 안전판 혹은 보호장치가 사라진 5·18의 광주에서 시민이 자신의 삶을 안전하게 지속시킬 수 있는 확실한 길의 하나는 서로가 서로를 인정하고 도우면서 새로운 집합의식과 집단정체성을 공유하는 것이다.

공동체적 협력관계는 인간의 생존본능 혹은 생존원리로서 인간의 진화와 함께 축적·내장된 인간성의 한 특성이기 때문에 인간은 인간에 의한 인간의 지배·관리를 위한 수직적 관계인 국가 없이는 살 수 있어도, 인간과 인간 간의 교환과 교감을 위한 수평적 관계인 사회 없이는 살지 못한다. 근대와 함께 모든 공동체적 관계나 연대가 파괴·절멸된 것은 결코 아니다. 그것은 약화되거나 변형되었을 뿐 기회가 주어지면 자기회복력을 발휘하는 일종의 자동생산(autopoesis) 기제이다. 그래서 특수한 공동체인 절대공동체는 쉽게 파괴되거나 사라지겠지만, 원형으로서의 공동체적 연대는 인간 사회와 그 운명을 같이한다. 왜냐하면 사람들이 함께 모여 사는 결합적 관계(association)로서 사회는 바로 공동체적 연대를 기능적 필수요건으로 전제하기 때문이다. 사회적인 것(the social)은 곧 연대적(solidary)이다.19)

4. 5·18의 아나키스트적 미래

5·18은 어디로 가고 있는가? 반드시 5·18이 하나의 길로 갈 필요는 없다. 필자가 바라는 5·18의 길은 아나키스트들이 추구해왔던 길이다.20) 어쩌면 이 길도 이름만 다를 뿐 언젠가 다른 길들과 함께 합쳐지는 길일 것이다.

이제 5·18을 다시 발명하자. 그것은 5·18의 꿈이 지녔던 의식적·무의식적 욕망들을 일깨우고 해방시키는 것이다. 그 길의 하나가 국가폭력을 철저히 제거하고 공동체적 연대를 구축하는 것이라는 점은 분명하다. 그렇다면 현재와 같은 5·18의 국가(의례)화는 5·18을 서서히 안락사시킬 위험성이 적지 않다. 국가는 역시 획일화·통일화·표준화를 요구하는 기존 질서의 대명사요 대변인이기 때문이다.

시대는 변화하고 있다. 거대 담론에 대한 불신이 고조되는 탈근대 사회에서 아나키즘은 5·18을 어떻게 살릴 수 있을까? 아니, 어떻게 함께

---

19) 하버마스도 체계의 권력 및 화폐 논리에 대각을 이루는 생활세계의 연대성에 주목한다.
20) 이와 관련된 필자의 입론은 김성국(2003) 참조.

살아갈 수 있을까? 5·18의 탈근대화는 무엇일까?

다소 추상적이지만, 5·18의 잡종화(hybridation) 혹은 탈영토화(de-territorialization)가 절실하게 필요한 시점이다. 5·18의 지배 담론을 여러 이질적인 대항 담론 혹은 소수 담론과 결합시키고, 5·18을 민주화의 성지 광주로부터 그리고 1980년대 한국 민주화 투쟁의 지형으로부터 해방시키자. 그 해방의 여정을 위해 아나키스트들은 분권 국가에서 연방 국가를 거쳐 최소 국가에 이르는 단계를 제시하고, 이를 위한 구체적 행동원리로서 자주관리나 코뮌·공동체주의와 같은 좌표를 새롭게 다듬을 것이다. 아나키즘은 자신을 포함한 모든 지배적 권위를 비판하면서 남북과 좌우가 서로 화해하고, 진보와 보수가 화합하고, 한국과 동아시아 그리고 세계가 화음을 이루는 화이부동의 대동세계를 만드는 것이 그렇게 지난한 과제가 아니라는 사실을 알릴 것이다. 아마도 자유와 해방의 사회는 잡종화와 탈영토화가 이념적·실천적으로 활발하게 전개되는 시공간에서 가장 의미 있는 자기실현을 체험할 수 있을 것이다.

특히 5·18에서 최후의 밤을 지킨 직접행동의 전사들을 위해 비폭력 평화주의 아나키즘과 허무주의 아나키즘의 창조적인 재해석을 시도해야 할 것이다. 그러나 5·18 최후의 밤은 구조적으로 모든 시민이 공모해 만들어 낸 공유의 밤이기도 하기 때문에 아나키즘은 자기확대적 시민사회 혹은 전 지구적 시민사회의 가능성에 주목할 것이다. 그 밤은 순교자들만이 창조한 것이 아니다. 수많은 시민은, 비록 그 육신은 좁은 방 안에 갇혀두었지만 그 심란한 어둠 속에서도 빗발치는 총탄에 유성이 외롭게 떨어지는 장엄한 빛의 소리를 들을 수 있었다. 그래서 광주는 이제 모두가 자랑스러워하는 빛의 마을로 재창조되고자 하는 것이 아닌가.

'국가에 대항하는 시민사회'로서 광주의 5·18은 미완의 4·19 시민혁명을 완결시키는 전환점이었다. 5·18을 통해 탄생한 오늘의 한국 시민사회가 여전히 계급적으로 분열되고 국가에 의해 지배되는 불완전성을 해소하려면 5·18의 공동체적 연대와 시민적 저항은 여전히 주요한 모델이 된다. 아나키즘은 신사회운동의 재급진화를 통해 시민사회의 방어와 확장을 동시에 구축하고자 한다.

이제 국가폭력은 민주주주의 공고화에 따라 법치주의의 틀 내에 구속되어 쉽사리 작동하지 못하는 처지이다. 그러나 다른 국가에 의한 국가폭력이 전쟁의 형태로 발생할 가능성을 전혀 배제할 수 없다. 5·18이 궁극적으로 추구하는 가치의 하나가 평화가 되어야 하는 까닭도 여기에 있다. 사실 국가가 없으면 전쟁도 없다. 그러나 국가체제 자체를 당장 소멸시킬 수 있는 절실한 이유도 적절한 방도도 없는 조건이므로, 탈국가주의라는 시대적 조류를 따라서 세계시민사회와 사해동포주의(cosmopolitanism)를 확장하는 것이 야만적 전쟁을 억제하고 평화를 정착시키는 유일한 대안인 것 같다. 이제 우리는 민족국가의 민족적 국민으로부터 세계시민사회의 탈국가적 시민으로서 새로운 정체성(제국에 대항하는 다중?)을 발견해야 할 것이다.

이념적·민족적 차이를 넘어 대립 이념이나 다른 민족과도 동고동락할 수 있는 탈이념적·탈민족주의적 잡종화와 개별 국가권력이 구획 지은 주권적 경계를 넘어 자유로이 유목하면서 인권의 토대에서 상호 소통하는 세계시민이라는 정체성권력을 형성하는 탈국가주의적 탈영토화의 지평은 아나키즘과 5·18이 즐겁게 공생하며 개척해야 하는 길일 것 같다.[21]

---

[21] 그러나 서두에서 인용한 네그리의 경고처럼 필자도 아나키즘의 유령과 5·18의 망령을 두려워하며 그래서 위무해야 한다는 강박관념에서 5·18의 아나키스트적 미래를 너무 낙관하고 있는지 모르겠다. 참고로, 네그리의 반제국 투쟁은 필자의 세계시민사회 구축론과 저항적 맥락을 같이할 수 있지만, 그의 유물론적 다중과 필자의 탈물질적 세계시민은 다소 상이한 지향점을 갖는 것 같다.

참고문헌

김성국. 1998. 「국가에 대항하는 시민사회: 5·18의 자유해방주의적 해석」. 한국사회학회 편. 『세계화시대의 인권과 사회운동: 5·18광주민주화운동의 재조명』. 나남.

_____. 2003. 「탈근대 아나키스트 사회이론의 모색」. ≪한국사회학≫, 제37집 1호. 한국사회학회.

김홍중. 2008. 「마음의 체제: 탈진정성 사회의 도래」. 부산대학교 사회학과 콜로키엄 발표 논문(11월 5일).

네그리, 안토니오. 2006. 『귀환』. 윤수종 역. 이학사.

쉐퍼, 발터 리제. 2002.『니클라스 루만의 사회사상』. 이남복 옮김. 백의.

이광일. 2005. 「지구화 시대 한국의 진보운동과 5·18민중항쟁의 현재적 재구성」. ≪민주주의와 인권≫, 제5권 2호. 전남대학교 5·18연구소.

이진경. 2001. 「공동체주의와 코뮨주의 - 코뮨주의의 공간성에 관하여」. ≪문학과 경계≫, 통권 3호/겨울호.

장을병. 1990. 「광주 5월민중항쟁에서의 무장투쟁」. 한국현대사사료연구소 편. 『광주5월민중항쟁』. 풀빛.

정근식. 2003. 「5·18의 경험과 코뮌적 상상력」. 김진균 편저. 『저항, 연대, 기억의 정치』. 문화과학사.

정호기. 2007. 「저항의례의 국가화와 계승 담론의 정치: 5·18민중항쟁의 추모의례」. 한국산업사회학회 편. ≪경제와 사회≫, 제76호. 한울.

최정운. 1998. 「폭력과 사랑의 변증법: 5·18 민중항쟁과 절대공동체의 등장」. 한국사회학회 편.『세계화시대의 인권과 사회운동: 5·18광주민주화운동의 재조명』. 나남.

테일러, 마이클. 2006. 『공동체, 아나키, 자유』. 송재우 역. 이학사.

Bey, Hakim. 1991. *TAZ: The Temporary Autonomous Zone. Ontological Anarchy, Poetic Terrorism*. NY.: Autonomedia.

Castells, Manuel. 1998. *The Power of Identity*. Oxford, UK.: Blackwell.

Heidegger, Martin. 1961. *Nietzsche: Der Europaische Nihilismus*, Klett-Gotta(박찬국 옮김. 2000. 『니체와 니힐리즘』. 철학과 현실사).
Keane, John. 1996. *Reflections on Violence*. London and New York: Verso.
Ward, Colin. 1973. *Anarchy in Action*. London: Freedom Press.
_____. 2004. *Anarchism*. Oxford University Press.

제9장

역사 속의 광주항쟁[*]

조지 카치아피카스(미 웬트워스 공과대학 인문사회과학부 교수)

고대 그리스의 한 과학자는 언젠가 "나에게 고정점(固定點)을 주면 지구를 움직일 수 있다"고 선언했다. 역사적으로 말하자면, 1980년 광주민중항쟁은 그러한 고정점이다. 광주민중항쟁은 한국이 독재에서 민주사회로 전환하는 회전축이었다. 몇 십 년 후 그 에너지는 전 세계에 울려 퍼지고 있다. 광주민중항쟁의 역사는 미래의 자유 사회를 넌지시 보여주며, 아직 민주주의의 꿈이 실현되지 못한 국가들에게 진지하고 현실적인 평가기준을 제공해준다.

광주는 한국 역사에서 오로지 프랑스의 파리 코뮌과 러시아의 전함 포템킨과 비교할 수 있는 의미를 지니고 있다. 파리 코뮌처럼, 광주 시민들은 자발적으로 떨쳐 일어났고, 외부 세력의 지원을 받는 자국 군대에 의해 잔혹하게 진압당할 때까지 스스로를 통치했다. 그리고 전함 포템킨처럼, 광주 사람들은 다시 한 번 한국에서 혁명 – 1894년 농민전쟁, 1929년

---

[*] 이 글은 《민주주의와 인권》, 제2권 2호에 실린 글을 수정한 것이다.

학생운동 그리고 1980년 항쟁에 이르기까지 – 의 도래를 알리는 신호탄이 되었다. 이 글에서 나는 두 가지 측면에서 광주 항쟁을 분석한다. 첫째, 광주항쟁을 19세기 파리 코뮌과 비교 분석하고, 둘째, 광주항쟁을 아시아의 20세기 후반 민주화운동의 맥락에서 분석한다.

1. 광주항쟁과 파리 코뮌

지난 두 세기 동안 세계 역사의 두 사건이 수십 만 명의 민중이 스스로를 통치하는 자발적인 능력을 보여주는 독특한 신호탄이 되었다. 이 두 사건은 1871년 파리 코뮌과 1980년 광주민중항쟁이다. 두 도시 모두에 '법과 질서'를 다시 세우려는 잘 무장된 군대가 존재했었지만, 정부에 대항한 비무장 시민들은 효과적으로 도시 공간의 통치권을 획득했다. 수만 명의 사람들이 기존의 정부 형태를 대신해 정치력을 가진 대중조직을 효과적이고 효율적으로 만들었다. 해방 기간 동안 범죄율은 곤두박질쳤고, 사람들은 서로서로 과거에 경험하지 못했던 동족애를 느꼈다.

파리 코뮌은 프랑스와 프러시아의 전쟁이 끝나고 승전국 프러시아가 파리를 장악하려고 했던 1871년에 발생했다. 프랑스 정부의 항복과 뒤이은 프러시아와의 강화조약은 파리 사람들을 격노케 해 3월 18일 파리의 국민군(National Guard)은 비교적 적은 피를 흘린 쿠데타를 통해 도시를 장악했다. 정부의 공격이 있었으나 코뮌 지지자들은 프러시아 정복자들이 무장하고 지원한 프랑스 군대에 대항해 70일 동안 저항했다. 두 차례의 선거가 있었고, 선출된 대표자들은 강력한 민주적인 방법으로 해방된 도시를 다스리고자 했다. 결과적으로 5월 27일, 압도적인 군대가 항쟁을 박살내버렸고 수천 명이 시가전으로 인한 '피의 7일' 동안 사망했다.

100년이 지난 후, 광주민중항쟁은 군대의 화력 규모가 몇 배로 배가됐을 때 발생했다. 도시에 진입한 외국 군대는 없었지만, 시민들은 (미국이 지원하고 교사한) 그들의 군부 독재 정부에 대항해 저항했다. 끔찍한 잔혹성이 정예 공수부대에 의해 광주 민중에게 가해지자 수만 명의 민중은 용감하게 군대와 싸워 그들을 광주 밖으로 몰아냈다. 광주 민중은 파리 코뮌보다는 훨씬 짧은 기간이지만, 6일 동안 해방구를 만들었다. 해방 광주에서 매일 시민 집회가 열려 수십 년 동안의 좌절과 보통사람들의 갇혔던 소망에 힘을 불어넣어 주었다. 지방의 시민 조직들은 질서를 유지했고 민중의, 민중에 의한, 민중을 위한 새로운 형태의 정부를 만들었다. 우연의 일치로 파리 코뮌이 109년 앞서 진압되었던 날과 같은 날인 5월 27일, 광주 코뮌도 군부에 의해 진압되었다. 두 사건은 수렴되는 주목할 만한 측면들을 가지고 있는데, 해방된 영토 내에 다음과 같이 유사한 수많은 역동성이 나타났다. 첫째, 민주적 의사결정을 하는 대중 조직의 자발적 출현, 둘째, 아래로부터 무장된 저항의 출현, 셋째, 도시 범죄 행위의 감소, 넷째, 시민들 간의 진정한 연대와 협력의 존재, 다섯째, 계급, 권력 그리고 지위와 같은 위계의 부재, 여섯째, 참여자들 간의 내적 역할 분담(internal divisions)의 등장 등이다.

　두 항쟁의 가장 중요한 역사적 유산은 인간 존엄에 대한 확신과 자유로운 사회의 예시이다. 파리 코뮌과 같이 광주 민중은 자발적으로 이겨낼 수 없는 힘에 대항해 일어났다. 두 항쟁 모두 불의에 대한 분노가 축적되어 발생했으며 극단적인 사건에 의해 촉발되었다. 항쟁을 봉쇄하고 확산되는 것을 막기 위해 정부는 두 도시를 고립시켰다. 나머지 지역들과 차단됐지만, 파리 코뮌은 많은 지지자들과 만났고 그와 유사한 공동체적 실험들이 마르세유에서 투르에 이르는 많은 도시들에서 분출되었다. 파리에서 코뮌 활동가들은 혁명을 확산시키기 위해 다른 지역들로 풍선에 편지를 가득 채워 날려 보냈고(Michel, 1981: 65), 농부들에게 전단들이 성공적으로 전달되었다(Schulkind, 1974: 152). 광주에서 혁명은 최소한 16개의 인근 전라남도 지역으로 확산되었다. 많은 사람들이 혁명을 확산 시키기 위해 광주 주변의 군 저지선을 돌파하려다 죽어갔고, 수십 명 이상이 시민군의 방어를 도우려고 광주로 진입하려다가 사망했다.

두 도시 모두 항쟁의 배신자들과 정부를 지지하는 사람들(코뮌을 방해하고 파괴시키기 위해 내부로 들어온 스파이들이나 훼방꾼들을 포함)이 매우 많았다. 광주에서는 정부 요원들이 뇌관을 제거함으로써 화순 광부들이 도청 지하실로 가져왔던 다이너마이트를 무용지물로 만들었다. 파리 코뮌 기간 동안 소수 코뮌 활동가들이 자신들이 지키는, 도시를 관망하는 요새 중 하나인 그들의 거점에서 이탈하기로 결정함으로써 가장 전략적인 위치를 잃고 말았다. 그곳은 곧 반동 세력들이 도시를 포격하는 위치로 사용했다. 파리는 내부의 적으로 '넘쳐났고' 왕궁과 계속 접촉했던 '충성스런' 시민들이 선동한 방돔 광장과 증권거래소에서의 반란이 있었다. 광주에서는 '독침 사건'만이 일련의 내부 문제에서 가장 알려져 있다.

1871년과 1980년 모두 평온했던 해방의 날들이 피를 흘려 끝난 후 잔인한 억압이 행해졌다. 많은 사람들이 코뮌 후에 처형되었는데, 그 수는 3만 명에 이르렀다. 이는 프랑스 제국령의 태평양 지역으로 강제 추방한 수천 명 이상의 사람들은 포함하지 않은 수치이다.[1] 한국에서는

---

[1] 윌리엄스는 사망자가 1만 7천 명에서 2만 명이라고 추정한다. "그중 많은 사람들이 가차 없이 학살되었다"(Williams, 1969: 151). 또한 1871년에서 1875년 사이에 있었던 4만 6,835건의 재판 중 2만 4,000건이 무죄로 판결되었다. 약 1만 3,000건의 유죄 판결 중 110건의 판결에 사형 선고가 내려졌으며, 26건이 실제 집행되었다(Williams, 1969: 152). 미셸은 사망자를 3만 5천 명으로 추산한다(Michel, 1981: 67, 168). 에드워즈는 그 수가 2만 5천 명이라고 한다(Edwards, 1973: 42). 휴턴은

수백 명의 사람들이 살해되었고, 수많은 구속자와 부상자 그리고 실종자가 발생했다. 그 후 7년 동안 진실은 은폐되었고 민주적인 활동도 억압되었다. 광주항쟁은 새로운 형태로 지속되었고, 마침내 군부 독재를 종식시켰다(Na, 2001).

파리와 광주에서 코뮌이라는 해방된 현실은 인간이 본질적으로 사악하므로 질서와 정의를 유지하기 위해 강한 정부가 필요하다는 널리 알려진 신화와 모순된다. 오히려 이러한 해방된 순간에 시민들이 보여준 행동은 인간에게 자치와 협동이라는 고유한 능력이 있음을 드러냈다. 매우 잔인하고 정의롭지 못한 행동을 했던 것은 통제되지 않은 민중이 아니라 정부 세력이었다. 잔인한 정부를 묘사한 다음의 글을 읽으면, 혁명이 파리에서인지 광주에서 일어났는지 말하기 어렵다.

너는 죽을 것이다, 네가 뭘 하든지! 네 손에 무기를 쥐었다면, 죽음이다! 네가 자선을 구걸한다면, 죽음이다! 네가 어느 쪽으로 돌든지, 오른쪽이든 왼쪽이든 뒤쪽이든 앞쪽이든 죽음이다! 너는 단지 법의 바깥에 있는 것이 아니라 인간성의 바깥에 있다. 나이나 성별도 너와 네 가족을 구하지 못할 것이다. 너는 죽을 것이다. 그러나 먼저 너는 너의 아내, 누이, 어머니, 아들, 딸, 심지어 요람에 있는 아가의 고통을 맛보게 될 것이다. 네 눈앞에서 부상당한 남자가 구급차에 실려 나갈 것이고 총검으로 난도질당하고 총의 개머리판 끝으로 맞아 나가떨어질 것이다. 그는 산 채로 부러진 다리와 피가 흐르는 팔을 질질 끌게 될 것이고 시궁창의 쓰레기 뭉치가 고통스러워하고 끙끙 앓는 것처럼 감옥에 투옥될 것이다. 죽음! 죽음! 죽음이다! (Kropotkin, 1895 재인용).

파리 코뮌이 진압된 후 2만 5천 명이 처형당했다고 추정한다(Hutton, 1981: 96).

항쟁 후 몇 년 동안의 억압이 새로운 투쟁에 기름을 부었다. 광주에서처럼 수년 동안 프랑스 경찰은 공개적으로 운동과 관련된 사람이 장례식을 비통하게 치르는 것을 허용하지 않았으며 장례식을 방해했다. 프랑스에서 이러한 현실은 1887년까지 지속되었고(Hutton 1981: 127), 한국 사회에서는 1987년까지 계속되었다. 광주 코뮌이 무자비하게 짓뭉개진 뒤에도 항쟁에 대한 소식은 너무 전복적이어서 군부는 그 수를 확인할 수 없는 수많은 시체를 불태워 이름 없는 묘지에 내던져버리고 그에 대한 기록을 없애버렸다. 군부는 항쟁에 대한 이야기가 공개적으로 거론되지 않도록 하기 위해 수천 명의 사람들을 체포했고 살해자에 대한 풍문조차도 은폐하기 위해 수백 명을 고문했다.

두 항쟁 모두 오랫동안의 경제성장이 이루어진 후에 발생했다. 비록 억압적이었고, 장시간 노동, 낮은 임금, 민중의 기본권에 대한 체계적인 억압을 통한 노동계급의 착취라는 대가를 치렀지만, 박정희 유신 체제는 1970년대 한국 경제에 막대한 이득을 가져왔다. 프랑스에서는 루이 나폴레옹 2세 때 생산량이 증대되었다. 1853년과 1869년 사이에 농업 생산액은 64프랑에서 114프랑으로 늘어났고, 산업은 51프랑에서 78프랑, 건설업은 51프랑에서 105프랑, 수출은 25프랑에서 66프랑으로 증가했다(Plessis, 1987: 69).[2] 1860년에서 1870년 사이에 국민소득은 152억 프랑에서 188억 프랑으로 올랐고, 실질임금은 1852년과 1869년 사이 60프랑에서 72프랑으로 상승했다(Plessis, 1987: 115).[3] 1980년의 전라도와 1871년의 파리는 유사하게 농촌에서 도시로 대규모 이주를 가져오는 농업에서 산업으로의 이행이 진행 중이었다. 1872년 인구조사는 프랑스

---

2) 1890년을 100으로 함.
3) 1900년을 100으로 함.

의 산업노동자 수를 44퍼센트로 추정했지만, 아마도 15개 공장에서만 100명 이상의 노동자들을 고용했을 것이며, 100여 개의 공장은 20명에서 50명을 고용했을 것이다(Edwards 1973: 15). 이와 유사하게 1980년의 광주에는 많은 소규모 공장들이 있었는데, 이는 고도화된 산업화로 전환됨에 따라 나타나는 전형적인 특징이었다.

2. 두 항쟁의 차이점

이 두 역사적 사건의 차이점은 매우 분명하다. 앞에서도 언급했듯이, 파리 코뮌은 3월 18일의 폭동에서부터 5월 27일의 마지막 진압까지 약 70일 동안 지속되었다. 광주민중항쟁은 5월 21일부터 27일까지 단지 6일 동안 해방광주를 열었다. 그러나 정치적 사건에서 시간은 핵심 변수는 아니다. 만일 누군가 이 분석의 정확도를 의심한다면, 세계의 의식과 정치 현실이 하룻밤 사이에 뒤바뀐 2001년 9월 11일 하루의 충격과 중요성을 생각해보라.

더 중요한 차이는 파리 시민의 국민군처럼 권력에 공격을 감행했던 것과 같은 기존의 무장 조직이 광주에는 없었다는 점이다. 오히려 그때 봉기했던 남녀들은 공수부대의 잔인함에 맞서 자발적으로 저항했다. 많은 사람들은 과거에 정치적인 경험이 거의 없거나 아예 없었다. 어떤 사람들은 정규 교육을 거의 받지 않았거나 아예 받지 않았다. 모든 것이 역사적 사건을 지지하는 구체적인 맥락에서 일어났다. 정부가 고안하거나 정당이 계획하지 않았음에도 해방광주가 탄생했다.

광주에서 자발적으로 발생한 자율적 조직이 지닌 능력은 먼저 전투의 열기 속으로, 뒤이어 도시를 스스로 통제하는 데로, 마지막으로 군대가 역습했을 때의 저항으로 확산되었다. 20세기 후반 발달된 문명, 대중매체, 보편적인 교육(한국에서 모든 남성은 군사훈련을 받는다)으로 인해 수백만 명의 사람들은 너무 자주 권좌를 차지한 군부 독재자나 소수의 엘리트보다 훨씬 더 현명하게 스스로를 통치할 수 있었다. 우리는 광주항쟁이라는 사건에서 이러한 자치가 지닌 자발성(또한 엘리트 지배의 치명적인 불합리성)을 관찰할 수 있다. 쿠데타 단계에서 기존 조직이 없었을 뿐만 아니라 저명한 운동권 인사들은 예비 검속되었거나 항쟁이 시작되었을 때 은신 중이었다. 5월 17일 밤 보안대 요원들과 경찰은 전국적으로 운동 지도부를 체포하기 위해 활동가들의 집을 급습했다. 체포되지 않은 이들은 숨어 지냈다. 최소한 26명의 운동 지도자들(김대중 포함)이 이미 체포되었다. 한 연구자에 따르면 "운동 지도부는 마비되었다"(Lee, 1999: 41). 다른 연구자는 "학생운동의 지도부는 마비상태에 있었다"(The 5·18 History Compilation Committee of Gwangju City, 1999: 121)고 기록했다.

그러나 바로 다음 날 학생들은 도시를 점령한 경찰과 새로 도착한 군대에 항의하는 행진을 하기 위해 자발적으로 모여들었다. 처음에는 수백 명이었는데 나중에는 수천 명에 이르렀다. 다음 날 도시가 전시 상황이 되면서 모든 계층의 사람들이 모여들었는데, 저항자들 가운데 학생 수는 적었다(The 5·18 History Compilation Committee of Gwangju City, 1999: 127). 민중운동의 자발적 발생은 주민들과 대학생들 간의 전통적인 분할을 초월했는데, 이는 혁명의 일반화를 나타내는 최초 지표 중 하나이다. 5월 20일 이러한 자치 능력은 거리에서 나타났다. 수십 만 명의 사람들이 금남로에 모여 <우리의 소원은 통일>을 불렀다. 공수부대들이 그들을 해산시켰다. 오후 5시 50분, 만행과 저항이 지속됨에 따라 5천 명의 군중이 경찰의 바리케이드로 밀려왔다. 공수부대가 그들을 뒤로 몰았을 때 그들은 다시 대열을 가다듬어 도로에서 연좌시위를 벌였다. 그리고 나서 그들은 군과 경찰을 분리하기 위해 대표자들을 선출했다 (Lee, 1999: 64).

군대를 도시 밖으로 몰아낸 후 시민들은 자발적으로 거리를 청소했고, 밥을 짓고, 상점에서 식사를 무료로 제공해주었으며, 다가올 반격에 대비해 지속적으로 경비를 섰다. 모든 사람들이 해방광주에서 자신의 자리를 찾아 일을 도왔다. 자발적으로 새로운 노동분업이 생겨났다. 게다가 대부분 밤을 새우며 활동했던 시민군 투사들은 책임성의 표본이 되었다. 사람들은 새로운 민병대를 '시민군' 또는 (우리의 '적'인 군대와 반대되는 의미로) '우리의 동지'라고 불렀다. 어떤 의식화도 없이, 세계의 군대에 괴물과도 같은 행동을 끌어내는 군부의 광기도 없이, 시민군의 남성과 여성은 모범적인 방식으로 행동했다. 그들은 차례로 사람들을 보호하고 보살폈다. 대중의 필요에 기반한 새로운 형태의 질서를 부과하는 것을 두려워하지 않았고, 중·고등학생의 무장을 해제했으며(*Fighters Bulletin*, 5. 23), 공무원이 자신의 일자리로 돌아가서 일하게 했다. 마지막 공습이 임박해왔을 때 윤상원은 시민군 중 여성과 고등학생이 집으로 돌아가 살아남아서 계속 투쟁할 수 있어야 한다고 개인적으로 주장했다. 많은 사람들의 반대와 눈물 뒤에 그들은 도청을 떠났다.

저항이 한창 고조되었을 때 시민군 구조는 이전의 행정 체계보다 더 민주적으로 발전했다. 많은 인터뷰 과정를 거쳐 필자는 <그림 9-1>과 같이 5월 25일 만들어진 시민군 구조의 틀을 재구성할 수 있었다.

파리에서처럼 군부와 경찰은 가끔 반란자 편에 있었다. 당시 31사단장이었던 정웅 장군은 무고한 시민을 살해하라는 명령을 용감하게 거부했다. 1960년 4월 19일 총살을 명령했던 경찰들에게 사형이 선고되었던 것을 알았던 광주경찰서장도 학살에 참여하기를 거부했다. 많은 경찰들은 광주가 해방되었을 때 개별적으로 부상당한 시민들을 도왔고 새로운

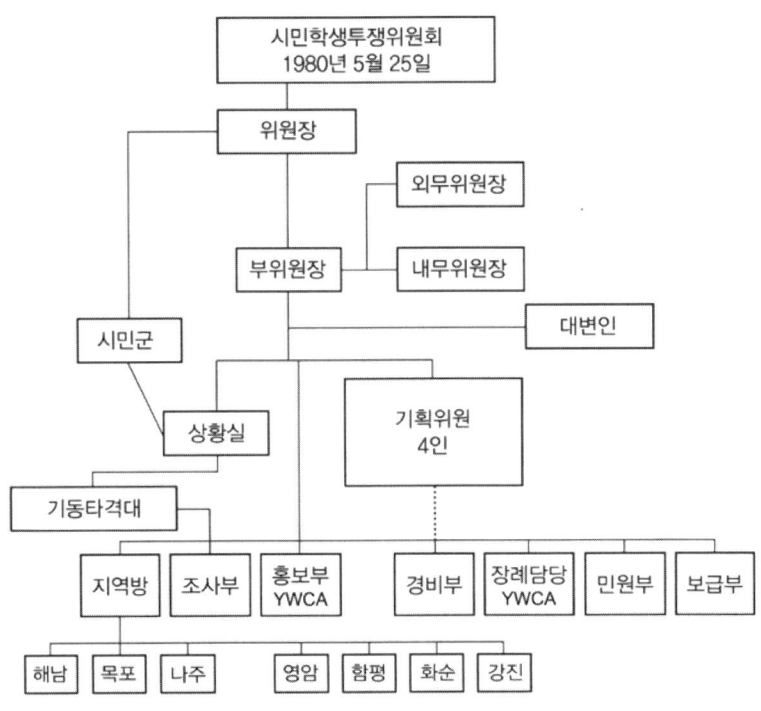

〈그림 9-1〉 시민군 구조

시민정부(civil authority)에 협조했다.

한국 군대와 경찰이 개별적으로 행동했던 반면, 파리에서는 전체적으로 코뮌의 편으로 전향했다(혹은 정부에 충성을 보이며 남아 있었다). 프러시아와의 전쟁 동안 프랑스 정부는 유산계급으로 구성된 기존의 60개 대대와 함께 싸우기 위해 1870년 8월 11일 빈민계급으로 구성된 200개 대대 규모의 새로운 국민군을 조직했다. 1871년 2월 8일 새로 선출된 의회가 프랑스의 프러시아 항복을 의결했을 때 민중은 분노했고 국민군은 국민의 자존심을 표현하는 유일한 원천이 되었다. 기존의 국민군 260개 대대 중 최소한 215개 대대의 지지를 등에 업은 국민군 지도자들은 3월 18일

비교적 적은 피를 흘린 쿠데타를 일으켰다. 파리의 20개 행정구에서 각각 3명의 대표자들로 구성된 국민군 중앙위원회는 결과적으로 새로운 정부가 되었다.

코뮌 편에 있었던 군대는 가끔 통제되지 않았다. 한 연구자에 의하면, "포병대에는 그들만의 지역구 위원회가 있어서 사실상 보다 완벽하게 독자적인 법률에 따라 움직였는데, 그들은 국민군 중앙위원회와 합병되기를 거부했다"(Edwards, 1973: 32). 파리 코뮌은 혼란스럽고 다중심적인 (polycentric) 형태의 정권이었다. 3월 1일 무렵조차 "파리 인터내셔널(Paris International)을 지도하는 인사들에게는 여전히 정확한 정치적 프로그램이 없었다"(Schulkind, 1974: 294). (국민군 쿠데타 이후인) 3월 26일에 남성들은 새로운 선거에 참여했고, 90명의 코뮌 위원들이 당선되었다. 그중 15명은 정부 지지자들이었고, 9명은 정부에 반대하면서도 3월 18일의 쿠데타에도 반대했던 시민들이었다(Plessis, 1987: 171).[4] 다음 날 파리 시청에서 결과 발표를 듣고 새로운 정부의 수립에 20만 명의 사람들이 모여들었다. 모든 사람들이 발언할 수 있었던 광주의 민주광장(도청 앞 광장)에서 자유롭게 모이는 것과 달리, 파리의 군중은 해산한 뒤에야 자신들의 대표자들이 선서하는 것을 지켜볼 수 있었다.

새로운 정부는 파리를 관리하는 9개의 위원회를 만들었는데, 가장 사회주의적인 성향이 강한 위원회는 노동위원회와 교환위원회였다. 그러나 코뮌 정부는 단지 합산된 권력만은 아니었다. 한 연구자의 분석에서 보면 "공화당 중앙위원회는 정부의 그림자로서 행동했다"(Williams, 1969: 90·122·130). 게다가 국민군도 내부 조직에 명령을 전달했다. 가끔 국민군 지휘관들은 세 곳에서 상충된 명령을 받았다. 권위를 주장하는

---

[4] 유권자 47만 명 중에서 23만 명이 투표한 것으로 추정된다.

다른 집단들 — 국민군 중앙위원회나 공화당 지역구 연합 — 중 하나에 의해 선출된 지도자들의 명령은 종종 번복되곤 했다. 파리 코뮌이 선거를 치렀을지라도, 선출된 정부는 현실적으로 무력했고 국민군 중앙위원회의 군사 업무와 서로 힘 대결을 벌였으며, 지역구 연합에 의해 정치권력이 축소되었다. 비극적이게도 선출된 정부는 성원들 사이의 개인적인 반목으로 곤경에 빠졌고, 봉사를 거부하거나 사퇴하는 대표들로 인해 힘이 소모되었다. 가장 중요한 것은 코뮌이 가증스러운 적인 구정부에 충성하는 사람들에 의해 내부에서부터 약해졌다는 것이다.

1871년, 3천 명에 달하는 블랑키주의자들(Blanquistes, 파리 코뮌의 급진주의자들)이 있었음에도(Hutton, 1981: 30), 코뮌에 6만 명의 남성들, 20만 발의 총탄, 1,200문의 대포, 5개의 요새와 몇 년 동안 충분한 군수품 같은 것들이 있었음에도(Lissagaray, 1967: 183) 결단성 있는 행동은 어려웠다. 프랑스 은행을 장악하려는 어떠한 시도도 없었다(Williams, 1969: 138). 4월 첫 주에 200명 이상의 성직자들이 체포되었지만(Hutton, 1981: 81~82) 주로 대중의 주도로 이루어졌다. 루이 미셸(Louise Michel)은 1만 5천 명의 사람들이 일어나 피의 일주일 동안 군부와 격전을 벌였다고 한다(Michel, 1981: 67). 그러나 베르사유 군대가 5월 21일 처음 도시로 쳐들어왔을 때 많은 군중이 튀일리 궁전의 정원에서 연주회를 듣고 있었다(Edwards, 1973: 40). "약탈자에게는 죽음을, 훔치는 자에게는 죽음을"이라는 국민군 중앙위원회의 포스터는 파리 코뮌에서 훈련과 단결이 부족했음을 더 자세히 보여준다(Schulkind ed., 1974: 136). 반면, 해방된 광주에서는 약탈이나 절도 같은 사건은 실제로 없었다.

3. 광주항쟁에 비추어본 파리 코뮌

일련의 인터뷰에서, 광주항쟁에 대한 가장 신뢰할 만한 서술적인 역사서의 번역자인 이재의5)는 파리 코뮌과 광주항쟁의 차이점들과 유사점들에 대해 통찰력 있는 분석을 제공해주었다.6) 파리 코뮌의 그들에게는 선거를 치르고 행정 구조를 세울 수 있는 충분한 시간이 있었다. 그러나 광주에서는 민중으로부터 권위를 얻는 지도력을 얻을 시간이 없었다. 이재의는 다음과 같이 말했다. "상황에 대해 말하자면, 나는 매우 유사하다고 생각한다. 비록 여러 차이점 — 이데올로기적·역사적·사회적·문화적 차이점 — 들이 존재하기는 하지만, 인류는 자신들의 존엄성과 존재를 보호하기 위해 대응한다."

윤한봉과의 인터뷰에서는 파리 코뮌에 대해 꽤 심도 있는 토론을 벌였다.7) 윤한봉은 파리 코뮌이 보다 '체계적이고 이데올로기적'이었기 때문에 광주항쟁과 유사하지 않다고 생각했다. 그의 견해에 따르면, 광주는 보다 '자발적'이었다. 그는 "광주 시민들의 민주주의 수준이 매우 낮았다"고 말했다. "광주 시민들은 미군 함대가 그들을 돕기 위해 오고 있다고 믿었는데, 이것은 그들이 국제정치의 동학을 이해하지 못했다는 것을 보여주는 것이었다." 윤한봉은 파리 코뮌의 노동자들은 매우 높은 의식을 가지고 있었지만 광주의 노동자들은 교육받지 못했다고 생각했다. 광주항쟁은 '도덕적'이었기 때문에 상점들과 은행들은 털리지 않았다. "만일 시민들이 어느 정도 계급의식에 대한 개념이 있었다면, 그들은

---

5) 전남사회운동협의회 편(황석영 기록). 1985. 『죽음을 넘어 시대의 어둠을 넘어』. 풀빛을 이재의가 영어로 번역했다(Lee, 1999).
6) 이재의와의 인터뷰(2001년 3월 17일).
7) 2001년 10월 29일의 인터뷰.

상품들과 재원을 재분배했을 것이다." 내가 프랑스 은행 역시 아무 일이 없었다-실제로는 파리 코뮌 지지자들이 지켰다-고 말하며 개입하자, 이 문제를 다음 기회에 보다 깊이 토론하기로 결정했다.

김정길에 따르면, 파리 코뮌과 광주항쟁은 공동체 정신으로 인민들이 어려운 상황에서 '함께 생활하고 투쟁한' 방식이 유사했다. 파리 코뮌처럼 실제 사건이 발생하기 전에 광주에서도 봉기를 선동하는 일이 많이 있었다. 김정길은 자신과 김남주 그리고 박석무가 어떻게 1972년에 봉기를 선동했는지를 기억했다. 그들은 12월 8일 전남대 본부와 법대 건물에서 은밀히 전단지('함성'지)를 뿌렸고, 이후 광주일고와 광주여고에서 이러한 행동을 반복했다.[8] 그는 또한 1980년 이전에 오랫동안 봉기를 선동했다고 말했다.

파리 코뮌과 광주항쟁의 유사한 사건들뿐만 아니라 파리 코뮌에 대한 의식적인 기억 역시 1980년 광주에서 발생한 사건들에서 중요한 역할을 했다. 항쟁에 직접 참여했던 사람들 가운데 내가 2001년에 면접을 했던 29명의 대상자들 중 많은 사람들이 자신들은 광주항쟁 이전에 파리 코뮌에 중점을 둔 스터디그룹의 일원이었다는 것을 지적했다. 그뿐만 아니라 한 사람은 1976년 녹두서점에서 열린 김남주 시인의 강연에 윤상원이 참여했다는 것을 기억했는데, 그곳에서 김남주는 파리 코뮌에 대해 강연했다.[9] 항쟁 기간 동안 윤상원은 다른 항쟁 지도부들과의 토론에서 파리 코뮌에 대해 적어도 한 번 공개적으로 말했다.[10]

전남대학교 사학과에 재학 중이었던 이양현은 1970년대에 파리 코뮌

---

8) 2001년 11월 7일의 인터뷰.
9) 2001년 11월 7일의 인터뷰.
10) 2001년 6월 22일의 인터뷰.

에 관한 책을 읽었다. 그는 자신이 읽은 책 중에서 3~4세의 아이들이 프랑스 군대를 향해 돌을 던졌다는 내용을 기억했다. 그는 그 내용이 과장이었다고 생각했다. 하지만 실제로 그는 광주항쟁 기간에 자신의 3살 된 아들이 경찰에 돌을 던지는 것을 보았다.[11] 고등학생 시절에 이양현과 같은 반 학생이었던 정상용(그 또한 유명한 참가자이다)은 얼마 동안 파리 코뮌에 중점을 둔 독서 클럽의 일원이었다. 김종배는 정상용, 윤강옥, 김영철, 윤상원, 박효선이 항쟁 이전에 파리 코뮌 스터디 그룹의 일원이었다고 진술했다.[12] 윤강옥은 그 그룹을 '느슨한 조직(loose-knit)' – 누구라도 참여할 수 있다는 의미에서 – 이라고 묘사했으며, 리영희 교수의 핵심적인 역할을 기억했다. 김효석은 YWCA의 '훌륭한 독서 클럽' 모임 중 하나에 참여하는 동안 파리 코뮌에 대해 읽었다.[13] 장두석·윤영규·송기숙 등이 조직한 이 독서 클럽들은 폭넓은 참여를 확보했다. 윤영규에 따르면, 1970년대 후반 광주에는 적어도 18개의 독서 클럽이 조직됐다. 고등학생, 대학생, 교수가 함께한 이 그룹들은 '여론 주도층'과 비합법 조직들의 지도자들이 포함돼 있었다. 파리 코뮌에 대해 얻을 수 있는 책들은 많았으나, 모두 불법적이었으며 대부분 인쇄 상태가 매우 좋지 않았다.[14]

정상용은 광주항쟁 이전에 광랑(광주 청년들)이라는 이름의 그룹에서 파리 코뮌에 대해 독서했다고 기억했는데, 이 그룹은 1961년 4·19로 이승만 정권의 전복 이후에 조직됐다.[15] 그가 기억하는 바에 따르면,

---

11) 2001년 6월 22일의 인터뷰.
12) 2001년 11월 27일의 인터뷰.
13) 2001년 11월 6일의 인터뷰.
14) 2001년 4월 10일의 인터뷰.
15) 2001년 10월 17일의 인터뷰.

1966년 고학년 대학생들이 일본어로 된 텍스트들을 읽었다. 그들은 약 20명 – 각 학년마다 몇 사람씩 – 으로 구성된 한 그룹에서 요약문을 만들어 발표했다. 이들은 동료들과 주제에 대해 차례로 토론을 벌였는데, 이것은 여러 명의 사람들이 손쉽게 배울 수 있는 구조였다. 김상윤은 파리 코뮌에 중점을 둔 1978년의 스터디그룹을 기억했다. "많아야 5명이 함께 공부했다. 구성원 각자는 나중에 거의 동일한 주제를 다루는 또 다른 그룹을 조직하곤 했다. 김남주가 일어로 된 파리 코뮌에 대한 책을 가지고 있었다."16) 항쟁 이후에 파리 코뮌에 대한 책을 집중적으로 읽었던 이춘희는, 항쟁 기간에 YWCA에서 지도부들이 아르헨티나 출신의 혁명가 체 게바라의 의의와 함께 파리 코뮌에 대해 이야기했음을 기억했다.17)

파리 코뮌과 광주항쟁과의 이러한 직접적인 관련들은 파리에서든 광주에서든 항쟁의 유산이 어떻게 다른 사람들이 억압에 맞서 투쟁하게 하는지를 설명한다. 여기서 살피고 있는 두 사례에서처럼 하나의 항쟁이 잔인하게 진압될 때조차도 그들의 경험은 참여자들 그리고 역사가 만들어온 파장의 경로에 맞선 모든 사람들의 가슴과 정신에 새로운 욕망과 새로운 요구, 새로운 공포와 새로운 희망을 공개적으로 만들어준다.

4. 광주항쟁과 아시아의 민주운동

파리 코뮌과 전함 포템킨처럼 광주의 역사적 의의는 단지 한국(또는 프랑스 혹은 러시아)만의 것이 아닌 국제적인 것이다. 광주의 의미와 교훈

---

16) 2001년 4월 15일의 인터뷰.
17) 2001년 12월 21일의 인터뷰.

은 동과 서, 북과 남 모두에게 잘 적용된다. 혁명의 이른 시기에 나타났던 상징들처럼 1980년의 민중항쟁은 이미 세계적인 반향을 일으켰다(Katsiaficas, 2000b). 1980년대 초 수십 년 동안 집권한 동아시아의 독재는 무너뜨릴 수 없는 것으로 보였다. 그러나 저항과 봉기의 물결은 곧 정권을 변형시켰다. 광범위한 민주 대열의 대중적 지도자들인 김대중과 베니그노 아키노 두 사람은 모두 미국에 망명 중이었다.

비록 잔인하게 진압됐지만, 한국의 민주화운동은 군부 독재를 전복하기 위한 투쟁을 계속 벌여나갔다. 1980년 5월 27일의 학살 사흘 후 서울에서 대학에 다니고 있던 김의기가 정부의 만행에 저항하기 위해 자살했다. 9일 후 노동자 김종태가 저항의 표시로 분신했다. 혹독한 압제로 인해 광주학살 희생자들의 유가족들이 모이는 데 2년이 걸렸고, 항쟁에 대한 첫 번째 책은 5년 후에 출판됐다. 1985년 5월 17일 학살의 진실을 공개할 것을 요구하며 80개 대학 3만 8천여 명의 학생들이 조직적인 시위를 벌였다. 그리고 일주일 후 73명의 서울에서 재학 중인 대학생들이 미국의 역할에 대한 미국의 사과를 받아내기 위해 3일간 미문화원 건물을 점거했다. 8월 15일에는 저항이 계속되면서 홍기일은 정부가 진실을 밝히지 않는다는 이유로 광주 중심가에서 분신했다.

1986년 2월 필리핀에서 30명의 선거 개표원들의 개표 거부는 마르코스 독재의 갑작스런 종말을 가져온 18일간의 시위를 자극했다. 거리 시위 대열에서 떠나지 않았던 수백 수천의 민중이 승리를 쟁취했다. 필리핀의 민중권력 혁명은 이번에는 점차 한국의 재건운동에 영향력을 발휘했다(Lee, 1999: 143). 필리핀에서 민중권력 혁명이 발생한 지 한 달이 못 돼서 서울의 가톨릭 추기경과 주교들은 한국 민중이 교훈을 배웠다고 말하기 시작했다.

일 년이 지나기 전에 한국의 군부 독재는 전복됐다. 1987년의 민중운동의 영광스러운 승리는 1987년 6월 10일 시작된 대중 시위의 거대한 대열에 집중되었다. 15일 이상 수백만 명의 사람들이 대통령 직선제를 요구하며 거리에 모여들었다. 광주 출신의 이한열이 연세대에서 있었던 학생 시위에서 사망하자 그의 장례식에 100만이 넘는 사람들이 운집했다. 필리핀에서처럼 공적 공간에 대한 엄청난 점거를 통해 군부는 대통령 직선제를 하겠다는 동의를 발표했고, 이러한 사례들을 용인할 수밖에 없도록 만들었다. 7월과 8월에 수백만의 노동자들이 참여한 수많은 파업이 발생했다. 비록 정부가 용인하기는 했으나 투쟁은 지속됐다. 마침내 사건들의 주목할 만한 전환점으로 전두환 전 대통령과 노태우가 광주 학살의 역할로 인해 수감됐다.

아시아 전역에서 민주주의와 인권을 위한 민중운동이 등장했다. 38년 동안의 계엄법 철폐가 타이완에서 쟁취됐고, 미얀마에서는 학생들과 소수 민족들이 랭군의 거리를 점거하자 1988년 3월에 민중운동이 분출했다(광주에서와 같은 것들이 발생했다). 끔찍한 억압에도 불구하고 이 운동은 26년 동안 집권해 온 네윈 대통령을 권좌에서 물러나게 만들었다. 8월에는 5일 동안 계속된 새로운 학생 주도의 시위가 그의 복귀를 퇴임으로 바꾸었다. 노동자, 작가, 승려, 학생을 대표하는 총파업위원회가 다당제(多黨制) 민주주의를 위한 전국적인 운동을 준비했으나, 군부는 천 명 이상의 군중에게 발포했고 그해 1만 명에 달하는 사람들이 사망했다. 선거로 선출된 100명 이상의 국회의원들을 포함하여 수천 명 이상을 체포하면서, 미얀마 군부 정권은 권력을 유지하기 위해 철권을 휘둘렀다.

1989년 중국의 학생운동가들은 민주주의를 위한 광범위한 공적인 외침을 활성화했으나 천안문 광장에서 쓰러졌으며, 이후로 수 년 동안 쫓겨 다녔다.18) 베트남에서는 공산당 내에서조차 군부 독재에 맞선 저항의 연쇄반응이 지속되어, 베트남 정치국원인 트란도 장군은 1989년 베트남에서의 다당제 민주주의를 전례 없이 공개적으로 요구했다. 1990년 4월에는 네팔에서 있었던 50일 동안의 시위로 국왕은 민주적인 개혁을 단행할 수밖에 없었다. 폭발을 경험한 인근 나라는 타이였는데, 영향력 있는 야당 정치가 벌인 20일 동안의 단식 투쟁은 1992년 5월에 수백 수천의 사람들이 거리에 나서도록 만들었다. 군대가 거리의 시위를 진압했을 때 10여 명이 사망했으며, 야만적인 진압으로 인해 수친다 크라파윤 장군은 물러날 수밖에 없었다.19) 1998년 인도네시아에서는 학생들이 '민중권력 혁명'을 요구했고 그 결과 수하르토 정권이 전복됐다. 인도네시아의 대학에서 행해진 미국 특파원과의 인터뷰에서 학생들은 공공장소를 점거하는 새로운 전술을 비롯해 인민권력의 구호 또한 필리핀의 경험에서 배운 것이라고 밝혔다. 이것은 공적 공간에 대한 점거를 위한 전략적 기도였다. 학생들은 성공적으로 의사당 건물로 진입해 들어가 오직 수하르토의 퇴각을 통해서만 얻어지는 충돌의 해결을 강제할 수 있었다.

이러한 저항들의 관계는 이러한 운동들의 대역 차원이다. 20세기 후반 광주항쟁은 혁명적인 열망과 행동이 광범위하게 확산되는 빛나는 모범으로 남아 있다. 항쟁의 자발적인 연쇄반응과 공적 공간의 거대한 점거는 단일한 행동 유형으로 행동하는 수백만의 일반 민중이 역사로 갑작스럽게 진입하는 것을 표명한다. 그것은 민중이 사회의 방향을 바꿀 수 있다

---

18) 정부는 훨씬 적은 수라고 주장할지라도, 약 700명이 살해된 것으로 나타난다. Lee(1999)에 실린 브루스 커밍스의 「서문」 참조.

19) 타이의 내무부 장관은 44명이 사망하고 38명이 실종되었으며, 11명이 불구가 되었고 500명 이상이 다쳤다고 주장했다. 인권활동가들은 수백 명이 죽거나 실종되었다고 증언했다. 타이 정부는 1973년, 1976년, 1992년 민주주의를 위한 시위자들을 학살한 데 대해 한 번도 책임진 적이 없었다.

고 직감적으로 믿기 때문이다. 그러한 순간들에서 보편적인 이해들은 사회의 지배적인 가치들(민족적인 쇼비니즘, 위계, 지배, 지역주의, 수동성 등)이 부정되는 것처럼 동시에 일반화된다. 이것은 광주 코뮌 참여자들의 '절대적 공동체'와 '유기적 연대'로 일컬어왔다. 인류는 우리가 직감적으로 이해하는 어떤 것, 즉 자유를 위한 본능적인 요구를 가지며, 광주항쟁 동안 집합적인 현상으로 승화됐던 것은 바로 이러한 본능적인 요구였다.

공적 공간을 점거하는 수백 수천 민중이 갑작스럽게 출현하는 것, 저항이 한 도시에서 다른 도시로 그리고 나라 전체로 확산되는 것, 수많은 민중 각자가 서로를 본능적으로 동일시하고 자신들의 행동으로부터 비롯된 권력을 동시에 믿는 것, 지역주의, 경쟁적인 사업 행위, 범죄 행위, 물욕과 같은 정상적인 가치들을 금하는 것 등은 광주에서 나타난 '에로스 효과'의 차원들이다.[20] 제2차 세계대전 이후 권력을 둘러싼 갑작스럽고도 예기치 않은 경합은 대중운동의 무기고에서 하나의 중요한 전략이 되었다.

자신들의 손으로 권력을 획득한 일반 민중의 모범에서처럼, 광주항쟁은 진실로 자유로운 사회의 선각자였다(그리고 지금도 그렇다). 자유로운 사회의 한 단면은 광주민중항쟁을 통해 구현되었는데, 1980년 5월 한국의 노동자들과 학생들은 짧게나마 자유를 맛보았기 때문이다. 자치를 위한 자발적인 능력과 유기적 연대 속에서 광주 시민들이 만든 모범은 그들의 가장 중요한 유산이다. 실현되지 않은 인류의 잠재력이 지닌 이러한 지침들 외에도 군부 독재의 전복, 다른 민주운동으로의 영감, 많은 이들이 피와 희생을 통해 가르쳐준 교훈 등 구체적인 결과물이

---

[20] '에로스 효과'라고 부르는 것에 대한 논의는 Katsiaficas(1999; 2000a) 참조.

존재한다. 오늘날 광주항쟁은 우리에게 인류의 존엄과 자유를 위한 투쟁을 강화하기 위한 분명한 감정을 계속해서 불어넣어 준다.

참고문헌

전남사회운동협의회 편. 1985. 『죽음을 넘어 시대의 어둠을 넘어』(황석영 기록). 풀빛.
Katsiaficas, George. 1999. 『신좌파의 상상력: 세계적 차원에서 본 1968년』. 이재원·이종태 옮김. 이후.
_____. 2000a. 『정치의 전복: 1968년 이후의 자율적 사회운동』. 윤수종 옮김. 이후.
_____. 2000b. "Remembering the Gwangju Uprising." *Socialism and Democracy*, 14(1), Spring-Summer.
Edwards, Stewart(ed.). 1973. *The Communards of Paris, 1871*. Ithaca: Cornell University Press.
Gwangju Citizens Solidarity. 1997. *Gwangju in the Eyes of the World*. Gwangju: Citizens Solidarity.
Hutton, Patrick. 1981. *The Cult of the Revolutionary Tradition: The Blanquists in French Politics. 1864-1893*. Berkeley: University of California Press.
Kropotkin, Peter. 1895. "The Commune of Paris which first appeared in English as Freedom." *Pamphlets, no.2*. London: W. Reeves.
Lee, Jae-eui. 1999. *Gwangju Diary: Beyond Death, Beyond the Darkness of the Age*. UCLA Asian Pacific Monograph Series.
Lissagaray. 1967. *History of the Commune of 1871*. New York: Monthly Review Press.
Michel, Louise. 1981. *The Red Virgin: Memoirs of Louise Michel*. University of Alabama Press.
Na, Kahn-chae. 2001. "A New Perspective on the Gwangju Peoples Resistance Struggle: 1980-1997." *New Political Science*, 23(4), December.
Plessis, Alain. 1987. *The Rise and Fall of the Second Empire 1852-1871*. Cambridge: Cambridge University Pres.
Schulkind, Eugene(ed.). 1974. *The Paris Commune of 1871: The View from the Left*. New York: Grove Press.
The 5·18 History Compilation Committee of Gwangju City. 1999. *The May 18

Gwangju Democratic Uprising.

Williams, Roger L. 1969. *The French Revolution of 1870-1871*. New York: W.W. Norton.

제3부 5·18 민중항쟁의 현재화

제10장 | 지구화 시대 한국의 진보운동과 5·18 민중항쟁의
현재적 재구성 | 이광일

제11장 | 5·18 기억의 정치화와 민족
지구화 시대 민주화와 선진화 담론의 망각 체계 | 김진호

제12장 | 응답으로서의 역사
5·18을 생각함 | 김상봉

제13장 | 광주민중항쟁의 탈혁명화
지역과 전국의 공간정치학적 관점에서 | 원영수

제14장 | '5·18'의 기억과 계승, 그리고 제도화 | 정호기

제10장

지구화 시대 한국의 진보운동과
5·18 민중항쟁의 현재적 재구성[*]

이광일(성공회대 민주자료관 연구교수)

1. 들어가는 말

지금 5·18 민중항쟁과 진보운동의 관계를 살피는 것은 단순히 항쟁 이후 그것이 진보운동에 미친 영향이라는 수준에 국한시키는 것이 아니라면, 5·18 민중항쟁이 담고 있는 역사적 성격과 위상을 현재의 변화된 현실 속에서 어떻게 재구성할 것인가의 문제로 모아진다.1) 물론 5·18

---

* 이 연구는 ≪민주주의와 인권≫, 제5권 2호에 실린 글을 수정한 것이다.
1) 여기에서 진보는 근본적(radical)이라는 의미로 사용하며 진보운동은 한편으로 자본의 지배를, 다른 한편 자본-노동의 관계로 환원될 수 없는 여타 사회 영역에 상존하는 비대칭적이고 억압적인 사회관계들, 그 안에 내재된 권력관계들을 문제시하면서 그것을 해소·극복하고자 하는 조직적·목적의식적인 실천을 포괄하는 개념으로 사용한다. 따라서 진보운동의 온전한 형태는 양자를 동시에 추구하는 것이지만 현실의 운동들에서는 양자를 인식하고 이해하는 이론의 차이, 상이한 역사적 실천 경험으로 인해 긴장과 갈등이 노출된다. 진보, 진보운동의 준거와 범주에 대한 개괄적 논의는 이광일(2002a: 35~37; 2008: 57~66) 참조.

민중항쟁의 역사적 성격과 위상에 대해서는 그동안 적지 않은 논의들이 제출된 바 있지만,[2] 그 가운데 일부는 운동의 성장·발전 속에서 이미 '역사'가 되어버린 것도 없지 않다.

5·18 민중항쟁은 물리적으로 짧은 기간이었으나, 모든 대중운동과 마찬가지로 그 과정에서 운동의 주체와 목적 등의 변화를 경험했다. 특히 신군부의 억압이 극대화되는 것과 맞물려 확대된 대중투쟁 속에서 민중항쟁 중심 주체들의 변화가 진행되었다. 그것은 단순히 세대(generation)의 변화를 의미하는 것이 아니라 당시 강제된 국면이 지니는 역사적 의미와 성격에 대한 상이한 인식을 반영하는 것이었다. 그리고 그와 같은 상이성은 억압의 심화와 맞물려 상이한 대응방안으로 나타났으며, 결국 시민군의 자위적 무장으로 시작해 도청에서의 목적의식적인 최후 저항을 끝으로 일단락되었다.

이렇게 좌절된 5·18 민중항쟁이 이후 부단히 재구성된 진보운동에 자양분을 제공했다면, 그리고 여전히 거기에 '더 많은 민주주의'와 진보를 위한 어떤 상과 동력이 내재되어 있다면 그것은 무엇인가.[3] 이 물음에 대답하기 위해 주목해야 할 점은 5·18 민중항쟁 이후 현재에 이르기까지 이 항쟁이 제기했던 요구 목록 가운데 한편으로 지금까지 실현된 것은 무엇이고, 다른 한편 여전히 미완인 상태로 남아 있는 것은 무엇인가를 밝히는 것이다. 전자는 항쟁 기간에 그리고 광주에서만이 아니라 1979년 10·26사태 이후 1980년 5·18 민중항쟁 시기에 이르기까지 '민주화운동

---

[2] 손호철(1995), 안병욱(2001), 김동춘(2001) 등 참조. 다만 여기에서 지적하고 싶은 것은 운동의 주체와 그들이 내세우는 역사적 과제 사이에는 일대일 대응만 존재하는 것이 아니라는 점이다. 이런 맥락에서 민중운동은 시민적 요구와 과제들을 이미 그 안에 품고 있다.

[3] '더 많은 민주주의'에 대해서는 Wallerstein(2002) 참조.

세력' 일반이 제기했던 '최소주의적 민주주의(minimal democracy)' 요구와 연관되어 있다. 후자는 도청에서 무장저항을 할 수밖에 없었던 역사 특수적 요인과 그것이 지니는 의미를 포함한 구조적 맥락과 연관되어 있으며 거기에는 '더 많은 민주주의'에 대한 희원이 담겨 있다.

그런데 이 지점에서 간과하지 말아야 할 것은 진보운동의 일차적 관심사는 과거 혹은 이미 실현된 것에 있지 않다는 사실이다. 진보운동에게 과거는 재구성된 현재로서만 의미를 지닐 뿐이다. 이런 맥락에서 과거청산이라는 이름 아래 이미 법·제도의 수준에서 실현된 것들은 진보운동에게 부차적 관심사일 뿐이다. 하지만 이것이 대중투쟁에 의해 변화된 사회관계와 그것의 반영물인 법·제도적 성과가 지니는 의미 자체를 부정하거나 간과하는 것이 아님은 물론이다.

다른 한편 진보운동은 단순히 먼 미래를 하나의 모델로 혹은 유토피아로 설명하거나 그리는 데 있지 않다. 미래는 현재의 사회관계들을 매개로 해서만 자신의 모습을 드러낼 수 있기 때문이다. 따라서 5·18 민중항쟁에 내장되어 불완전하고 희미한 윤곽을 보이고 있던 시대의 징표들, 그 의미들은 현재의 다양한 사회관계들, 그들 사이의 모순, 긴장과 갈등, 그리고 그것의 해소 및 극복을 위한 제반 논의와 실천을 매개로 해서만 자신의 모습들을 명료히 드러낼 수 있을 뿐이다. 바로 이런 맥락에서 진보운동의 미래는 그 어떤 정형화된 모델의 제시와 동일시될 수 없다. 모델은 분석과 비교를 위해 필요할 수 있지만, 다른 한편 끊임없는 재구성의 대상으로 존재하는 비대칭적 사회관계들을 고정시켜 또 다른 배제와 억압의 경계(demarcation)를 산출할 가능성을 조장할 수 있기 때문이다.

이러한 맥락에 유의하면서, 이 글은 먼저 5·18 민중항쟁의 '진보성'이 어느 지점에 존재했는지, 그것을 '최소주의적 민주주의'의 틀로 귀결시킨 주요 원인은 무엇이었는지에 대해 살필 것이다. 그리고 민중항쟁의 좌절 이후 그것을 계승하며 성장한 진보운동의 한계와 오류에 대해 검토할 것이다. 이를 통해 과거 진보운동이 드러낸 시행착오가 민중항쟁의 역사적 성격과 의미를 보수적 틀 속에 가두는 것을 조장한 중요한 내적 원인이었음을 재확인하고, 나아가 지금 현재 진보운동들이 노출할 수 있는 또 다른 시행착오를 최소화하거나 예방할 수 있는 성찰의 계기를 마련할 수 있을 것이다. 마지막으로 글로벌 신자유주의로 상징되는 변화된 사회·정치적 관계 구조 속에서 진보운동이 5·18 민중항쟁에 담겨 있는 그 어떤 미완의 진보적 요구들을 어떻게 현재적으로 재구성해 나가야 하는가의 문제에 대해 재고해볼 것이다.

2. 5·18 민중항쟁, 그 '진보성'의 거처

그동안 5·18 민중항쟁의 발발 원인, 성격과 의미를 둘러싸고 적지 않은 논의들이 제출되었지만, 일반적으로 수용되는 발상은 5·18 민중항쟁이 '공개적 독재 체제'로서의 유신 체제를 재편하고자 한 신군부의 12·12 쿠데타, 5·17 전국비상계엄확대조치 등 일련의 반민주적 집권 기도에 대한 자위적 저항이었다는 해석에 뿌리를 두고 있다. 이것은 외연이 가장 넓은 해석으로 자유주의 정치 세력이 옹호하는 최소민주주의 발상에 친화력을 가지고 있으며, 이 발상이 지니는 정치적 의미에 대한 인식 여부와 무관하게 시민사회 안에서도 광범위한 동의 기반을 지니고 있다. 여기에는 5·18 민중항쟁을 '시민항쟁', '시민전쟁' 등으로 규정하는 범주의 논의들이 포함된다.

하지만 이와 같은 해석은 10·26 사태와 12·12 쿠데타 이후 형성된 정치 지형을 고려할 때 5·18 민중항쟁에만 고유하게 해당되는 것은 아니고 당시 유사한 요구를 했던 민주화운동 모두에 적용될 수 있다는 점에서 일반론 이상의 의미를 지니지 않는다. 바로 이런 이유 때문에 역사특수적인 구조적 조건, 각 정치 주체들의 긴장과 갈등관계를 고려하면서 '왜 광주, 호남이었는가'라는 질문을 던지는 것은 여전히 유효하다.

이 문제에 대해서는 조선 후기와 식민지 시대를 거치며 오랜 수탈과 억압·저항으로 점철된 이 지역이 반독재운동의 상징인 자유주의 정치가 김대중의 사회·정치적 지지기반이었다는 점, 그렇기 때문에 민주화운동 세력의 기선을 제압하기 위해 신군부가 이 지역을 정치적 희생양으로 삼았을 것이라는 '음모론적 해석' 등으로 이미 제기된 바 있다.4) 이러한 해석은 광주에 개입한 신군부가 애초 그 어떤 타협안도 가지고 있지 않았다는 점, 다른 지역과 달리 '김대중 석방'과 '계엄 해제'를 내세운 이 지역 학생·시민의 저항이 완고했으며 그에 대한 군부의 대응이 조직적이었다는 점 등을 고려할 때 입증될 수는 없다 하더라도 상당히 설득력 있는 해석일 수 있다. 모든 권력의 도발은 논리적 치밀성 여부와 무관하게, 비록 그것이 도상(圖上)에서 이루어질지라도 '목적의식적'이라는 점에서 더욱 그렇다. 그리고 여기에 더해 광주에서 대중학살(genocide)이 자행될 수 있었던 가장 강력한 이유 중 하나로 지역 차별이 제시된다.

그런데 신군부 엘리트의 '권력의지'에 근거한 음모론적 발상에 대한 집착은 자기한계를 더욱 분명히 드러내기도 한다. 그것은 음모론이 복합적인 상황을 과잉 단순화시키기 때문만은 아니다. 음모론은 그 책임과 관련해 누가 무엇을 어떻게 했는가라는 점에 집착한다는 점에서 상황을 명증하게 밝혀주는 것처럼 보이지만, 오히려 그것을 가능케 했던 사회관계들의 문제를 배후로 밀어내는 정치적 효과를 발휘한다는 점에서 그

---

4) 대표적인 것으로는 박현채(1990) 참조.

한계 또한 명확하다.5) 이러한 한계는 '발포 책임자'를 밝히는 데 집중한 광주청문회 과정에서 이미 확인된 바 있는데, 그것은 최종 책임자를 밝혀내는 것 대신 '청문회 스타'만 배출시킨 역설적 결과에 고스란히 담겨 있다. 더군다나 5·18 민중항쟁과 진보운동의 의미 있는 연결고리를 찾기 위한 것이 목적이라면, 이러한 접근의 한계는 더욱 분명해진다. 왜냐하면 진보운동은 특정 상황을 엘리트주의적 시각의 연장에서 바라보는 '음모론적 발상'과는 항상 긴장관계에 있기 때문이다.

따라서 이러한 점들을 고려할 때 무엇보다 중요한 것은 한편으로 대중운동으로서의 5·18 민중항쟁이 제기했던 요구 가운데 그 무엇이 어떤 사회·정치관계들을 매개로 이미 실현되었으며, 다른 한편 여전히 미완인 채 남아 있는 목록은 무엇인지 밝히는 일이다.

전자와 관련해, 1980년 신군부의 쿠데타로 인한 최소민주주의적인 제도와 절차의 정지, 그에 따른 민주 정부 구성의 좌절은 1987년 6월항쟁 이후 진전된 정치적 개방, 탈군부를 핵심으로 한 '민주화 이행'을 통해 이미 실현되었다. 즉, 법·제도에 따른 정부 구성의 예측 가능성과 안정성이 확보됨으로써 최소주의적 민주주의는 정착되었다. 6월항쟁 이후 세 번에 걸친 선거를 통해 자유주의 정치 세력이 집권함으로써, 특히 '민중 지향적 자유주의 좌파'의 상징이었으며 광주와 호남을 절대적 지지기반으로 한 김대중이 집권함으로써 5·18 민중항쟁 시기에 제기된 '민주 헌정 질서의 회복' 요구는 실현된 것이다. 이러한 요구는 유신체제에 반대했던 자유주의 정치 세력들, 그리고 5·18 민중항쟁의 운동

---

5) 마르크스는 보나파르티즘에 대해 언급하는 가운데 '어떻게 프랑스의 계급투쟁이 기괴한(grotesque) 범인으로 하여금 영웅의 역할을 할 수 있는 조건과 상황을 조성하였는가'를 밝히는 것이 사회관계들에 주목하는 유물론적 분석방법의 장점임을 지적한 바 있다(Marx, 1984: 7~8).

주체들 가운데 '타협론'에 친화력을 보였던 사회정치 세력들에 의해 중요한 목표로 옹호된 바 있다.

그런데 이 지점에서 간과하지 말아야 할 것은, 5·18 민중항쟁 당시 최소주의적 민주주의에 근거한 '타협론'은 신군부의 '민주주의냐 파시즘이냐'라는 '강요된 선택'에 대해 민중이 무장투쟁으로 대응함으로써 해소·극복되었으나, 역설적이게도 그것이 '민주화운동의 승리'라고 하는 1987년 6월항쟁 이후 '6·29 협약(pact)'을 매개로 다시 현실화되었다는 점이다.6)

그렇다면 1980년 당시 대중투쟁에 의해 해소된 것이 1987년 다시 실현될 수 있었던 이 역설은 무엇 때문에 가능했을까? 무엇보다 중요한 것은 1980년 당시 광주·호남 차원에서는 대중투쟁을 통해 '타협론'이 해소되었지만, 전국적인 수준에서 보면 오히려 '서울역 회군'과 5·17 전국비상계엄 확대 실시를 계기로 신군부에 저항하고자 하는 '투쟁론'이 좌절되면서 관망론과 타협론이 지배적 흐름으로 자리 잡게 되었다는 사실이다. 바로 여기에 광주·호남에서 전개된 5·18 민중항쟁이 고립·좌절될 수밖에 없었던 원인이 간직되어 있다. 이와 더불어 1980년과 1987년의 상이한 정치 지형은 자유주의 정치 세력의 행보와 관련해 시사하는 바가 매우 큰데, 그 행보는 그들의 집권 가능성이 법·제도적으로 보장되고 있는지 여부에 규정되었다. 즉, 1980년과 달리 1987년에는 전국에서의 대중투쟁으로 수세에 처한 신군부가 6·29 협약으로 자유주의 정치 세력의 집권 가능성을 법·제도적으로 보장함으로써 이들을 반독재 투쟁

---

6) 단순히 '6·29 선언'이 아니라 협약(pact)인 이유는 그것이 신군부 파시스트들에 의해 취해진 일방적 선언이 아니라 시간적 선후에도 불구하고 자유주의 정치 세력의 동의에 의해 효력을 갖게 된, 향후 정치일정의 틀에 대한 이들 두 세력의 합의의 성격을 지녔기 때문이다.

의 대열에서 이탈시킬 수 있었으며, 이것은 5·18 민중항쟁 당시 해소되었던 최소주의적 민주주의에 친화성을 지닌 '타협론'의 복권을 의미하는 것이었다.

하지만 이 복권의 과정은 5·18 민중항쟁에 담겨 있던 다의적 성격과 의미를 자유주의적 관점으로 축소시키는 것이었다. 자유주의 정치 세력의 인식이나 인정 여부와 무관하게 '6·29 협약'은 신군부 파시스트와 자유주의 정치 세력의 합의를 통해 진보운동 세력을 정치 협상 테이블에서 배제하는 과정을 다른 한 축으로 하여 진행된 결과였다. 거기에서 '더 많은 민주주의'와 사회 변혁을 위해 투쟁한 1980년대 진보운동의 흔적을 찾아볼 수 없는 것은 바로 이러한 이유 때문이다. 그 결과 민중항쟁이 지닌 자발적·다의적 성격의 상징인 '망월동 구(舊)묘역'은 '국립묘지 신(新)묘역'에 압도당하고, '민주투사'로 존경의 대상이었던 5·18 민중항쟁 관련자는 보상을 받고 '국가유공자'가 되었다. 그리하여 이제 '5·18의 민주주의'는 항상 긴장관계에 있을 수밖에 없는 국가의 관리대상이 되었다. 이 지점에 이르면 '더 많은 민주주의'를 위한 발상과 실천, 비대칭적인 사회관계들을 문제시하고 그것을 넘어서고자 하는 진보의 생명력은 현저히 약화되는데 이미 그것은 지배 담론으로 포섭되었기 때문이다(정일준, 2004: 107~111).

그렇다면 후자, 즉 5·18 민중항쟁에 실현되지 못한 채 남겨진 진보의 동력은 아직 존재하는가, 만일 그렇다면 그것은 무엇인가? 이 문제를 살펴보기 위해서는 크게 다음의 두 가지 문제가 재고될 필요가 있다.

그 하나는 5·18 민중항쟁의 근본 원인과 거기에 담겨 있는 역사적 의미를 재구성하는 것으로, 그 핵심은 당시 도청에서 전개된 최후의 무장투쟁에 집약되어 있다. 그것은 반공 분단 체제인 한국 사회에서 파시스트 지배에 반대하는 '혁명적 민주주의'를 지향하는 발상과 행태의 표현이었지만, 단지 '정치적 억압'에 대한 대응의 문제로 환원되지는 않는다. 그 이유는 정치가 모든 사회관계에 내재되어 있기 때문이기도 하지만, 정치적 억압은 광주·호남에만 가해진 것이 아니라 여타 지역의 피지배 사회구성원 모두를 대상으로 작동되고 있었기 때문이다. 따라서 이 지점에 이르러 '왜 광주인가'라는 질문으로 다시 돌아가는 것은 자연스럽다.

무엇보다 그 특수성의 비밀은 1960년대 중반 이후 급속하게 진행된 자본주의 산업화 과정에 담겨 있는데, 중요한 것은 이 과정 속에서 심화된 비대칭적 사회관계의 고리에서 광주·호남이 하위에 위치하고 있었다는 점이다. 즉, 이 지역은 '내부 식민지(internal colony)'로서의 위상을 지니고 있었다. 물론 이 공간은 계급관계들을 매개하지 않고서는 자신을 표현하지 않는다. 모든 구성원들, 특히 노동자·민중 모두가 자신의 계급적 위상에 대한 자각을 통해 스스로의 발상과 행동을 규율하는 것은 아니지만, 자신의 의지에 의해 그러한 사회관계들로부터 벗어날 수 있는 것도 아니다.

이런 맥락에서 광주·호남은 자본의 재생산을 위해 값싼 노동력을 제공하는 저수지이자 그것을 뒷받침하기 위해 저렴한 농산물을 제공해야 하는 이중의 부담을 짊어진 한국 자본주의의 핵심적인 착취 공간이었다. 특히 1960년대 말 이후 시작된 중화학공업화 구상에 따른 전략적 산업입지 전략은 이러한 하위의 위상을 사회·문화적 영역으로 전이·확대시키면서 호남에 대한 차별을 조장·심화시키는 계기가 되었다.[7] 대체로 차별은 '다르다는 것', 즉 차이의 왜곡에서 기인하는데, 상대적으로 호남의

---

7) 산업기지는 1980년까지 옥포, 울산, 구미, 포항, 창원, 온산, 여천 등 거의 영남 지역에 한정되었다. 이에 대한 투자 현황은 한국개발연구원(1981: 180) 참조.

대중은 자본주의 산업화의 산물인 농민층 분해의 와중에서 자기 고향이 아닌 수도권이나 영남 지역의 도시와 공단지역 등 객지에서 일자리를 찾아야 했고 주로 도시 주변에 거주하면서 사회·문화적으로 하층을 형성했다. '주변 계급(marginal class)'으로서의 삶은 그들에게 '질긴 생활력'을 요구했고, 이 같은 삶의 양태는 '전라도 출신'이기 때문에 그렇다는 식으로 해석되면서 이들을 차별·배제하는 또 하나의 경계가 되었다.

이러한 궤적들은 반호남의 지역 차별이 정치권력의 의지에 기인하는 것이라기보다 당시 급속히 진행된 자본주의 산업화에 강력한 물적 근거를 두고 있음을 보여준다. 즉, 지역주의는 산업화에 따른 이농 과정과 맞물려 주로 호남 이외의 도시 공간에서 발생했으며, 장기집권을 위해 대중을 분할 지배하는 것이 필요했던 정치권력의 욕망에 의해 확대 재생산되었다고 볼 수 있다. 따라서 5·18 민중항쟁이 유신 체제의 재편을 추진한 신군부의 불법에 대한 저항의 의미를 넘어서는, 불균등발전을 자신의 고유한 법칙으로 하는 자본과의 관계에서 최하위에 위치하며 억압·차별받은 광주·호남의 저항이었다는 점 또한 놓치지 말아야 한다. 이를 간과할 경우 지역주의는 영남이라는 특정 지역을 기반으로 한 '정치 엘리트의 권력의지' 문제로 귀속되고 따라서 권력의지의 변화에 의해 지역주의가 해결될 수 있다는 인식에 도달하게 되는데,[8] 주지하다시피 지난 1997년 '지역등권'을 모토로 집권한 김대중 정권 이후에도 지역주의와 그것의 정치적 효과는 약화되지 않은 채 계속 재생산되고 있다. 이런 맥락에서 5·18 민중항쟁의 기저에서 그것을 추동한 자본운동에 대한 이해는 민중항쟁에 담겨 있는 진보적 동력에 대한 객관적 인식이기

---

8) 대표적인 발상이 '지역등권론'이다. 이는 1997년 대통령 선거에서 DJP연합의 이론적 기초가 되었다. 이에 대해서는 황태연(1997) 참조.

도 하다.

다른 하나는 5·18 민중항쟁에 내재되어 이후 '더 많은 민주주의'와 진보를 위한 운동의 자양분이 되었던, 그렇지만 항쟁 당시에는 그 모습이 명징하지 않았던 '미완의 요소들'이 무엇이었는지 밝히는 것인데, 그것은 다음과 같다.

첫째, 5·18 민중항쟁은 '타협론'으로 표현된 당시 자유주의 정치 세력과 1970년대 명망가 중심의 재야운동이 민주주의에 대한 결속력과 관련해 얼마나 위약하고 보수적인가를 보여주었다. 이에 대해 '투쟁론'은 도청에서의 마지막 저항을 통해 유신 체제를 재편하고자 하는 신군부의 시도가 민주주의를 향한 '대중의지'와 결코 양립될 수 없음을 확인시켜주었다. 따라서 5·18 민중항쟁 이후에는 민주주의를 자임하는 세력이라면 그 어떤 세력도 신군부와의 타협을 가능성으로나마 제기하는 것은 금기시되었고, 이 같은 변화로 인해 자유주의 정치 세력의 후미에 머물러 있던 급진운동 세력은 상대적이지만 대중적 영향력을 확대시켜 나갈 수 있게 되었다. 5·18 민중항쟁 시기 도청에서의 무장투쟁으로 상징된 '혁명적 민주주의'는 반파시즘운동에서 물러설 수 없는 마지노선이 되었고 이것은 '더 많은 민주주의'와 진보, 새로운 사회로의 이행을 정당화해주는 역사적 원천으로 기능했다. 그리고 지금 그 '혁명적 민주주의'는 민주화 이행 이후 '지체된 민주주의(delayed democracy)'로 상징되는 정치 지형 속에서 급진 민주주의로 새로이 그 모습을 드러내고 있다.[9]

---

[9] '혁명적 민주주의'는 전근대적인 유제들의 청산 등 민주주의의 과제들을 신군부 파시즘과의 비타협적 투쟁을 통해 실현하고자 하나, 자본주의의 모순 극복, 노동계급의 주도성 문제 등에서는 여전히 유보적이다. 이러한 측면에서 모든 비대칭적 사회관계들, 그 안에 내재된 권력관계들을 극복하고자 하는 급진 민주주의와 상이한 측면을 보인다.

둘째, 이른바 '해방광주'가 지니는 의미를 둘러싼 문제로 이것은 '절대공동체'라는 개념으로 접근된 바 있다.10) 그런데 '해방광주'는 고립된 상태에서 가공할 만한 국가폭력에 직면해 자신의 존재를 보전해야 하는 개별자들의 '자연발생적인 생존본능'의 결과였다는 점에서 수동적이었다. 거기에는 '해방공동체'로 나아가고자 하는 목적의식적인 기획도, 공동체의 작동원리에 대한 인식도 거의 존재하지 않았다. 따라서 '공동운명체'를 이루게 한 삶을 위협하는 공포가 반대로 그 해방공동체를 해체시키는 원인이기도 했다. 따라서 그것을 과잉평가할 필요는 없다. 이런 맥락에서 '해방광주'의 더 큰 의미는 5·18 민중항쟁 당시보다 오히려 그 이후 사회 변혁을 내세운 급진적 진보운동이 그것을 미래의 사회상·사회관계들을 상징하는 '역사적 실체'로 간주·수용하고자 한 점에 있다. 그것은 진보운동 세력이 교과서를 통해 학습한 서구의 '파리 코뮌'보다 더 생생한 역사적 실체로, '위와 아래가 없는 새로운 미래사회'의 전형으로 간주되었다.11)

셋째, 삽화처럼 왔다 사라진 '해방공동체'에서 간과하지 말아야 할 중요한 것이 또 하나 있는데, 그것은 바로 민중의 자치능력이다. 비록 준비되지 않은 상태에서 외부의 강제에 의해 촉발된 것이었지만, 그것은 '지배자와 피지배자의 동일성'이라는 민주주의의 실현을 향한 민중의 강한 내재적 의지와 열망을 보여주었다.12)

---

10) 절대공동체에 관한 대표적 논의는 최정운(2001) 참조.
11) 파리 코뮌과 5·18 민중항쟁의 유사점으로는 민주적 의사결정을 하는 대중조직의 자발적 출현, 아래로부터의 무장저항의 출현, 도시 범죄 행위의 감소, 시민들 사이의 진정한 연대와 협력의 존재, 계급·권력·지위 같은 위계의 부재, 참여자들 사이의 내적 역할 분담 등장 등이 지적되고 있다. 이에 관해서 카치아피카스(1999) 참조.
12) 카치아피카스는 이러한 민중의 내재적 의지와 열망을 마르쿠제의 논의를 원용해

특히 지금 진보운동과 관련해 이 해방공동체의 자치력에 주목하는 이유는 그 속에서 노동자·민중, 그리고 그들의 이해를 대변하고자 한 운동 세력이 보여준 '경계 허물기' 때문이다. 거기에는 각 주체의 '차이'를 그 자체로 인정하면서도 '더불어 사는 삶', 민주주의라는 대의를 위해 그 차이를 넘어서고자 하는 진정한 의미의 '차이의 정치'가 존재했다.13) 이러한 '경계 허물기'는 특히 급진적 진보운동에게는 생명과도 같은 것인데 그 이유는 억압과 차별의 근원인 불균등하고 비대칭적인 사회관계들이 강제하는 모든 경계들은 거시적 혹은 미시적 수준을 불문하고 진보운동이 반드시 넘어야 할 필연적 대결 상대이기 때문이다. 물론 이러한 대결 과정은 5·18 민중항쟁과 이후 '5월운동'의 역사가 확인시켜주듯 전진과 후퇴, 횡보를 반복하면서 때로는 파국으로 가기도 하며 때로는 지루하게 진행될 수도 있지만, 대중과 결합해 자신의 실천을 검증받고 그 속에서 헤게모니를 구축해야 하는 진보운동에게 이 과정은 회피하거나 우회할 수 없는 외길과도 같은 것이다. 5·18 민중항쟁 시기 민중의 '자치능력'과 '경계 허물기'는 진보운동에게 '지배자와 피지배자의 동일성'이라는 민주주의로의 진전을 위해 요구되는 것이 무엇인지, 진정한 헤게모니가 어떻게 구성되는지를 압축적으로 보여준 역사적 실체였다.

그렇다면 한 가지 의문이 떠오른다. 5·18 민중항쟁의 이러한 진보적 내용들은 이후 왜 발현되지 못하고 축소·변형·배제되었는가?

'해방을 위한 본능적 욕구' 혹은 '억압에 저항하는 원초적 본능'이라는 의미에서 '에로스 효과(eros effect)'로 설명한 바 있다. 이에 관해서는 카치아피카스(1999; 2002: 245) 등 참조.

13) '차이의 정치'는 "자신이 타자들과의 관계 속으로 들어가 다른 것이 될 수 있는 기회 또는 가장 단순하게는 다른 것을 통해 자신을 표현할 수 있는 기회"라는 점에서 '구성적 차이'라고 할 수 있다. 이에 대해서는 이진경(2005: 108~113) 참조.

3. 자유주의 정치 세력의 '헤게모니'와 5·18 민중항쟁의 '제도화'

1980년대 이후 진보운동은 항상 5·18 민중항쟁과 더불어 존재했으며 모든 운동의 과제는 대중학살로 상징되는 군부 파시즘을 붕괴시키는 것에 두어졌다. 하지만 이것이 진보정치, 이른바 급진적 운동정치가 반파시즘 투쟁 혹은 반독재 투쟁에서 대중적 헤게모니를 행사했다는 것을 의미하지 않는다. 파시스트 지배 아래에서 제도 밖으로 밀려난 자유주의 정치 세력, 그리고 그들과 이념·목표에서 유사점을 지니고 있었던 1970년대식 재야운동이 지닌 대중적 영향력은 여전히 지배적이었다. 1985년 2·12 총선에서 김대중·김영삼이 이끄는 민주화추진협의회(민추협)가 중심이 되어 만든 신민당이 제1당으로 부상하면서 그들의 영향력은 더욱 커질 수밖에 없었다.14) 대중에게 신민당은 유일한 '대안 정치 세력'으로 인식되었다. 물론 5·18 민중항쟁 이후 등장한 급진적 진보운동 세력들 또한 과거처럼 자유주의 정치 세력들의 후미에 머물러 있지만은 않았고 독자적인 정치 세력을 구성하고자 부단히 노력했다.

그렇지만 그러한 시도와는 별개로 여전히 대중은 1970년대식 '재야'라는 미분화된 범주 속에서 급진운동 세력을 판별·인식했다. 이것은 그 의식 여부와 무관하게 진보운동 세력이 반공 분단 체제에서 행해지는 파시즘의 탄압을 모면할 수 있게 한 '바람막이'가 되기도 했지만, 그들이 1070년대 '자유주의적 재야'와는 상이한 발상과 수단, 지향점 등을 지니고 있었다는 점을 고려할 때 그 같은 대중적 인식은 독자적인 정치 세력

---

14) 민주화추진협의회의 공동의장인 김영삼과 김대중의 절대적 영향력 아래 창당된 신민당은 이른바 동토 선거라고 규정된 2·12 총선에서 관제 야당인 민한당을 압도적으로 누르고 제1당이 되었을 뿐만 아니라 득표율에서도 민주정의당(민정당)을 앞섬으로써 대중적 지지를 확인했다.

화를 막는 커다란 장애이기도 했다(이광일, 2001; 2004a 참조). 1980년대에도 대중에게 '재야'는 그 내부의 이질성에도 불구하고 유신체제 때와 대동소이하게 '(최소)민주주의와 인권'을 위해 신군부와 대결하는 '양심세력'으로만 인지되었다.

이런 맥락에서 급진적 운동 세력들은 신군부 파시즘을 극복하기 위해 비타협적으로 투쟁해야 하는 한편, 자유주의 정치 세력을 넘어 대중의 지지를 받아야 하는 이중의 과제에 직면해 있었다. 이러한 시대의 과제를 5·18 민중항쟁과 연관시켜본다면, 그것은 도청에서 전개된 파시즘에 대한 비타협 투쟁, 그들이 추구한 '혁명적 민주주의'의 실현을 의미하는 것이었다.

이에 대해 원외로 배제되었던 자유주의 정치 세력들은 1985년 2·12 총선을 통해 화려하게 원내로 복귀하면서 한편으로 신군부를 비판했으나 다른 한편 그들과 타협하고자 했다. 이미 지적한 것처럼 타협과 투쟁을 가르는 그들의 기준은 자신들의 집권 가능성이 제도적으로 보장되는가의 여부에 있었다. 그 추이에 따라 그들은 언제든지 신군부 파시스트와 협상 테이블에 앉을 준비가 되어 있었고 실제 그렇게 했다. 그들은 1986년 청와대 4·30 회담을 통해 직선제 개헌 가능성이 보이자 5·3 인천사태로 수세에 몰려 있던 민중운동 세력의 과격성을 비판하며 연대를 철회했다가, 1987년 4·13 호헌 조치가 취해져 제도적으로 집권 가능성이 봉쇄되자 다시 민중운동과의 연대를 추진하는 기민한 정치적 행보를 보였다. 6·29 협약은 그 정점에 자리하고 있으며 이런 행태는 1990년 김영삼으로 상징되는 자유주의 우파의 3당 합당, 1997년 김대중으로 상징되는 자유주의 좌파의 DJP 연합 등으로 되풀이되었다.

그런데 사실상 이러한 행태를 뒷받침해준 것은 이른바 1970년대식 재야에 뿌리를 둔 사회·정치 세력이었다. 이들은 파시즘 지배 체제 아래에서 민중운동이 독자적 이념과 조직을 지닌 운동 혹은 정치 세력으로 성장하는 것에 대해 부정적이었다. 사실 이들은 공간적으로 제도 밖에 존재하며 이른바 '양심 세력'으로 인식되었지만, 그 발상과 지향에서 자유주의 정치 세력과 매우 강한 친화력을 지니고 있었으며 시민사회 안에서 자유주의 정치 세력의 헤게모니를 재생산시켜주는 핵심적인 역할을 했다. 특히 '시민사회 안의 또 다른 국가'라고 평가되기도 하는 교회가 그 역할의 중심에 서 있었다. 5·18 민중항쟁 시기 '수습위원회'를 구성해 '타협론'을 관철시키고자 했던 인물들 또한 이러한 범주에 포함된다. 이들 재야는 반공과 자본주의 자체에 대해 어떤 회의와 비판적 시각도 내보이지 않았다. 따라서 그들이 6월항쟁 이후 정치적 자유화가 진전되는 것에 대응해 '참여 속에 개혁'이라는 언술을 앞세우며 자유주의 정치 세력에 편입된 것은 자연스러운 행보였다.15)

1986년 서울노동운동연합(서노련) 등 급진적 운동정치 세력들이 포함된 민중운동의 구심체로 민주통일민중운동연합(민통련)이 출범했으나 이 조직에서도 기독교계 명망가들을 중심으로 한 '재야'의 영향력은 무시할 수 없었다. 이들 재야는 1970년대 반유신 투쟁과 도시산업선교회 활동 등의 와중에서 그들을 추종했던 학생운동·노동운동 활동가들과 지속적인 친분관계를 유지했고, 이러한 유대는 '인정주의'와 맞물리며 급진운

---

15) 이런 맥락에서 노동자들에게 가장 접근해 있던 교회는 "종종 용감하게도 중앙정보부에 도전하면서 노동 문제를 국가의 경제정책과 결부시켜 비판하기까지 했으나… 구체적인 산업 문제에서 제기되는 요구를 일반적이고 정치적인 요구로 바꾸려 하지 않았고 자본주의와 자본주의 윤리에 대해 어떤 회의도 품지 않았으며…그들이 노동자들에게 설교한 것은 경제적 노동조합주의였고 이것의 함의는 산업평화와 생산성을 연계시키려 하였던 바로 국가 엘리트들이 품고 있는 것과 똑같은 목표였다"(최장집, 1988: 88)라는 지적은 적실하다.

동 세력들의 독자적 정치 세력화를 더욱 어렵게 만든 장애가 되기도 했다. 1987년 12월 대선을 앞두고 민통련이 서노련 등 조직 내부의 급진 운동 세력의 반대에도 김대중을 '비판적 지지'하게 된 것은 바로 이런 맥락에서 이해할 수 있다. 6월항쟁의 지도부 역할을 했던 민주헌법쟁취국민운동본부(국본)에는 이들 친자유주의적 재야 세력은 물론 당시 제도 야당이었던 신민당과 두 김씨가 기독교의 지원 아래 직접 참여함으로써 급진운동 정치 세력의 위상은 더욱 약화되었다. 이런 이유로 국본은 7~8월 노동자 투쟁에 효율적으로 개입할 수 없었으며, 그 관심이 12월 대선 문제로 급격히 전환되었던 것도 이런 내부 관계 때문이었다.[16] 급진운동 세력들 또한 신군부 파시즘의 탄압과 감시를 피해 생산현장과 거리에서 노동자·민중과 접촉하며 비타협적인 투쟁을 전개했지만, 그 대중적 요구사항은 외견상 자유주의 정치 세력이 수용할 수 있는 것이었고 바로 이런 점에서 오히려 그들의 헤게모니를 제고시켜주는 '정치적 효과'를 낳았다.

그렇다면 이 과정은 5·18 민중항쟁의 운명과 어떤 연관을 지니고 있는가? 이미 지적했듯이 5·18 민중항쟁은 그 투쟁 과정에서 1980년대 이후 운동에서 나타나는 '두 개의 길'을 미리 보여주었는데, 그 하나가 '타협론'이었고 다른 하나는 '투쟁론'이었다(이광일, 2004b).

5·18 민중항쟁의 좌절 이후 '타협론'을 상징하는 자유주의 정치 세력은 신군부의 태생적 아킬레스건인 학살에 대한 진상을 밝힐 것을 요구하면서, 한편으로 자신들의 최대 목표인 대통령 직선제라는 정치적 카드를 수용하라고 압박을 가했고 다른 한편 이를 매개로 반군부독재투쟁에서 대중은 물론 민중운동에 영향력을 행사했다. 이들은 자신들의 집권 가능

---

16) 국본과 노동계급의 긴장관계에 대해서는 정대화(1995: 140~142) 참조.

성이 보장되지 않는 상황에서 신군부와의 타협을 공공연히 제기할 수는 없었지만, '두 개의 길' 가운데 최소민주주의에 근거한 '타협론'을 현실화시키고자 했다. 특히 1970년대에는 정치적인 변수가 되지 않았던 급진적 진보운동의 대중적 영향력이 점차 제고되면서 그 같은 보수성은 더욱 분명히 드러났다.

이런 맥락에서 급진운동 세력은 자유주의 정치 세력에게 집권을 위한 하나의 전술적 제휴 대상 이상이 아니었다. 그럼에도 불구하고 민족해방운동 진영의 다수는 자유주의 좌파의 '상대적 진보성'을 근거로 '비판적 지지론', '민주연합론' 등을 내세우며 이에 호응했다. 자유주의 좌파의 이러한 정략적 태도는 1992년 대통령 선거에서 전국연합과의 정책연합이 성과를 거두지 못하고 패배하자 그 원인을 전국연합과 같은 과격운동 세력과 연합함으로써 중산층의 지지를 획득하지 못했기 때문이라고 평가하는 것에서 분명히 드러났다. 이런한 상황에 직면해서야 민족해방 계열의 다수는 자유주의 정치 세력들과의 관계를 객관화시키기 시작했지만, 최소한 1997년·2002년 대통령 선거 때까지 그들에 대한 '비판적 지지'는 지속되었다(이광일, 2002b).

이미 지적했듯이, 이 일련의 과정을 경과하면서 신군부에게 민중학살에 대한 사과와 헌정 질서의 회복을 요구했던 '타협론'은 실현되었다. 특히 자유주의 우파의 3당 합당을 비판했던, 김대중으로 상징되는 자유주의 좌파가 '지역등권론'으로 포장된 DJP 연합이라는 수구 정치 세력과의 연대를 통해 집권함으로써 '타협론'은 그 절정에 이르렀다. 더군다나 사회적·경제적·정치적으로 소외된 광주·호남을 상징한 김대중이 1971년 대선 이후 자신의 트레이드마크였던 '민중 지향적 대중경제론'을 'IMF 관리 체제'의 도래를 계기로 폐기하고 신자유주의에 귀의함으로써 자유주의 정치 세력 내부의 상대적 진보를 둘러싼 차이는 더 이상 큰 의미를 지니지 않게 되었다.

바로 이러한 사회·정치관계들의 조성은 5·18 민중항쟁에 내장되어 있던 다의적 성격과 의미를 축소·제도화하는 과정이었다. '타협론'의 맥락에서 본다면 이제 5·18 민중항쟁은 더 이상 민주주의의 원천일 수 없다. 민주주의가 고정된 것이 아니라 비대칭적 사회관계에 내재한 긴장과 모순을 매개로 자신의 모습을 끊임없이 재구성해 나가는 운동의 과정이라고 할 때, 지금 국가기념일로 제도화된 5·18 민중항쟁 속에서 민주주의의 생명력을 찾아보기란 쉽지 않다. 거기에는 불균등하고 비대칭적인 사회관계들 속에서 수탈·착취·배제·억압·차별받는 대중의 요구를 실현하기 위한 발상과 실천이 더 이상 보이지 않기 때문이다.

그렇다면 도청에서의 마지막 무장저항에 내장되어 있던 5·18 민중항쟁의 생명력도, 여전히 미완인 '또 다른 하나의 길'도 함께 마감된 것인가라는 질문을 던질 차례이다.

4. 지구화 시대 진보운동, '5·18 민중항쟁'의 재구성

만일 5·18 민중항쟁이 지금도 어떤 현재적 의미를 지니고 있다면, 그것은 무엇인가? 우선, 이와 관련해 기억해야 할 것은 이미 실현된 '타협론'조차도 자신의 정당성을 도청에서의 비타협적 무장저항으로 상징되는 '투쟁론'에 의지하고 있다는 점이다. 5·18 민중항쟁을 둘러싼 모든 논의들, 특히 국가기념일로 지정된 이후 전개되고 있는 각종 의례들 또한 이 숙명적 관계로부터 벗어날 수 없다. 그리고 이 지점에 현실의 딜레마가 존재한다. 즉, 한편에서는 제도화된 5·18 민중항쟁을 기념하고 있는데, 다른 한편에서는 5·18 민중항쟁 속에 담겨 있던 '미완의 과제들'

을 실현하기 위한 실천들이 부단히 지속되고 있기 때문이다. 그리고 그 도정에는 5·18 민중항쟁을 관리하는 '민주화된 국가'가 그것의 실현을 가로막는 중요한 장애로 우뚝 서 있다. 따라서 5·18 민중항쟁을 둘러싼 과거의 사회·정치적 관계들을 조명하고 밝히는 작업, 그 성격과 위상을 재고하는 작업은 단순히 과거를 회고하는 차원에 머물지 않고 이러한 현재의 사회관계들 속에서 이루어질 때만이 유의미하다.

무엇보다 5·18 민중항쟁의 진보적 재구성은 1980년대 급진운동의 성격 및 위상에 대한 올바른 평가를 전제로 한다. 그 이유는 지금 '제도화된 5·18 민중항쟁'은 1980년 당시 '투쟁론'뿐만 아니라 그것을 발전적으로 계승하고자 한 급진운동의 성격과 위상을 폄훼·축소하는 과정의 산물이기도 하기 때문이다. 그것은 5·18 민중항쟁의 민중 주도성을 부정하는 것에서 출발해 1987년 이후 '더 많은 민주주의'로 전화되지 못한 책임을 급진운동의 본질주의적 발상과 행태에 귀속시키는 논의들과 직간접적으로 연결되어 있다.

하지만 지금 그것들을 재론할 필요는 없다. 왜냐하면 이미 지적한 대로 1980년대 반파시즘운동 혹은 반독재 투쟁에서 행사된 대중적 헤게모니는 이들 급진운동 세력보다는 자유주의 정치 세력에게 있었고 지금 목격되는 '민주주의의 지체'는 그들의 타협적인 정치적 행보에 일차적 책임이 있기 때문이다. 이런 맥락에서 1987년 이후 '더 많은 민주주의'로 혹은 민주주의의 공고화로의 발전이 좌절된 것을 급진운동 세력들의 최대강령주의, 비타협적인 투쟁노선으로 전가하려는 모든 논의와 발상은[17] '혁명적 민주주의'를 지향한 5·18 민중항쟁을 진보적인 시각에서

---

17) 대표적 논의는 최장집, 1993a 참조. 최장집은 노무현 정권에 참여하고 있는 386세대에 대해 과거 PD·NL의 연장선 속에서 그들이 정서만 급진적이고 정책은 보수적

재구성하려는 것과는 거리가 멀 뿐만 아니라 객관적 사실(fact)에 대한 왜곡에 근거하고 있다는 점에서 이데올로기적 혐의의 시선을 모면하기 힘들다.

따라서 이미 살펴보았듯이 수구 세력과의 정치적 타협의 길을 걸어온 자유주의 정치 세력들의 행태에 대한 이론적·역사적 검토가 배제된 평가들은 그 의도 여부와 무관하게 5·18 민중항쟁 시기 대중투쟁의 과정에서 해소된 '타협론'의 부당한 복권을 의미하며 그 연장에 있는 3당 합당, DJP 연합 등 자유주의 정치 세력이 개입된 일련의 정치적 행태와 발상의 역사적 불가피성을 옹호하는 것이기도 하다. 물론 이러한 타협은 '위로부터의 민주화'로 명명되기도 하는데, 이와 관련해 한 가지 유념해야 할 것은 민주주의는 위로부터 주어지는 그 어떤 시혜가 아니며, '위로부터의 민주주의'는 단지 아래로부터의 대중의 요구와 저항에 대한 지배 세력의 변형된 대응방식이라는 점이다.

그렇다면 5·18 민중항쟁을 계기로 형성된 1980년대 급진적 진보운동들은 무엇을 추구했으며 그들이 드러낸 한계는 무엇이었는가. 일반적으로 이들 세력은 5·18 민중항쟁에 대한 '성찰'을 통해 반파시즘, 반미주의, 민중 주체주의, 혁명적 전위주의 등의 성격을 지니게 되었다고 평가된다(조희연, 2002). 여기에서 이들 각각의 내용에 대해 세론하지는 않겠지만, 급진적 진보운동들이 노출했던 한계와 오류를 다시 한 번 숙고할 필요가 있다. 왜냐하면 한편으로 그것은 자유주의 정치 세력의 헤게모니와 맞물려 5·18 민중항쟁의 진보적 내용을 현실화시킬 수 없게 만든

이라고 비판하고 있는데, 이는 이미 보수화된 세력들을 '과거의 기억'으로 불러내어 여전히 그들이 진보적인 것처럼 평가하고 있다는 점에서 현재의 진보를 다시 한 번 희화시키는 '정치적 효과'를 산출하고 있다. 이에 대해서는 프레시안에 실린 글(www.pressian.com, 2005. 4. 21) 참조.

또 다른 장애요인들이었기 때문이며, 다른 한편 5·18 민중항쟁이 1980년대 진보운동의 자양분이 되었고 지금 그것을 지양하고자 하는 진보운동에 의해 그 현재적 의미가 재구성될 수밖에 없다면, 과거와 같은 시행착오를 되풀이하는 것은 바람직스럽지 않기 때문이다. 이러한 맥락에서 그 한계와 오류를 살피면 다음과 같다.

첫째, '경제환원주의'이다. 경제환원주의는 '토대-상부구조론'에 근거해 재생산되었는데, 특히 그것은 '일반적 위기론'과 맞물려 자본주의의 필연적 붕괴라는 발상과 연결되어 있었다. 마르크스주의에 대한 경직된 이해는 '근대화론'과 마찬가지로 모든 정치적 발상과 행태를 비대칭적·억압적 사회관계들과의 관련 속에서 살피는 것이 아니라 그것의 '외피로서의 경제적 현상'으로 환원시키는 입장을 견지하도록 만들었다. 따라서 이때 '경제위기'는 자동적으로 '정치위기'로 간주되었다.

둘째, 조합주의적 노동자계급주의이다. 조합주의적 노동자계급주의는 경제환원주의와 맞물려, 자본주의 사회에서 노·자 간의 모순이 가장 근본적이므로 (변혁)운동의 핵심 주체 또한 노동자계급이어야 한다는 당위적 발상으로 이어졌다. 이것은 노동운동을 중심축으로 설정하고 여타 운동의 위상을 그 아래에 위계적으로 자리매김함으로써 민주주의 투쟁에서 각 부문 운동들과의 연대 가능성을 어렵게 하는 단초가 되었다.

셋째, 일국 중심의 인식체계이다. 5·18 민중항쟁은 미국의 성격과 위상을 재인식하게 만든 계기였으나, 이후 진보운동이 일국 단위 중심의 사고로부터 벗어난 것은 아니었다. 이것은 1980년대 이후 강화된 자본자유화와 시장 개방을 글로벌 신자유주의라는 변화된 국제관계 구조의 맥락에서 파악하기보다 단지 미국의 제국주의적 압력 정도로 이해한 것에서 확인할 수 있다. 이 경우 국민국가를 경계로 한 외적인 요인들은 내적인 요인들과 분리·병립되어 존재하게 되는데, 이른바 민족모순과 계급모순의 관계를 둘러싸고 전개된 당시의 논쟁들은 이러한 한계를 분명히 보여주었다. 이로 인해 진보의 상상력과 실천은 제약되었다.

이러한 몇 가지 핵심적인 한계들이 무엇에서 연유하였는지는 좀 더 심도 깊은 논의를 필요로 하지만, 이론적으로는 '화석화된 소비에트 이데올로기' – 스탈린주의 – 의 지배를, 실천적으로는 파시스트 권력의 탄압으로 대중운동과 긴밀한 관계를 형성할 수 없었던 급진운동의 열악한 존재 상황을 반영하는 것이었다.18) 이러한 이론과 실천의 한계는 6월항쟁 이후 진전된 정치적 자유화와 동구의 급속한 붕괴라는 안팎의 변화에 의해 더욱 증폭되었고 결국 이 와중에 급진적 진보운동은 스스로를 객관화시킬 시간적 여유를 갖지 못한 채 '혼돈' 속에 빠지게 되었다. 그리고 이러한 존재 위기는 1991년 5월 투쟁의 와중에서 분명히 드러났다. 1990년 전후부터 조성된 '공안 정국'에 대한 민중운동의 전면적 대응으로 규정할 수 있는 5월 투쟁은 한편으로 1987년 이후 신군부와의 타협을 통해 진행되었던 민주화가 얼마나 협소한 것인지 또한 자유주의 정치 세력이 얼마나 보수화되었는지 최종 확인시켜주었지만, 더 주목해야 할 것은 대중투쟁을 지도할 수도, 그렇다고 미래의 비전을 제시할 수도 없는 1980년대식 급진적 진보운동의 한계를 분명히 보여준 사건이기도 했다.19)

그렇다면 이러한 한계를 노출했던 진보운동이 지금 신자유주의 지구화 시대에 직면해 자기 문제로 삼아야 할 5·18 민중항쟁의 진보적 요구

---

18) 이론적 수용의 개괄에 대해서는 정문길, 2004를, 대중운동과 결합되지 못한 좌파운동의 발상 및 그 위상이 어떻게 변화되었는지에 대한 재고는 앤더슨(1990) 등을 참조.

19) 1991년 5월 투쟁에 대한 일반적 평가는 최장집(1993b) 참조. 이에 대한 비판적 시각을 가지고 5월 투쟁을 해석한 글은 김정한(2002) 참조.

들, 자유주의 정치 세력의 헤게모니 속에서 축소·배제된 그 목록들은 무엇이며 그것들은 지금 현재 어떤 의미를 지니고 있는가.

첫째, 이미 살펴본 것처럼 5·18 민중항쟁은 외견상 호남·광주만 지니고 있는 특수성이 표현된 것처럼 보이지만, 거기에는 1960년대 중반 이후 수출 지향 산업화 프로젝트를 매개로 독점자본의 지배력이 심화되는 과정에서 드러난 불균등발전의 모순이 고스란히 담겨 있었다. 이것은 4·19 혁명과 5·18 민중항쟁에 대한 군의 개입 양태, 국가권력과 민중의 대결 양상이 확연한 차이를 보이는 물적 요인이기도 하다. 물론 5·18 민중항쟁의 주체들 모두에게 자본이 추동한 불균등발전은 온전한 형태로 인식되진 않았지만, '혁명적 민주주의'를 지향했던 '투쟁파'에게는 그것이 민주주의의 커다란 장애로 인식되고 있었던 것은 분명하다.

따라서 5·18 민중항쟁에 담겨 있는 '미완의 요소들'을 계승·실현시키고자 하는 진보운동에게 자본이 강제하는 착취·수탈의 관계들을 문제시하면서 그것을 해소·극복해야 하는 과제는 여전히 핵심적이다. 특히 지금 자본의 모습이 모든 영역의 사회관계들을 자본과 그것이 지배하는 시장의 논리를 유일한 사회조직 원리이자 규범으로 삼아 자신의 지배 아래 두고자 하는 신자유주의로 나타나고 있다는 점에서 그 과제의 실현은 더욱 큰 역사적 의미를 지닌다.

둘째, 5·18 민중항쟁은 민주주의가 대중의 참여와 결속에 의해서만 확보·유지될 수 있다는 사실을 확인시켜주었다. 5·18 민중항쟁이 지향했던 민주주의는 최소주의적 민주주의가 아니었으며 '혁명적 민주주의'를 지향했다는 점에서 다양한 영역에 걸쳐 있는 비대칭적이고 억압적인 사회관계들, 그것을 재생산하는 모든 권력관계들을 문제시하면서 그것을 해소·극복하고자 하는 급진 민주주의로의 발전 가능성을 지니고 있었다. 그리고 그 가능성은 신자유주의 지배가 전면화된 지금 현실적인 것이 되었다.

이런 의미에서 신자유주의는 '경제'로 환원될 수 없는 '정치'이며 따라서 그 핵심에는 민주주의 문제가 자리 잡고 있음을 간과해서는 안 된다. 신자유주의는 부와 권력의 차원에서 '두 국민 프로젝트'를 심화시키고 있다. 그 결과 지금 한국 사회는 부와 권력을 독점한 5퍼센트와 나머지 95퍼센트로 나뉜, 기름과 물같이 분절된 그런 사회가 되었다. 그 핵심에 이미 절반을 넘어선 비정규직 노동자가 있으며 그들 가운데는 다수는 성차별에 의해 이중의 고통을 받고 있는 여성노동자이다. 물론 하위에는 '계급 이하의 계급'인 이주노동자가 존재한다(케빈 그레이, 2005 참조).

그렇다면 이들이 경제적 고통을 당하게 되는 가장 큰 이유는 무엇일까. 그것은 자신의 생존과 기본권을 방어·옹호할 수 있는 법·제도적 기제에 접근할 수 있는 기회를 봉쇄당하고 있기 때문이다. 선거를 통해 주기적으로 정부와 의회가 구성되는 등 '민주화 이행'이 일단락되었다고 하지만 이주노동자는 말할 것도 없고 일국의 주권자인 대중에게도 자기지배를 제고시킬 수 있는 다양한 기제들은 굳게 닫혀 있다. 미국산 광우병 위험 소고기 수입을 둘러싼 갈등에서 확인할 수 있듯이, 심지어 자신의 삶과 건강을 위협하는 사안에서조차도 그렇다. 그런데도 신자유주의의 옹호자들은 사회구성원의 절대다수가 배제·차별받는 이 현실 자체가 민주주의 위기를 상징하는 것임을 외면하고 있다(이광일, 2003: 96~97).

신자유주의 아래에서 급진 민주주의가 현실적인 것이 되었다는 것이 의미하는 바는 자본이 강제하는 사회관계들의 해소 내지 극복을 지금 이 순간 중요한 실천의 축으로 삼지 않는다면 그 어떤 운동도 그것이 쳐놓은 배제와 억압의 경계로부터 단 한 걸음도 전진할 수 없다는 것을 의미한다.[20] 왜냐하면 신자유주의는 자신만이 유일한 사회조직 원리이자 규범이라고 말할 뿐만 아니라 그것을 신자유주의 경쟁 국가를 통해 강제하고 있기 때문이다.21) 따라서 중요한 공공적 사안들에서조차 자기결정권을 행사할 수 없게 된 대중을 정치, 그 핵심인 민주주의의 주체로 다시 세우는 과제에 복무하는 것이야말로 지금 제도 안팎에 포진되어 있는 급진적 진보정치 세력에게 5·18 민중항쟁이 부여한 또 하나의 시대적 요구이다.

셋째, 5·18 민중항쟁은 사회·문화적으로 차별받는 호남·광주의 대중이 주체가 된 투쟁이었다는 점에서, 그 인식의 정도 여부와 무관하게 소수자(minority)의 존재와 삶을 왜곡시키는 억압적 사회관계들과 그것을 재생산하는 부당한 권력에 대한 고발과 저항의 의미를 담고 있다.

이러한 맥락에서 5·18 민중항쟁은 1980년대 급진운동의 오류이기도 했던 조합주의적 노동자계급주의를 극복하고 이 사회의 다양한 영역에 존재하는 소수자운동과 연대할 것을 강하게 요구하고 있다. 비정규직 노동자, 이주노동자, 성소수자, 장애인, 노인 등 이 사회를 구성하는 소수자들은 신자유주의가 강제하는 '경쟁과 생산성 지상주의'로 인해 더욱더 주변으로 내몰리며 고통당하고 있기 때문이다. 따라서 지금 노자 간의 모순에 근거한 '적대의 정치'와 '차이의 정치'는 객관적으로 그 어느 때보다 밀접히 연관되어 있으며 또한 서로 긴밀히 연대할 것을 요구받고

---

20) 노동운동의 조합주의적 행태에 대해서는 비정규직 문제를 매개로 다양하게 지적되고 있다. 하지만 비정규직 문제를 양산하는 가장 커다란 원인제공자인 자본에 대한 비판은 급진적인 노동운동에 의한 것을 제외하면 거의 전무하다. 특히 진보적임을 자처하는 시민운동에서조차 '글로벌 신자유주의'가 노동자는 물론 이른바 시민에게 전 사회적으로 강제하고 있는 파편화·분절된 사회관계들에 대한 깊은 성찰을 찾아보기란 쉽지 않다.
21) '신자유주의 경쟁국가'에 대해서는 Jessop(2002: 138~139), 할러웨이(1999: 189 등) 참조.

있다. 물론 자본과 그것이 지배하는 시장의 힘이 압도하는 상황이 되었다는 것, 그 결과 그것이 강제하는 비대칭적·억압적 사회관계·권력관계들의 극복이 운동의 중심 과제가 되어야 한다는 것과 그 모순을 누가 '중심 주체'가 되어 극복해야 하는가라는 문제는 필연적 인과관계에 있지 않다는 점에 유념하면서 말이다.

5. '제도화된 5·18'을 넘어서

지금 5·18 민중항쟁의 정신을 계승해야 한다고 되풀이 말하는 것은 아무런 의미가 없다. 이런 맥락에서 진보운동은 이제 그러한 수사들과 거리를 두어야 한다. 진보운동의 존재의미는 현실의 관계들을 설명하고 그려내는 것에 있는 것이 아니라, 그 속에서 작동하는 모순과 그것이 강제하는 차별과 배제의 경계를 넘어 나아가고자 하는 다양한 실천 그 자체에 있기 때문이다.

그런데 오히려 진보운동, 특히 제도 안의 진보정당, 시민운동 등은 기존 체제가 강제하는 경계 안으로 더 흡수되는 양상을 보이고 있다. 진보정당의 원내 진출은 정치적으로 중요한 진전이지만, 다른 한편 제도화의 경향성, '체제 내화'의 흐름이 강하게 존재하는 것 또한 사실이다. 특히 진보정치를 향해 투쟁보다 구체적 대안을 제시하라는 비판― 이것은 제도 내의 룰을 지키라는 이데올로기적 공세의 의미를 지니고 있다― 은 대중의 표를 의식할 수밖에 없는 제도 내 진보정당들에게 중요한 압박으로 다가오고 있음이 분명하다. 하지만 그와 같은 비판이 대중을 단지 제도 안에 존재하는 정치적 주체로만 파악하는 전제에서 출발하고 있다는 점을 간과해서는 안 된다.

이와 관련해 한 가지 분명히 해야 할 것은 진보운동의 일차적 임무는 제도 안에서 구체적 정책이나 모델을 제시하는 데 있다기보다 그것의 현실화를 위해 불균등하고 억압적인 사회관계들을 비판하고 재구성하는 데 있다는 점이다. 그것을 간과한 채 정책의 제시에 몰두한다면, 그것은 스스로 진보이기를 부정하는 것과 같다. 이러한 맥락에서 글로벌 신자유주의, 반생태·환경주의, 이주노동자 등 소수자를 억압하는 기존 관계들에 대한 비판을 '구체적 대안이 없는 본질주의(fundamentalism)'라고 비판하며 기존의 비대칭적 현실에 안주하고자 하는 발상과 행태는 진보의 본령이라 할 수 없다. 이런 맥락에서 지금 진보운동 세력은 오히려 더욱 근본적인(radical) 정치 세력으로 거듭 태어나는 것이 필요하다. 역설적이게도 자본의 지배력이 더욱 강화되는 이 시기에 진보정치 세력은 자신의 급진성을 더욱 첨예하게 드러내기보다 문제를 둔각화하며 거둬들이고 있기에 더욱 그렇다. 그리고 바로 이것이 끊임없이 재구성되는 5·18 민중항쟁의 역사적 의미를 구현하는 길이기도 하다.

지금 글로벌 신자유주의는 계급·민족 문제는 물론 다양한 영역에서 배제·차별화된 사회관계들을 강제하고 있다. 이 세계는 일국 내 '두 국민'이 존재할 뿐만 아니라 그것을 매개로 한 '두 세계인'이 존재할 뿐이다. 그 경계의 한쪽에는 '실질적인 세계인'으로서 부와 권력을 지닌 소수의 지배자들이, 다른 한쪽에는 '형식적인 세계인'으로서 생존하기 위해 노동할 수 있는 혹은 이주할 수 있는 권리조차 박탈당한 피지배자들이 존재한다.

하지만 이러한 상황이 암울한 것만은 아니다. 그것은 진보운동에게 그동안 형식적이었던 '시민적 권리의 보편성'과 연대의 문제를 더욱 실제적인 것으로 인식·포착할 수 있게 하는 계기를 제공하기 때문이다. 이제 노동력의 이동 문제는 더 이상 일국 외부적인 특수한 상황의 부산물이 아니다. 그것은 이미 내재화되었으며 일국의 문제이자 글로벌한 문제가 되었다. 또한 공간적으로 불균등발전을 통해 관철되는 신자유주의 세계화의 중심 모순은 역설적으로 모든 사람이 완전한 인류의 구성원으로서 존엄과 존경을 받을 수 있는, 보편적인 권리에 대한 개념을 근본적으로 구축할 것을 제기하고 있다.[22] 따라서 글로벌 신자유주의의 심화에 비례해 오히려 국가주의·민족주의라는 경계를 설정해 그 안팎에 상이한 기준들과 규율을 강제하며 비대칭적 사회관계들을 조성하고자 하는 모든 시도들에 대해 본질적으로 비판하고 저항하는 것이 가능해지고 있다. 이러한 보편성에 대한 지속적인 주목과 실천이 진보정치의 근간임은 물론이다. 이미 지적한 대로 이러한 관심과 실천이 5·18 민중항쟁 시기 '해방광주'에서 나타난 '경계 허물기'의 연장선상에 있음은 물론이다.

그렇다면 이처럼 변화된 조건 속에서 호남, 그 핵심인 광주는 지금 무엇을 하고 있는가? 권위주의, 파시즘 체제 아래에서 마이너리티로서 호남·광주가 한국의 민주주의를 위해 걸어온 길은 사회적 차별과 배제의 경계를 넘고자 했다는 점에서 결코 무시할 수 없는 역사적 무게를 지닌다. 비록 김대중이라는 동향의 자유주의 정치 지도자를 매개로 했지만, 이것이 이 지역이 다른 지역에 비해 민주주의에 대한 결속력이 강했다는 점을 폄훼하는 증거가 되지는 않는다. 그 해석 여부와 무관하게 이중삼중의 고통을 받고 있던 호남·광주가 한국에서 최소 민주주의를 가능케 한 '희망의 공간'으로 기능해왔음을 부정할 필요는 없다.

그런데 문제는 민주주의가 고정되어 있는 사물이 아니라는 사실에

---

[22] 이에 대해서는 Harvey(2000: 제5장)의 지리적 불균등발전과 보편적 권리 참조. 그리고 제국(Empire)으로의 이행을 추동하는 '지구화'가 오히려 진보운동에 긍정적인 환경을 조성하고 있다는 해석과 발상에 대해서는 하트·네그리(2002) 참조.

있다. 따라서 비판의 핵심은 지금 최소민주주의가 정착된 상황에서 호남·광주가 이른바 '더 많은 민주주의', 나아가 글로벌 신자유주의 시대의 사회 진보와 관련해 거의 아무런 역할도 하지 못하고 있다는 지점에 놓여 있다. 이것은 여전히 보수 정당들 사이를 오가는 이 지역의 선거 행태 속에서 부분적으로 확인할 수 있다. 그렇다고 이 지역에서 새로운 대안의 모색이 활발히 논의되고 있는 것도 아니다. 이것은 지난 시기 호남·광주가 민주주의를 위해 싸워 왔던 이유 역시 '더 많은 민주주의'의 맥락에서 제기된 것이 아니라, 더 본질적으로는 '지배자와 피지배자의 동일성'을 실현하기 위한 목표에 있었던 것이 아니라, 자기방어를 위한 '또 다른 지역주의'에 있었다는 점을 확인시켜줄 수 있는 경험적 지표가 될 수도 있다. 그리고 바로 여기에 5·18 민중항쟁이 광주·호남과 무관한 것이 되어가는 진실의 일말이 감추어져 있다.

이제 이런 비판을 호남·광주는 어떻게 받아들일 것인가? 애초 억압적 사회관계들을 넘어 나아가는 무한한 운동으로서의 민주주의를 자기 것으로 삼아 더 밀고 나갈 것인가? 아니면 '위로부터 주어진 또 다른 경계'를, '제도화된 5·18'을 받아들이며 그대로 주저앉을 것인가? 어느 것이 5·18 민중항쟁의 의미를 계승하고, 한국 사회의 민주주의와 진보를 위해 기여하는 것인지 냉정히 생각해볼 때이다.[23]

---

23) 이와 관련해 일반적으로 제도 내의 진보정당들은 공단 지역이나 수도권에서의 당선을 중요시하는데, 이것은 노동자계급의 지지, 대도시에서의 의회 진출이 갖는 정치적 효과와 의미를 과잉 의식하기 때문이다. 그러나 한국의 민주주의와 진보를 위해서는 호남에 교두보를 만드는 것이 관건인 것처럼 보인다. 왜냐하면 호남은 여전히 불균등발전 과정에서 가장 열악한 조건 속에 있기 때문이며, 역사적으로도 진보운동이 우선적으로 고려해야 할 '민주주의의 상징적 공간'이기 때문이다.

참고문헌

광주광역시 5·18사료편찬위원회 편. 2001. 『5·18민중항쟁사』. 고령.
그레이, 케빈. 2005. 「계급이하의 계급으로서의 한국의 이주노동자」. 『위기의 노동』. 후마니타스.
김동욱. 1990. 「한국자본주의의 모순구조와 항쟁주체」. 정해구 외. 『광주민중항쟁연구』. 사계절.
김동춘. 2001. 「5·18, 6월항쟁 그리고 정치적 민주화」. 광주광역시 5·18사료편찬위원회 편. 『5·18민중항쟁사』. 고령.
김정한. 2002. 「권력은 주체를 슬프게 한다: 91년 5월투쟁 읽기」. 『그러나 지난 꿈속에서 이 친구들이 나에 대하여 이야기하는 소리가 들려왔다 1991년 5월』. 이후.
박현채. 1990. 「80년대 민족민중운동에서 5·18광주민중항쟁의 의의와 역할」. ≪역사와 현장≫, 제1호. 남풍.
손호철. 1995. 「80년 5·18항쟁: 민중항쟁인가, 시민항쟁인가」. 『해방50년의 한국정치』. 새길.
안병욱. 1999. 「5·18, 민족사의 지평을 넘어 세계사의 지평으로」. 『5·18은 끝났는가』. 푸른숲.
앤더슨, 페리. 1990. 『서구 마르크스주의 연구』. 장준오 옮김. 이론과 실천(원저 *Considerations on Western Marxism*, London: NLB, 1976).
이광일. 2001. 「민주화이행, 80년대 '급진노동운동'의 위상 그리고 헤게모니」. ≪진보평론≫, 제9호.
_____. 2002a. 「대선과 정치구조의 변화: '보수 대 진보'의 대립은 가능한가」. ≪경제와 사회≫, 제56호. 한울.
_____. 2002b. 「'신민주연합론'의 정치적 지위와 의미」. ≪이론과 실천≫, 6월호.
_____. 2003. 「자유주의에서 신자유주의로의 전화: 민주주의의 축소와 국가물신의 심화」. ≪정치비평≫, 하반기.
_____. 2004a. 「민주노동당, '진보정치' 그리고 '사회이행'」. ≪진보평론≫, 제22호.

_____. 2004b. 「5·18 민중항쟁, '과거청산'과 재구성의 정치」. ≪민주주의와 인권≫, 제4권 2호.

_____. 2008. 「'진보의 재구성'을 위한 몇 가지 문제와 작은 질문」. ≪진보평론≫, 제36호.

이진경. 2005. 「맑스주의에서의 차이와 적대 문제」. 『맑스, 왜 희망인가』. 메이데이.

정대화. 1995. 「한국의 정치변동 1987~1992: 국가, 정치사회, 시민사회의 관계를 중심으로」. 서울대 정치학과 박사학위논문.

정문길. 2004. 「한국에 있어서의 진보주의의 수용과 전개: 1970년대 이후 한국에서의 마르크스주의 운동과 연구동향」. 『한국 마르크스학의 지평』. 문학과지성사.

정일준. 2004. 「5·18담론의 변화와 권력-지식관계」. ≪민주주의와 인권≫, 제4권 2호.

조희연. 2001. 「5·18과 80년대 사회운동」. 광주광역시 5·18사료편찬위원회 편. 『5·18민중항쟁사』. 고령.

최장집. 1993a. 「한국 노동자계급의 정치세력화문제」. 『한국민주주의의 이론』. 한길사.

_____. 1993b. 「한국 민주화의 실험」. 『한국민주주의의 이론』. 한길사.

_____. 1998. 『한국의 노동운동과 국가』. 열음사.

최정운. 2001. 「절대공동체의 형성과 해체」. 광주광역시 5·18사료편찬위원회 편. 『5·18 민중항쟁사』. 고령.

카치아피카스, 조지. 1999. 『신좌파의 상상력』. 이재원 옮김. 이후.

_____. 2002. 「역사 속의 광주항쟁」. ≪민주주의와 인권≫, 제2권 2호.

하비, 데이비드. 2001. 『희망의 공간: 세계화, 신체, 유토피아』. 최병두 옮김, 한울(원저 *Spaces of Hope*, Edinburgh Univ. Press, 2000).

하트·네그리. 2002. 『제국』. 윤수종 옮김. 이학사(원저 *Empire*, Harvard Univ. Press, 2000).

학술단체협의회. 1999. 『5·18은 끝났는가』. 푸른숲.

한국개발연구원. 1981. 『국가예산과 정책목표』.

할러웨이, 존. 1999. 「지구적 자본과 민족국가」. 『신자유주의와 화폐의 정치』. 갈무리.

황태연. 1997. 『지역패권의 나라』. 무당미디어.

Jessop, Bob. 2002. *The Future of the Capitalist State*. Cambridge: Polity Press.

Marx, Karl. 1984. *The Eighteenth Brumaire of Luise Bonaparte*. New York: International Publishers.

Wallerstein, Immanuel. 2002. "A Left Politics for an Age of Transition." *Monthly Review*, January. 20

제11장

5·18 기억의 정치화와 민족

지구화 시대 민주화와 선진화 담론의 망각 체계

김진호(제3시대그리스도교연구소 연구실장, 목사)

1. 머리글: 지구화 시대 민족주의, 그 위험스러운 배타주의의 부활

베이징 올림픽 성화가 한국을 거쳐가는 과정에서 일부 중국 유학생들의 폭력적 공격이 있었다. 그리고 종종 그렇듯이 이튿날부터 한국 네티즌의 사이버 공격이 이어졌다. 올림픽 개최로 중국이 국제적 공공성 영역과의 접촉면이 확대되면서 티베트라는 약한 고리를 둘러싼 국제전(國際戰)이 벌어지고 수세에 몰린 중국의 민족주의가 미국, 유럽 및 세계 각처에서 분출했는데,[1] 그러한 민족주의의 공격성이 비교적 큰 파열음을 낸 곳이 바로 한국이었던 것이다. 티베트에서의 만행에 대한 인권적 감수성이 더 강했던 것도, 반중(反中) 기조의 국제 외교가 활발해질 만한 정치적

---

[1] 지구화 시대 중국인의 민족주의적 집단의식이 형성되는 배경에 관한 연구들로 최연식(2004), 백지운(2005) 참조.

이벤트가 열렸던 것도 아니다. 이유라면 중국 유학생의 숫자가 많다는 정도이다. 요컨대 그들이 이렇게 명분 없는 집단행동을 할 만한 이유가 단지 '숫자'였다면, 성찰하기보다는 너무 쉽게 흥분하는 집단심리가 이유였다면, 중국의 분출하는 민족주의와 거기에 즉자적인 공격으로 반응하는 한국의 민족주의는 매우 위험스러워 보인다.

그 누구의 의도도 아니고 사건의 연계성도 없지만, 예상 못한 시간에 중국의 민족주의가 한국을 건드렸고, 한국의 민족주의는 곧바로 못지않은 공격성을 표출했다. 물론 이 사건은 미미한 갈등에 지나지 않는다. 하지만 민족주의는 때로 대책 없이 공격적이고 차분한 성찰보다는 감정적인 경쟁심과 좀 더 어울리는 생각의 장치임을 여실히 보여주는 사건임은 부인할 수 없을 것이다.

이렇게 배타적이고 공격적인 민족주의가, 조금 더 지평을 확장해보면, 최근 일본을 포함한 동아시아 삼국의 민족사 구성 문제를 둘러싼 민족국가 간 충돌의 배후로 작동하고 있다. 그뿐만 아니라 지구화가 빠르게 확산되는 1990년대 이후 '언어집단'의 민족적 주체화가 가속화되어 향후 50년 내에 천 개의 독립국가가 등장할 것이라는 한 미래학자의 다소 과장된 주장에서 시사되고 있듯이(네이스비트, 1997: 1장), 전 세계적인 갈등의 배후로 이념이나 경제 문제보다 민족주의가 더욱 중요한 요소로 부상하고 있다. 이는 '민족'이라는 집합적 정체성이 특히 지구화 시대에 갈등의 주요 표출구 같은 성격으로 현저히 강화되고 있다는 것을 의미한다.

'지구화'는 근대적 국경의 견고한 장벽을 제약 없이 넘나드는 다양한 요소들로 인해 전 지구적인 상호 연결망이 확대되는 방향으로의 구조 변동을 표상하는 개념인데, 이러한 변화의 파고는 영토성(territorization)이 관계 구성의 핵심인 근대적 민족국가의 특권적 지위를 크게 훼손시켰다. 국경 내부에 대한 배타적인 독점적 통제력이 국경을 자유자재로

횡단하는 요소들로 인해 크게 교란된 것이다. 그런데 모순적이게도 근대적 민족국가의 사회 통합의 장치로 가장 중요한 역할을 해왔던 민족주의가 지구화로 인한 '국가의 위기'가 구조화될수록 오히려 더욱더 맹렬히 불타오르고 있다. 카스텔(Manual Castells)은 정보 네트워크의 지구화로 인한 존재론적 불안을 방어하기 위해 문화공동체에 대한 귀속 욕구가 강화되는 현상으로 지구화 시대 민족주의의 활성화를 설명한다(카스텔, 2008).

이렇게 지구화되면서 국지화되는 요소는 지구화 시대 국가의 체제적 속성에 속한다고 할 수 있다. 카스텔은 이러한 양상을 정보 네트워크가 '수평적'으로 확대되는 현상과 관련시켜 해석하고 있지만(김명준, 2007), 드러커(P. Druker) 등을 중심으로 하는 기술현실주의(techno-realism)는 탈자본주의 시대 정치 체제의 추동 세력이 소수의 전문가집단인 '지식경영자'임을 주장한다(드러커, 2000). 비록 드러커 등은 기술 유토피아적인 낙관주의적 시각에서 이러한 현상을 바라보고 있지만, 지구화 이후 한국의 기업 광고 속에서 민족주의 담론의 특성을 조사한 노승미에 의하면, 이 광고들은 전 지구적 차원에서 벌어지는 치열한 시장 경쟁 속에 민족을 전투적 경제공동체의 단위로 동원하며, 이에 걸맞은 배타성과 공격성의 경제주의적 요소를 정서와 기억 속에 민족주의 형태로 주입하는 담론 형식을 띤다고 한다(노승미, 2006). 물론 이러한 광고 담론의 한가운데는 지구화 시대의 민족주의적인 경제적 동원 체제의 중심에 바로 지식경영자가 있다는 것을 전제하고 있다.

필경 이러한 광고 속의 메시지가 '성화 봉송 폭력사태'에 대한 한국 네티즌의 신속한 배타적 공격성의 심리적 알리바이가 되었을 것이다. 광고를 통한 담론의 공공성이 무성찰적 공격성을 야기하는 토대가 된 것이다. 그렇다면 지식경영자들의 체제는 기술 유토피아적인 평화롭고

발전적 세계보다는 호전적이고 위험스럽기까지 한 불길함 속으로 우리를 몰아가고 있을지도 모른다.

바로 이러한 위험스러운 민족주의가 지구화 시대를 맞으면서 전 세계적으로 격렬하게 부활하고 있다. 그리하여 국가 간 경쟁과 배타주의가 격화되고 있고, 국경 내의 외부자에 대한 배제와 차별이 심화되며, 중국과 티베트의 예에서 보이듯이 국가와 소수민족 간의 물러설 수 없는 갈등을 강화시켰다(스미스, 1997).

그런 점에서 이 글은 MB 시대의 민족주의 행보와 그 가능성에 주목한다. MB 체제를 낳은 시민사회적 욕구와 '실용' 혹은 '선진화'라는 슬로건으로 표상되는 신정부의 상호 얽힘을 민족주의의 행보 가능성과 관련해 살피고자 하는데, 특히 '5·18의 기억'이 어떻게 정치화될지에 관한 문제의식과 연계시켜 하나의 '불온한' 상상력을 펼치고자 한다.

2. 지식기반사회적 제도화 과정과 민족주의, 그리고 사회적 배제의 양상

피터 드러커, 다니엘 벨 등의 '지식기반사회(knowledge-based society)'론은 지식기반경제를 위한 동원 체제로 사회 각 영역이 제도화되어야 한다는 이론적 주장이다. 한국에서는 '국민의 정부' 이후 불규칙하지만 크게 보면 일관성 있게 지식기반사회적 제도화가 추진되고 있다고 할 수 있다. 그러나 '국민의 정부'나 '참여정부'에서 지식기반사회의 제도화 문제는 체제의 성격과 관련해 내적 모순의 요소를 지닌다. 그것은 이들 민주화 시대의 정부들이, 발전주의 우선으로 전 사회적 동원 체제를 구축했던 군부 독재 시대의 근대화 양식(군사주의적 근대화)에서 발전과 배분의 동시적 추구를 지향하는 근대화(민주적·시민적 근대화)로의 변화를 갈망하게 된 사회적 욕망 속에 탄생되었기 때문이다. 그런 점에서 민주화 시대 정치 체제는 '군사주의적 근대화'를 청산하고 '시민적 근대화'를 구현하려는 시대정신의 산물이라고 할 수 있다.

자원의 독점에서 배분으로의 제도화가 이러한 시대정신의 기저를 이루고 있다. 이러한 배분 욕망은 '평등'이라는 이상화된 개념을 통해 표현됨으로써 보편적 함의를 얻을 수 있다. 그런데 그것은 '체험된 평등'이 아니었다. 열망해 마지않던 '상상 속의 평등'이 갑자기 제도화의 길을 걷게 된 것이다. 누구도 준비되지 않은 상황에서 사회적 보편성을 구현하는 역사의 시험대라는 어려운 관문을 지나야 했다. 성찰의 시간이 부족한 상황에서 실행되는 평등의 제도화는 다분히 도구적인 방식으로 구체화될 우려가 농후하다. 그리고 그 우려는 상당 부분 실현되었다.

우리 사회에서 민주적 제도화의 시대가 산업 구성에서 내구소비재의 비중이 급속도로 커지는 시기와 맞물려 있다는 점은 평등의 도구주의적 제도화의 문제를 고려할 때 중요한 변수이다. 시민의 인정 욕망은 일상으로 침투한 자본의 호명 앞에 급격하게 '시장적'으로 채색되어갔고('시민의 시장화'),2) 이 시장화된 시민은, 송호근의 표현대로 '교양 없는 중산층'을 이루어 한국 민주화 시대 평등 담론의 성찰 가능성을 잠식했다(송호근, 2006). 송호근은 서구의 특징인 '자유와 코드화된 평등'이 아니라 권위주의 시대의 인정 투쟁의 산물인 '권리와 코드화된 평등'이 한국의 지배적인 평등 담론을 구성했다고 지적한다. 이를 액커먼(Bruce A. Ackerman)식으로 말하면, (자유주의적이든 사회주의적이든) 지배 체제에 대항하고 권력을 대체(정복)함으로써 구성되는 평등 담론인 '지배적 평등'과 부합하는 개념이라고 할 수 있다(Ackeman, 1980: 15~17). 그것은 타자에 대한

---

2) 한국 민주화와 시민의 시장화에 대하여는 김진호(2007b) 참조.

우월감에 기초하지 않고 대화적인, 그리하여 선험적으로 결정되기보다는 과정적으로 구성되는 '비지배적 평등'과는 대비된다. 그런데 이러한 '권위·평등'이 민주화 시대의 지배적 가치를 향유하는 세력인 '교양 없는 중산층'과 천박한 '시장화된 시민'에 의해 전유됨으로써 성찰의 가능성은 더욱 잠식되고 자기 집단의 지대 추구적 행위(rent-seeking behavior)의 도구로 전용되는 왜곡 현상이 일상화되었다는 것이다(송호근, 2006).

그런데 바로 이때가 지구화의 물결이 거칠게 몰아쳐 오던 시기였고, 지난 권위주의 시대에 고도성장을 이룩한 근력기반사회(brawn-based society)를 지식기반사회로 재구조화하는 급속한 이행의 시기이기도 했다. 여기서 근력기반사회는 생산성이 향상되면 생산요소를 증가시킬 필요가 발생하고 이는 다시 더 높은 생산성으로 이어지는, 그리하여 생산성의 향상이 (수확체감의 법칙에 따라) 더 많은 고용 창출을 낳는 경제적 양식을 말한다. 그러나 지식기반사회는 생산성이 향상되어도 고용이 추가로 발생하지 않는, 심지어 더 적게 발생하기도 하는 생산 메커니즘(수확체증의 법칙)을 특징으로 한다(이진복, 2004: 130). 이는 승자 독식 현상이 더욱 심화되고 배제 가능성(실질적 배제와 잠재적 배제)의 범위가 더욱 광범위해지는 현상을 낳는다. 그런 점에서 지식기반사회는 자원 배분의 위기를 일상화한다.

앞서 언급했듯이, 탈권위주의 시대의 정부들은 자원 배분에 대한 사회적 욕망을 제도화하는 민주적 정부를 추구하면서도 동시에 자원 독점을 더욱 강화하는 지식기반사회적 제도화를 모색했다. 문제는 이 두 요소-배분 지향성과 독점 지향성-가 잘 조정되기보다 불안정하게, 모순적으로 접합되곤 했다는 데 있다. 그것은 급박하게 진행되는 외적 현실, 특히 지구화의 위협 속에 이행과 조정을 여유 있게 진행할 시간이 부족했기 때문이기도 했고, 각각의 사회적 행위자들, 지배를 위한 자원을 충분히 갖지 못한 그리하여 개혁을 필요로 하는 집권세력이나 충분한 자원을 갖추었음에도 도전 세력의 위치로 추락해 있던 구지배 세력, 그리고 그 밖의 다양한 민주 지향적 세력과 반민주 지향적 세력이 대화적이기보다는 정복주의적인 자세로 상호간에 무한경쟁에 돌입해 있었기 때문이기도 하다.3)

아무튼 이러한 제대로 준비·조정되지 못한 제도화는 광범위한 '배제'를 발생시켰다. 중산층의 몰락과 하층민화가 심화되었고, 하층민의 자기 파괴 현상도 심화되었다.4) 매우 높은 수준의 몰락 가능성은 중산층과 하층민 사이의 '하향의 회색지대'를 광범위하게 형성했고, 이는 지난 시대 상승 가능성에 충일된 '상향의 회색지대'의 사회와는 다른 사회심리를 낳았다. 한국의 뉴라이트 진영의 대표적 이데올로그인 박세일이 말하는 '항아리형 경제'5)라는 표현만으로는 충분히 설명될 수 없는, '하향의 회색지대'의 사회심리는 무능력화에 대한 '사회적 공포'와 연결된 규율 체제를 야기한다. 이러한 규율 체제는 일터와 쉼터, 일과 여가 사이의 구분 자체를 해체하고 끊임없는 자기개발을 추구하게 하는, 노동중독증 걸린 탈근대자본주의적 노동 주체의 사회이며(서동진, 2004), 경제적

---

3) 그런 점에서 이 시대를 사회적 합의와 국가 차원의 제도화라는 관점에서 보면 민주화의 시대라고 특성화하기에는 충분치 않고, 다만 지난 시대에 '이름을 갖지 못했던' 다양한 존재들이 주체로 부상하기 위해 자신들 외부의 존재들과 치열하게 경합하면서 자기를 구성해갔던 '정체성의 정치'가 대단히 활성화되던 시대라는 점에서는 명백한 민주화의 시대였다고 할 수 있다.
4) 1990년대 말 이후 한국 노동시장이 이분화되고 있다는 견해가 적지 않게 제기되었다. 이와 관련해서는 송호근(2002), 정건화(2003), 정이환(2003) 참조. 한편 지은정은 이분화된 노동시장의 하위에 분절된 '빈곤노동시장'의 존재를 논증해낸다(지은정, 2007).
5) 박세일, 「한반도 선진화 혁명: 철학과 전략」(http://parkseil.pe.kr/) 참조.

실패자의 심리적 상실감 내지 배제감을 더욱 가중시키는 효과를 낳아 결국 하층으로 추락한 이들의 무능력화를 심화시키는 '사회적 배제의 체제'이다(김진호, 2003; 박병현·최선미: 2001: 202~205).

이상과 같이 지식기반사회로 급속하게 이행하면서 '하향의 회색지대'가 광범위하게 형성되고 그 속에서 생존 게임에 돌입한 '시장화된 시민'은, 일상 깊숙이 침투한 자본의 영역이 확장되는 만큼 도구주의적 관계 영역을 확대하면서 주체화되었다. 그리고 이 과정에서 공공성은 치명적으로 해체되어갔다. 민중신학자 안병무가 '공(公)의 사유화'에서 인간 존재의 원죄성을 읽어낸 것, 즉 죄성(罪性)의 존재론적 근원을 상상한 것처럼(안병무, 1986), 공공성의 붕괴는 존재론적 위기의식을 낳았다. 전망이 보이지 않는 이러한 공공성의 위기는 규범 영역의 무력화와 더불어 다가오기 때문에 시장화된 시민의 도구주의적인 지대 추구 행위가 이렇다 할 제약 없이 수행될 수 있다. 바로 민주화 시대의 한국 사회가 이러한 악순환의 고리에 빠져들고 있다는 진단6)은 다소 과장되지만 뜬금없는 것이 아니다.

그런데 바로 이러한 위기의 심각성에 대한 문제의식이 깊고 넓게 자리 잡고 있는 사회적 인식의 지점에서 '민족주의'는 공공성의 회복을 위해 다시 소환된다. 하지만 그것은 민주화 시대의 정화 의식을 거친 민족주의여야 했다. 과거 권위주의 시대의 민족주의는 그 시대의 공공성과 분리할 수 없이 얽혀 있었기 때문이다. 그 시대는 '탈빈곤에의 의지'가 지배하던 시대였고, 그것을 위해 사회의 모든 자원이 총동원되던 시대였다. '국가'는 이러한 총동원 체제의 축이었고, 가족과 개체(개인)는 국가를 중심으로 하는 연대의 견고한 하위 요소였다. 그런 점에서 이 시기 가족과

---

6) 송호근(2003)의 제2부 「문화 충돌의 구조」 참조.

개체는 국가에 전유된 하위 주체였다고 할 수 있다.7) 요컨대 이 시대의 공공성은 이러한 '권위주의적 연대'가 공유하는 이상화된 가치와 결부된 것이고, 이 시기의 민족주의는 이러한 연대를 공고히 하는 중요한 요소의 하나였던 것이다.

그런 점에서 민주화 시대의 민족주의 담론에는 '닫힌 민족주의 대 열린 민족주의', '나쁜 민족주의 대 좋은 민족주의' 등의 이항대립적 수사어가 활용된다. 송호근의 어법으로 표현하면, 민주화 시대에 이 용어들이 보다 명료한 함의를 얻게 되는데, '닫힌 민족주의'가 '국수주의와 코드화된 민족주의'라면 '열린 민족주의'는 '세계적 보편성과 코드화된 민족주의'이고, '나쁜 민족주의'가 '권위주의와 코드화된 민족주의'라면 '좋은 민족주의'는 '민주화와 코드화된 민족주의'라고 할 수 있다.

이러한 이항대립의 인식틀은 지난 시대의 청산 요소가 무엇인지를 보다 명료하게 드러내는 데는 매우 효과적이다. 한데 문제는 '열린', '좋은' 등의 새롭게 전유하고자 하는 긍정적 민족주의의 함의를 담은 수사어는 성찰의 대상에서 제외되어 있다는 점이다. 그것은, 임지현이 지적한 대로, 역사적 실체로서 민족주의를 읽어내기보다 이상화된 신화적 개념으로서 민족주의가 호출된 탓이다(임지현, 2002). 과거의 신화를 해체하는 데는 역사적 탈신화화의 예각화된 물음이 적절히 활용되었지만, 현재적 의제와 부합하도록 재신화화하는 과정에서는 비판적 인식이 멈춰버린 것이다.

---

7) 임지현이 주장한 '대중 독재'는 이 하위 주체에 관한 통념적 해석의 틈새를 드러내준다. 국가는 이 권위주의적 연대를 틀 잡는 완벽한 해석의 체계를 제공하지 못했다는 것이다. 하여 통제와 감시에 의해 규율되는 측면과 함께, 일상 속에 내재된 욕망의 가능성을 국가권력과 함께 자발적으로 향유하는 측면 또한 이 시대의 권위주의적 연대를 이해하는 요소로서 주목해야 한다는 것이다(임지현·이상록, 2004).

강상중은 일본 사회가 지구화로 인해 야기된 지정학적 교란 상황에 직면하여 민족주의가 재활성화되고 있는 현상을 주목한다. 이는 지정학적인 재영역화를 가능하게 함으로써 국민 차원의 공공성이 회복될 수 있다는 사회적 욕구를 함축하고 있다. 그런데 강상중은 여기에서 인종적인 배타주의의 불온함을 내포한 전후 일본의 보수주의적 재구성의 담론 전략을 읽어낸다(강상중, 2000b). 한국에서는 비슷한 상황이 (보수주의 담론이 아니라) 민주적 개혁 담론과 결합되어 나타났다. 앞서 말한 것처럼, 민주화 시대 곳곳에서 분출했던 소수자 집단의 인정 투쟁들, 그 '정체성의 정치'들은 '민주주의와 코드화된 좋은 민족주의' 담론이 은연중 은폐 혹은 배제를 작동시키고 있었음을 삶의 영역 곳곳에서 폭로했다. 지식기반사회적인 배제의 장치들이 민주적 민족주의 담론과 동거하는 기묘한 담론 연계의 상황에서, 민주화 정부들의 '시민' 개념 속엔 민중은 추상적 맥락에서만 포섭되어 있을 뿐 실제의 제도화 과정에서는 지속적으로 배제되고 있다는 것이다(박노자, 2004).

무엇보다도 이 시기에 등장한 민족주의 담론 형식의 독특성은 소비자본주의적인 미디어 상황의 변화와 관련된다. 흔히 '카니발적 내셔널리즘'이라고 부르는 새로운 유형의 민족주의는, 국가기구가 아니라 시장이 담론 구성의 중심 역할을 하며 대중은 적개심보다는 쾌락을 통해 민족주의를 소비하는 담론 형식을 가리킨다. 이때 민족주의와 더불어 유희하는 대중은 보다 지속적인 연대의 일원이라기보다 순간적인 연대를 이루며 담론을 소비한다. 마치 시청 앞에서 월드컵 축구를 관람하는 대중의 붉은색 물결과 같은 민족주의의 소통 양식 같은 것이다. 그런데 여기서 주지할 것은 카니발적 내셔널리즘은 시장의 욕구를, 그 가능성의 영역을 반영한다는 점이다. 그 가능성 가운데서 소비하는 개체가 자기 자신과 접속되는 지점을 찾아 거기에서 쾌락을 발생시키는 것이다. 여기서 자본·국가·개체 간의 연대가 형성된다. 하지만 이 연대는 일시적이다. 하여 시장과 국가는 끊임없이 그러한 카니발적 연대를 위해 스펙터클한 이벤트를 만들어낸다(정준영, 2002; 정희준, 2006).

여기서 주지할 것은 바로 그렇기 때문에 시장에서 배제된 대상을 대중은 망각하기 쉽다는 점이다. 국가권력이 우리의 시선에서 물리적으로 제거해 망각하게 하는 것이 아니라(제거의 정치), 늘 주위에 있음에도 그리고 제거하는 야만적 기재를 활용하지 않아도 시선에 포착되지 못하게 하는 이른바 '부드러운 야만'으로서의 '망각의 정치'가 작동한다(권명아, 2007: 188~199; 김진호, 2007b).

이러한 망각 속에서, 주위에 있으면서도 망각된 존재, 아무도 들어주지 않는 교환할 수 없는 고통의 담지자들은 종종 자기 존재 파괴의 상황으로 추락한다. 북미 연구자들에 의해 규정된 '하위 계급'은, 더 폭력적이고 더 범죄적이며 마약이나 술 등에 더 의존적인, 한마디로 희망 없는 자아 유실 상황의 존재로 끝없이 추락하는 주체 파괴적 존재에 관한 설명을 함축한다(김진호, 2006; 박병현·최선미, 2001).

이렇게 공공성이 붕괴된 민주화의 시대에 호출된 민족주의는 과거의 부정적 측면에 대한 청산 작업을 거쳐야 했지만, 오늘 우리 시대 자체를 성찰하는 요소를 결여하고 있다. 특히 앞에서 보았듯이 배제와 차별의 현장을 망각하게 하는 기제이다. 물론 이렇게 재형성된 민족주의 담론은, 현재를 지양하고 더 나은 미래를 준비하게 하는 요소일 수는 없다. 오히려 그 부정적인 작동 가능성을 우려스럽게 한다.

정리하면, 우리 사회에서 민주화 시대는 '평등의 제도화'라는 차원에서 빈약했고, 반면 그 담론의 대중적 소비는 풍부했던 시대였다. 하여 지배를 위한 자원이 풍부하지 못한 만큼 포퓰리즘의 성격이 강했던 민주적 정부들은 지구화 시대 성장 전략으로 지식기반사회적 제도화를 추구하면서 배제든 평등이든 보다 일관성 있는 정책의 방향을 주도하지 못했다.

그런 점에서 이 시기의 민주적 제도화 과정은 정치·경제적인 안정도 존재론적인 안정도 가져다주지 못했다. 이러한 '불안'에 대한 대중의 공포가 지속되면서 2007년 대선을 결정적 계기로 해 '민주주의에 대한 바람의 철회'로 나타났다. 이것이 사회구조적인 변동을 의미하는 것으로 보이지는 않지만,[8] 이른바 '실용정부'의 탄생은 '민주주의에 대한 바람의 철회'라는 대중의 국면적인 선택이 민주화 정부들과는 다른 방향으로 제도화될 가능성을 의미한다.

여기서 민주화 시대 정부들로부터의 '전환'은 어떻게 구체화될 것인가라는 물음이 도출된다. '실용'이니 '선진화'니 하는 전환을 상징하는 기표들은 아직 내용이 모호하다. 다만 대선 때 바람을 일으킨 '경제 대통령 신화'는 모호하나마 현 정부 그리고 민주화에 대한 국면적 철회를 선택한 대중 사이의 유일한 연결고리일 것이다. 말할 것도 없이 사납게 몰아치는 지구화로 인한 누적된 피로를 민주적 제도화 과정이 해소시켜주거나 그럴 비전을 주지 못했던 데 전환의 핵심이 있다. 즉, 현 정부의 등장은 '부정'의 정서이지 대안에 대한 '긍정'에 의한 것이 아니다. 실제로 정권이 등장하자마자 보여준 우왕좌왕하는 정책적 동요는, 민주화 정부들에 대한 송호근의 평가처럼, 아직은 현 정부 역시 '진보(민주화)의 실패를 뒤집는 요인들의 모자이크로서의 보수'임을 보여준다.[9]

---

[8] 송호근은 1997년과 2003년도에 행한 서울대학교 사회발전연구소의 국민의식과 가치관에 관한 조사연구를 통해, 민주화 항목들은 그 기간 사이에 별다른 변화를 보이지 않는 반면, 지구화 항목에서는 커다란 변화를 감지할 수 있음을 지적한다. 이러한 상황은 2003년과 2007년 사이에도 별반 다르지 않을 것으로 보인다(송호근, 2003: 제2부 4장 참조).

[9] 송호근은 민주화 시대의 정부들의 이념의 동요를 지적하면서, '보수의 실패를 뒤집

아무튼 정권 초기에 보여준 MB적 리더십은 대기업 CEO형 리더십으로 비추어졌는데, 문제는 이것이 지식기반사회적인 '지식경영자' 상과는 다른, 제도적 차원에서는 여전히 건재하지만 대중의 감성 차원에서는 이미 민주화 시대를 거치면서 퇴색한 권위주의 시대의 유물이었다. 최근 지지율의 급락은 그러한 엇나간 리더십, 반민주적이고 참여 배제적인 독재자 스타일이 더 이상 통하지 않는다는 것을 단적으로 보여준다.

그러나 한국형 근력기반사회의 전형적 CEO풍의 MB식 행보가 문제로 표출되고 있기는 하지만, 시대착오적인 시행착오가 점차 교정된다고 가정하면 '실용과 선진화'라는 슬로건이 MB 정부의 아직 부재한 대안을 구체화하는 가장 중요한 단서일 것이다. 이 점에서 MB 정부의 이데올로 그로서 뉴라이트 입장에서 실용과 선진화 담론을 주도한 '박세일'을 주목하는 것은 당연하다.10)

'실용'은 박세일뿐만 아니라 최근 보수와 진보를 아우르며 부상하고 있는 이른바 '중도' 노선11)의 이데올로그들 사이에서 널리 활용되는 것으로, 대체로 탈이념적인 유연성을 강조하면서 개념화되고 있는 용어이다. 그런데 박세일류의 실용은 신자유주의적 색채가 보다 강하다. 가령 여기서 실용은 참여정부의 분배정책들이 이념과잉의 산물이라는 비판을 동반한다(윤창현, 2007). 즉, 경제활동 주체들의 활동력을 강화시킴으로써 경제적 활력을 향상시켜 경제성장이 이룩되어야 분배정책이 자연스럽게

는 요인들의 모자이크'가 이 정부들의 이념임을 지적한다(송호근, 2005: 271).
10) 최근 그가 저술한 「한반도 선진화 혁명: 철학과 전략」과 「공동체 주유주의: 이념과 정책」(www.parkseil.pe.kr) 참조.
11) ≪동아일보≫ 2007년 신년 기획 시리즈인 '대한민국, 21세기 新이념 지형'의 세 번째 주제(2007.1.3)는 이른바 '중도 노선'의 추세를 보여준다(http://www.donga.com/fbin/output?rss=1&n=200701040068).

진행될 수 있는데, 여기에 국가가 나서서 시장 자율성을 침해하는 분배정책을 하는 것도 부자연스럽고 불필요하다는 주장이다. 그러나 송호근이 잘 지적한 것처럼, 참여정부의 분배정책은 정책레짐에 의해 구상된 것이라기보다 당면한 문제들에 대해 그때그때 임기응변적으로 반응한 '프로그램적 개혁' 성격이 강한 것이라고 보는 게 더 타당하다(송호근, 2005: 279). 즉, 그것은 이념과잉의 산물이라기보다 이념과소의 산물인 것이다.

아무튼 박세일식 실용론의 탈이념주의는 시장자유주의와 '작은 정부론'이 결합된 이른바 신자유주의적 성향이 대단히 강하다고 할 수 있다. 여기서 '자유주의'의 자율적 행위자는 지식기반사회적 인간일 것이다. 물론 그의 주장에는 언급되어 있지 않지만, 지식기반사회의 인간형으로서의 자율적 행위자 범주에서 '실패한 개인'은 존재하지 않는다. 신자유주의적인 제도화에서 행위 자율성이 늘 간과되는 이들 존재, 곧 비존재들은 자유로운 행위자일 수 없기 때문이다. 이제 그들은 착취 대상도 아니다. 착취의 자격조차도 박탈된 이들이다. 하여 이들은 사회의 공동체 범주에 포섭된 내부의 최하층민이 아니라 '외부인(outsider)'인 것이다(이진복, 2004: 129).[12]

박세일은 실용과 선진화 담론에 의한 비전을 '공동체 자유주의'라는, 얼핏 공화주의적 함의가 담긴 듯한 표현으로 이야기한다. 하지만 지식기반사회에 잘 적응한 개개인의 사회적 품성, 곧 공동체 자유주의를 구성하는 존재들의 시민적 덕성에는 이 공동체의 범주에서 제외된 대상은 배려의 대상이 아니다.

---

[12] 심각한 불안정고용과 불안정한 임금 상태를 특징으로 하는 빈곤노동시장과 일반노동시장 간의 간격과 사회적 공동체 범주의 외부와 내부 간의 간격은 서로 유비적이다.

그리고 이러한 공동체 범주의 연장선에서 '민족'이라는 '상상의 범주적 주체'가 설정된다. 민주화 시대의 정부들을 동요하게 했던 사회적 배제의 문제를 보다 단호하게 간과하는 가운데 지구화 시대의 시장 메커니즘에 의해 비성찰적이고 즉자적으로 유희하게 하는 민족주의는 외부에 대한 망각, 그 야만성에 대한 사회적 감수성을 무력화시킨다. 2004년 칸 영화제에서 14세 소년에게 남우주연상을 선사한 영화 <아무도 모른다(誰も知らない)>는 지구화 시대의 메트로폴리탄인 도쿄에서 차상위계층인 네 명의 고아들이 지역의 일상 속에 지속적으로 사람들과 마주침에도 불구하고, 아무도 모르는 존재, 곧 비존재로서 살아가고 있는 현상을 사실적 은유처럼 묘사하고 있다. 바로 그러한 '비존재인 존재'는 '제거'의 대상이 아니고 일상 속에 우리와 함께 있지만 사회적 관계망에서 다양한 메커니즘을 통해 은폐된 이들이며, 사회적 배제는 바로 이러한 은폐의 메커니즘을 문제제기하면서 발전한 개념인 것이다.

결국 MB와 박세일을 코드화함으로써 그려지는 MB 정부의 행로에 대한 추측은 지난 민주화 시대의 정부들을 동요하게 했던 사회적 배제에 대한 견제의 장치들을 제거하면서 그려지는 사회상에 이르게 된다. '동요하는 정부'는 '작은 정부'로 대체될 것이고, '공공적인 것들'은 더욱 현저히 시장 속으로 이관될 것이다. 그리고 더욱 강화될 것으로 보이는 자본주의에 의해 상품화된 '달콤한 민족주의'는 즐기면서 배제의 제도를 망각하게 하고, 개체화된 일상에서 유실된 공동체를 가상체험하며 공동체 감수성을 강화하면서도 배제된 이들에 대한 시민사회의 부채감을 경감시키는 이중의 부정적 기능을 수행할 것으로 보인다. 그러므로 지식기반사회적으로 재구조화되는 사회 현실에서 일정하게 부정적인 역할을 해왔고 앞으로는 더욱 문제적일 수 있는 민족주의는, 오늘 우리에게 향유의 대상을 넘어서 성찰의 대상으로 사유되어야 할 것이다. 특히 뒤에서 논할 5·18과 같은 국가화·민족화된 기억의 의례에서 민족주의가 작동하는 양식을 비판적으로 조명하고 재구성하는 작업은 지식기반사회로의 제도화가 보다 본격적으로 전개될 가능성 앞에 놓인 우리에게 당면한 주요 과제의 하나라고 해도 과언이 아니다.

3. 국민·민족 통합 장치로서의 광주 담론과 배제의 정치

광주민주항쟁 28주년 행사의 대통령 기념사는 "우리 모두 5·18 민주화운동의 정신을 되살려 '선진화'의 새 역사를 써 나갑니다"라는 말로 끝맺고 있다. 이와 같이 청유형 어미(모두 '나갑시다'로 끝난다)의 문장이 연설문 제목을 포함해 네 번 나오는데, 그 모두에서 새 역사의 비전은 '선진화'로 수렴되고 있다. '선진화'라는 단어는 이 네 번을 포함해서 모두 아홉 번 사용되고 있는데, 이는 연설문에서 사용된 명사 가운데 빈도수가 많은 단어의 하나이다.[13] 요컨대 이제 '5·18'은 국민통합의 담론으로 자리 잡아야 하며, 그것을 도구 삼아 '선진화'를 이루자는 주장이다.

이 기념사는 네 개의 단락으로 나뉘는데, 첫째 단락은 민주화 시대까지 5·18의 의의에 관한 '과거의 차원'을 이야기하고, 둘째 단락은 선진화를 향한 미래적 전망을, 셋째 단락은 선진화를 위한 '현재'의 실천으로서 한미 FTA의 필요성을, 그리고 마지막 단락은 응어리진 한을 유보하고 화해를 통해 선진화의 길로 나아가자는 내용을 다룬다. 여기서 첫째

---

13) '민주'라는 용어가 가장 많이 사용되었는데, '민주화' 7회, '민주주의'가 3회, '민주항쟁'과 '민주영령'이 각각 1회, 총 12회 사용되었다. 다음은 '변화'인데 총 11회 사용되었으며, '광주'는 10회 사용되었다. 그리고 '국민'도 7회 사용되었다.

〈표 11-1〉 광주민주항쟁 제28주년 기념식의 대통령 기념사 분석

	의의의 시점	역사의 주체
첫째 단락	과거	국민, 광주 시민/전남 도민
둘째 단락	미래	국민
셋째 단락	현재	국민
넷째 단락		광주 시민/전남 도민

단락은 '국민'과 '광주 시민과 전남 도민'을 향해 말하고, 둘째와 셋째 단락은 '국민'에게, 그리고 넷째 단락은 '광주 시민과 전남 도민'을 향해 말을 건넨다.

이와 같이 선진화를 위한 행위자 범주는 '국민' 일반과 '광주 시민, 전남 도민', 이렇게 둘로 나뉜다. 이와 같은 행위자의 범주화는 5·18에 관한 집합기억(collective memory)을 현재화하는 데 유용하다. 이렇게 범주화함으로써 이들이 살고 있는 현재의 세상은 단순화되어 해석되고, 그런 세상 속으로 현재화된 집합기억 또한 단순한 도식으로 재현된다. 그렇게 현재화한 집합기억은 명쾌하게 범주화된 사회적 행위자들을 주체화하는 것을 용이하게 한다.

여기서 '국민'은 5·18의 기억을 통해 '민주화'를 추동한 존재이며, '선진화'를 향해 나아갈 미래 역사의 주체로 규정된다. 이때 '국민'이 '민족'과 교환 가능한 존재임은 말할 것도 없다. 미래적 비전을 '선진화'로 해석한 것은 MB식의 각색이지만, 이같이 5·18을 통한 사회 건설의 주역으로 국민·민족을 묘사하는 것은 상투적이다. 이러한 상투성, 곧 낯설지 않음은 MB식의 각색을 대중이 공유하는 것을 손쉽게 해준다.

한편 '광주 시민, 전남 도민'은 이 연설문에서 역사의 희생자로 재현된다. 원 사건에서도 희생자였고 이후의 역사 과정에서도 차별의 대상이었다. 그러나 그렇다고 이들이 역사 건설의 주역임이 자명한 것은 아니다.

국민과 함께 역사 건설의 주역으로 호명하는 네 번째 단락은, 이들의 역사 주체화에 단서를 붙인다. 자신의 '맺힌 한과 응어리'를 스스로 봉합해야 하는 것이다. 즉, 이 기념사의 논리에 따르면 화해는 해원(解冤)에서 비롯된 게 아니라 오로지 피해자의 자기성찰에서만 가능한 것이다. 한데 이것 역시 5·18에 관한 집합기억의 요소에서 낯설지 않다. 시민사회는 이 불행한 역사의 사건에 대한 비용을 충분히 치르지 않았지만, 그럼에도 그것이 봉합되고 해소되기를 바랐던 것이다. MB의 어법은 그러한 시민사회의 욕망을 기억의 요소로 활용한다.

노무현 전 대통령의 경우는, '국민과 광주 시민'의 이분법을 통해 5·18의 기억을 재현하고자 했다는 점에서 MB와 다르지 않다.14) 그러나 여기서 '광주 시민'은 자기 초월의 모범을 보여준 존재이며, 따라서 국민은 이러한 실천을 범례 삼아야 역사의 올바른 주체가 될 수 있다. 즉, '광주 시민이 희생자'라는 범주적 이해에서는 양자가 동일하나, 여기서는 희생자이기 때문에 그들이야말로 역사의 진정한 주체일 수 있다는 것을 강조한다. 따라서 '광주 시민'은 역사 건설 행위자의 범례적 주체가 되며, 국민은 그러한 범례를 준거 삼음으로써만 진정한 역사의 주체로 자리매김할 수 있다는 것, 그리하여 역사 변혁의 주체이기는 하되 조건부 주체가 될 수 있다는 것이다.

---

14) 노무현 전 대통령은 재임 기간에 맞이한 모든 광주민주항쟁 기념식(제23~27주년)에서 모두 직접 기념사를 발표했다. 이는 김대중 전 대통령이 재임 기간 중 단 한 차례만 기념사를 직접 발표한 것과 대조적이다. 이것은 광주민주항쟁을 지역 차원의 저항의 정치를 넘어 국민적 차원의 사회 통합의 정치로 해석되는 기억의 정치로 이해할 때, 국민의 정부보다 참여정부가 오히려 더 친화적임을 보여준다. 그런데 이러한 민주 정부들의 공식적 해석을 대표한다고 할 수 있는 노무현 전 대통령의 기념사들은 모두 이 같은 이분 구조를 공유하고 있다.

참여정부의 이러한 해석은 5·18이 공식적인 국가의례로 지정된 1997년 이후의 기념사에서 제기된 것이지만, 그 이전의 기억 - 저항기억으로 유통되던 시기의 기억 양식 - 과 적어도 이 점에서는 별반 차이가 없다. 저항의 집합기억 속에 '고난'은 역사의 주체가 될 수 있는 존재론적 특권처럼 신화화되어 있는 것이다.

이것은 기독교적 구원론과 담론상 유사한 구조를 갖는다. 특정한 사건이 성화(聖化)되어 교환 불가능한 '단 하나'의 고난 사건이 된다.15) 여기서 이 고난 사건 자체는 승리의 기억이 아니다. 그러나 기억의 정치는 승리로서 의미를 재전유함으로써 구원론적 서사를 갖추게 된다. 즉, 기억공동체에 속한 이는 '집단학습'을 거치면서 숨겨진 진실을 알게 되고 나아가 희생자들의 불의한 죽음에 무지했던 것에 대한 자기 충격, 그리고 자신이 살아 있음에 대한 수치심과 죄책 고백을 경유해서 일종의 인식론적 구원 체험을 하게 된다. 그리하여 그 교환 불가능한 원초적 고난 사건, 그리고 그로 인한 죽임당함은 산 자들의 내면에 도사린 죽음 같은 현실을 돌파하는 구원론적 승리의 요소였다는 것이다(고동현, 2007: 122~126). 바로 이러한 구원 체험을 통해 많은 이들이 독재에 항거하고 제국주의에 저항하는 투쟁의 대열에 나서게 되었다는, 구원 담론의 결론부 같은 형식으로 저항기억이 마무리된다.

이렇게 참여정부의 5·18 서사(국가·사회 통합을 지향하는 기억의 정치)나 저항기억으로서의 5·18 서사는 '원 사건으로서의 5·18'을 성화된 기억으로 고착화시킴으로써 기억공동체로서의 국민 내지 민족 범주가 5·18

---

15) 1980년대의 거의 모든 학생운동 시위에서 '광주를 기억하라'는 빠짐없이 등장하는 구호였다. 즉, 5·18은 1980년대의 모든 저항의 '원초적 사건'이다(고동현, 2007: 118~119).

의 정신으로 결속되어야 하는 핵심적인 역사적 실체로 규정된다. 이것은 국민·민족으로 범주화된 공동체의 결속이 5·18에 관한 신화적 정체성에 기초하고 있음을 의미한다.

반면 MB는 '광주 시민과 전남 도민'의 고난을 경제적 고통으로 현재화한다. "저는 늘 호남에 두 배 더 잘하겠다고 말했습니다. 바로 호남이 잘사는 것이 낡은 시대의 차별과 지역 갈등을 근원적으로 없애는 길이라고 믿고 있습니다." 이 표현 속에는 지금까지 겪어왔고 현재도 겪고 있는 배제의 체험이 훗날 경제적으로 잘살게 될 때 다 해결된다는 주장이 함축되어 있고, 거기에는 당장 배제가 해소되지 않는다는 점이 전제된다. 그리하여 지금은 경제적 생산성 향상을 위해 지난 역사의 응어리를 풀고 '국민'이 하나 되어 나아갈 선진화의 대열에 동참하자는 것이다. 그렇게 될 때 이 하부의 이질적 기억공동체인 광주 시민과 전남 도민은 선진화를 위한 국민의 진정한 일원이 된다는 논리이다. 물론 이 선진화를 위한 기억동맹의 성격은 압도적으로 경제공동체적 요소에 지배된다.

MB의 기념사에서 11회나 사용하고 있는 '변화'라는 용어는 필경 산업화 시대의 권위주의적 경제공동체나 민주화 시대의 개혁공동체와는 다른, 선진화 시대의 지식기반사회론적인 경제공동체로 기억동맹이 구성되어야 한다는 정책적 의지를 함의하고 있다고 할 수 있다. 그리하여 셋째 단락에서 그는 국민이 당면한 현재의 가장 중요한 과제로 한미 FTA 비준 동의를 촉구하고 있는 것이다. 요컨대 전 지구적인 변화의 물결에 적응하는 변화, 곧 신자유주의적 지식기반사회로의 재무장화, 그것이 바로 '변화'라는 용어에 함축된 의미이다.

정리하면, 저항기억으로서의 5·18 담론이나 참여정부의 5·18 담론이 과거의 신화화된 사건에 준거한 '도덕공동체'로서 국민·민족을 호명하고 있다면, MB와 실용정부의 5·18 담론은 미래 지향적인 '경제공동체'

로서 국민·민족의 결속을 주장한다. 전자는 과거적 차원(도덕적 요소)이, 후자는 미래적 비전(경제적 요소)이 각각 기억공동체를 형성하는 주된 동력이 되고 있는데, 공히 기억공동체의 중심 단위는 국민·민족이라는 범주이다. 그런데 이러한 5·18 기억동맹의 주요 범주로 국민·민족을 호명하는 일이 민주화를 위해 크게 기여했음은 의문의 여지가 없으며, 또 향후 지구화를 대처하는 주된 단위일 수 있다는 점 또한 간과할 수 없을 것이다. 그러나 그것으로 충분하지는 않다. 왜냐면 국민·민족 내부의 차이를 인식하는 데 이러한 기억공동체는 언제나 장애 요인이 되기 때문이다. 그것은 강상중이 말하는바, 국민·민족과 그 국경이 강조될 때마다 내적 국경, 즉 심상(心像)적 국경들은 더 많이 혹은 더 강력하게 생성되기 때문이다(강상중, 2000a). 차이들에 대한 감각이 둔화되고 공통성을 강조하는 담론들이 활발해지면, 내부의 이질적인 것들에 대한 규율의 체계가 작동하고 여기서 배제가 실행되는 것이다.

소수성 가운데 많은 부분이 배제의 요소가 될 것인데, 참여정부나 실용정부 모두 지식기반사회적 변화를 지향하고 있고 같은 시기에 사회적 배제의 문제가 급격하게 심화되었다는 점에서 내적 국경의 폭력성에 관해 좀 더 연구를 진행해야 할 것이다. 하지만 그전에 하나 더 언급할 것이 있는데, 이 기념행사의 사회적 효과에 관한 평가의 문제이다.

5·18 의례의 국가화가 시작된 이후 2008년까지 대통령이 참석한 것은 7회이고, 총리가 참석한 것은 5회이다. 즉, 국가수반이나 그 대행자인 총리가 불참한 5·18행사는 한 차례도 없었다. 그만큼 5·18은 국가의례로서 중요한 위치를 차지한다. 또한 각 정당의 대표를 포함한 국회의원 다수, 그리고 정부 각료 등 참석자의 면면으로만 보면 국가의례 중 최고의 위상을 갖는 행사라고 해도 과언이 아니다. 또한 국가의례가 시작된 이후 기념식의 TV 생중계가 계속되고 있다. 그렇다면 이 행사의 국민적

위상 또한 그러할까?

　결론부터 말하면 전혀 그렇지 않다. 우선 국가의례가 된 이후 참배객의 수는 급속도로 하락하고 있고, 생중계되는 기념식을 보느라고 TV에 눈길을 주는 이 또한 별로 많지 않다. 대통령의 기념사를 듣거나 읽는 이도 거의 없다. 마치 교황의 성탄 메시지 같다. 5·18 기념행사에서 도덕 감정이 불러일으켜지고 거기에서 충일된 민족의식으로 무장해 새 역사의 일꾼이 되겠노라고 결심하는 장면은 코미디에서나 일을 법하다. 즉, 의전으로서의 5·18 기념행사는 살아 있지만, 대중의례로서의 5·18은 거의 죽었다고 해도 과언이 아니다.

　그렇다면 5·18은 점점 대중의 주목을 받지 못함에도 왜 계속 '강한 의전성(儀典性)'을 갖는 것일까? 더 이상 국가폭력에 대한 도덕적이고 감정적인 저항 자원이 되지 못하는 상황에서 5·18은 어떻게 소비되는 것일까? 또 국가의 공식 기억을 통해 생산적 가치로 재구성된다고 해도, 가령 MB 정부가 선진화를 위한 원동력으로 5·18을 해석한다고 해도, 대중이 그것에 영향을 받아 선진화를 위한 국민의식으로 무장한 주체로 변할 만큼의 대중적 호소력도 없다. 그럼에도 왜 강력한 의전으로 계속되는 것일까?

　앞서 말했던 것처럼 민족주의가 오늘날 활성화되는 가장 대표적인 경우는 '카니발적 민족주의' 형식이다. 가령 한국과 일본의 축구경기는, 스포츠로서의 축구를 좋아하든 아니든 양국의 대중으로 하여금 카니발적으로 축구를 소비하게 한다. 그리고 이 과정에서 양국 대중은 국민으로 결속하게 된다. 2004년 월드컵 당시 경기마다 붉은색 셔츠를 입은 사람들의 물결이 전국을 덮어버린 것처럼, 사람들은 적어도 그 순간만은 하나로 뭉치고 놀라운 활력을 표출했다. 핏발을 세우고 단식을 하고 삭발을 하며 나아가 혈서를 쓰지 않아도, 다수가 즐겁게 유희를 벌이면서도 민족주의는 열기 넘치는 축제처럼 소비된다. 그러나 문제는 카니발적 민족주의는 경기가 끝나면서 급속도로 냉각되고, 경기를 넘어서 의미화 되지도 않는다는 것이다. 단지 즐기면서 결속하는 열정만 불타오를 뿐이다.

그런데 실은 그렇지 않다. 사람들은 경기를 관람하면서 어떤 민족주의를 의식하게 되며 실행에 옮기게 된다. 이는 사람들 내면에 이미 민족주의를 해석하는 '장기 지속적 의미틀(long-durational frames)'이 조직되어 있기 때문이라고 할 수 있다.16) 그리고 5·18은 이러한 의미틀의 핵심에 자리 잡고 있다. 그런 점에서 5·18 의례의 국가화는 국민적 통합을 위해 기억의 헤게모니를 점유하려는 권력의 욕망과 분리할 수 없이 얽혀 있다. 그래서 각 정권마다 기념사 등을 통해 5·18의 공식 기억의 구성에 개입하려 했던 것이라고 할 수 있다. 바로 국가의례로서의 5·18은 사건으로서의 5·18을 해석하는 표준적 양식이 함축되어 있는 장이며, 나아가 국민의 정체성과 실천에 관한 해석이 자리 잡고 있는 주된 '의미틀의 장'인 것이다.

그런데 이러한 민족주의적 의미틀의 장으로서의 5·18은 내부의 차이를 간과하게 하는 생각의 장치로서 역할을 한다. 하지만 여러 연구들에서 이미 지적된 것처럼, 1980년 5월 광주에서 대학생이나 시민계층이 아니라 노동자·빈민·무직자·고등학생 등이 사건의 전개에서 중요한 역할을 하였다. 여기서 주목해야 하는 것은 후자의 행위자들은 일상적인 질서가 잘 작동하는 공간에서는 공적인 발언권을 박탈당한 사람들이라는 점이다. 그들은 대개 아직 국민이 아니거나 국민의 자격을 박탈당했거나

---

16) 여기서 '의미틀'이라는 용어는 사람들의 사회적 행위를 조직하는 의미 체계 혹은 해석 체계라고 할 수 있다(Snow, 1986).

혹은 그러한 심각한 위험 아래 놓인 자들이다. 시민이 아니라 그들이 사건 전개의 추동자적 역할을 했다고 할 때, 1980년 5월 광주의 상황에서 시민정신의 모범을 찾아내는 일은 과연 얼마나 타당할까. 국민 일반의 범주 속에 아무런 갈등 없이 그들은 통합될 수 있을까? 1980년 광주에서 실재했던 저항 세력 내부의 갈등 중 적어도 상당 부분은 시민적 주체와 비시민적 주체 간의 성향 차이와 관련되어 있었다(이종범, 2004: 210).

그런데 분명한 것은 5·18 담론에서 이 내적인 차등성은 아무런 역할을 하지 않았다는 사실이다. 필경 그것은 감추어진 이야기로서 5·18 담론의 주변부를 떠돌고 있을 것이다. 기억의 메커니즘은 이들 주변부를 배회하는 기억의 편린들을 공적인 것에서 제거했다. 물론 이때 제거는 색출해 격리시키는, 권위주의 체제 특유의 '제거의 정치'와는 다르다. 대중 담론에서 기억의 삭제는 대개 '망각'에서 온다. 망각은 격리시킴으로써 기억의 권역에서 사라지는 것이 아니다. 오히려 그것은 '잊어버림의 정치'라고 하는 게 더 타당하다.

'잊어버림의 정치'라는 개념어는 외국인 이주노동자에 관한 연구에서 제기된 '배제의 메커니즘'을 지칭하면서 사용한 일종의 사회학적 레토릭이다(박배균·정건화, 2004). 요컨대 이것은 지구화의 공습을 받은 체제가 배제를 작동하는 양식을 설명하는 개념이다. 이러한 사회적 배제는 배제된 대상의 언어를 앗아간다. 그들은 생물학적 장애인은 아니지만 사회적으로 장애가 발생한 존재인 경우가 많다. 일종의 사회적 실어증(social aphasia)을 앓고 있다.17) 언어 장애가 있음으로 자기를 적절히 표현하는 능력을 상실했다. 자기 PR의 시대에 자기의 부재를 체험하는 존재인 것이다. 잊어버림의 정치가 말하는 사회적 배제는 이렇게 사회적으로

---

17) '사회적 실어증'에 관하여는 김진호(2006) 참조.

배제되고, 동료집단에서 제거되며, 심지어 때로 범죄적이거나 폭력적으로 자기가 구성된 존재이다.

  5·18의 삭제된 기억, 그 잊어버림의 정치, 오늘날 지식기반사회로 치닫고 있는 상황에서 잊힌 이들에 관한 배제의 정치는 서로 유사성을 갖는다. 그리고 이들 배제의 대상은 내적 국경들 외부로 밀려난 존재들, 결과적으로 국민 혹은 민족의 결속 밖으로 내몰린 존재이다. 그러므로 5·18에 관한 대안적인 기억의 정치는 이 정전화된(canonized) 담론을 해체하고 그곳에서 다양한 차이를, 특히 은폐되고 배제된 차이의 요소를 복원하는 데서 시작되어야 할 것이다. 나아가 우리 사회의 잊어버림의 존재를 발견하려는, 그들의 유실된 언어를 찾는 작업을 동반해야 할 것이다.

참고문헌

강상중. 2000a. 「내적 국경과 래디컬 데모크라시」. 『오리엔탈리즘을 넘어서』. 이산.
_____. 2000b. 「혼성화 사회를 찾아서: 내셔널리티의 저편으로」. ≪당대비평≫, 제10호.
고동현. 2007. 「저항의 기억과 의례, 정체성 형성: 1980년대 학생운동 연구」, 『상징에서 동원으로: 1980년대 민주화운동의 문화적 동학』. 이학사.
권명아. 2007. 「연대와 전유의 갈등적 역학: 포스트콜로니얼리즘, 탈민족주의, 젠더 이론의 관계를 중심으로」. ≪상허학보≫, 제19호.
김명준. 2007. 「카스텔(Castells)의 '네트워크 사회'(Network Society)론에 관한 커뮤니케이션학적 의미의 고찰」. ≪한국언론학보≫, 제25권 2호.
김진호. 2003. 「'카인 콤플렉스'와 무능력자 담론」. ≪당대비평≫, 제23호
_____. 2006. 「고통과 폭력의 신학적 현상학－민중신학의 당대성 모색」. 『안병무 신학사상의 맥 II』. 한국신학연구소.
_____. 2007a. 「게임 같은 전쟁의 시대, 즐기는 타인의 고통－폭력의 일상화에 대한 민중신학적 고찰」. 『제2의 종교개혁과 민중신학. 한별 임태수 교수 23년 근속 및 정년기념 논문집』. 한들출판사.
_____. 2007b. 「민주화 시대의 '미학화 된 기독교'와 한국 보수주의」. 『더 작은 민주주의를 상상한다』. 웅진 지식하우스.
네이스비트, 존. 1997. 『글로벌 패러독스』. 정성호 옮김. 한림미디어.
노승미. 2007. 「세계화 시대 한국사회에서 기업광고에 나타나는 자본의 민족주의 담론 연구」. 중앙대학교 사회학과 석사학위논문.
드러커, 피터. 2000. 『자본주의 이후 사회의 지식경영자』. 이재규 옮김. 한국경제신문사.
박노자. 2004. 「고명섭의 '민족주의론'에 질문한다: '민중적 민족주의' 논리로 부르주아 국가를 정말로 넘을 수 있는가」. ≪인물과 사상≫, 제79호.
박배균·정건화. 2004. 「세계화와 '잊어버림'의 정치: 안산시 원곡동의 외국인 노동자 거주지역에 대한 연구」. ≪한국지역지리학회지≫, 제10권 4호.

박병현·최선미. 2001. 「사회적 배제와 하층계급의 개념 고찰과 이들 개념들의 한국 빈곤정책에의 함의」. ≪한국사회복지학≫, 제45호.
백지운. 2005. 「전지구화 시대 중국의 '인터넷 민족주의'」. ≪중국현대문학≫, 제34호.
서동진. 2004. 「기업가적 정신 혹은 탈근대자본주의의 이데올로기적 주체」. ≪당대비평≫, 제26호.
송호근. 2002. 「빈곤노동계층의 노동시장구조와 정책」. ≪한국사회학≫, 제36권 1호.
____. 2003. 『한국, 무슨 일이 일어나고 있나』. 삼성경제연구소.
____. 2005. 『한국, 어떤 미래를 선택할 것인가』. 21세기북스.
____. 2006. 『한국의 평등주의, 그 마음의 습관』. 삼성경제연구소.
스미스, 안쏘니 D. 1997. 『세계화 시대의 민족과 민족주의』. 이재석 옮김. 남지.
안병무. 1986. 「하늘도 땅도 공이다」. ≪신학사상≫, 제53호.
윤창현. 2007. 「외환위기 이후 국내 경제의 문제점과 향후 대응 전략: 위기를 넘어 선진화로」. 『한국경영학회 2007년도 추계학술발표 논문집』.
이종범. 2004. 「'5·18항쟁' 증언에 나타난 '기층민중'의 경험과 생활」. ≪한국근현대사연구≫, 제29호.
이진복. 2004. 「지식기반경제의 사회적 배제에 대한 일 고찰」. ≪시민사회와 NGO≫, 제2권 2호.
임지현. 2002. 「다시, 민족주의는 반역이다」. ≪창작과비평≫, 제117호.
임지현·이상록. 2004. 「'대중독재'와 '포스트파시즘': 조희연 교수의 비판에 부쳐」. ≪역사비평≫, 제68호.
정건화. 2003. 「노동시장의 구조변화에 대한 제도경제학적 해석: 내부노동시장의 이완과 비정규노동의 증가」. ≪경제와 사회≫, 제57호.
정이환. 2003. 「분단노동시장과 연대: 정규 비정규 노동자간 연대의 연구」. ≪경제와 사회≫, 제59호.
정준영. 2002. 「한국 사회와 축구: 왜 우리는 그토록 월드컵에 열광했는가」. 『월드컵, 그 열정의 사회학』. 한울.
정희준. 2006. 「위기의 한국사회와 월드컵」. ≪문화과학≫, 제46호. 문화과학사.
지은정. 2007. 「근로빈곤층의 빈곤탈출 결정요인 연구: 근로빈곤노동시장의 경로제약성을 중심으로」. ≪한국사회복지학≫, 제59권 3호.

최연식. 2004. 「탈냉전기 중국의 민족주의」. ≪한국정치학회보≫, 제14권 1호.
카스텔, 마누엘. 2008. 『정체성 권력』. 정병순 옮김. 한울.
Ackerman, Bruce A. 1980. *Social Justice in the Liberal State*. New Heaven: Yale Univ. Press.
Snow, D. A. et. al. 1986. "Frame Alignment Processes, Micromobilization and Movement Participation." *American Sociological Review*, 51.

제12장

응답으로서의 역사[*]
5·18을 생각함

김상봉(전남대 철학과 교수)

5·18을 생각한다는 것은 생각하기 어려운 것, 어쩌면 생각할 수 없는

---

[*] 이 글은 원래 2006년 5월 20일, 전남대학교 철학과 학생회가 주최한 5·18 26주년 기념 세미나에서 발표된 글이다. 지금까지 5·18에 대한 역사적·사회과학적 연구는 많았으나 철학적 연구는 거의 없었다. 전남대 철학과의 이중표 교수가 2004년 5월 18일 광주 무각사에서 발표한 「5·18정신의 승화와 불교」라는 논문과 역시 같은 대학 철학과 박구용 교수가 2004년 6월 10일 이라크파병반대 광주전남 비상국민행동 주최 토론회에서 발표한 「이라크 파병과 광주 정신」이 철학계에서 나온 유일한 5·18 관련 논문이었다. 그러나 이 두 논문은 아직 정식으로 활자화되지는 않았다. 그런 한에서 5·18에 관해 공식적으로 발표된 철학 논문은 없는 셈이다. 이 글의 문체에 관해 미리 해명해둘 것이 하나 있다. 필자는 이 글에서 의도적으로 높임말을 사용했다. 이는 이 글이 발제문으로 쓰였기 때문이 아니다. 그것은 5·18에 대한 철학적 사유가 사물화된 대상에 대한 규정도 아니고 자기 혼자만의 독백도 아니며, 만남과 더불어 생각함으로써 발생해야 한다는 뜻에 따른 것이며, 더 나아가 이 글이 단순한 논문이 아니라 5·18에 대한 철학적 헌사(獻詞)가 되기를 바랐기 때문이다. 그러나 이 글의 내용 자체에 관해서 보자면, 엄격한 학문적 탐구의 원리에 따라 5·18의 뜻을 철학적으로 드러내려 했다.

일을 생각하는 것입니다. 그것은 5·18이 생각이 생각할 수 있는 한계를 뛰어넘어 버린 사건이기 때문입니다. 생각은 생각되는 모든 것을 자기의 한계 속에 불러들이고 자기에게 동화시키며 자기에게 익숙한 방식으로 규정하려 합니다. 그러나 5·18은 그런 익숙하고 편리한 규정을 허락하지 않습니다. 우리가 5·18을 무엇이라 이름 붙이든 그것은 그 사건의 한 가지 측면일 뿐입니다. 그리하여 5·18은 이름을 거부하는 현전입니다. 도리어 그 앞에서 이름 불리는 자들은 우리입니다. 5·18 앞에 설 때 우리는 그로부터 부름 받습니다. 그 부름 앞에서 생각은 다만 대답할 수 있을 뿐입니다. 하지만 우리는 생각의 응답이 수동적인 일이라 생각해서는 안 됩니다. 왜냐하면 우리의 활동이 맹목적이지도 않고 타율적이지도 않으며, 참된 의미에서 자유롭고 자발적인 것이 되는 순간은 바로 우리가 부름에 응답할 때이기 때문입니다. 5·18 자체가 바로 응답의 사건이었던 것처럼.

생각이 이름 부르지 않고 도리어 응답한다는 것이 생각을 멈추는 것을 뜻하지는 않습니다. 응답은 만남입니다. 생각이 응답한다는 것은 생각이 부름에로 나아간다는 것을 의미합니다. 그것은 자기가 품을 수 없는 것을 향해 자기를 넓히는 것이요, 자기가 맞먹을 수 없는 것을 향해 치솟아 오르는 것이며, 자기가 따라잡을 수 없는 것을 향해 달리는 것입니다. 그것은 가장 치열한 활동성입니다. 그 치열함 속에서 생각은 넓어지고 상승하며 전진합니다. 우리를 부르는 목소리가 크면 클수록 생각은 커지고, 우리를 부르는 아우성이 깊으면 깊을수록 우리의 생각도 깊어집니다. 5·18이 생각할 수 없을 만큼 크고 깊다는 것은 생각이 그와 만나기 위해서는 그 앞에서 그처럼 크고 깊어지기 위해 애쓰지 않으면 안 된다는 것을 뜻합니다.

하지만 만남은 발견이 아닙니다.[1] 역사와 만난다는 것은 지나간 시간 속에서 일어난 사건을 인식하는 일이 아닙니다. 사건은 한갓 사물적인 대상일 뿐입니다. 그러나 만남은 오직 인격적 주체들 사이에서만 일어나는 일입니다. 생각이 5·18을 만난다는 것은 그것이 하나의 사건이 아니라 인격으로서 우리 앞에 마주선다는 뜻입니다. 5·18을 생각하는 것이 어려운 또 다른 이유가 바로 여기에 있습니다.

그러나 아무리 어려운 일이라도 이것은 피할 수 없는 일입니다. 우리는 사물적 인식의 관성을 쉽게 떨쳐버리지 못하는 까닭에 모든 것을 구별 없이 사물적 대상으로 만들어버리는 버릇이 있습니다. 역사도 마찬가지입니다. 대개 역사학자가 역사 속에서 사건이나 행위를 볼 뿐 행위자를 보지 않는다면, 철학자 역시 그 행위의 뜻을 볼 뿐 행위하는 인격적 주체를 보려 하지는 않습니다. 그러나 역사가 있는 것은 단지 사건이나 행위가 있기 때문이 아니라 사건을 일으키고 행위하는 인격적 주체가 있기 때문입니다.

자연사가 아니라 인간의 역사가 문제인 한에서, 역사는 오로지 삶입니다. 그것은 개인의 삶이 아니라 단체의 삶인 것입니다. 그런데 모든 삶은 능동적인 행위를 통해 발생하는 것이지만, 그 행위는 언제나 행위하는 주체를 통해 발생합니다. 인간의 역사가 단체의 삶이라면, 그것 또한 삶을 사는 주체가 있을 때 온전히 존재할 수 있습니다. 그 주체는 홀로주체로서 개인이 아니라 집단적 주체 또는 공동주체입니다.

집단적 주체의 진리를 가리켜 우리는 서로주체성이라 부릅니다.[2] 물

---

1) 사유와 인식의 영역에서 발견과 만남의 차이에 대해서는 김상봉(1999) 참조.
2) 서로주체성이란 홀로주체성의 대립 개념으로서 주체가 고립된 나의 자기관계가 아니라 나와 너의 만남 속에서만 발생한다는 것을 표현하기 위해 도입된 개념이다 (김상봉, 1998). '나는 나'라는 자기동일성의 의식은 '나와 너는 우리'라는 만남의 흔적인 것이다. 그러나 서로주체성이란 맹목적인 집단귀속성을 의미하는 것은 아니

론 모든 진리가 그렇듯이 서로주체성도 역사 속에서 그 완전한 현실태를 찾을 수 없는 하나의 이념입니다. 그러나 모든 집단적 주체란 아무리 불완전하다 하더라도 많게든 적게든 서로주체성에 의해 매개되어 있으며, 역사를 이끌어가는 집단적 주체가 서로주체성의 현실태에 가까워지면 질수록 그것은 더 온전한 역사적 주체가 되는 것입니다. 생각하면 이런 의미에서 서로주체성이 이념인 것처럼 역사 역시 우리들 자신에 의해 이루어져야 할 과제요 이념입니다. 같은 땅에서 비슷한 사람들이 모여 산다고 해서 자동적으로 역사가 발생하는 것은 아닙니다. 오로지 사람들이 더불어 서로주체성 속에서 공동의 주체를 형성할 때, 비로소 온전한 의미에서 역사라는 것이 일어날 수 있는 것입니다.3)

사람들이 흔히 말하는 역사적 사건이란 바로 그런 공동주체성 또는 서로주체성 속에서 역사적 주체가 두드러지게 분출한 사건을 말합니다. 행위는 행위하는 주체를 전제하지만 거꾸로 주체 역시 오로지 행위 속에

다. 내가 나의 주체성을 상실하고 집단의 속성으로 전락하게 될 때 그것은 서로주체성이 아니고 확장된 홀로주체성에 지나지 않는다. 하나의 홀로주체가 다른 모든 주체들 위에 군림하는 것이 아니라 모든 주체들이 대등한 자발성과 능동성으로 결합하여 우리를 형성할 때 그것만이 참된 서로주체성의 생성인 것이다. 서로주체성의 개념의 다양한 변주에 대해서는 김상봉(1998; 2002; 2003; 2004)을 참조.

3) 우리는 사회적 존재(social entity)를 서로주체성의 현실태로 이해했던 것처럼(김상봉, 2004: 34 아래), 역사를 서로주체성의 시간적 전개로서 이해하려 한다. 자기들을 우리라고 부르는 사람들이 모여 그 모임이 일정한 외연과 지속성을 가지고 하나의 공동체를 형성할 때 한 사회가 발생하는 것처럼, '우리'라는 자기의식 속에서 서로주체성을 형성한 사람들의 모임이 시간 속에서 공동의 삶을 살아나갈 때 비로소 역사가 발생한다. 여기서 우리라는 공동주체의 자기의식이 과연 얼마나 온전한 서로주체성의 발로이냐에 따라 역사는 그것의 이념에 가까워진다. 그런즉 우리는 역사의 가능근거를 땅이나 정치적 권력에서 찾지 않고 오로지 서로주체성의 발생 또는 구체적으로 말하자면 공동의 자기의식의 형성에서 찾는다.

서만 주체로서 발생하고 정립될 수 있습니다. 주체는 사물적으로 주어진 것이 아니라 오직 행위와 활동 속에서만 주체로서 정립되는 것인바,[4] 이는 역사를 이끌어가는 주체의 경우에도 마찬가지입니다. 그것은 자연적으로 주어진 실체가 아니라 역사적 행위 속에서 형성되고 정립되는 주체인 것입니다. 역사적 사건이란 한마디로 말하자면 역사적 주체를 정립한 행위입니다. 그런데 지금 우리가 생각하려는 5·18이야말로 가장 전형적이고 두드러진 의미에서 역사적 사건이라 할 수 있습니다. 그것은 단순히 엄청난 사건이었다거나 충격적인 사건이었다는 뜻이 아니라 서로주체성의 집약된 표현이고 실현이었다는 의미에서 역사적 주체가 자기를 정립한 사건입니다. 비교해서 말하자면 6·25는 5·18에 비해 시간적으로나 공간적인 범위에서 훨씬 더 포괄적인 사건이었으며, 그 집단적 행위의 강도나 밀집도 그리고 영향력에서 역시 5·18을 능가하는 사건이었다고 할 수 있습니다. 하지만 아무리 그렇다 하더라도 6·25가 서로주체성의 비범한 분출이었다고 말하기는 어려운 일입니다. 너무나 많은 사람들에게 그것은 맹목적인 행위가 아니면 무의미한 수난이었던 것입니다. 그런 한에서 이 사건은 역사적 사건의 모범은 아니었습니다. 이에

---

[4] 거슬러 올라가자면 데카르트의 '나는 생각한다, 그러므로 나는 존재한다'는 명제 속에서 주체와 행위의 공속성이 명확히 정식화되었다고 할 수 있다(데카르트, 1997a; 1997b). 여기서 나는 주체이다. 하지만 나는 오직 내가 생각하는 한에서만 존재한다. 이는 주체의 존재가 생각이라는 활동에 근거하고 있음을 의미한다. 하지만 데카르트가 주체가 생각을 일면적으로 근거 짓는다고 생각한 것은 아니다. 왜냐하면 생각의 활동이 활동의 주체로서 나 없이 가능한 것이 아니기 때문이다. 그런 한에서 나의 있음과 나의 생각은 둘이 아니라 하나로 공속한다. 나중에 셸링은 나와 생각의 활동의 공속성을 보다 명확하게 표현하여 "자아는 그것이 오직 자기 자신을 생각하기 때문에 있고, 그것이 있기 때문에 자기 자신을 생각한다"(셸링, 1999: 35)고 말했다.

비해 5·18은 우리 역사에서 드물게 보는 서로주체성의 현실태였습니다. 그것은 역사에서 놀랄 만큼 치열한 활동성의 표현이었으나, 그 활동성은 맹목적인 것도 강제된 것도 아니었습니다. 마찬가지로 그것은 소수의 사람들에 의해 주도되고 다수가 동조하는 것도 아니었습니다. 주체가 따로 있고 객체가 따로 있는 것이 아니라 원칙적으로 모두가 더불어 자기들을 주체로 정립했던 사건이 5·18이었던 것입니다. 처음 불씨를 당긴 학생들은 물론, 계엄군을 몰아내는 데 결정적인 공을 세운 택시기사들, 그들에게 밥을 먹인 시장의 상인들, 헌혈하기 위해 팔을 걷어붙인 술집 여인들, 그들의 팔에서 피를 뽑은 의사와 간호사들, 누구 하나 객체가 아니었습니다.[5] 우리는 그 속에서 역사적 주체가 자기를 정립하는 것을 보며, 그와 함께 역사적 주체의 삶으로서 역사가 일어나는 것을 봅니다. 이런 의미에서 5·18은 역사적 사건인 것입니다.

그러나 5·18이 아무리 두드러진 서로주체성의 분출이었다 하더라도, 그 자체만으로는 아직 역사적 사건이 될 수 없습니다. 역사는 오직 이어질 때 역사가 됩니다. 역사가 이어지는 것은 우리가 역사에 응답할 때입니다. 그런즉 오직 우리가 5·18에 응답하는 한에서 그것은 온전한 의미에서 역사적 사건이 되는 것입니다. 그렇지 않을 때 5·18은 아무것도 아닙니다. 같은 시대를 사는 사람들이 서로주체성 속에서 만날 때 역사가 이루어지는 것처럼, 다른 시대의 사람들이 서로 만남으로써 역사가 이어지고 보존됩니다. 앞 시대와 뒤 시대가 서로 부르고 대답할 때, 그 만남 속에서 역사가 이어지는 것입니다. 5·18을 생각한다는 것은 이 과제를

---

[5] 5·18의 진행 과정에서 시민들의 구체적인 참여상을 보기 위해서는 특히 다음의 글들을 참조. 황석영(1985), 광주광역시 5·18사료편찬위원회(1997), 나의갑(2001), 최정기(1997), 강현아(2002), 장하진(2001).

떠맡는 것을 뜻합니다. 그것은 우리의 현대사 속에서 가장 역사적인 사건과 만나고 그 부름에 응답함으로써 그 역사를 보존하고 이어가는 작업인 것입니다.

하지만 여기서 우리는 다시 역사를 이어간다는 말을 무슨 새끼줄을 계속 꼬아가는 일처럼 어떤 사물적인 대상을 보존하고 늘여가는 일이라 생각하지 않도록 조심해야 합니다. 문제는 오로지 하나, 만남과 응답입니다. 이런 의미에서 사람들이 흔히 말하는 '역사의 기억' 또한 조심스럽게 제한되어야 할 것입니다. 기억은 사물적인 대상에 대해서도 적용될 수 있는 말입니다. 그리하여 역사의 기억이란 너무 자주 사건의 기억과 같은 뜻으로 쓰입니다. 하지만 사건은 아직 인격적 주체는 아닙니다. 물론 5·18을 기억하는 것은 아예 기억조차 하지 못하는 것에 비하면 나은 일이지만, 우리가 5·18을 하나의 사건으로서 기억할 뿐이라면 이를 통해 역사와 온전히 만날 수는 없습니다. 인격적 만남이란 부름에 대답하는 것입니다. 그런즉 오직 우리가 5·18의 부름에 응답할 때 비로소 우리는 그것과 인격적으로 만날 수 있게 되는 것입니다.

마찬가지로 우리가 5·18의 이념이나 뜻을 해석하고 규정하기만 하려 할 때에도 우리는 그것과 온전히 만나지 못합니다. 뜻이나 이념은 언제나 보편적인 사태입니다. 반면에 모든 역사적 사건은 개별적이고 일회적인 사태로서 어떤 경우에도 보편적인 뜻이나 이념 그 자체의 현실태일 수는 없습니다. 따라서 5·18 속에서 오로지 뜻이나 이념만을 찾아내려 하는 사람은 사실은 5·18과 만나고 있는 것이 아니라 원칙적으로 어디서나 나타날 수 있는 추상적인 이념과 뜻을 생각하고 있을 뿐인 까닭에, 마지막에는 역사를 추상적 이념과 맞바꾸어 역사적 사건 그 자체를 잃어버릴 위험에 빠지게 됩니다. 뜻이 문제라면 우리는 굳이 5·18이 아니라도 다른 사건에서 뜻의 비슷한 표현을 찾을 수 있을 것이기 때문입니다.[6]

물론 이것이 5·18이 사건으로서 탐구되고 기억되어서는 안 된다거나 5·18의 뜻이 무엇이었는지를 묻는 것 자체가 부당하다는 말은 아닙니다. 5·18이 하나의 사건이었고, 뜻을 가진 사건이었다는 것은 아무도 부인할 수 없습니다. 그리고 5·18의 가치가 그 역사적 행위로서 발생한 사건에 있고 그것이 추구한 뜻에 있다는 것도 분명한 일입니다. 그럼에도 불구하고 우리가 5·18을 생각하면서 사건의 인과관계나 의식적 무의식적으로 사건을 이끌었던 이념만을 생각한다면, 우리는 5·18과 인격적으로 만날 수 없습니다. 행위나 사건 속에서 인격적 주체가 자기를 표현하고 실현하는 것은 분명하지만, 그것이 인격적 주체 그 자신이 아니라는 것도 마찬가지로 분명한 일이기 때문입니다.

　그렇다면 언제 우리는 5·18과 인격적으로 만나게 되는 것입니까? 그것은 오직 하나 우리가 5·18의 고통에 참여할 때입니다. 사건은 객관적 사실입니다. 우리는 굳이 사건의 주체와 인격적인 만남을 갖지 않고서도 사건의 경과를 인식할 수 있습니다. 마찬가지로 우리는 5·18의 뜻과 이념 역시 그 자체로서 이해할 수 있습니다. 하지만 우리는 인격적인 만남 없이 타인의 고통을 이해할 수는 없습니다. 모든 이해는 따라체험을 수반합니다. 사건의 이해도 이념의 이해도 이 점에서는 같습니다. 그러나 우리가 사건이나 이념을 이해할 때 사건을 수행하고 이념을 추구하는 사람의 자리에 나를 세울 필요는 없습니다. 사건도 이념도 주체를 요구하

---

6) 이런 의미에서 역사에서 이념과 뜻만을 찾으려 할 때 우리는 역사를 화석화시킬 위험에 빠지게 된다. 이런 사정은 5·18의 경우에도 마찬가지이다. 화석화된 이념은 한갓 구호로만 남게 되고 현실 역사 속에서 아무런 힘을 행사하지 못한다. 물론 이념과 뜻이 없는 역사는 없다. 하지만 그것이 추상화될 때, 이념과 뜻은 생명을 잃게 된다. 그런 까닭에 역사와의 만남에서 중요한 것은 뜻과 이념을 그 생동성 속에서 만나는 일이다.

겠지만 그 주체는 익명적인 주체일 수 있습니다. 주체가 누구든, 그것은 대개 사건이나 이념의 이해를 위해서는 아무래도 좋은 것입니다. 이를테면 4·19가 학생들이 일으킨 사건이었다고 말할 때, 우리가 그 학생이 누구였느냐는 것까지를 알 필요는 없습니다. 하지만 고통의 경우에는 사정이 다릅니다. 역사 속에서 일어나는 사건은 여럿이서 같이 일으키는 일이지만, 고통은 언제나 한 사람 한 사람이 겪는 일입니다. 일반화된 고통은 고통이 아닙니다. 개별성과 주체성은 고통의 본질적 계기에 속하는 일입니다. 남에게 양도할 수 없는 것이 고통인 것입니다. 그리하여 모든 이해가 따라체험이라 하더라도 고통의 이해는 고통당하는 인격의 따라체험일 수밖에 없습니다. 고통을 이해한다는 것은 그 고통을 겪는 사람의 자리에 자기를 세우고 비록 상상 속에서나마 그 고통을 따라겪지 못하는 한 불가능한 일인 것입니다. 이를 거꾸로 말하자면, 우리는 어떤 사람의 고통을 이해하고 그에 참여하려 할 경우에만 비로소 그 사람과 인격적인 만남에 들어갈 수 있습니다.

  5·18과의 만남 역시 마찬가지입니다. 5·18이라는 사건 자체나 그것이 추구한 이념이 아니라, 그에 참여한 사람들의 고통을 생각할 때 비로소 우리는 그것과 인격적으로 만날 수 있게 됩니다. 고통에 귀 기울이는 것, 그 아우성, 그 부름에 응답하는 것이야말로 역사와의 인격적 만남의 출발인 것입니다. 그리고 이런 인격적 만남 속에서만 역사는 과거의 일로 끝나지 않고 이어지고 보존됩니다. 게다가 5·18의 상처는 아직도 진행 중입니다. 그 끔찍한 상처를 기억하고 그것을 또한 지금 우리의 것으로 받아들일 때, 5·18은 지나간 역사적 사건이 아니라 오늘에도 살아 있는 역사로 보존되고 이어지는 것입니다. 그러므로 5·18을 생각한다는 것은 다른 무엇보다 그것의 고통을 기억하고 따라체험하는 데서 시작되어야 합니다. 직접적인 고통과 그 고통이 주는 좌절과 절망 그리고

미칠 것 같은 분노를 따라체험하지 못하는 한 우리는 결코 5·18과 인격적으로 만날 수 없을 것입니다. 그러나 타인의 고통을 자기 것으로 따라체험한다는 것, 그것은 얼마나 어려운 일입니까? 다른 것이 문제라면 생각은 모든 사물과 사건을 생각의 객관적 규정들 속에서 해체하고 분해할 수 있을 것입니다. 하지만 고통을 이해하기 위해서는 나는 나를 뛰어넘지 않으면 안 됩니다. 그것은 나를 내가 선 자리에서 들어 올려 타자의 자리에 옮겨 놓을 때에만 가능한 일입니다. 고통을 이해하는 것이 어려운 까닭은 그것이 생각이 제자리에 머물러 수행할 수 있는 일이 아니기 때문입니다. 남의 고통이 크면 클수록 남의 자리에 나를 두는 것이 어려워집니다. 그리하여 게으른 정신에게 남의 고통이란 제 편한 대로 해석된 관념적인 기호로 남기 십상입니다.

  5·18을 생각하는 것이 어려운 까닭이 바로 이것입니다. 그것은 우리가 따라체험하기에는 너무도 큰 고통이요 수난이었습니다. 게다가 그것은 그 자체로서도 엄청난 고통이었지만, 그 인과관계를 따라체험할 수 없다는 점에서도 생각이 따라잡기 어려운 고통입니다. 왜냐하면 고통을 유발한 가해자의 악마성이 생각이 따라체험할 수 있는 가능성을 초월하기 때문입니다. 이를테면 아직 시민들이 무장 항쟁에 돌입하기 전인 항쟁 이튿째, 부상자를 싣고 병원으로 달리던 택시기사가 부상자를 내려놓으라는 명령을 따르지 않는다고 그 기사를 대검으로 살해한 공수부대원의 잔인함은 생각이 그 인과성을 설명할 수 없는 악마성입니다(황석영, 1985: 72). 그런데 1980년 광주의 5월은 바로 이런 폭력이 일상화되어 버린 장소였습니다. 그러니 우리가 어떻게 그 고통을 이해할 수 있겠습니까?

  하지만 우리가 5·18을 생각하기 어려운 까닭은 그 수난과 고통의 크기 때문만은 아닙니다. 더욱 놀라운 것은 1980년 5월 광주 시민들이 그 야만적인 폭력에 고분고분 굴종하지 않았다는 것입니다. 그해 5월 18일

0시 비상계엄령이 선포되었을 때 이른바 서울의 봄은 순식간에 겨울이 되어버렸습니다(최석우, 1996: 123). 살인자들이 예상했던 대로 시위는 멎었습니다. 시위를 주도했던 학생들의 지도부가 모두 피신한 뒤에 모든 저항은 정지되었습니다. 그것이 이 나라의 오랜 공식이었습니다. 바로 전해의 이른바 부마항쟁 역시 군대가 출동하고 위수령이 발동되었을 때 잦아들었던 것입니다(임현진, 2000: 3). 그런데 1980년 5월 광주항쟁은 정부가 비상계엄령을 전국으로 확대한다고 발표한 바로 그날부터 시작되었습니다.[7] 그것은 역사의 부름에 대한 응답이었습니다. 역사는 고통스러운 아우성을 통해 우리를 부릅니다. 그런즉 고통이 없는 곳에는 역사도 없습니다. 오직 역사의 고통에 응답할 때 역사는 죽지 않고 살아 이어지는 것입니다. 역사의 고통이 남의 일만이 아니라는 것, 그것이 동시에 나의 일이며, 지금 당장 그것이 내 고통이 아니라도 곧 나 자신의 고통이 될 수도 있다는 깨달음 속에서 우리는 역사의 고통에 응답하고 그에 참여하게 됩니다. 1980년 광주의 5월항쟁도 바로 그런 응답이었습

---

[7] 정확하게 말하자면 확대비상계엄령은 5월 17일 24시 또는 5월 18일 0시를 기해 내려졌다. 그 후 두 시간 후에 전남대와 조선대 캠퍼스에 공수특전단이 진주했다. 이런 사정은 전국의 다른 지역 다른 대학들의 경우도 마찬가지였다. 그리고 이를 통해 신군부 세력은 학생들의 저항의지를 일단 잠재울 수 있었다. 그러나 오직 한 군데 예외가 있었으니 그것이 광주였다. 18일 오전 10시경 전남대 교문 앞에 모인 고작 100명 남짓 학생들은 교문을 지키고 있던 공수부대의 해산명령에 응하지 않고, 도리어 교문 앞 다리 부근에 앉아 연좌농성을 시작했다. 그리고 이어서 노래와 구호가 터져 나왔다. 이들을 계엄군이 살상용 특수곤봉으로 공격함으로써 이른바 광주항쟁이 촉발되었다. 박정희 정권이 수립된 이래 계엄군이 대학 캠퍼스에 진주했을 때 비무장의 학생이나 시민들이 무장한 군대에 맞선 것은 이것이 유일한 경우였던바, 그것은 죽음을 무릅쓴 용기가 없으면 가능한 일이 아니었을 것이다. 광주항쟁의 최초 발단에 대해서는 황석영(1985: 33~36), 광주광역시 5·18사료편찬위원회 (1997: 100~103), 안종철(1997: 30~33), 나의갑(2001: 221~222) 참조.

니다. 그리하여 5·18은 비극적 수난이었으나 그 비극은 노예의 비극이 아니라 자유인의 비극이었으며, 일방적인 당함의 비극이 아니라 가장 능동적인 행함의 비극이었습니다. 5월항쟁의 비할 나위 없는 숭고함이 바로 여기에 있습니다. 하지만 그 숭고함은 오이디푸스적 숭고함과 같으면서도 다릅니다. 그것은 죽음의 공포를 뛰어넘어 자기의 존엄성을 지킨다는 점에서 그리스 비극의 숭고함과 같지만 역사의 고통에 응답하기 위해 죽음의 공포를 초월한다는 점에서 그리스 비극의 숭고함을 넘어서는 것입니다.[8]

그런데 1980년 5월에 광주에서 일어났던 역사에 대한 응답이 순수한 자발성에서 비롯되었다는 것은 5·18을 참된 의미에서 역사적 사건으로 자리매김하는 결정적 징표입니다. 그것은 이 응답이 타자의 강제에 의해 동원된 주체들이 아니라 역사의 부름과 고통당하는 타인의 절규 앞에서 스스로 결단함으로써 자신을 주체로서 정립한 사람들이 보여준 자발성의 표현이기 때문입니다. 서울에서 그랬듯이 광주에서도 5·18이 일어나기 직전에 그 전까지 활동했던 학생운동의 지도부는 검거되거나(나의갑, 2001: 226), 임박한 검거를 피해 피신했고, 광주에는 조직적으로 항쟁을 지도할 기존의 항쟁주체가 아무도 남아 있지 않은 상태였습니다(황석영, 1985: 30). 그런데 확대비상계엄령이 선포된 바로 그날 한 사람 두 사람 전남대 정문 앞에 학생들이 모여들어 학교를 지키고 있었던 군인들 앞에서 두려움 없이 계엄군은 물러가라고 외치기 시작했습니다.[9] 그들의

---

8) 그리스 비극의 본질적 이념은 자유이다. 오이디푸스가 전형적으로 형상화했듯이 그리스 비극의 주인공은 자신의 자유를 지키기 위해 운명에 저항한다. 그리고 이것이 비극적 숭고함을 낳는다. 그러나 그리스 비극은 타인의 고통에 대한 응답과는 아무런 상관이 없다. 그리스 비극의 숭고함에 대해서는 김상봉(2003) 참조.
9) 당시 석공이었던 김태찬의 증언에 따르면 비슷한 시간에 조선대 정문 앞에서도

수는 고작 50명, 많아야 100명이었습니다. 그것은 계산하는 생각의 눈에는 어리석은 만용이었을 것입니다. 그런데 그들을 지켜보던 몇 백 명의 또 다른 학생들이 같이 구호를 외치기 시작했습니다. 군대는 그들을 위협함으로써 침묵시키고 해산하려 했으나 그것은 그들을 자극하여 그 함성을 더욱 크게 만들 뿐이었습니다. 그들이 침묵했더라면 비극은 없었을 것입니다. 하지만 그들은 비굴하게 침묵하지 않았습니다. 그 용기가 모든 일의 시작이었던바, 그것은 아무도 강제하지 않고 아무도 미리 조직하지 않은 자발성의 표현이었습니다. 생각하면 그것은 생각이 이해하기 어려운 서로주체성의 출현이었습니다. 항쟁을 촉발하고 견인할 전위가 없는 상태에서 모두가 항쟁의 주체가 되어 싸우기 시작했을 때, 우리 역사에서 보기 드문 역사적 사건이 일어났습니다. 학생들의 저항에서 시작된 저항이 급속하게 모든 시민들의 항쟁으로 확장되어갔던 것입니다. 그것은 아무도 강요하지 않고 아무도 조직하지 않은 자발적이고도 주체적인 행위였으니,[10] 참된 의미에서 서로주체성의 표현이요 역사적 사건이었습니다.

그것을 가능하게 했던 것은 응답하려는 결단이었습니다. 계엄군의 잔인한 폭력 앞에서 학생들과 시민들이 무차별하게 구타당하기 시작했을 때, 광주 시민들은 그것을 그냥 방관하지 않고 개입했습니다. 처음에 그들은 폭력을 만류했습니다. 그러나 만류하는 노인들에게까지 계엄군이 철심이 박힌 곤봉을 휘두르고(황석영, 1985: 49~50), 건물 안에서 숨죽

비슷한 상황이 벌어졌다고 한다(김태찬, 2003: 185).
[10] 광주항쟁이 조직된 동원이 아니라 자연발생적인 참여에 의해 일어나고 진행되었다는 것은 일반적으로 인정되고 있는 사실이다. 그러나 미세한 연구에 들어가면 항쟁의 주체에 대해 다양한 관점의 주장들이 전개되어왔다. 이에 대한 간단한 개관을 원하는 사람은 강현아(2004: 137~141) 참조.

여 그 광경을 바라보던 학원 수강생들에게 무차별한 폭력을 행사했을 때 그리고 그렇게 다친 부상자들을 병원으로 옮기던 택시기사의 배에 대검을 쑤셔 박았을 때(황석영, 1985: 72), 광주 시민들은 이웃의 고통과 수난 앞에서 죽음의 공포를 잊어버렸습니다. 그것은 목숨을 건 응답이요, 비할 나위 없는 능동성이었습니다.

광주항쟁을 우리 역사에서 두드러지게 했던 무장투쟁은 이 능동성의 정점이었습니다. 3·1만세운동이 그 비폭력의 이상으로 정신의 용기와 숭고함을 보였다면, 5·18은 죽음을 무릅쓰고 무기를 들고 싸움으로써 3·1운동의 평화주의가 무기력과 비겁함에서 비롯된 것이 아님을 증명해 보였습니다. 비폭력주의는 자기를 향한 악마적인 폭력 앞에서 폭력적으로 싸우려는 용기가 없을 때에는 어리석음이거나 비겁함일 뿐입니다. 모든 악은 방관과 굴종 속에서 창궐합니다. 악행을 멈추는 것은 도덕적 의무입니다. 국가권력이 무장하지 않은 시민을 향해 군사적 폭력을 사용하는 순간 국가권력의 정당성은 정지됩니다. 그때 국가권력은 한낱 조직 폭력배들의 집단에 지나지 않으며, 그들의 폭력을 같은 방법으로 저지하는 것은 시민의 정당한 권리와 의무에 속하는 것입니다. 이 점에서 5·18의 무장 항쟁은 최고의 시민적 용기[11]와 주체성의 표현입니다.[12]

해방된 광주에서 실현된 이른바 '절대적 공동체'(최정운, 1999; 2001;

---

11) 시민적 용기(andreia politike)의 의미와 가치를 처음으로 학문적으로 규정한 사람은 아리스토텔레스였다. 그는 『니코마코스 윤리학』 제3권 8장에서 덕목들을 구체적으로 논하면서 용기를 첫째가는 덕목으로 제시한다. 그런 다음 그는 용기를 다섯 가지 유형으로 나누어 설명하는데 그 가운데 최고의 것이 바로 시민적 용기이다(아리스토텔레스, 1984: 100).

12) 무장 항쟁의 전개과정에 대해서는 황석영(1985: 106 아래), 김창진(2001: 302~316) 참조.

2002)는 바로 이런 시민적 용기에 바탕한 서로주체성의 현실태로서 너무나 당연하고 자연스런 결과였습니다. 5·18 광주의 절대적 공동체란 무차별한 동일성이나 획일성 속에서 개별성이 지양되어 형성된 공동체가 아닙니다. 사실상 우리는 자유를 향한 오랜 투쟁의 역사 속에서 인간의 자발성과 주체성이 투쟁하는 공동체의 대의 아래 종종 억압되었던 것을 알고 있습니다. 그러나 해방된 광주에서 실현되었던 공동체는 개인들 사이의 이견이 없는 절대적 동일성과 획일성 때문에 절대적 공동체였던 것이 아닙니다. 해방된 광주에서도 서로 부딪치는 다양한 목소리들이 있었고 때로는 항쟁의 방향에 대해 심각한 의견차이도 있었습니다.[13] 그럼에도 불구하고 그 공동체가 절대적이라는 명예로운 헌사를 받을 자격이 있는 까닭은 그것이 나와 너 사이의 모든 차이에도 불구하고 자기의 생명을 걸고 타인의 고통에 응답하고 연대하려는 최고의 자발성에 기초한 공동체였던 까닭입니다. 한마디로 말해 그것은 차이와 자발성을 보존하면서 만남 속에서 그것을 넘어서는 절대적 서로주체성의 현실태였던 것입니다.

그리하여 해방된 광주에서 실현되었던 그 절대적 공동체는 우리가 지향해야 할 영원한 꿈이 되었습니다. 생각하면 그것은 공자가 꿈꾸었던 주나라도, 기원전 5세기의 아테네도, 기원후 18세기의 파리도, 20세기의 모스크바도 아니었습니다. 5·18이 보여준 절대적 공동체는 권리나 법, 또는 정의나 평등 또는 봉건적 예의범절 위에 기초한 공동체도 아니고 오늘날 사람들이 말하는 배려나 보살핌에 기초한 공동체도 아니었습니다. 그것은 오로지 타인의 고통에 목숨을 걸고 응답하려는 용기 위에

---

13) 황석영(1985: 146 아래; 160 아래; 178 아래; 186 아래; 206 아래), 나의갑(2001: 249~251).

기초한 공동체였던 것입니다. 응답하려는 용기는 권리나 법 또는 예의와 보살핌을 부정하지는 않습니다. 하지만 이들 가운데 그 어떤 가치도 응답하려는 용기를 대신할 수는 없으니, 응답하려는 용기는 그 모든 것을 초월하는 것입니다.[14] 해방된 광주에서 실현된 절대적 공동체는 바로 이런 용기와 자발성에 기초해서만 가능한 공동체였습니다. 그러나 죽음을 무릅쓰고 타인의 고통에 응답하려는 용기는 얼마나 어려운 일이며, 그런 용기를 통해서만 도달할 수 있는 절대적 공동체를 역사 속에서 실현한다는 것은 또 얼마나 불가능한 꿈입니까? 그럼에도 불구하고 5·18을 생각한다는 것은 그 어려운 요구 앞에 마주서는 것이며, 그 불가능한 꿈을 꿈꾸는 일입니다.

사실상 모든 절대적인 것은 오직 순간적인 계시로서만 우리에게 나타날 수 있습니다. 절대적인 것이 지속적 현실태로서 역사 속에서 현전하는 것은 불가능한 일입니다. 모든 순수한 것, 모든 절대적인 것은 그 순수성과 절대성으로 말미암아 몰락해야 합니다. 광주의 시민들이 스스로 무장하고 시민군으로 거듭났을 때 몰락은 피할 수 없는 것이 되었습니다.[15]

---

14) 여러 사람들이 5·18과 다른 혁명적 사건들을 비교 연구함으로써 5·18의 의미와 가치를 밝히려 했다. 그 중 한 사람인 조지 카치아피카스는 5·18을 1871년 파리코뮌과 비교하면서 두 사건의 유사성과 영향관계를 밝히려 했다(카치아피카스, 2002). 역사 속에서 나타난 혁명적 사건들 사이에 유사성이 있다는 것은 어쩌면 당연한 일이다. 그러나 우리는 5·18이 다른 모든 이념이나 주관적 권리주장에 앞서 타인의 고통에 목숨을 걸고 응답하려는 용기에서 비롯되었다는 점에서 그 이전까지의 혁명적 사건 및 운동과 구별된다고 생각한다.

15) 최정운(2002: 102~103)은 무장 항쟁이 절대공동체의 정점인 동시에 와해의 시작일 수밖에 없었던 까닭을 세 가지로 설득력 있게 서술했다. 그에 따르면 무장 항쟁 결과 시민군의 등장으로 무장한 시민군과 무장하지 않은 시민이 분리되었으며, 계급이 다시 등장하게 되었고, 마지막으로 가족이 다시 등장하게 됨으로써

무장 항쟁은 최고의 자발성과 용기의 표현이었으나 무기를 들었던 시민군은 모든 최고의 것에게 예정된 몰락을 기꺼이 받아들이지 않으면 안 되었습니다. 이것은 모든 숭고한 것들에 깃들인 비극성입니다. 치솟은 것은 무너집니다. 그것이 높으면 높을수록 몰락과 파멸은 더 급속하고 더 강렬하며 더욱더 비극적입니다. 5·18 광주의 절대적 공동체 역시 그 비극으로부터 벗어날 수는 없었습니다. 대적할 수 없는 무장을 갖춘 적들이 짧은 기간 동안 해방되었던 광주를 다시 침입해왔을 때, 광주는 마지막 선택 앞에 서게 되었습니다. 생각하면 그것은 선택지가 하나밖에 없는 선택이었습니다. 왜냐하면 탱크와 헬기 앞에서 구식 소총으로 무장한 시민군이 할 수 있는 일은 아무것도 없었기 때문입니다. 광주 시민들은 그들의 꿈을 미래의 역사에 넘겨주어야 한다는 것을 깨달았습니다. 그러나 이것은 그들이 이제 아무 일도 할 수 없고 하지 않으려 했다는 뜻이 아닙니다. 왜냐하면 누구도 아무 일도 하지 않으면서 미래의 세대를 향해 손 내밀고 그들을 역사 속으로 부를 수는 없기 때문입니다.

극복할 수 없는 불의한 폭력 앞에서 광주 시민들은 그 폭력의 현실적인 극복을 후세의 몫으로 남겨두지 않으면 안 되었습니다. 그러나 이 임박한 불의를 저지하고, 악마적인 폭력과 싸우라고 아무도 후세를 향해 외쳐 부르지 않는다면 누가 응답하겠습니까? 하지만 자기 자신이 싸우지 않으면서 남을 향해 싸우라고 외친다면 또 누가 그 외침에 귀를 기울이겠습니까? 오직 자기가 목숨을 걸고 불의와 맞서는 용기를 보이는 한에서 그의 부름에 응답하는 사람들이 나타날 수 있는 것입니다. 1980년 5월 27일 새벽 전남도청을 지키며 계엄군과 싸우다 죽어갔던 사람들은 살아남은 우리를 역사로 부르기 위해 자기를 버린 사람들이었습니다. 패배와

절대공동체가 해체의 길을 걷지 않을 수 없었다는 것이다.

죽음이 확정된 순간에 무기를 버리지 않고 밀려오는 적들 앞에 마주선 것은 맹목이나 만용이 아니었습니다. 그것은 5월 18일 전남대 정문 앞 다리 위에 앉아 두려움을 이기고 비상계엄 해제하라는 구호를 처음 외쳤던 50명의 학생들이 5·18을 가능하게 했던 것처럼, 후세를 향해 아니 동시대의 모든 시민 모든 인류를 향해 악마적인 폭력에 더불어 저항하자고 내미는 손길이었으며 절박한 부름이었습니다. 그것은 폭력에 수동적으로 내맡겨진 약자가 도움을 청하는 가련한 손길도 아니었고 자기를 학대하는 자에게 동정을 구하는 얼굴도 아니었습니다. 그것은 폭력 앞에서 목숨을 걸고 싸우면서 그 싸움에 동참할 것을 호소하는 부름이었습니다. 마지막으로 도청을 지키다 죽어간 전사들은 자기를 버림으로써 우리 모두를 끝나지 않은 투쟁의 역사로 불렀던 것입니다.

 5·18을 생각한다는 것은 그 부름에 응답한다는 것을 의미합니다. 우리가 잘 알고 있듯이 실제로 1980년 이후 한국의 역사는 5·18에 대한 응답이었습니다.16) 1980년대 내내 투쟁의 현장에서 내걸렸던 "광주를 기억하라"는 구호는 바로 광주가 남긴 부름에 응답하라는 요구였던바, 광주의 영웅적 희생이 없었더라면 그 이후의 역사가 오늘 같지는 않았을 것입니다. 목숨을 건 부름이 있었던 까닭에 마찬가지로 죽음을 두려워하지 않는 응답이 있었으며, 그 부름과 응답이 세계에서 유례를 찾기 어려

---

16) 5·18이 1980년대 민주화 운동에 끼친 직간접적인 영향은 무수히 많은 연구들을 통해 입증되었다. 여기서는 그 가운데 조희연(2001)과 김동춘(2001)의 연구를 대표적 성과로서 언급하려 한다. 특히 김동춘은 5·18과 1987년 6월항쟁을 비교하면서 6월항쟁이 어떤 의미에서 5·18을 계승했는가를 설득력 있게 보여준다. 그러면서도 그는 전자를 실패한 성공으로 후자를 성공한 실패로 날카롭게 대비시키는데, 이것은 오늘날 사람들이 말하는 이른바 1987년 체제의 한계가 어디에 있는가를 다시 생각하게 해준다는 점에서 진지하게 돌이켜볼 필요가 있는 구별이다.

운 한국의 민주화의 역사를 가능하게 했던 것입니다.

하지만 그 부름은 아직 끝나지 않았습니다. 국가의 이름으로, 자본의 이름으로, 그리고 모든 종류의 찬탈된 권력의 이름으로 인간에게 폭력을 행사하는 역사가 끝나지 않는 한, 그 부름은 그칠 수 없는 것입니다. 그리하여 5·18을 생각한다는 것은 다시 또다시 목숨을 걸고 달려 나가면서 외치는 부름에 응답하는 것을 의미합니다. 5·18을 생각하는 것이 어렵고 거의 불가능한 일인 까닭은 그 부름에 응답하기 위해 나 역시 나의 모든 것을 걸고 폭력에 내맡겨진 사람들에게 손을 내밀어 응답할 용기를 보이지 않으면 안 되기 때문입니다. 그것은 두려운 일입니다. 그러나 응답하는 용기 속에서 역사는 일어나고 또 이어지며, 우리의 자유는 그 용기 속에서만 자라는 것입니다.

참고문헌

강현아. 2002. 「5·18항쟁과 여성주체의 경험: 참여와 배제」. 나간채·강현아 편. 『5·18 항쟁의 이해』. 광주광역시.
광주광역시 5·18사료편찬위원회. 1997. 『5·18광주민중항쟁』. 광주.
김동춘. 2001. 「5·18, 6월항쟁 그리고 정치적 민주화」. 광주광역시 5·18사료편찬위 원회. 『5·18민중항쟁사』. 광주: 도서출판 고령.
김상봉. 1998. 『자기의식과 존재사유-칸트철학과 근대적 주체성의 존재론』. 한길사.
_____. 1999. 「기의식의 길-발견의 길과 만남의 길」. ≪연세철학≫, 제9호.
_____. 2002. 『나르시스의 꿈-서양정신의 극복을 위한 연습』. 한길사.
_____. 2003. 『그리스 비극에 대한 편지』. 한길사.
_____. 2004. 『학벌사회-사회적 주체성에 대한 철학적 탐구』. 한길사.
_____. 2005. 『도덕교육의 파시즘-노예도덕을 넘어서』. 도서출판 길.
김태찬. 2003. 「자기보다는 우리라는 개념이 먼저였다」. 나간채·이명규 편. 『5·18항 쟁 증언자료집 II-시민군들의 구술』. 전남대 출판부.
나의갑. 2001. 「5·18의 전개과정」. 광주광역시 5·18사료편찬위원회. 『5·18민중항쟁 사』. 광주: 도서출판 고령.
데카르트, 르네. 1997a. 『성찰』. 이현복 옮김. 문예출판사.
_____. 1997b. 『방법서설』. 이현복 옮김. 문예출판사.
박구용. 2004. 「이라크파병과 광주 정신」. 이라크파병반대 광주전남 비상국민행동 주최 토론회 발표문.
셸링, 프리드리히 W. J. 1999. 『철학의 원리로서의 자아』. 한자경 옮김. 서광사.
아리스토텔레스. 1984. 『니코마코스 윤리학』. 최명관 옮김. 서광사.
안종철. 1997. 「광주민중항쟁의 배경과 전개과정」. 나간채 엮음. 『광주민중항쟁과 5월운동 연구』. 전남대학교 5·18연구소.
이중표. 2004. 「5·18정신의 승화와 불교」. 광주 무각사 토론회 발표문.
임현진. 2000. 「민주화의 전주곡으로서 부마항쟁-유신체제의 지연된 붕괴」. 한국정 치학회. 『한국의 정치변동과 민주주의: 기획학술회의 자료집』.

장하진. 2001. 「5·18과 여성」. 광주광역시 5·18사료편찬위원회. 『5·18 민중항쟁사』.
전남사회운동협의회 편. 1985. 『죽음을 넘어 시대의 어둠을 넘어』. 황석영 기록. 풀빛.
조희연. 2001. 「5·18과 80년대 사회운동」. 광주광역시 5·18사료편찬위원회. 『5·18 민중항쟁사』.
최석우. 1996. 「아, 통한의 5·15회군(回軍)」, ≪월간 사회평론 길≫, 1월호.
최정기. 1997. 「광주민중항쟁의 지역적 확산과정과 주민참여기제」. 나간채 엮음. 『광주민중항쟁과 5월운동 연구』. 전남대학교 5·18연구소.
최정운. 1999. 『오월의 사회과학』. 풀빛.
_____. 2001. 「절대공동체의 형성과 해체」. 광주광역시 5·18사료편찬위원회. 『5·18 민중항쟁사』.
_____. 2002. 「시민 공동체의 형성과 변화」. 나간채·강현아 편. 『5·18항쟁의 이해』. 광주광역시.
카치아피카스, 조지. 2002. 「역사 속의 광주항쟁」, ≪민주주의와 인권≫, 제2권 제2호.

제13장

광주민중항쟁의 탈혁명화
지역과 전국의 공간정치학적 관점에서

원영수(≪진보평론≫ 편집위원)

1. 들어가며: 2008년 광주

현재 광주의 현주소는 어디인가? 한마디로, 광주학살의 비극과 민중항쟁의 역사는 현재 굴절된 형태의 희비극으로 재현되고 있다. 이런 안타까운 현실을 단적으로 보여주는 것이 최근의 이른바 5월 단체를 둘러싼 잡음이다. 예를 들어, 2007년 5월 5·18기념재단의 김영삼 감사패 수상 논란, 2008년 2월 5·18 관련 인사 57명, 5·18 부상자 53명, 교수 158명 등 268명이 참여한 이명박 당선 지지성명, 2008년 4월 기념재단을 둘러싼 폭력사태와 법률소송 등을 보면 광주의 처참한 현실을 단편적이지만 적나라하게 드러내준다.

그러나 이미 그 훨씬 이전에 광주항쟁은 부관참시 되었을지 모른다. 광주항쟁의 유일한 망명자이자 미국의 5월운동과 한청련운동을 주도했던 고 윤한봉은 광주문제의 비극적 결말에 대해 피를 토하는 심정으로 일갈을 던진 바 있다.

87년 조국 대통령 선거 때의 지역 대결과 그 후 날로 심화되는 지역주의는 재미 동포사회에 조국과 민족에 대한 절망과 회의를 불러일으켰다. 게다가 노태우 정권 초기(88년)에 5·18이 '5·18 광주 민주화운동'으로 불리게 되고 관련자들에 대한 사면·복권, 전두환의 연금, 광주청문회의 개최, 그리고 피해보상이 거론되는 등 5월 문제가 부분적으로 해결되기 시작하자 재미 동포들의 5·18에 대한 관심은 눈에 띄게 약화되기 시작했고, 대부분의 동포사회 운동단체들은 5월운동에서 손을 떼어버렸다.

그런 어려움 속에서도 한청련과 한겨레, 그리고 일부 지역의 호남향우회에 의해 유지되어오던 5월운동은 95년 조국에서 전국적인 5·18특별법 제정 촉구운동이 일어나고 전·노가 구속되자 다시금 활기를 되찾아갔다. 그러나 97년 대선을 전후한 조국 정치권의 정략적인 전·노 일당 사면 쑈는 미국 내 5월운동을 잔인하게 학살해버렸다.

특히 광주 시민들이 보여준 이중성은 미국 내 5월운동을 확인 사살하여 버렸고, 조국의 5월 관련 단체들과 관련 인사들의 음모적이며 기습적인 전·노 사면 동의는 미국 내 5월운동의 시신을 깊숙이 암매장해버렸다(윤한봉, 1999: 31~32).

이 이야기는 미국 내 5월운동만의 이야기는 아닐 것이다. 그런 의미에서 현재 광주의 탈혁명화와 지역화는 이미 확인 사살된 광주항쟁의 부관참시에 지나지 않을지 모른다. 또 어떤 의미에서 이미 광주는 되살리기에 루비콘 강을 건넜을지도 모른다. 그러나 보수 정권의 회귀하에서 서울의 도심과 전국의 도심을 점거한 촛불의 항쟁이 역사의 새로운 장을 열었던 2008년 지금 광주가 또 다른 모습으로 부활할 가능성을 완전히 배제할 수는 없다. 그런 의미에서 이른바 민간 민주 정권의 10년과 더불어 마감된 이른바 포스트 87년체제를 조망해야 하는 현시점은 사반세기 전 광주항쟁과 그 이후의 왜곡과 굴절 과정을 다시 되새기면서, 광주의 과거형 미래를 모색할 적절한 시점이기도 하다.

하나의 연구영역·주제로 정착된 광주민중항쟁학(?)에서는 원초적 사건으로서 5·18 광주민중항쟁·민주화운동과 그것을 둘러싼 승인투쟁 및 기억투쟁으로서 5월투쟁 또는 5월운동을 구분한다. 이 글에서는 광주항쟁 자체보다는 광주항쟁의 촉발한 이른바 5월운동이 민주화의 진행과 역대 정권의 정략적 이해에 따른 '다단계 제도화'를 경과하는 과정을 추적하고자 하며, 이를 통해 탈혁명화된 광주항쟁·5월운동의 현 단계를 점검하고자 한다.

현재의 광주항쟁의 제도화는 비록 일종의 지역적 공모에 의해 좁은 의미의 당사자주의에 의한 이른바 5월운동 단체들의 헤게모니하에서 내적 모순이 대외적으로 그다지 표출되지는 않고 있지만, 다단계 제도화로 인한 의례화·상업화, 항쟁 주체에 의한 5·18정신의 훼손, 지역적 독점에 의한 지역화 등 적지 않은 부정적 효과를 가져왔다. 그 결과 1980년 항쟁 이래 하나의 지역으로서 광주는 끊임없이 다른 지역 및 그 총체로서 전국과 소통하려고 했고, 그 과정에서 전국적 민주화 투쟁으로 발전했던 자신의 역사를 스스로 부정하는 역설적 현실에 직면하고 있다.

제도화 이전 시기에 이런 소통의 시도가 반광주 세력의 탄압과 방해 속에서 항상적으로 왜곡될 수밖에 없었음에도 지역과 전국을 연결하는 지난한 투쟁을 통해 소통과 상호작용의 메커니즘을 형성해왔고, 이는 단지 민주화운동으로 한정되지 않는 전체 운동의 성과로 축적되었다. 그러나 바로 그 제도화(합법화)를 통해 광주를 더 이상 말살할 수 없게 된 시점에 오히려 광주는 지역으로 봉쇄되는 역설적 상황이 전개되고 있다.

이런 비극적 역설의 핵심은 항쟁 주체들의 이해와 헤게모니하에서 제도화된 광주의 지역화이다. 이는 광주항쟁과 5월운동의 성과가 전 민중적으로 공유되는 것이 아니라, 당사자주의에 입각한 배타적 국지화로 왜곡됨에 따라 광주 또는 항쟁 주체들이 정치적으로 역고립됨을 의미한다. 이는 원초적 사건으로서 항쟁 그 자체이든, 그것의 연장으로서의 5월운동이든 모두에게 비극적 결말을 암시한다. 더욱이 이 비극에는 일방적으로 군부 파시즘이나 그들의 추종 세력에게 전적으로 책임을 전가하기 힘든, 5월운동 주체들의 상당한 판단착오와 부분적 공모가 존재하기에 더욱 그 상흔은 클 수밖에 없다.

2000년대에 들어오면서 외형상 광주 문제의 해결은 개별 보상과 국가유공자 지정, 기념일 제정, 국립묘지화 등 법적·제도적 차원의 처리(?)를 통해 정치적으로 완결된 것으로 보인다. 그러나 이런 법률적 제도화 과정은 한편에서 제도적 보상을 받는 5월항쟁의 당사자 주체를 제외한 다른 주체들을 소외시키는 과정과 다름없었다. 그 결과 제도화와 결부된 광주의 지역화는 5·18 광주민중항쟁과 그 연장으로서의 5월운동의 정치적 소멸 또는 탈급진화로 귀결되는 또 한 번의 비극을 낳고 있다.

2. 광주항쟁의 정치적 영향과 의의: 광주민중항쟁과 1980년대 운동

1980년 광주를 제외하고 한국 사회의 민주화나 이를 추동한 거대한 민중운동을 상상할 수 없다. '혁명의 시대'로 일컬어지는 1980년대의 민중운동에 대한 광주항쟁의 직접적 영향·효과는 일차적으로 급진화였다. 광주의 무장저항과 봉기는 1970년대 반유신 독재 민주화투쟁을 통해 자유주의에서 민중주의·급진주의로 서서히 진화하던 학생운동 및 학생운동 출신 민중운동 활동가들에게 엄청난 다중적·다층적 충격을 주었다.

광주항쟁은 한편에서 광주의 고립과 무자비한 진압에 대한 무기력감과 이에 수반한 죄의식의 상흔·트라우마를 활동가층에 뿌리 깊게 남겼고, 다른 한편으로 이를 매개로 운동 자체의 질적 도약을 위한 급진적 모색을 추동했다. 비록 1980년대 초반 서슬 퍼런 군부 독재 아래서 공공연하게 광주를 언급할 수 없었지만, 대중적으로도 정권의 정당성에 대한 뿌리 깊은 의문을 제기할 수밖에 없도록 함으로써 넓은 의미에서 1980년대 운동의 급진화가 대중적 기반을 확보할 수 있도록 했다.

1) 급진화의 의미와 파장

광주학살과 민중봉기의 직접적 영향 아래 이른바 1970년대 운동권과 새로 운동에 진입한 1980년 세대들에 미친 영향을 다음과 같이 요약할 수 있다. 첫째, 이념적으로 자유주의로부터 혁명주의로의 선회, 둘째, 전략적으로 자유주의적 민주화로부터 반제반파쇼 전략의 실천적 정립, 셋째, 전술적으로 군부 파쇼 국가권력에 맞선 수세적 비폭력투쟁에서 공세적 폭력투쟁으로의 전환 등이다.

이와 같이 1980년대 운동의 이념정치적·전략전술적 급진화는 활동가들의 치열한 자기반성과 평가를 둘러싼 토론과 논쟁을 통해 구체적으로 다음과 같은 실천적 결론을 도출했기에 가능했다.

첫째, 남한에서 분단 상황 때문에 불가능한 것으로 여겨진 봉기나 혁명이 가능하다(혁명의 실질적 가능성 확인). 둘째, 투쟁을 통해 국가권력을 분쇄 또는 무력화시킬 수 있다(군사력의 불패신화의 분쇄). 셋째, 대중투쟁을 통해 국가권력의 타도와 새로운 체제의 건설이 가능하다(현존 질서를 넘어선 대체권력의 수립과 대안사회의 가능성).

그런 의미에서 광주항쟁은 흔히 현대사의 결절점으로서 비교되는

4·19혁명이나 6월항쟁에 비해 압도적 영향력을 가졌다. 학생 주도의 자유주의의 틀에 제한된 4·19혁명에 비해 광주항쟁은 민중 주도의 투쟁이란 면에서 엄청난 발전이었고, 투쟁의 형태에서 무장투쟁으로 발전한 만큼, 비록 정치권력을 타도하는 전국적 혁명으로 발전하지 못했지만 도시무장투쟁을 통한 권력 장악 및 대체권력 창출의 가능성을 제시했다.

또한 1987년의 6월항쟁과 이후의 민주화는 광주항쟁 없이는 불가능했다. 한편에서 6월항쟁은 광주항쟁의 고립을 넘어 전국적·민중적 항쟁으로 확장되었고, 그런 의미에서 광주항쟁의 확대된 재현 또는 연속선상의 발전이었다. 그러나 정치권력의 전복과 대체에 이르지 못한 이른바 수동혁명의 한계로 급진적 민주 변혁보다는 선거 혁명을 매개로 한 지체·굴절된 민주화 과정을 낳는 원천이 되었다. 그런 의미에서 6월항쟁은 광주민중항쟁의 역사적 과제를 일부 실현했지만 완수하지는 못한 한계를 가졌다.

1980년 광주를 경계로 한 학생·민중운동의 급진화와 그 정치적 효과는 1917년 볼셰비키 혁명의 예고편이었던 피의 일요일 학살사건과 1905년 혁명, 1992년 우고 차베스의 쿠데타와 현재의 볼리바르 혁명을 촉발했던 1989년 2월 베네수엘라의 카라카스 봉기와 비견할 수 있다. 그런 의미에서 이른바 386세대는 광주항쟁세대라고 규정하기에 무리가 없다.

이런 광주항쟁 효과의 핵심인 학생운동과 민중운동의 급진화는 1970년대 학생운동과 초보적 민중운동이 자유주의적 재야운동에 비해 급진적이었지만 여전히 막연한 민중주의적 틀을 벗어나지 못하고 있었던 사실을 고려하면 그 의미가 가히 폭발적이다. 남북 분단과 극단적 반공체제 아래서 좌파운동 또는 사회주의운동은 불가능하다는 일종의 1970년대 운동권의 상식(또는 체질화된 패배주의)은 광주를 경과하면서 자연스럽게 극복되었다.

이후 학생운동의 정치적·이념적 발전과 분화가 과연 본격적 의미의 좌파 이데올로기와 좌파운동으로 발전했는지 여부는 여전히 논쟁의 여지가 많은 주제이지만, 1970년대의 자유주의나 민중주의는 과학적 사상과 이론에 입각한 조직적 실천을 지향하는 1980년대 운동 풍토에서는 신랄한 비판의 대상이었다. 특히 학생운동의 경우 1980년 5월 서울역 회군의 전술적 오류에 대한 가혹한 자기비판은 다른 한편에서 광주항쟁에 대한 부채의식의 소산이기도 했다.

2) 광주항쟁의 국제적 반향과 함의

　광주민중항쟁은 결코 광주만의 투쟁은 아니었다. 1980년대 투쟁은 전국적인 현상이 되었고, 이제는 국제적 투쟁과 함께하고 있다. 광주봉기의 국제적 의미는 한편에서 동아시아를 휩쓴 민주화투쟁의 도미노 현상을 촉발하는 계기로 작동했다. 1986년 필리핀의 피플파워, 1988년 미얀마의 반독재투쟁, 1992년 타이의 민주화투쟁, 1998년 인도네시아의 반수하르토 민주화투쟁 등으로 이어지는 거대한 역사의 물결 앞에 광주민중항쟁이 서 있는 것이다.

　그뿐만 아니라 전 세계적으로 1968년 세계혁명이 퇴조하는 가운데 제3세계 전역에서 군사적 반동이 압도적인 시기에 이들의 투쟁을 고무하고 자극하는 중심에 광주민중항쟁이 있다. 광주의 진실을 알리기 위한 투쟁은 아르헨티나 군부 독재하에서 자행된 수많은 실종에 저항해 진실을 외쳤던 '5월광장어머니회(La Madres de Plaza Mayo)'의 투쟁과 맥이 닿아 있었다.

　그러나 불행하게도 광주는 제도권 연구의 몇몇 경우를 제외하면, 그러한 국제적 의미를 살리기 위한 노력에 실패했다. 더불어 광주항쟁의 변혁적 함의나 국제적 의의에 대한 제한적 연구조차 '인권'과 '민주화'의 협소한 개념으로 위축된 틀 속에서 이루어졌다. 더욱이 실천적 운동 진영도 광주항쟁의 정치적·역사적 의미를 되살리는 데 대단히 소홀했다. 그 결과 광주항쟁에 대한 연구가 제도권으로 흡수되자, 그 변혁성과 국제적 함의를 살리기 위한 어떠한 조직적 노력도 운동 진영에서 실종되고 말았다.

3. 광주항쟁과 5월운동: 지역 운동과 전국 운동의 상호 작동

1980년 광주항쟁은 5월 27일 새벽 전남도청의 최후 항전으로 마침표를 찍었다. 시민군의 무장투쟁으로 계엄군을 시 외곽으로 퇴각시킨 이후 계엄군에 의한 군사적 봉쇄와 고립화로 순천·여수 방면의 동부전선과 전주 방면 북부전선은 차단되었지만, 목포·화순 방면의 서남부 전선으로 확장할 수 있었다. 그런 의미에서 광주항쟁을 광주 지역으로만 한정할 수는 없겠지만, 북부전선과 서부전선의 봉쇄는 광주항쟁의 전국적 전선으로의 확장을 가로막았다. 그리고 부분적으로 학생 활동가들이 광주의 진상을 폭로하는 유인물을 계엄 치하에서 배포했지만, 학생 및 재야운동 진영은 투쟁의 전국화라는 긴급한 과제를 수행하는 데 실패했다. 광주 민중의 결사항전과 이에 대한 무자비한 진압은 1980년 5월 이후 전국적 반군사 파쇼 투쟁으로 확장을 봉쇄했다.

그러나 바로 그런 전국화의 실패는 1980년 이후 전국 운동의 급진화를 통해 운동과 운동 주체들을 근본적으로 변화시켰고, 1980년대 이후 급진화된 전국 운동은 광주와 광주항쟁을 지향하게 되었다. 이런 상황적 맥락에서 광주 자체의 5월운동과 전국적으로 확장된 5월운동은 긴밀한 연대 속에서 상호 영향을 미치면서, 1980년대 민주화투쟁 그 자체와 그 이후 민주화 과정을 규정하는 주요한 중심축으로 작동하게 되었다.

1) 전국화: 5월투쟁의 전국적 정착

신군부의 탄압하에서도 학생운동을 중심으로 조직력과 투쟁력을 회복한 민중운동 진영은 5월투쟁, 즉 광주학살 진상 규명과 책임자 처벌을 요구하는 투쟁을 핵심적 요구로 제기했으며, 이를 중심으로 한 전국적 단위의 5월투쟁을 정착시켰다. 이는 서울과 일부 대도시로 한정되었던 운동의 영역이 시차를 두면서 전국의 주요 도시 대부분으로 확장되었던 사실과 결합해 5월운동과 민주화·민중운동의 전국성 확보를 가능하게 했다.

이후 5월운동의 작동 메커니즘은 다음과 같은 세 시기·단계를 거쳤다.[1] 첫 번째 시기(1980~1987년): 5월투쟁의 전국화와 정착, 두 번째 시기(1988~1996년): 전국적 투쟁의 광주 집결, 세 번째 시기(1997 이후): 제도화와 지역화·고립화.

첫 번째 시기는 5월투쟁이 전국화되는 시기였다. 광주항쟁은 광주만

---

1) 5월운동의 시기 구분은 몇 가지 경우가 있는데, 윤기봉은 5·18행사를 중심으로 억압기(1980~1985)→전환기(1985~1987)→투쟁기(1988~1996)→개화기(1997 이후)로 구분하며(윤기봉, 2000), 오재일·민형배는 전면 억압기(1980~1985: 당사자 중심 1기), 부분 억압기(1985~1988: 당사자 중심 2기), 맹아기(1988~1993: 시민사회 부분 참여기), 분출기(1993~1997: 국가권력의 승인 및 시민사회 참여기), 개화기(1997년 이후)로 구분하고, 정근식은 5월행사를 추념투쟁기(1981~1987), 반합법 기념기(1988~1992), 합법기념기(1993~1996), 국가기념기(1997년 이후)로 구분한다.

의 문제가 아니라 전국적 사안이었고, 전체 운동의 사안이었다. 전국적 운동이 타격 대상으로 설정한 전두환 군부 파쇼 정권이 바로 광주학살의 주범이었기 때문에 아주 자연스러운 동일화였다. 전국적 투쟁과 엄호를 통해 광주의 5월운동의 주체가 정립되었다. 이로써 전국의 모든 도시에서 광주학살 진상 규명과 학살 주범 처단의 구호가 외쳐질 수 있게 되었다. 군부 독재의 폭압으로 비록 광주의 5월운동과 전국 운동의 물리적 결합은 봉쇄 또는 차단되었지만, 광주에 대한 연대는 폭넓고 대중적이었으며, 군부정권의 정당성에 폭로되면서 더욱더 확산되었다. 그리고 이런 연대와 결합의 정점이 바로 1987년 6월항쟁이었고, 어떤 의미에서 광주는 전 민중적 민주항쟁의 형태로 1987년 6월 전국의 모든 도시에서 재현되었다.

두 번째 시기는 6·29 협정을 통해 창출된 부분적 합법공간 속에서 5월운동이 전개된 시기이다. 이 시기에 5월이면 전국의 운동이 광주로 집결했고, 첫 번째 시기에 봉쇄되었던 광주와 전국 운동의 물리적 결합이 실제로 물질화(현실화)되었다. 그러나 광주청문회와 5·18특별법과 사법처리, 국가기념일 제정 등의 제도화 과정이 동시적으로 진행되면서, 이후의 전국과 지역의 분리 또는 이완의 과정은 잠복적 형태로 진행되었다.

세 번째 시기는 제도화 단계의 시기로 제도화의 효과가 실현되면서, 광주의 제도화·상품화로 변질되는 시기이자 개별 보상 이후 항쟁 주체의 해체 과정이기도 하다. 물론 법적인 보장을 통해 자료조사 및 연구사업, 단체의 안정화 등 제도화의 이점이 구조적으로 확보된 측면도 존재하지만, 사안의 성격상 15년 이상 격렬하게 진행된 투쟁이 마무리되는 과정으로서는 참담한 절차였다. 특히 1997년 김대중의 승리는 광주항쟁의 제도화의 정점이었다. 자유주의자들의 관점에서는 1980년 항쟁의 고리가 마침내 김대중의 집권으로 마무리되었다. 절차적 민주주의의 진전과 함께 광주와 민주화운동이 제도 외부의 광야가 아니라 제도권 영역 내에서 정당하게 평가받고 대우받게 되었다는 것이다.

그러나 이런 '정치적 해결 절차'는 역으로 항쟁 주체의 재구성을 원천적으로 봉쇄하는 효과를 낳았다. 전두환과 노태우를 사면함으로써 김대중 자신은 자신이 그토록 소망한 대권과 노벨상, 두 마리 토끼를 잡는 성공적 인생을 이룩했는지 모르겠지만 이른바 바로 이 DJ 팩터는 광주를 일종의 역사적 망각 협정에 봉인하는 효과를 가져왔다.

또한 1990년대 민중운동의 변화, 즉 사회주의 진영 붕괴 이후 변혁운동의 양적·질적 축소와 위축, 활동가들의 대거 이탈, 학생운동의 퇴조에 따른 전체 운동에 대한 주도력 약화, 상대적 의미에서 민주노조운동을 중심으로 한 노동운동의 대중화와 진출 등의 상황과 맞물려 하나의 의례로서 광주항쟁은 명맥을 유지했지만, 광주 문제는 하나의 사안으로 자리매김하게 되었다. 이는 전국적 운동과 5월운동의 이완을 가져왔다.

2) 지역화: 항쟁 이후 광주의 5월운동

항쟁의 잔혹한 진압 이후 광주는 유령 도시가 되었지만, 광주의 저항은 당사자와 가족을 중심으로 조직화되기 시작했다. 1980년 5월 망월동에서 희생자 합동장례식 이후 삼우제에 맞춰 결성된 '5·18광주의거유족회'(1980. 5. 31)를 필두로, '광주사태구속자가족회'(1980. 9. 20), '5·18광주민중혁명부상자회'(1982. 8) 등이 결성되었다. 이들은 전국적 5월투쟁의 확산과 더불어 정권의 폭압 속에서도 5월투쟁을 지역에 주도하는 선도적 역할을 했다.

1987년 이후에 정치적 공간이 열리면서 '5·18광주민중항쟁동지회'(1987. 11)[2] 등 유가족, 부상자, 구속자 등 부문별 당사자 단체와 또 이들의 연합단체인 '광주구속자협의회', '5·18광주의거청년동지회', '5월운동협의회', '5·18광주민중항쟁연합', '5·18기념재단' 등이 결성되었다. 전 영역에 걸친 이른바 '5월단체'의 구성이 완결된 것이었다.

1987년 이전에 실질적 5월투쟁의 지역주체들과 부분적 민주화 이후 열린 공간을 통해 등장한 주체들은 외형상 5월단체의 이름 아래 묶여 있었지만, 사실상 5월운동의 외연 확장의 측면보다는 명예 회복과 보상을 매개로 개입한 후발주체들로 인해 5월운동의 정신과 지향은 상당히 훼손될 수밖에 없었다. 외형상 5월단체를 포괄하는 연대체가 구성되고, 제도화와 더불어 기념재단까지 출범함으로써 광주항쟁은 지역에서 일정한 시민권을 확보하는 성과를 거두었지만, 역으로 첫 번째 시기 광주와 전국의 연대는 부차화되고 기념사업과 보상의 협소한 의제를 중심으로 한 이권단체들의 각축으로 왜곡되는 결과를 낳았다.

제도화의 정치적 성과와 외연 확대의 조직적 성과는 특히 광주항쟁 기념사업을 매개로 지역화를 더욱 가속화시켰고, 제도화와 보상에 집중한 나머지 보상과 기념사업을 매개로 5월항쟁을 민주화운동으로 격하하는 제도화의 부정적 효과에 대한 투쟁과 대응은 상대적으로 소홀해졌다. 더불어 왜곡된 배타적 당사자주의는 전국 운동의 주체들과 소통을 차단함으로써 이들을 주변화시켰다. 이로써 두 번째 시기에 외형상 물리적 결합에 가려져 있던 내적 이완 현상이 가시화(현실화)되었다.

해마다 5월은 거대한 축제(?)의 장이 벌어지고 있지만, 상업화된 축제 공간은 그들만의 축제가 된 지 오래이다. 외형상 적지 않은 관광객이 이 시기에 광주를 찾지만 그들이 자본주의 물신에 찌든 거리축제와 관변

---

2) 이외에 상이사망자유족회(1987년), 교생동지회(1988년), 구속부상자동지회(1987년), 민주기사동지회(1988년), 행방불명자유족회(1989년) 등도 5월 단체에 속한다.

행사, 신묘역의 흉측한 콘크리트 구조물에서 과연 광주의 의미를 찾을 수 있을지 의문이다. 이는 제도화를 매개로 광주가 정치적·역사적 역고립, 즉 배타적 지역화의 덫에 빠진 다중적 비극성을 대변한다.

4. 제도화의 덫과 DJ 팩터, 그리고 지역화

1990년대 본격적 민주화 시대를 경과하면서 혁명광주는 거세되었다. 비극적 역설은 바로 제도화의 과정과 민주주의의 이름으로 거세되었다는 점이다. 사실 광주 문제에 근본적 해결의 의지가 없는 노태우·김영삼 정권의 미봉책으로 진상 규명과 책임자 처벌 등 광주 문제의 핵심 과제를 불완전하게 처리될 수밖에 없었고, 이른바 현실 논리 앞에서 '광주민주화운동'이라는 수준의 타협 아래 제도화의 토대를 닦았다.

그리고 이어 집권한 김대중은 전대미문의 경제위기 상황과 상대적으로 취약한 정치적 기반으로 인해 보수 정권의 미봉적 해결책을 넘어서는 근본적 해결에 나설 수도 없었고, 그럴 정치적 의지를 갖지도 못했다. 오히려 김영삼의 정략으로 구속된 전두환·노태우의 사면을 통해 자기기만적인 용서와 화해의 메시지를 던짐으로써 5월운동 주체들의 저항을 무력화하면서 제도화를 완성시켰다.

이와 같은 중층적 시간차 제도화는 지역 운동(광주의 5월운동)과 전국 운동의 연결고리와 이완, 그로 인한 지역 운동의 원심화와 고립화, 전국 운동의 탈급진화 등이 결합되면서 전국적 운동으로 확대 발전했던 5월운동을 정치적으로 해소시켰고, 광주의 항쟁 주체를 중심으로 5월운동을 타락·해체시키는 심각한 결말을 낳았다.

따라서 이른바 사법처리 절차를 통해서도 밝혀지지 않았던 정확한 사망자 수와 암매장 장소, 발포 책임자, 미국의 구체적 역할 등에 대한 진상 규명은 사실상 영원한 미완의 과제로 남을 수밖에 없게 되었음에도 불행하게도 이를 해결한 주체는 소멸된 상태이다. 20세기 계급투쟁의 역사가 전 세계적으로 증명하듯이, 진상 규명은 그 사회의 계급적 역관계에 의해 규정될 수밖에 없다. 민주화에 대한 광범한 대중적 동의가 있다고 하더라도 학살 세력의 물리적·법적·제도적 저항을 무력화할 수 있을 만큼 강력하지 못하다면, 이른바 화해와 타협 속에 진실은 역사의 망각 속에 묻히기 마련이기 때문이다.

이는 1936~1939년 에스파냐 내전과 그 이후 학살을 주도했던 프랑코 정권, 1973년 칠레 쿠데타와 민중학살의 주범 피노체트나 1976년 쿠데타와 '더러운 전쟁'을 주도했던 아르헨티나 군부, 20세기 아파르트헤이트 인종차별 체제를 유지했던 백인우월주의 정권 등에 대한 진상 규명과 책임자 처벌이 정치·사회적 역관계로 인해 모두 미완의 사업으로 남을 수밖에 없었던 사정과 무관하지 않다.

진실의 불완전한 봉합에 기생한 제도화의 가시적 효과는 불쾌하기 짝이 없다. 주체탑을 연상시키는 신묘역의 거대한 콘크리트 구조물은 구묘역의 광주 정신 자체를 압도하면서 훼손하고 있으며, '민주화운동'의 틀에 갇힌 국가유공자 신묘역은 광주항쟁의 전면적 자기부정의 혐오스러운 상징이 되었다. 특히 민주화 이후에도 끊이지 않는 열사들의 마지막 안식처가 되기에 너무나 부담스런 '국립묘지'는 박제화된 5월항쟁을 역설적으로 대변하는 상징물이 되었다.

그런데 이런 제도화의 효과를 심각하게 증폭시킨 것은 바로 개별 보상의 정치학이었다. 광주 문제의 해결(?) 과정에서 국가유공자 지정과 그에 따른 금전적 보상은 이른바 항쟁 주체의 운동과 조직을 무장 해제시켰다. 5·18재단을 포함, 각종 조직과 기구의 운영에 따른 재정이 증대하면서 발생한 부패는 5·18정신을 심각하게 훼손했고, 특히 민주화 유공자 법률에 의한 금전적 보상은 5월단체의 운동성을 사실상 거세하는 효과를 낳았다.

기본적으로 배상은 정당한 권리이며 국가에게 청구할 권리가 있다. 그리고 배상이 곧 상황의 종결을 의미하지 않으며, 금전적 배상을 이유로 미해결 과제의 완전한 실현 요구를 유보해야 할 이유는 전혀 없다. 그러나 당사자·피해자의 배상이 아닌 보상 논리에 굴복했으며, 보상금의 위력 앞에 자기의 권리와 의무를 포기했다. 5월운동을 민주화운동이 아니라 민중항쟁으로 바라볼 때, 보상은 부차적 측면이라는 대원칙은 현실 논리와 금전의 위력 앞에 무기력했다.

1987년 이후 광주 문제 해결을 위한 각 정권의 정략적 3단계 보상[3]은 제도화의 정치적 효과를 배가시켰을 뿐만 아니라, 보상을 통한 임시변통적 입막음을 넘어 5월운동 자체의 해체 국면으로까지 몰아넣는 기대 이상의 성과를 낳은 핵심 축이었다. 그리고 이는 특히 1998년 김대중의 집권과 함께 광주 문제를 사실상 종결시키는 효과를 낳았다.

1) 5월운동과 DJ 팩터

김대중 정권에 의한 전두환·노태우의 사면, 이것은 5월운동이 김대중과 결별해야 했던 결정적 사안이었다. 그러나 광주의 5월운동은 결코 김대중의 그늘로부터 벗어나지 못했다. 김대중의 사면은 개인 또는 정권

---

[3] 1단계 보상(1991년 노태우 정권) 2,225명, 2단계 보상(1993~1994년 김영삼 정권) 1,831명, 3단계(1998년 김대중 정권) 추가보상 신청자 수 834명. 총 3차의 보상자 수를 합친다면 4,890명으로 약 5천 명에 이르는 희생자나 피해자가 어떤 형태의 보상을 받았다.

차원에서 화해와 용서·화합을 상징하는 정치적 효과를 주고, 한 측면에서 김대중의 노벨평화상 수상에 일조했는지는 모르겠지만, 광주항쟁 정신 말살의 제도적 완성이었다. 그럼에도 불구하고, 항쟁 주체로 일컬어지는 5월운동은 김대중 정권을 정면으로 비판할 수 없었다.

이와 같은 역설적 상황은 김대중이 한국 정치 일반, 운동권, 지역 차원에서 갖는 관계를 통해 살펴볼 수 있다. 대권 도전 4수 끝에 1997년 집권에 성공한 만큼, 또한 복합적 정치적 관계로 인해 김대중 지지 세력이 갖는 내적 응집도로 인해, 김대중에 대해 찬성 입장이든 반대 입장이든 그에 대한 객관적 평가는 쉽지 않았다. 더욱이 3김 정치, 특히 김대중을 넘어서려는 정치적 시도의 실패와 그로 인한 제도 정치의 왜곡은 정계 은퇴와 복귀, 계파 논리에 따른 정당의 해산과 재창당 등 정치적 기만과 술수를 되풀이했음에도 건재한 DJ의 가공할 만한 정치력을 보여준다(비록 포스트 김대중 체제가 김대중계의 견제에도 불구하고 노무현 정권의 창출로 이어진 역사적 경로 역시 현대 정치사의 또 다른 굴절과 왜곡을 보여주긴 하지만).

어쨌든 광주항쟁 자체는 김대중과 긴밀히 결합되어 있었다. 비록 원초적 사건으로서 항쟁 자체에는 김대중이 핵심적 요소라고 할 수는 없더라도 유신 체제의 종식과 더불어 김대중의 집권 가능성이 현실화(?)되면서 높아지는 대중적 기대감이 민주화투쟁의 확산에 기여한 것은 틀림없는 사실이다. 더욱이 신군부가 광주 관련자 처벌 과정을 김대중 내란음모사건으로 명명하면서, 김대중과 광주항쟁의 연관은 주체의 의지와 무관하게 외삽된 면도 있다.

그 결과 광주의 상흔과 지역적 탄압, 그로 인한 광주 지역민의 절대적·상대적 박탈감은 5월투쟁·운동의 동력을 제공했고, 광주는 전국적 민주화운동의 진원지 또는 일정한 의미에서 성지로서 기능했다. 그러나 그 정치적 성과가 민주화운동·민중운동 세력에게로 귀결되기보다 김대중으로 상징되는 자유주의 블록·파벌의 정치적 성과로 귀결되면서 광주항쟁의 의미는 훼손될 수밖에 없었다. 이러한 정치적 굴절은 제도 정치의 불가피한 귀결로서의 측면도 있지만, 6월항쟁의 정치적 성과가 왜곡되는 데 적지 않게 기여했다.

주지하는 바와 같이, 민주화의 왜곡과 굴절은 정치권에 한정된 것이 아니다. 1987년 이후 민중운동 역시 DJ 팩터에 의해 심각한 영향을 받았다. 운동 내부적으로 DJ로 상징되는 자유주의 부르주아 세력에 대한 정치적 독립성 여부가 지난 4반세기의 운동사를 규정하는 쟁점이었다. 이는 김대중의 집권과 신자유주의로의 선회 이후에도 잠복했을 뿐 해소되지 않았다. 특히 최근 민주노동당 분당사태와 진보정당 출범으로 상징되는 운동진영의 정치적 좌우(재)분열·분화는 지난 수십 년간 운동 내 대립 지형의 변형된 재현이다.

1987년 대선에서 비판적 지지 입장으로 세력화한 다수파(이른바 NL세력)는 고참 그룹을 중심으로 자유주의 정치 세력에 포섭되어 그 일부가 되었고, 운동진영 내에 잔류한 세력 내에서 선배 그룹으로서 그 영향력은 적지 않았다. 물론 1990년대 민중운동의 발전은 특히 노동자투쟁을 통해 자유주의로부터의 정치적 독립을 상당한 정도 진전시켜냈지만, 아직도 자유주의로부터의 독립성은 완전하지 못한 것이 현실이다.

민족주의적 경향의 수적 우위는 지난 30년간 민주화·민중운동의 정치적 성과인 민주노동당을 사실상 자유주의 세력의 2중대로 변질시켰으며, 노동자·민중의 정치 세력화가 갖는 본래적 의미를 퇴색시켰다는 비판도 제기되고 있다. 바로 운동 자체의 좌우 분화와 특정 국면에서의 탈급진화 과정은 불가피한 측면도 존재하지만, 광주 문제는 광주의 지역화·고립화와 정세적으로 맞물려 광주의 탈혁명화를 더욱 촉진 또는 방조하는 기제로 작동했다.

광주와 관련한 한 가지 역설은 광주는 좌파의 무덤이라는 점이다. 운동 진영 내에서 민족주의 계열 다수파의 전일적 지배가 보장되는 곳이 광주와 호남 지역이라는 사실은 광주의 비극적 역설과 무관하지 않다. 좌파의 불모지로서 광주의 이미지는 사실상 광주가 더 이상 변혁적 민중운동 또는 한국 사회의 진보의 재구성에 별로 기여하지 못하는 현실과도 무관하지 않다.

2) 지역주의와 광주민중항쟁의 지역화

제도 정치의 차원에서, 구조적 지역 소외와 함께 광주항쟁의 무자비한 진압과 김대중에 대한 정치적 탄압으로 더욱 심화된 방어적 지역주의는 1980년대 민주화투쟁의 과정에서 상당한 진보적 역할을 수행했다. 그러나 1987년 대선에서 양김 분열과 그로 인한 뼈아픈 패배, 기만적 수준이지만 명예 회복과 보상 중심의 제도화 과정을 경과하면서 지역주의는 방어적 성격을 탈각하고 지역 내 패권주의와 지역주의의 고착화로 이어졌다. 상대적 진보성을 탈각한 정치 질서의 지역주의는 맹목적 DJ 추종과 더불어 후진적 정치 질서의 온존에 기여하고 역으로 광주 자체의 고립화를 자초했다.

이런 지역화는 제도화의 효과를 매개로 더욱 고착되었다. 제도화 과정에서 민주화운동으로의 격하에 대한 암묵적 동의는 광주항쟁에 해방광주의 변혁성이 아니라 제도 정치의 틀에서 불행한 역사적 사실로서의 제한적 의미만을 부여하였고, 그 효과는 정치·사회적 민주화 전반이 아니라 광주·전남에 기반을 둔 제도 정치 세력의 직접적 수혜로 한정되었으며, 이는 김대중의 권력 지향적 술책과 행보에 대한 이 지역의 맹목적

지지로 가시화되었다.

제도화의 과정에서 드러난 5월운동의 비자주성·종속성은 김대중에 대한 어떤 비난도 용납하지 않는 지역 정서에 굴복한 것으로, 이는 1987년 대선을 계기로 민주화운동의 후보 논쟁의 상흔으로부터 자유롭지 못한 전체 운동진영의 무감각과 무기력 때문에 사실상 현실 논리로 은폐될 수 있었다. 그러나 이는 광주와 전국적 5월운동의 건강한 긴장과 연대의 틀을 붕괴시키는 단초가 되었다.

특히 1989~1991년 현실 사회주의의 해체와 더불어 가속화된 전국적 수준의 민중운동의 탈급진화는 지역운동의 고립주의와 연대의 이완을 더욱 촉진했고, 혁명광주의 정체성을 유지할 주체는 해체되거나 주변화되었다. 사실 1997년 말 경제위기의 정점에서 마침내 대권을 장악한 김대중이 정권안보 차원의 전·노 사면을 선언했을 때 이에 대해 저항할 주체는 이미 무장 해제된 지 오래인 상태였다.

광주학살을 기화로 폭발한 지역주의가 반독재 민주화투쟁의 선봉에서 진보적 역할을 수행하고, 군부 독재의 정권 연장 음모를 분쇄하는 데 결정적 요소들 중 하나로 작동했지만, 이른바 민주화 공간에서 탈혁명화된 제도적 타협에 굴복하면서 이 지역주의 메커니즘은 무능력한 정치세력의 기생적 생존을 보장하는 메커니즘으로 전락했다. 바로 이런 암묵적 동조 메커니즘이 바로 광주의 탈혁명화와 정치적 자살로 귀결된 것은 결코 우연이 아니며, 현대사에서 끊임없이 되풀이된 굴절과 왜곡의 한 사례에 지나지 않는다.

3) 항쟁 주체의 비극

광주의 탈혁명화와 지역화를 가져온 이면에는 그 헌신적 희생에도 불구하고 왜곡될 수밖에 없었던 광주항쟁·5월운동 주체들의 개인적 또는 집단적 비극이 존재한다. 기본적으로 광주항쟁은 자연발생적 봉기였기에 어느 누구도 그 커다란 격변을 감당할 준비가 되어 있지 않았다. 심지어 소수의 선진적 활동가들조차 그러했다. 그리고 그들의 투쟁은 이후 조직적 운동으로 이어지지 않았다. 물론 광주는 1980년대의 반군부독재 민주화투쟁을 통해 살아 있었지만, 인적으로나 조직적으로 명확한 단절이 있었다.

이는 한편에서 사건의 발단이 김대중과 연결되어 있다는 대중적 인식 때문이기도 하지만, 그와 동시에 운동진영 내에서 끊임없이 자유주의와의 연대 또는 일체화를 추진하는 다양한 세력들에 의해 조직적으로 그 변혁적 의미가 훼손되었다. 이들에게 김대중의 집권과 이후의 명예 회복 및 법률적 보상 과정은 사건의 실질적 종료를 의미했다. 따라서 광주로부터 1980년대의 대중적 학생운동이 촉발되었고 1980년대 후반 본격적인 노동운동의 등장을 가져왔지만, 이후 민중운동의 전개 과정에서 항쟁 주체들은 많은 경우에 개인사적 비극을 넘어서지 못했다. 다른 한편 대중적 제도정치의 차원에서는 형식적 민주주의하에서 지역주의라는 새로운 괴물을 낳았고, 대중적 계급의식의 발전을 가로막는 요인으로 작동했으며, 지금도 여전히 강력한 요소로 작동하고 있다.

결정적으로 일부 항쟁 주체들의 제도권으로의 편입은 광주항쟁의 제도화에 커다란 기여를 했다. 광주항쟁의 변혁적 함의나 봉기의 정당성은 철저히 외면한 채 투쟁의 의미를 '민주화'에 가두고 변혁 주체의 논리가 아니라 피해자 논리에 입각한 보상 정책을 구걸했다. 그 결과 광주항쟁은 특정한 소수 피해자 단체의 전유물로 전락했고 실천적 운동과의 전투적 연대는 철저하게 배제되었다.

이 과정에서 광주의 비극은 저항 주체들에겐 개인사적 비극으로, 동시대인들에겐 독재 시대의 우발적인 비극적 사건으로 기억되는 수준에서 봉합되고 말았다. 광주항쟁의 정치적 후과로 집권에 성공했던 김영삼과 김대중 양인은 모두 공동의 계급적 이해로부터 이와 같은 광주항쟁의 박제화·형해화·제도화에 공모했다. 김대중과 노무현 정권은 외형상 민주화의 정착에 기여했지만, 신군부 파시즘 세력에게 사실상의 면죄부를 주는 타협에 안주할 수밖에 없는 정치적 한계를 가지고 있었다. 오히려 김대중·노무현으로 이어지는 자유주의 세력은 전 지구적 자본의 세계화의 공세 앞에서 신자유주의적 개혁의 주도 세력으로 변신했고 제국주의의 노골적인 협력자가 되었다. 그런 의미에서 이들은 광주봉기의 혁명성을 거세하고 역사 속으로 밀어 넣은 공범자였다.

수많은 희생과 헌신으로 쟁취된 이른바 민주정권 10년은 제도적 수준에서 민주화운동으로서의 정당성 인정 및 그에 입각한 경제적 보상을 통해 광주항쟁을 절차적으로 마무리했지만, 광주항쟁이 제기한 과제는 결코 완수하지 못했다. 더욱이 항쟁 주체의 개인적 비극과 5월운동의 해체에도 불구하고 학살범의 공모자들에 대한 정당한 비판의 목소리는 취약하고 주체들의 자기반성과 5월운동의 복원을 위한 시도가 거의 부재한 현실은 광주의 다중적 비극성을 보여준다.

5. 마치며: 광주의 지역화, 전국화, 세계화

10여 년 전 학단협의 토론회는 '광주는 끝났는가'라는 화두를 던진 바 있다. 토론의 결론은 아직 '끝나지 않았다!'였다. 비록 다단계 보상과 제도화 조치가 진행되고 있었음에도, 진상 규명 등 5월투쟁의 요구가 완수되지 않은 측면과 더불어 민주화의 왜곡으로 진정한 의미에서 광주항쟁의 성과가 제도화되지 않았기 때문이다.

그 당시 전국적 차원에서 5월운동이 상정했던 5대 목표, 즉 ① 진상 규명, ② 책임자 처벌, ③ 명예 회복, ④ 정당한 배상, ⑤ 기념사업 등은 어느 것 하나 제대로 이루어지지 않았기 때문에, 학단협 토론회의 결론은 당연한 것이었다. 특히 1995년 5·18특별법 제정 이후 '5·18 광주민중항쟁연합'이 제시했던 다음과 같은 구체적 과제에 비추어보면 이른바 광주문제의 왜곡된 해결은 더욱 명백해진다.

1. 5·6공 군사 독재 수구 세력 청산: 각계각층에 잔존하고 있는 군사 독재 수구 세력의 조사와 자료화, 해명과 반성 촉구, 공직 추방, 공천 배제, 낙선운동 등
2. 법적·제도적 청산: 국가보안법, 3자개입금지 등 노동악법, 방송악법 등
3. 군사 독재가 남긴 잘못된 경제구조 청산: 정경유착 근절, 재벌 개혁 등
4. 5·6공 피해 원상 회복, 명예 회복, 배상: 공안 조작사건 재심 청구, 해직 언론인·교사·노동자 등 원상 회복, 5·18, 삼청교육대 등 피해자 배상
5. 전두환·노태우 등 재판에 대한 대응
6. 5·18 16주기 기념식을 비롯한 기념사업
7. 5·18학살을 지원하고 방조한 미국의 책임을 묻는 사업
8. 과거 군사 정권하에서 특정 지역을 중심으로 유지되어온 개발 독재가 초래한 지역 불평등과 그로 인한 정치·사회의 지역주의적 왜곡 극복

그러나 불행하게도, 이런 과제들은 일부 제도의 개선과 기념사업을 제외하면 사실상 방기되고 말았다. 대부분의 과제가 미완의 과제로 남겨졌음에도 5월운동은 제도화된 새로운 관변단체만을 남긴 채 사실상 해소 상태에 이르렀다. 이는 10년 전이나 지금이나 비슷한 상황이다.

1997년 5·18전국대책위 이후 전국적 5월운동은 소멸했다. 비록 해마다 열리는 5월행사에 전국 민중운동단체들의 참여는 계속되고 있지만, 상징적 수준의 의례적 행사의 반복에 머물고 있다. 5월광주와 관련한 공동의 의제는 부재하며, 운동적 수준에서 광주의 지역화로 상호 소통의 부재는 물론 운동진영의 광주운동에 대한 규정력은 상실되고 말았다.

이런 의미에서 10년이 지난 지금 현실은 광주가 이미 끝났음을 확인해 준다. 역설적으로 이른바 민간정부 10년은 광주 문제를 근본적으로 해결하기보다는 사태를 오히려 악화시켰다. 가해자들에 대한 기만적 사법처리와 정략적 사면은 당사자들의 고통을 외면한 채 역사의 진실을 은폐하는 데 일조했으며, 어떤 측면에서는 바로 그 제도화 과정 자체가 진실규명과 학살 주범 심판을 더 이상 불가능하게 하는 정치적 봉인의 효과를 가져왔다.

그러나 당연히 해방광주·혁명광주에서 구현된 10일간의 민중해방의 경험은 단지 역사적 유토피아의 신기루가 아니다. 그런 의미에서 광주는 끝날 수 없으며, 주체의 재구성을 통해 그리고 광주의 탈지역화를 통해 재급진화(Re-radicalization)되어야 한다. 이 재급진화를 통해 광주는 부활할 수 있다. 또 부활해야 한다. 단지 아카데믹한 담론과 제도의 틀 내에서가 아니라 현실의 투쟁을 통해서 그리고 현실의 운동과 실천을 통해서 부활해야 한다. 관제 행사로 전락한 상품화된 광주가 아니라 해방의 공간으로서 광주를 투쟁을 통해 복원해야 한다. 광주는 지역을 넘어 다시 전국으로 확장되어야 한다. 아니 세계로, 항쟁의 국제주의로 나아가야 한다.

광주항쟁은 항쟁 주체의 자기비판과 반성, 전체 민중운동의 뼈를 깎는 각성과 과감한 혁신을 통해 광주항쟁이 민주화운동을 넘어서 보여준 항쟁정신의 복원과 주체의 재구성을 통해 부활해야 한다. 이는 현실의 투쟁과의 재결합 과정을 통해서 잊어버린 변혁운동의 전망을 다시 수립하는 데서 출발해야 할 것이다.

그러나 광주의 재급진화 또는 혁명광주의 복원 과정이 단지 광주의 5월단체들만의 몫은 아니다. 제도화와 보상 이후 드러난 5월단체 내부의 분열이나 의례 중심의 광주행사만으로 광주의 탈급진화를 설명할 수 없기 때문이다. 항쟁 주체 중심 운동의 당사자주의와 내적 정화력 상실이 심각한 문제임에는 틀림없지만, 이들의 운동성 탈각과 제도화(상업화)로의 유인은 전체 운동 또는 전국 운동의 위기 및 탈급진화와 긴밀히 연관되어 있기 때문이다.

1980년 5월 해방광주에서 실현된 민중해방의 세상이 전국적으로 재현될 때까지 광주는 끝나지 않았고 또 끝날 수도 없다. 1980년 광주는 고립 속에서 장엄한 최후를 맞이했지만, 다음번 광주는 전국적 항쟁일 수밖에 없다. 제도 정치로 결코 수렴될 수 없는 항쟁의 역사는 1980년대 민주화투쟁, 1990년대 노동자·민중투쟁으로 이어졌으며, 해방의 그날까지 계속될 수밖에 없다. 오직 투쟁하는 노동자·민중만이 항쟁의 역사를 계승할 수 있다.

참고문헌

김세균. 1990. 「광주민중항쟁의 사회적 배경」. 현대사사료연구소, 전남사회문제연구소, 사월혁명연구소 주최 '5·18광주민중항쟁 9주년 학술토론회' 발표 논문.
나간채. 1996. 「5·18 이후 5월운동조직의 형성과 발전」. 『한국사회학회 전기사회학대회 발표문 요약집』.
윤기봉. 2002. 「5·18기념행사의 발전과정과 문제점」. 전남대 행정학과 석사학위논문.
전남대학교 5·18연구소. 1998. 『광주민중항쟁 18주년 기념자료집: 5·18과 동아시아 민중항쟁』.
_____. 1999. 『해외에서의 5월운동과 내적 성찰』.
_____. 2000. 『광주민중항쟁 20주년 기념 국제학술대회: 새로운 천년을 열며─세계의 민주주의와 인권』.
_____. 2001. 『광주민중항쟁 21주년 기념 2차 국제학술대회: 동남아시아의 식민주의, 권위주의, 민주주의 및 인권』.
_____. 2002. 『광주민중항쟁 22주년 기념 민주주의와 인권을 위한 제3회 국제학술대회: 민주화운동과 여성』.
_____. 2003. 『광주민중항쟁 23주년 기념 민주주의와 인권을 위한 제4회 국제학술대회: 역사적 기억과 문화적 재현─4.3운동과 5·18 문화운동』.
_____. 2004. 『광주민중항쟁 24주년 기념학술대회: 5·18연구─회고와 전망』.
_____. 2005. 『광주민중항쟁 25주년 기념학술대회: 21세기 민주주의와 한국정치』.
정근식. 2000. 「민주열사, "광주", 망월동」. 『민주화운동 관련자 보상법과 5·18에 관한 토론회 자료집』.
정문영. 1999. 「광주 '5월행사'의 사회적 기원: 의례를 통한 지방의 역사 읽기」. 서울대 인류학과 석사학위논문.
최장집. 1997. 「광주민중항쟁과 2단계 민주화」. 5·18 학술심포지엄 발표 논문.
Georgy Katsiaficas & Na Kahn-chae. ed. 2006. *South Korean Democracy. Legacy of the Geangju Uprising*. Routledge.

제14장

'5·18'의 기억과 계승, 그리고 제도화*

정호기(성공회대 민주주의연구소 연구교수)

1. 머리말

 사회를 뜨겁게 달구던 사건, 인물 그리고 정치·사회의 쟁점들이 짧은 시간이 흘렀건만, 사회구성원의 관심에서 멀어지는 일은 다반사이다. 시간의 경과와 더불어 사건의 경험자와 희생자가 감소하고, 사회적 기억이 퇴색하는 것은 자연스럽다고 할 수 있다. 대표적인 민주화운동으로 손꼽히는 4월혁명이 몇 차례의 기복을 겪으면서 오래전에 있었던 하나의 사건으로 전락했다는 것이 현재 모습에 대한 솔직한 평가일 것이다. 이러한 경향 속에서도 국가폭력과 사회구성원의 항거 등으로 상징화되는 몇몇 사건은 다른 사건들에 비해 인지도가 높고 사회적 파장이 크다는 것을 부인할 수 없다. 국가폭력에 의한 희생과 항거는 다른 기원을 갖는 사건들과 달리 체계적으로 구성되어 상대적으로 장기 기억으로 존재하

---

* 이 연구는 《실천문학》, 제79호에 실린 글을 바탕으로 수정·재구성한 것이다.

는 특성을 보여주었다.

특히 5·18 민중항쟁(이하 5·18)은 현대사에서 큰 획을 그었던 매우 돌출적인 사건으로 파악된다. 5·18은 어떤 관점에서 바라보는가를 떠나 한국 사회의 변화를 분석하고 고찰하기 위해 필수적으로 고찰해야 하는 사건이라는 위상을 갖는다. 다른 민주화운동들에 비해 사회구성원들이 5·18에 대해 높은 인지도를 보이며, 정치·사회적 영향력이 크다는 점은 분명하다. 이와 같은 특성을 사건의 발생 시점으로 설명하기에는 무언가 부족함을 느끼게 한다. 이것은 사건의 인지도에 관해 단순한 수치의 계량화를 위한 질문이 아니다. 이보다는 국가폭력으로 발생한 사건과 상흔이 현재를 살아가는 사회구성원에게 미치는 영향과 효과라는 점에 따라 그 중요성과 의미가 달라진다는 것, 즉 재구성되고 재평가된다는 문제의식을 강조하는 것이다.

그렇다면 사회구성원에게 과거의 사건을 지속적으로 기억하고 인지하도록 하는 방법은 무엇일까? 반복적 재현을 통해 기억을 계속 유지하도록 하는 것, 현재와 미래 속에 융화되어 끊임없이 생생하고 역동적 메시지를 줄 수 있도록 하는 것 등이 중요하다. 그러므로 이와 같은 방법들이 안정적으로 실행될 수 있는 다양한 조건을 만들고 조치들을 취하는 것이 요구된다. 이것을 흔히 '제도화(institutionalization)'라고 한다. 국가폭력의 상흔을 치유하고 사건의 의의를 계승하는 방법으로서 제도화는 한국뿐만 아니라 과거 청산에 의지를 갖는 대다수의 사회가 채택하고 있다. 쟁점이 되는 것은 이 제도를 실행할 주체가 누구인가, 기준과 방법이 어떻게 구성되는가, 그리고 필요 자원들을 어떻게 마련할 것인가이다. 왜냐하면 이 과정은 국가폭력의 책임 소재를 공식적으로 규명하는 것과 피해자 보상이라는 뜨거운 쟁점들과 접합되어 있기 때문이다.

이로 인해 국가에게 제도화의 주체 또는 제도 실행의 주체가 되거나,

다양한 지원을 할 것이 요구되었다. 여기에서 국가폭력 책임자로서의 국가와 이로 인해 발생한 상흔을 치유하고 복원하는 주체로서의 국가가 동일하지 않다는 논리가 갈등의 긴장을 완화시켜주곤 했다. 국가는 제도를 운영하면서 국가폭력에 대해 외형상의 책임을 지지만, 따지고 보면 그 책임은 명목상의 국가 일반이 감당하는 것이고 국가폭력에 직접 관련되었던 국가의 구성원들은 사실상 책임을 지지 않는다. 이와 같은 이원화 현상이 국가폭력의 책임과 갈등이 종식되지 않고, 화해가 피상적으로 받아들여지는 근본적인 원인으로 작용한다. 또한 국가의 성격과 지향이 일관성을 유지하지 않고 심지어 반전되기도 하며, 사회적 기억의 균열과 반목을 지속시킨다.

따라서 국가폭력의 청산에 대한 권한을 국가에게 위임하는 것은 항상 상충적 논쟁들을 야기할 수밖에 없다. 이와 같은 논쟁이 극단적으로 진행될 때에는 국가에게 위임된 권한의 회수는 거의 불가능하다. 결국 이 과정이 일정 기간 지속되면서 국가는 제도 실행의 전일적 주체이자 독점적 주체가 되어버린다. 공공법인이나 민간의 참여가 다소 보장되는 경우에도 이와 유사한 현상이 일반적으로 발견된다. 제도화는 불안한 상태의 인식을 공식화하고 경계를 확장시키는 것으로 보이지만, 강고한 성벽을 둘러치고 스스로를 감금하는 역기능을 발현하기도 한다. 제도화와 국가화는 유사한 현상을 발생시키는 것으로, 또는 제도화 내에 국가화가 포함되어 있는 것으로 볼 수 있다. 그렇지만 엄밀하게 살펴보면, 차이가 있다. 국가화는 제도화와 달리 국가폭력에 대한 기억과 계승을 국가의 기존 제도 내로 해소시키고 궁극적으로 지배 질서를 거스르지 않은 방식으로 변형시켜버린다. 이러한 경향이 국가폭력을 바라보는 관점에 직·간접적으로 영향을 주며 계승의 내용과 방향을 주류적 흐름으로 편입한다.

우리에게 잘 알려진 민주화운동들은 국가폭력의 기억과 계승을 위한 제도화가 어떻게 진행되었는가를 잘 보여주는 사례들이다. 그중에서도 5·18은 민중의 저항 또는 항쟁이 어떠한 과정과 경로를 통해 재평가되며, 어떤 방법으로 후대에 전승되는가를 보여준 선례로서 그 의미가 각별하다. 그래서 이 글에서는 먼저 5·18에 관한 다양한 시선과 담론들이 어떻게 분포되어 있는가를 정리하고, 5·18을 둘러싼 기억의 정치가 제도화를 거치면서 어떻게 변화·재구성되었는가를 살펴보고자 한다. 5·18의 저항적 기억투쟁에 대한 연구들은 그동안 다수 발표되었지만, 저항적 혹은 비공식적 기억이 국가의 공식 기억으로 편입되는 과정과 이후 발생한 현상은 연구의 여백으로 남아 있어 성찰이 요구되어왔다. 이 글은 진상 규명, 피해 보상, 문자화, 기념 의례, 기억과 기념의 장소와 공간 조성 등을 통해 이를 분석할 것이다.

2. '5·18'을 바라보는 시선의 다양성

현재까지의 정황을 보면 5·18이 역사의 긍정적 영역으로 진입한 것임에 확실하다. 과거 청산 부정론에서 파생되어 근현대사 교과서 논쟁, 현대사 교육자료 누락 등에 이르기까지 길게는 약 15년 동안, 짧게는 약 10년 동안 수정되었던 한국의 근현대사를 재수정하려는 이명박 정부의 역사 논쟁에서도 5·18은 거의 상처를 입지 않았다.[1] 이것은 5·18이

---

[1] 이 논쟁들에서 5·18과 관련된 내용은 크게 두 가지였다. 하나는 5·18이 1980년대에 기여한 것을 '민족민주운동'이라고 해야 하는가, 아니면 '민주화운동'이라고 해야 하는가이다(《전남일보》, 2008. 12. 18). 다른 하나는 교육과학기술부가 제작한 「기적의 역사」라는 교육 자료에서 5·18에 관한 내용이 누락되었다는 것이었다(《광주드림》, 2009. 1. 3). 교육과학기술부는 두 번째 사안에 대해 사과하고 관련 내용을

제도권 내에 안착했고 번복이 용이하지 않은 사건임을 말해준다. 5·18에 대한 집단 기억이 전면적으로 제한되던 시기와 비교하면, 오늘날의 갈등은 작은 소동으로 보일 수도 있다. 그렇지만 과거사에 대한 인식의 패러다임이 권위주의적 폭력이나 체제 위협적 위기 국면이 발생하지 않는 한 급속하게 후퇴하지 않으리라는 믿음을 포기해야 한다는 생각을 떨치기 어렵다.

5·18에 대한 국가의 인식이 전면적으로 전환되지 않았으나, 여전히 정치·사회적 평가와 기억은 세계관의 차이를 드러낼 만큼 다양하며, 대립과 갈등하면서 부침하고 있다. 5·18에 대한 사회적 기억이 다양화되는 것과 "현재의 사회 질서와 권력 구조를 지지하고 강화하는 방식으로 정교하게 가다듬어지고 선전"(Kaye, 2004: 109)되는 방향으로 수렴되는 것은 다른 문제이다. 제도화된 5·18에 대한 평가와 인식은 정형화된 것으로 보이지만, 정부의 정치적·이데올로기적 지향이나 사회 분위기, 사회운동 진영의 활동성 등의 변수들에 따라 달라지는 경향을 보여준다. 즉, 다음의 담론들을 지지하는 세력과 집단들의 힘 관계에 따라 5·18의 제도적 기억은 유동적이며, 정세에 따라 전유되거나 강조되는 지점들이 변화하고 있다. 현재 일정하게 힘을 갖고 통용되고 있는 5·18에 대한 사회적 평가와 담론은 크게 다섯 가지로 정리할 수 있다.

첫째, 신군부의 부정적 평가를 지속적으로 수용하고, 극단적 진압에 정당성을 부여하는 담론이다. 이 담론은 5·18의 발생 원인을 김대중의 내란 기도, 북한의 사주와 간첩의 침투, 그리고 이에 부화뇌동한 폭도들에게서 찾는 보수 집단에게서 잘 표출된다. 또한 자신의 입장을 분명히 하지는 않으나 부정적 평가의 근거들에 동의하는 사람들도 있다. 근래에

포함시키겠다는 답신을 보냈다.

들어 이 문제가 가장 첨예하게 발생했던 곳은 경상남도 합천군이었다. 이곳에서는 새천년공원을 '일해공원'으로 개명하고, 영화 <화려한 휴가>의 상영을 금지 및 방해하는 등의 갈등이 일어났다.[2] 이러한 인식과 행위들은 사법부, 학계, 문화계 등에서의 5·18과 신군부에 대한 평가가 별다른 영향력과 의미를 갖지 않는 세력과 지역이 존재함을 입증해주고 있다. 또한 시종일관된 주장을 펼치고 있는 보수 논객들의 담론도 이를 잘 보여주는 사례이다.

둘째, 무기억 또는 제대로 인지하지 못했는데, 이제는 5·18의 진실과 기억을 바로 알게 되었다고 하는 경우이다. 이러한 주장은 5·18에 대한 부정적 혹은 긍정적 기억 등을 막론하고 자신의 백지 상태를 역사 인식에서 객관성을 갖는 것처럼 호도하기도 한다. 이들은 특정한 기회에 기록이나 영상을 통해 5·18을 접했고, 원초적 사건 현장과 기념공간의 방문 등을 통해 인지하게 되었다고 말한다. 그렇지만 이러한 담론의 유형은 자신이 알게 된 5·18의 진상이 무엇인가를 구체화하지 않거나, '민주화 운동' 또는 '민주화의 과정', '민주주의를 위한 고난' 등의 용어들로 간단하게 정리하곤 한다. 이른바 '양비론'으로 일컬어지는 담론들도 이러한 입장에 부합하는 경우가 많다. 양비론의 정수는 '이유 없는 무덤은 없다', '아니 땐 굴뚝에 연기 나지 않는다' 등의 속담을 들어 이미 사실로 입증된 것마저 희석화하거나, 규명될 수 없는 또는 확인되지 않은 배후론에서

---

[2] '일해공원' 사건은 2006년 11월부터 시작되었다. 2004년 조성된 '새천년공원'이 2007년 1월 '일해공원'으로 개칭 공고되었고, 마침내 같은 해 7월에 간판이 교체되었다. 그리고 2008년 12월에 전두환 전 대통령의 친필인 '일해공원'을 새긴 거대한 표지석이 건립되었다. 표지석의 뒷면에는 "전두환 대통령이 출생하신 자랑스러운 고장임을 후세에 영원히 기념하고자 대통령의 아호를 따서 일해공원으로 명명하여 표지석을 세운다"라는 문구가 새겨져 있다(≪서울신문≫, 2008. 12. 20).

주장의 근거를 찾는 것이다.

셋째, 그간의 5·18에 대한 부정적 평가와 기억이 잘못되었음을 깨닫고, 비로소 진실을 알게 되었다고 하는 경우이다. 여기에는 신군부와 군사 정권의 이데올로기를 수용했던 부정적 기억이 긍정적 기억으로 대체되었다는 것에 편승하려는 사람들도 포함될 수 있다. 무지한 상태였다가 도서의 탐독, 영상물과 사진의 시청, 현장 답사 등을 통해 인식을 전환한 사람들도 이렇게 말할 수 있다. 그러나 여기에서 국가의 긍정적 또는 공식적 평가와 기억이 권력 체계의 불균등 구조와의 타협의 산물이며, 제도 내로 포섭하기 위해 선별과 배제의 과정을 거쳐 재구성되었음을 인지하리라 기대하기는 어렵다. 자칫하면 이러한 인식은 관찰자나 평론자의 입장이 되기 쉽고, 원초적 사건의 자장 내에서만 배회하고 5월운동이나 5·18과 사회운동 등까지 인식을 확장하는 것에는 소극적일 수 있다. 흔히 자유주의적 정치인이 이러한 담론을 구사하곤 한다.

넷째, 과거에 대한 모든 기억을 일소하고 어떻게 현재와 미래에 활용할 것인가에 대해서만 생각하자는 주장이다. 미래 지향적 시각으로 보일 수도 있는 이 주장은 진상 규명과 책임자 처벌 등을 요구하는 사람들을 새로운 시대에 부합하지 않은 '복수의 화신'으로 비판하고, 화합과 단결이라는 담론을 절대시할 개연성이 높다. 흥미로운 점은 이러한 주장을 펴는 사람들의 대다수는 5·18뿐만 아니라 사회운동 전반을 백안시하기도 하고, 무조건적 법치주의를 철칙으로 여겨 시민의 '저항권'을 근본적으로 부정한다는 것이다. 자유주의자든 보수주의자든 정치권력을 장악하면 이러한 담론의 신봉자가 되는 경향이 있다.

다섯째, 미흡한 과거 청산을 비판하고 저항적 기억의 복권과 5·18의 진보적 부활을 주장하는 경우이다. 이는 여전히 의문 속에 남아 있는 진상의 규명과 정치적 타협으로 처리된 책임자 처벌을 요구하며, 제도화 이전의 5·18과 계승운동으로서의 5월운동이 지향했던 것이 무엇인가를 끊임없이 반추해야 한다는 주장으로 정리된다. 이 담론은 통일성을 유지하는 것 같으나, 적지 않은 차이들의 혼성체이다. 이러한 주장들에는 특정 방향으로 과잉 편향된 모습을 띠거나 자신의 주장만을 맹신할 우려가 담겨 있다. 또한 과거사의 계승을 둘러싸고 발생하는 여러 이견들에 대해 충분한 논의가 이루어지지 않는다는 점에서 갈등을 내재하고 있다. 이러한 담론의 주장자 일부는 끊임없이 정치권이나 지배 체제와의 관계를 형성해 제도적으로 긍정적인 기회 구조를 만들려고 하고, 이 과정에서 제도권 내로 포섭되거나 입론을 전면적으로 바꾸기도 한다. 그리고 사회운동으로서의 5·18, 5·18의 현재·미래적 재구성에서는 보수적 입장과 크게 다르지 않은 태도와 담론을 가진 사람들도 있다.

  5·18과 관련된 대다수의 인식과 담론들은 이 유형들 가운데 하나이거나 몇 가지가 혼합된 형태라고 할 수 있다. 이것은 5·18의 기억투쟁이 기존과 다른 새로운 국면임을 의미한다. 5·18의 기억과 계승은 '망각과 기억'을 둘러싸고 전개되었던 기존의 기억투쟁 대치선은 그 의미가 축소되고, '누가', '무엇을', '어떻게', '왜' 질문하고 응답하는가를 면밀하게 분석해야 하는 복잡하고 다층적인 상황으로 전환된 것이다. 이로 인해 무엇을 기억하고 어떻게 계승할 것인가를 두고 상이한 견해의 다양한 주체들과 담론들이 경쟁과 쟁투를 벌이고 있다. 『1984년』에 기록된 "과거를 지배하는 자는 미래를 지배한다. 현재를 지배하는 자는 과거를 지배한다"(오웰, 1983: 222)라는 문구와 같이, 5·18이 현재와 미래를 지배하기 위해 기억되어야 할 사건으로 판단되면 5·18에 대한 담론과 계승의 방향을 자신에게 유리하게 코드화하고 전유하려는 주체들의 갈등은 계속될 것이다.

3. 저항적 기억투쟁의 제도화와 그 효과

1) '진상'과 피해자 '보상' 그리고 '문자'의 기억

　5·18에 대한 기억투쟁과 계승운동에서 가장 핵심이 되는 사안은 '진상규명'과 '책임자 처벌'이었다. 이와 관련된 활동은 5월투쟁 또는 5월운동이라고 포괄적으로 정의되며, 두 가지 과제가 이루어지기를 호소하는 다양한 종류의 인쇄물과 사진 및 영상물 등이 제작·배포되었다. 또한 시민들은 자신이 습득한 5·18에 관해 진상을 전언(傳言)함으로써 국가와 지배 집단이 차단한 담론의 장벽을 무력화시켰다. 그리고 투신과 분신이라는 극한적 방법으로 5·18의 진상을 알리려다 사망한 사람들도 적지 않다(정근식, 1995: 353). 5·18의 발발과 진압 과정에 미국의 개입과 역할 규명을 요구하는 방법으로 미국문화원이나 미국대사관 등을 점거하거나 공격하는 등의 사건도 연이어 발생했다(조현연, 2001: 716~717).

　1980년대 초반에 학생운동 및 사회운동에 참여한 사람들에게는 5·18에 대한 진상과 사건 전개 및 피해 규모 등이 어느 정도 알려져 있었다. 적어도 5·18을 직접 경험했던 사람들과 학생 및 사회운동 집단들은 국가의 5·18 담론이 허황되고 자의적인 주장임을 간파했다. 그래서 사람들은 익명이 보장되면 5·18에 대한 자신의 경험과 기억 그리고 소문을 말하곤 했다. 특히 반정부 집회와 시위의 공간은 저항적 기억을 표출하는 최적의 장이었다.

　5·18의 진상은 1985년 무렵부터 더욱 체계적이고 광범위하게 유포되기 시작했다. 이때 문자의 역할이 무엇보다 컸다. 그동안 단편적인 경험과 기억 그리고 글들로 구성되었던 5·18의 진상이 책을 통해 확산되기 시작했던 것이다. 특히 전남사회운동협의회가 편집해 발간한 『죽음을

넘어 시대의 어둠을 넘어』가 중요한 역할을 했다. 5·18 참여자들의 자료와 진술을 토대로 작성된 이 책은 표현의 자유가 극도로 억압되었던 당시에 생생한 진상을 알려주었다. 같은 해 천주교 광주대교구 정의평화위원회에서 발간한 『광주의거 자료집』도 5·18의 진상을 공론화하는 데 크게 기여했다.

5·18에 관한 진상을 보다 충실하게 드러낸 것은 당시 배포된 문자기록물을 편집하여 전남사회문제연구소에서 1988년에 발간한 『5·18민중항쟁자료집』이었다. 이 책은 1987년 6월항쟁으로 호전된 정치·사회적 분위기 속에서 발간되었다. 이것은 많은 난관을 겪으면서 한정판으로 발간되어 유통이 제한되어 있었으나, 5·18에 관심을 갖고 있는 연구자들과 운동가들이 기억을 공유하는 소중한 자료였다(안종철, 2001: 988~989).

5·18에 관한 경험과 기억을 '증언 또는 구술 조사'라는 방법을 통해 축적하는 활동은 1988년에 시작되었다. 이 작업을 통해 비문자적 자료와 진상이 문자로 전환되었다. 이것은 침묵 속에 존재하던 사회적 기억이 언표화되어 체계적으로 문자화되는 단초를 제공했다(정근식, 2003b). 이렇게 문자화된 5·18의 진상을 얼마나 신뢰할 수 있는가를 두고 논쟁이 되기도 했으나, 국가가 생산한 기록에의 접근이 차단되었던 시대였기에 그 가치와 권위는 소중하고 절대적이었다.

이 작업은 한국현대사사료연구소가 주관했는데, 5·18에 직접 참여했던 사람과 목격자 약 500명의 증언이 채록되었다.3) 당시로서는 결코 용이하지 않았던 이 프로젝트가 몇 년에 걸쳐 실행되었던 가장 큰 이유는 5·18의 진상 규명이었다(이종범, 2004: 207). 이 작업은 해방 이후 전개된 사회구성원의 항거를 증언 채록이라는 방법론을 활용해 체계적으로 그

---

3) 이를 정리해 1990년에 『5·18광주민중항쟁사료전집』이 발간되었다.

리고 일시에 다수의 사례들을 수집했던 첫 시도였다. 많은 시행착오와 아쉬운 점이 있었으나 증언 채록과 관련된 다양한 문제의식을 제시했고, 이후 진행된 국가폭력에 의한 피해 사건들의 증언 채록 작업에도 많은 시사점을 주었다(정근식, 2003a: 151~158).

이 자료는 5·18 피해자의 보상업무에서 중요한 근거 자료로 채택되었다. 증언 채록은 대체로 국가가 명예 회복과 피해자 보상을 발표하기 이전에 이루어졌다. 이러한 특성으로 인해 제2차 피해를 우려하며 의도적으로 은폐한 부분도 있고 구술 내용이 축소된 점도 있음을 배제할 수 없다. 그러나 보상 실시 이전이었다는 점을 고려할 때 덜 과장되고 훨씬 진실에 가까울 가능성이 높다고 사료된다. 이 책자는 증언을 집대성한 것이기는 하지만, 다양한 변수들이 충분하게 고려되어 일관된 틀로 재구성되지 않아서 5·18에 대한 집단 기억과 진상 규명에는 한계가 있었다.[4]

증언과 구술 조사가 민간 차원에서 피해자와 시민들이 갖고 있는 경험과 사회적 기억을 문자화하는 것이라면, 국가기구에 의해 생산된 문자 자료들이 있다. 5·18에 대한 또 다른 기억은 가해자, 군부대, 중앙 및 지방정부와 국회 및 재판 기록 등으로 존재한다. 이것들은 5·18의 가해자들이 어떻게 인식하고 개입했는가를 밝히는 데 소중한 자료들이다.

---

4) 1998년부터 5·18 관련자들 또는 피해자들에 대한 증언 또는 구술조사가 몇몇 기관과 연구자들 그리고 관련자들에 의해 수차례 진행되었다. 이 자료들은 ① 원초적 사건으로서의 5·18에 관한 내용, ② 5월운동에 관한 내용, ③ 피해자들의 고통과 애환에 관한 내용으로 구분된다. ①에 해당되는 것은 전남대학교 5·18연구소(2003a; 2003b), 박병기(2003), 김양현 외(2005) 등이다. ②에 해당되는 것은 강현아 외(2006a; 2006b)이고, ③에 해당되는 것은 5·18민주유공자회(2005a; 2005b; 2007a; 2007b; 2008a; 2008b)이다.

이 자료들은 12·12 사건과 5·18에 대한 국회 청문회 과정에서 수집되었다. 보안과 멸실 등을 이유로 이와 관련된 모든 자료가 수집되었다고 할 수 없으나, 국가 기록들이 처음 공개된 것이어서 많은 관심을 받았다. 이 자료들 가운데 일부가 광주광역시청의 '5·18자료실'에 보관되어 있다.

국가의 공식 자료보다 더 중요한 것은 가해집단의 증언과 구술의 문자화라고 할 수 있다. 현재까지 진상이 밝혀지지 않은 사실들은 이 작업을 통해 드러낼 수밖에 없기 때문이다. 관련 단체와 연구자들은 1996년에 이루어진 12·12 사건과 5·18 등에 관한 재판에서 새로운 사실들이 기록되었을 것으로 추정했다. 그리하여 오랜 기간의 재판을 통해 2004년 10월 5·18 관련 수사 기록을 공개하라는 대법원의 판결이 내려졌다. 그런데 공개된 기록들은 쟁점이 되었던 진상을 규명하는 데 그다지 도움이 되지 않은 것으로 평가되어 자료의 해제가 중단되고 말았다.

5·18에 대한 기억이 문자화된 또 다른 공식 기록은 총 여섯 차례에 거쳐 실시된 보상 관련 문서이다.[5] 5·18 관련자로 인정된 사람은 중복된 사람을 제외하면 약 4,500명에 이른다. 신청인들은 보상을 요구하면서 자신의 행위와 피해를 입증할 문서와 증언 자료를 문자화해 제출했다.[6] 이 자료들은 공무원의 조사와 심의위원회의 회의를 통해 확인되었고,

---

[5] 5·18 피해자에 관한 국가 보상이 30여 년이 다 되도록 종결되지 않은 근본 책임은 국가에게 있다. 5·18의 사회운동화를 차단시키는 데 급급했던 국가가 진상과 관련 자료들에 대한 철저한 조사를 선행하지 않은 채 보상을 추진한 결과 오늘날의 상황과 갈등의 단초가 형성되었던 것이다.

[6] 5·18과 관련된 국가의 자료가 어떻게 관리되었는가를 보여주는 사례가 있다. 피해자에 대한 초기의 국가 보상업무에 참여했던 한 공무원에 의하면, 피해를 입증할 자료가 없어 상무대에 들어가 공문서들에서 연행자 성명을 대조했는데, 이것을 입증 자료로 보상 서류에 첨부할 수 없었다고 했다. 아마도 국방부 과거사진상규명위원회가 이런 종류의 공문서를 발굴해 결과보고서에 첨부한 것이 아닌가 생각된다.

관련자가 선별되었다. 피해자 보상 과정에서 사기 행각이 발각되어 관련자들의 명예와 신뢰를 크게 훼손시키는 일이 발생하기도 했으나(정호기, 2006), 이때 생산된 엄청난 문서들은 5·18의 '진상'과 '진실' 복원에 소중한 자료임에 분명하다. 그렇지만 피해자 보상에 활용되거나 이 과정에서 생산된 자료들은 진상 규명과 연구에 전혀 활용되지 않은 채 사장되어 있다.

5·18에 대한 국가의 진상 조사는 신군부에 대한 재판 및 피해자 보상과 별개로 계속 논란이 되었다. 이를 해결하기 위한 방안이 2005년 국방부 산하기구로 출범한 '과거사진상규명위원회'였다. 이 위원회는 12·12 사건과 5·18 등에서 쟁점이 되는 사안들을 조사했다. 과거 청산에 대한 정치·사회적 분위기가 가장 적극적인 시기였음에도 불구하고, 이 위원회의 조사에 대해 관련자들의 자료 제공과 협조는 잘 이루어지지 않았다. 이로 인해 그동안 밝혀지지 않았거나 접근이 차단되었던 국가의 자료들을 수집·분석하는 것이 주요한 조사 방법으로 활용되었다. 이 위원회의 활동은 5·18에 대한 제도화와 국가기구를 구성해 조사하는 것, 그리고 피조사 대상 조직들의 의식 전환이 일치하고 상호적인 것이 아님을 보여주었다.[7]

이러한 맥락에서 볼 때 피해자들이 주장하는 진상에 대해서도 구체적인 재점검이 이루어져야 하고, 기존에 확보된 자료의 정리와 분석 그리고 활용 방안이 충실하게 수행될 필요가 있다. 즉, 국가에 의한 5·18의 재평가와 제도화가 이루어졌으나, 원초적 사건의 진상과 5월운동을 총괄

---

7) 진상 규명의 일부 쟁점들이 완전히 해소되지 않은 결과, 5·18의 진상 규명은 '진실·화해를 위한 과거사정리위원회'의 업무로 이관되었다. 그러나 이와 관련된 조사는 사실상 아무것도 이루어지지 않고 있다.

하는 공식적 기록은 다양한 이유들로 인해 생산되지 않는 이율배반의 현상이 나타나고 있다.8) 적지 않은 자료들과 구술 자료들 그리고 기록들이 특정한 곳들에 집결되어 있으나, 5·18과 5월운동에 관한 공식적 역사 기록은 생산되지 않았다.9) '민주화운동'으로 정의될 뿐 '보고서' 혹은 '백서'는 발행되지 않은 것이다. 이는 5·18의 진상을 공식화하는 데 여전히 많은 문제와 제약 요소가 있음을, 쟁점 사안들의 확증에 필요한 자료가 완전하게 확보되지 않았음을 의미할 수도 있다.10)

2) 의례의 전면적 통제에서 국가화로의 전환

사회학에서 의례는 두 가지로 해석되어왔다. 하나는 의례의 통합적 힘과 대중적 가치를 구현하고 반영하며 지지하고 강화하는 방식을 강조하는 것이고, 다른 하나는 대중적 합의가 아니라 지배 엘리트가 행사를 선전으로 이용해 이데올로기적 지배를 공고히 하는 '편견의 동원'이 이

---

8) 2008년 12월 24일 광주시교육청에 『5·18민주화운동』이라는 제목의 초등학생용과 중·고등학생용 책이 교과서로 인정되었다. 그러나 이것은 5·18과 5월운동에 관한 국가의 공식 기록이라고 하기 어렵다.
9) 광주광역시 5·18사료편찬위원회에서는 공개될 수 있는 공문서와 문헌 자료 및 글들을 모아 '5·18광주민주화운동자료총서' 시리즈를 발간하고 있다. 그동안 발간된 자료집은 2009년 현재 총 50권이다.
10) 2003년에 이루어진 제주 4·3사건의 진상보고서 발간 과정이 말해주듯이, 역사적 사건에 대한 공식적 기록은 다양하고 복잡한 기억투쟁의 결과물이다. 역사적 사건에 대한 진상 보고서는 이것이 작성된 시기의 맥락과 조건의 영향을 받고, 집필자 및 검수자 등을 포함해 다양한 주체들의 협의와 타협의 산물이라고 할 수 있다. '진상', '진실'은 절대적일 수 없고, 다양한 구체적 사실들을 배치하고 구성하는 과정에서 만들어진 과거의 구성물이다.

루어지는 장이라고 주장하는 것이다(홉스봄 외, 2004: 212~213). 홉스봄(E. Hobsbawm)은 이 두 가지 주장이 탈맥락화된 분석에서 추론된 것이라고 평가한 후, 의례가 실제로 거행된 특정한 사회적·정치적·경제적 환경에서 파악되어야 한다고 말한다. 5·18을 기억하기 위한 저항 공동체의 집단 의례였던 추모제가 국가 기념식으로 전환되었던 과정은 이러한 주장을 잘 보여주며, 저항 의례의 국가화가 지향하는 것이 무엇인가를 잘 드러낸다.

매년 개최되었던 5·18 의례는 이 사건의 진실 찾기와 현재화를 둘러싼 여러 세력들의 갈등과 대립의 장이었다. 5·18을 부정하던 시기의 국가는 공권력을 동원해 의례를 진압했고, 이를 강행하는 저항 공동체를 사회질서를 혼란시키고 국민 통합을 해치는 불온 세력으로 낙인찍었다. 저항적 공동체는 추모 의례를 연대와 결속을 강화하고 비공식적 기억을 사회적 기억으로 공식화하는 공간으로 활용했다. 5·18 피해자에 대한 국가 보상이 이루어지기 전만 해도 저항 공동체 내의 견해 차이는 소소했고, 공동의 극복 대상이 분명하게 존재함으로 인해 기억투쟁의 전선이 비교적 분명했다. 그리고 5·18의 의례 투쟁과 계승운동의 주도권은 시민과 사회운동 세력에게 있었다.

그러나 한국 사회가 점진적으로 민주화되면서 5·18의 진상이 확산되고, 부당한 국가폭력에 항거하는 세력이 지지를 받게 되자 국가는 5·18을 포획할 정책을 점진적으로 발표했다. 국가의 의례투쟁에 대한 제도화 전략은 이중적이었다. 5·18을 포섭하기 위한 국가 주도의 제도적 절차를 진행시키면서 동시에 의례 투쟁과 계승운동이 반정부 투쟁 또는 민주화 운동과 접속하는 것을 차단했다. 전두환 정부가 5·18 의례 투쟁을 저항적 기억의 차단 혹은 부정적 기억의 유지라는 관점에서 반응했다면, 노태우 정부는 포섭과 배제라는 전략을 동시에 구사했다. 5·18의 의례에 대한 국가의 폭력적 탄압은 1990년대 초까지 계속되었다. 5·18은 '민주화운동의 일환'이었다는 노태우 정권의 재평가에서 알 수 있듯이, 5·18의 의례는 최소 수준에서 허용되었다. 이후 의례 투쟁에 대한 국가의 억압 강도는 약화되었고, 김영삼 정권이 집권하면서 사실상 국가 행사로 전화되었다.

김영삼 정부가 들어서면서 5·18에 대한 공식적 평가는 명백하게 긍정적으로 변화했다. 김영삼은 대통령 취임식에서 5·18의 의의를 극대화하고 이를 정권의 정통성과 연계시키고자 했다. 그리고 김대중과 노무현 대통령은 기념식에서 5·18이 세계적 위상을 갖는 사건이며, 그 의의를 실현하는 데 앞장설 것임을 다짐했다. 김영삼 정부 이후의 정부들은 5·18이 지닌 상징성과 의의를 새롭게 규정하고, 이를 통해 정치적 기반의 공고화와 비전을 끌어낸 국정 이념을 제시했던 것이다.11)

국가가 5·18 기념식을 주관하면서 행사의 구성 내용과 주체도 크게 바뀌었다. 이러한 변화는 5월 18일이 국가기념일로 지정되고 새로운 5·18묘지가 완공된 1997년의 기념식부터 나타났다. 눈에 띄게 두드러진

---

11) 김영삼 대통령은 취임식에서 문민정부는 "광주민주화운동의 연장선상에 있는 민주정부"라고 했다. 제20주년 기념식에 참가한 김대중 대통령은 기념사에서 "5·18의 광주가 세계 모든 시민에게 자유와 평화, 인권과 민주주의의 소중한 가치를 일깨우는 드높은 표상이 되고 있다"고 했다. 그리고 "정부는 5·18항쟁의 고귀한 정신과 값진 헌신이 역사 속에 영원히 기억되고 크게 선양되도록 최선을 다하겠다"고 다짐했다. 제23주년 기념식에 참가한 노무현 대통령은 기념사에서 "참여정부는 5·18 광주의 위대한 정신을 계승, 계승과 통합의 새로운 시대를 열어갈 것"이고, "참여정부는 바로 5·18광주의 숭고한 희생이 만들어낸 정부"라고 했다. 그뿐만 아니라 "참여정부의 국정 목표인 국민과 함께하는 민주주의, 더불어 사는 균형발전사회, 평화와 번영의 동북아 시대를 실현함으로써 광주민주화운동을 최종적으로 완성시킬 것"임을 강조했다.

변화는 국가가 기념식 참석 대상자를 선별하기 시작했다는 점이다. 참석 대상자 선별이 관련 단체 및 일반인의 신청을 받아 이루어졌다고 하지만, 아무런 제약을 받지 않고 기념식에 참가해왔던 사람들은 혼란스러웠다. 시민들은 국가가 주관하는 기념식이 어떻게 구성되는가에 대해 텔레비전으로 본 것 이외에 아무런 정보와 이미지를 갖고 있지 않았고, 국가가 기념식을 규제한다는 것 자체를 의아스럽게 생각했다. 전두환 정부 집권기에 국가가 5·18의 의례를 원천적으로 봉쇄했던 것과는 다른 차원이기는 하지만, 이러한 변화를 납득하고 수용하기 어려웠다.

그나마 김대중 정부에서는 대통령이 처음으로 참석했던 제20주년 기념식과 마지막이었던 제22주년 기념식만 전면 통제되었고, 다른 해에는 여러 가지 사정이 맞물리면서 유연성이 있었다. 회고해보면, 제22주년 기념식은 노무현 정부와 이후에 이루어진 기념식에 대한 예고였다. 초대권은 정부, 국회, 법조계 등의 주요 인사들과 관련단체 및 언론계, 공무원, 동원된 학생 및 단체들을 중심으로 배분되었다. 일반시민이 초대권을 받기란 극히 어려웠고, 미소지자는 기념식장에 접근할 수 없었다. 이것은 기념식의 주체가 완전하게 바뀌었음을 의미했다. 새로운 주체는 5·18의 가해자들과 크게 다르지 않은 삶의 궤적을 갖는 사람들, 정치권의 권력자들, 그리고 '민주화운동'과 연관성을 생각하기 어려운 관료들이었다. 5·18 관련자와 피해자들이 기념식에 참가했지만, 이들의 역할은 '병풍'에 불과했다. 이렇게 채워진 기념식의 공간을 경찰과 행사 안전요원들이 겹겹이 둘러서 보호했다. 이들의 주된 임무는 사회운동 단체 및 학생, 소수자 집단의 요구와 목소리를 차단하거나 제압하는 것이었다(정호기, 2007).

이와 같은 5·18 기념식의 분위기는 노무현 정부의 첫해였던 2003년에 폭발하고 말았다. 국가 기념식에서 대통령 입장이 지연되는 사건이 발생한 것이다. 정부와 보수 언론 및 집단들은 '주모자 처벌'과 '법질서 및 공권력의 위협' 등을 운운하며 위압적인 모습을 드러냈다. 이 사건의 여파는 수일간 계속되다가 '5·18민중항쟁 제23주년 기념행사위원회'의 입장 발표와 대통령 면담, 정부의 자세에 대한 사회운동 단체 등의 비판 등이 거세어지자 '한총련 합법화를 철회'하는 조치 등을 하면서 종결되었다.12) 제23주년 기념식은 5·18의 국가화가 무엇을 의미하는가를 극명하게 보여주는 사건이었다. '광주민주화운동을 최종적으로 완성시킬 것' 이라는 대통령의 취임사를 들었던 터라 실망감이 더욱 컸다.

그리하여 제24주년 기념식부터는 공권력의 동원 규모가 점점 늘어나고 통제도 더욱 엄격해져갔다. 이에 발맞추어 기념식장 밖의 분위기도 경직되었다. 국가가 기념식에서 권위주의적·관료주의적 특성을 강화시킬수록 기념식장을 찾던 시민들의 발걸음은 감소했다. 국가화되기 이전

---

12) 제23주년 기념식에서 발생한 대통령의 행사장 입장 지연 사건의 발단은 과거의 사건과 비교하면 대수롭지 않은 것이었다. 1993년 대통령에 취임한 김영삼이 망월묘역을 참배하려 하자 학생들이 '진상 규명, 책임자 처벌 없는 참배 반대'를 주장하며 시위를 벌여 결국 무산되었던 사건이 있었다. 노무현 대통령이 제23주년 5·18 기념식에 참가하기 위해 광주를 방문한 때는 직전에 이루어진 대통령의 미국 방문이 '굴욕적인 대미 외교'였다고 성토하는 목소리가 높던 시기였다. 대통령은 이를 충분하게 해명하지 않은 채 기념식에 참석했다. 미국이 5·18의 발발에 절대적 책임이 있다고 믿는 사람들의 정서에서 본다면, 미국 방문 시 대통령의 행적은 민감한 갈등의 소지가 될 가능성이 있었다. 학생 및 사회운동 단체들은 이에 대한 해명과 사죄 등을 요구하는 시위를 국립 5·18묘지 정문에서 벌였는데, 경찰이 이를 제지하면서 상황이 악화되었다. 노무현 대통령은 예정 시간보다 늦게 다른 문으로 입장했다. 대통령은 시위대의 행동을 '난동'으로 규정했다. 기념식 이후 전남대에서 대통령의 특강이 개최되었다. 여기에서도 학생들의 시위가 있었다. 대학 본부 관계자는 학생 시위를 차단하는 데 최선을 다했고, 이를 취재하던 기자들에게 폭언을 해 논란이 일었다(≪오마이 뉴스≫, 2003. 5. 18).

의 기념식 주체들은 국가 기념식이 끝나기를 기다렸다가 참배했다. 그리고 국가화한 기념식의 들러리에 불과한 자신의 모습에 자괴감을 갖는 사람들도 생겨났다. 사실 해마다 별 차이 없이 반복되는 기념식에 참석해야 할 목적도 부채의식도 사라진 상태였다.

이 같은 기념식의 국가화는 2008년에 최고 수준을 보여주었다. 5·18 기념식이 개최된 이래 가장 많은 수의 공권력이 동원되었으며, 기념식장 좌석 곳곳에 경호원들이 착석해 만일의 사태를 주시했다.13) 다수의 경호원들이 기념식 좌석을 채웠음에도 불구하고 빈자리가 많았다. 사상 초유의 기념식에서 대통령은 "5·18광주 정신을 이제 선진화로 되살려야 한다", "과거가 아니라 미래를 보고 창의와 실용으로 변화하고, 갈등을 벗어나 통합과 상생으로 나가야 한다"라고 기념사를 했다.14) 지난 정부에서와 마찬가지로, 5·18은 이명박 정부에서도 정책을 정당화하는 역사적 자원으로 전유되고 있었다.

이같이 5·18의 집단 기억을 형성 및 유지하는 데 중요한 실천 행위였던 기념식은 국가가 주체가 되면서 그리고 국가 기념식으로 전환되면서 전두환 정부에서와 같은 폭력적 방식은 아니지만, 과거와 동일한 공권력을 통해 유사한 방식으로 통제되고 있음을 알 수 있다. 언론에서 5·18의

---

13) 이날 기념식장에 참석한 사람들은 2,500여 명으로 보도되었는데, 동원된 공권력은 경찰만 80개 중대 8,000여 명이었다. 경찰은 물대포까지 준비했다. 기념식장에서는 참석자가 좌석을 옮기는 것은 물론 기념 촬영도 통제되었다(≪한겨레신문≫, 2008. 5. 18). 이와 같은 경호를 비판하던 5·18 당시 시민수습대책위원은 경호원들에 의해 들려나갔다. 배은심(고 이한열의 어머니) 씨는 정문으로 진입하지 않고 옛 5·18묘지 방면의 문으로 출입했다는 이유로 경찰이 제지하자 초청장을 찢으며 항의했다(≪광주드림≫, 2008. 5. 18).

14) ≪광주일보≫, 2008. 5. 19.

기념식에 대한 문제점들이 지적되기도 하고 관련자들과 시민들의 비판 여론도 거세지만, 점점 더 악화되는 모습으로 나아가고 있다. 그러므로 국가가 주관하는 기념식은 '양날의 칼'과 같은 효과를 나타낸다고 할 수 있다. 즉, 이러한 기념식이 5·18의 위상을 높이는 최선의 제도적 수단인지는 모르지만, 시민의 지지는 급락하고 소통이 차단되는 양상을 가속화시키고 있다.

3) 배제와 선별을 통해 구성된 5·18의 기억 공간

5·18에 대한 경험과 기억은 장소 또는 공간과 어우러져 있다. 5·18에 대한 기억이 투사된 장소는 원초적 사건의 현장이 되었던 곳과 기억 혹은 전승을 위한 기념사업이 이루어진 곳으로 구분할 수 있다. 5·18의 배경이 되고 재현이 이루어진 공간들은 개인과 사회적 기억의 터전이다. 또한 경험을 공유하고 비경험자에게 이를 전달하는 기억의 소통 장소이기도 하다. 5·18에 대한 개인 기억은 특정 장소들과 접합되어 구체적 사건으로 구성되어 있다. 따라서 기억의 장소가 지닌 이미지와 상징화는 개인의 직·간접 경험에 따라 차별성을 띠며 다르게 형성되어 있다. 5·18에 대한 개인 기억은 사회적 기억의 형성에 토대가 되며, 생동적 경험의 재현은 장소성에 기초하고 있다.

개인 기억이 사회적 기억으로 발전하면서 선택된 장소가 있는가 하면 주변화된 장소가 있다. 선택된 장소는 5·18의 발단과 맺음, 주요 전투와 충돌, 사건의 흐름에서 큰 변화가 논의 및 결정된 곳, 희생자의 발생 등과 같은 주요한 행위와 결부되어 있다. 이러한 곳들은 국가 공권력의 불법성, 그로 인해 초래된 비극, 불가피했던 무장 항거의 모습을 증명할 수 있는 장소들이었다. 국가가 5·18을 부정적으로 단죄하면 할수록 저항적 기억투쟁 과정에서 이 장소들의 의미가 부각되었다. 계엄군의 방어 장소이자 시민군의 최후 항전지였던 옛 전남도청을 중심으로 한 금남로 일대, 관련자들을 구금 및 재판했던 구상무대 영창과 법정, 그리고 희생자를 안장했던 옛 5·18묘지 등은 이런 과정을 거쳐 선택된 집단 기억의 장소였다.

원초적 사건에 대한 집단 기억의 장소는 5·18 기념공간 조성에 투영되었다. 5·18 기념공간이 '역사 인식의 장'으로서의 전남도청 및 금남로 일대, '추모의 장'으로서의 옛 5·18묘지, '21세기를 준비하는 발전의 장'으로서 '상무대'라는 세 축으로 계획되었던 것도 이러한 이유였다. 그러나 처음부터 이러한 구도로 5·18 기념공간 조성 계획이 수립되었던 것은 아니다. 이것은 기억의 장소를 둘러싸고 수년 동안 진행된 기억투쟁의 반영이었다. 전남도청과 그 일대는 기념공간이 될 수 없다는 국가의 입장을 번복시키고 5·18기념사업 종합계획에 포함시켰던 것, 흔적 없이 사라질 위기에 있던 구상무대의 영창 및 법정을 이전 복원해 5·18자유공원으로 탄생시켰던 것 등은 대표적 사례들이다. 그러나 집단 기억의 지지를 받지 못한 장소들은 도시 개발과 소유권 제한 불가 등의 이유로 해체되거나 사라졌다. 아직 5·18의 기념공간으로 전환되지 않은 옛 전남도청 및 그 일대의 공간은 2008년과 2009년 초 첨예한 갈등과 대립의 격전장이 되었다. 그곳은 5·18에 대한 기억을 논할 때 어느 누구도 부인하지 못하는 상징적 장소이며, 전두환 정권에 대한 기억투쟁의 일환으로 기념공간화를 시도했던 곳이었지만, 노무현 정권의 '아시아문화중심도시 조성 프로젝트'가 진행되면서 그 입지가 크게 흔들렸던 것이다.

옛 전남도청의 5·18 역사 공간화를 둘러싼 논쟁과 대립은 제도화와 국가화의 지향 및 작동 방식을 드러내는 실례라고 할 수 있다. 이 갈등은 5·18이 발발한 후 약 30년이 경과하는 동안 그 위상과 이를 둘러싼 사회관계가 크게 변화했음을 가시화했다. 그동안 5·18이 사회운동 및 시민운동 그리고 시민들과 결별하고 부정적 의미의 홀로서기를 했다는 비판을 받곤 했는데, 그것이 무엇인가를 잘 말해주는 것이기도 했다. 5·18에 대한 시민과 대중의 지지 철회는 예상보다 심각했고, 오랜 기간 축적된 내적 불화와 불신은 극단적 갈등 양상으로 발화했다. 옛 전남도청에서 농성하던 이들은 문화를 앞세운 발전 담론을 상대로 자기 발화적 소통만을 하면서 뒤늦게 외로운 싸움을 전개했다. 국가는 제도와 여론 그리고 비용을 충분하고 적절히 활용하면서 5·18의 제도화가 갖는 이면의 속살을 잘 드러내주었다. 옛 전남도청의 공간적 재구성을 둘러싼 갈등은 5·18의 중심지였던 광주라는 도시의 민주주의 수준, 그리고 지역 사회에서 여론 형성에 주도권을 갖는 세력들이 관여된 갈등이 어떻게 해결되는가를 보여주는 바로미터였다.

   5·18의 기억을 영속화하고 전승하기 위해 조성된 기념공간들은 원초적 사건의 현장이었던 광주의 도심과 전남 곳곳에 산포되어 있다. 옛 5·18묘지와 국립 5·18민주묘지를 비롯해 5·18기념공원과 5·18자유공원 같은 대규모 기념공간, 전남대학교 정문 및 화순 너릿재 터널 등의 소규모 기념공간, 그리고 사건의 주요 현장 100여 곳에 표지석과 알림판이 건립되었다. 그러나 5·18의 기억의 공간으로 주로 활용되는 곳은 대규모 기념공간이고, 나머지의 장소들은 관심을 갖고 탐색하지 않으면 발견하기 어렵고 활용도도 극히 낮다.[15] 5·18과 관련된 각종 의례와

---

15) 5·18의 현장임을 알리는 표지석과 알림판은 관련자와 전문가들의 신중한 검토를 거쳐 건립되었다. 이 시설물들의 외형에 대해 비판적 의견이 있으나, 장소는 충실한 고증과 답사, 자료 수집을 통해 선정되었다. 그런데 이 시설물들이 5·18의 사회적 기억 형성에 어떤 기여를 하는가에 문제를 제기하고, 그간의 보존과 관리·활용 등을 비판하는 주장들이 10여 년 동안 5월이 되면 분출되었다. 그때마다

행사 그리고 교육 등은 대규모 공간들을 중심으로 이루어지고 있다. 이것은 5·18의 기억과 계승이 대규모 기념공간을 중심으로 재배치·재구성되었음을 의미한다.

이와 달리 5·18의 기억화에서 배제된 장소들도 있다. 첫째, 계엄군을 비롯해 가해 세력이 주둔했던 곳들인 옛 안기부 터나 보안대 터, 제31사단 주둔지, 상무대 군 주둔지, 옛 광주시청 등이 이에 해당된다. 이 장소들은 국가권력과의 관계 속에서 그리고 적극적으로 국가폭력의 폭력성을 드러내기 어려워 실현되지 않은 측면이 있었다(최정기, 2007). 둘째, 5·18의 기억 장소 선별 과정에서 후순위로 밀린 장소들이다. 시민들의 공격을 받았던 공공기관들은 '폭력적 대응'을 부각시킨다는 것을 이유로 배제되었다. 셋째, 많은 학생들의 참여가 이루어졌던 고등학교들과 옛 들불야학 터, 남동성당 등은 고려되었으나 선택되지 않았다. 이들 가운데 일부는 근래에 들어 새로운 5·18의 기억 공간으로 재구성되기도 했다.16) 과제는 이같이 기억의 장소로 선별·상징화하는 것이 갖는 사회적 의미를 충분히 드러낼 수 있는가 하는 것이다. 게다가 심각하게 또는 완전하게 해체되어버린 장소와 공간은 5·18의 기억과 계승에 어떤 작용을 할 것인가에 대해서도 고민을 안겨준다.

전남에서도 5·18을 기억하고 기념하기 위한 다양한 행위가 이루어졌으나, 대체로 광주로 국한되어 있다고 해도 크게 틀리지 않다. 광주와 전남 이외의 지역에서 5·18과 관련된, 이를테면 원초적 사건의 기념비나 추모비 또는 5월운동 과정에서의 희생된 사람들의 추모시설이 어디에

광주시에서는 거의 동일한 계획을 반복해서 발표했다.
16) 남동성당에는 2005년 5월에 5·18 표지석이 세워졌고, 옛 안기부 터는 2005년에 시민공원으로 개방되었으며, 2009년 3월에 '광주시 청소년 문화의 집'으로 재조성되었다.

어떻게 있는지를 파악한 적이 없다. 한편 광주와 전남의 정치적·경제적 목적을 달성하기 위해 5·18을 앞세우는 현상에서 지역의 이해를 위해 역사적 사건이 어떻게 활용되는가를 보여준다. 이 같은 방식으로 5·18을 외화하는 것은 곧 지역화와 독점화를 의미한다고 할 수 있다. 여기에서 우리는 5·18의 전국화와 세계화를 주장하면서도 광주와 전남에 귀속시키고자 하는 내심의 단면을 그리고 피해의식의 독백을 엿볼 수 있다.

공간에서의 5·18의 지역화는 5·18의 대표적 기념공간이며 원초적 사건이 가장 많이 재현되어 있는 국립 5·18민주묘지에서 분명하게 드러난다. 그곳에 재현된 5·18의 기억은 옛 전남도청 일대의 사건들에 초점이 맞추어져 있고, 광주의 다른 원초적 현장과 전남에서 이루어진 사건의 기억은 거의 배제되어 있다(정호기, 2003: 138~139). 그나마 축소된 원초적 현장의 기억을 확장시켜주는 것이 2007년에 개관한 '5·18추모관'이라고 할 수 있다. 그러나 그것 역시 5·18 피해자로 인정한 사람들의 시·공간적 활동 배경을 염두에 둘 때 협소한 틀을 벗어나지 못한 것으로 보인다.

4. 맺음말

어느 순간 언론에서는 해마다 5월이면 젊은 세대가 5·18을 기억하고 있지 않거나 잘못된 기억을 갖고 있다고 보도를 하기 시작했다. 그리하여 5·18의 주요 배경이 되었던 광주와 전남에서도 5·18 이후 세대에게 이를 기억시키는 것이 교육의 주요 현안으로 부각되었다. 젊은 세대는 저항적 기억투쟁으로서 5월운동에 참여할 기회도 없었고, 현 교육 체제상 5·18을 접할 기회 자체가 봉쇄되어 있는 것과 다름이 없다. 세월이 흐르면서 과거에 대한 기억의 층이 옅어지고 모호해지듯이, 5·18 이후 세대들이 이러한 반응을 보이는 것은 당연한 것인지도 모른다. 망각은 젊은 세대뿐만 아니라 당시를 살았던 세대에게서도 진행되고 있다. 그래서 망각을 조금이나마 지연시키고 기억을 영속화하기 위해 의례와 다양한 행사를 개최하는 것이다. 또한 기억과 기념을 위한 장소와 공간을 조성하고, 계승과 교육을 위한 여러 가지 프로그램들을 개발하고 있다. 이와 같은 활동들이 지닌 긍정적인 점들을 부정할 수 없으나, '기억과 망각'이라는 대당 구도에서 5·18과 5월운동을 바라보라고 압박하는 것은 아닌지 우려되는 지점도 있다.

한국 사회에서 5·18은 식민지, 분단 체제, 권위주의적 통치 체제로 인해 발생한 수많은 과거사들에 대한 청산 프로그램이 성립할 수 있도록 하는 데 중요한 선행 모델이 되었다. 이 프로그램이 지닌 문제점과 한계에 대한 비판도 있으나, 5·18의 청산 프로그램이 일정한 성과를 거두었음을 부인하기 어렵고 적절한 대안을 찾는 시도는 거의 이루어지지 않았다. 5·18의 청산 프로그램은 5·18과 5월운동과 관련해 '사실'에 근거한 진상과 기억을 영속화 혹은 역사화하자는 것을 우선 목표로 하는 것이지만, 앞에서 살펴본 것처럼 이러한 기억화 작업은 제도화가 양산한 질곡으로 빠져들고 있다.

5·18의 기억을 계승하는 데 가장 심각한 장벽은 관료제이다. 관료제는 변화를 고정시키는 체제이며, 창조적 역동성을 결박시키고, 포획하는 것을 의미한다(양운덕, 1994: 312). 그래서 주어진 코드로 기억하고 기존의 제도적 질서 내에서 행동하도록 강제한다. 5·18의 제도화는 이러한 관료제를 떨치지 못했고, 이것이 파생시킬 문제들을 심각하게 고민하지 않은 상태에서 진행되었다. 그 결과 5·18은 그동안 생명력을 불어넣었던 새로운 사회에 대한 상상력 및 운동 에너지와 분리되어 다른 궤도를 달렸고

국가화로 귀화했다. 이것은 저항적 기억투쟁과는 다른 속성과 원리에 의해 작동되면서 5·18을 스스로 정형화된 협소한 틀과 구조 내로 가두는 효과를 발휘했다.

둘째, 5·18의 기억과 5월운동의 성과를 전유하고 편승하려는 경향이 범람하고 있다는 점이다. 지속적으로 제기되었던 당사자 주도라는 문제뿐만 아니라 개인·집단·지역적 이해관계를 해결하는 수단으로 5·18을 활용하려는 모든 행위들이 이에 근거한다고 할 수 있다. 5·18을 '정치적으로 이용하지 말라'고 외치는 이들은 노회한 정치인 못지않게 정치화되어 있고, 5·18의 순수성을 외치는 이들의 족적은 위선과 독선에서 자유롭지 못하다. 민주주의와 인권을 음식 섭취하듯 말하지만, 배설물에서는 사회의 소수자와 약자의 살과 뼈가 발견된다. 이처럼 5·18에 대한 기억과 계승은 권위주의적으로 전유되고 편취될 가능성을 내재하고 있다. 이러한 경향이 지속되면 5·18은 1980년 5월에 광주를 중심으로 발생했던 사건으로 협소화될 뿐이고, 5·18을 전유하고 제도화에 편승한 대가로 획득할 수 있는 이익이 무엇인가에만 관심을 두게 될 뿐이다. 그리하여 5·18의 지역화·고립화는 불가피할 것이고, 저항적 기억 공동체와 시민의 지지망은 완전히 사라질 것이며, 민주주의와 인권의 전선에서 더 이상 5·18을 필요로 하지 않게 될 것이다.

셋째, 오늘날 5·18이 누구와 소통하고 있고 무엇을 지향하고 있는가를 심사숙고할 필요가 있다. 최근 언론에 보도된 5·18 관련 기사들은 극단화된 이익집단의 행위가 만연되어 있다는 생각을 갖게 한다. 크고 작은 수차례의 폭행 사건들, 지방정부에 대한 5·18기념재단 감사 요청과 이사장 선임을 둘러싼 갈등, 대통령 선거에서의 정치적 행보 등은 정부의 보호를 받는 그저 그런 집단들과 차별화되지 않는 이미지를 확산시키고 있다. 내·외적 자정 기능을 상실한 채 불신과 반목을 계속하면서 주요 사안들에서 시민의 지지와 삶의 고통을 호소하는 것은 희극이라고 하지 않을 수 없다. 또한 이를 공개적으로 비판하고 토론하는 것이 두려운 5·18을 둘러싼 스모그는 '적과 싸우면서 적을 닮아간다'는 논제를 입증해주는 것만 같다.

5·18의 제도화는 많은 문제와 퇴행을 초래하고 있으나, 저항적 기억투쟁의 힘을 완전히 상실한 것은 아니다. 국가적 차원의 명예 회복과 피해보상이 이루어졌으나 여전히 많은 사람들이 5·18에 대한 부채의식을 갖고 있으며, 5·18의 제도화로 인한 문제들을 성찰하고 극복하려는 사람들이 존재한다는 점에서 희망을 찾을 수 있다. 이런 점에서 5·18이 직면한 상황에 대한 성찰이 필요하며 토의와 대안 만들기가 절실하다. 이것은 한국 현대사의 질곡과 보다 진전된 민주화를 억제하는 심층적 구조와 작동 원리를 밝힘으로써, 불평등을 극복하고 소수자의 주장과 삶이 보장되는 미래로 나아갈 역사적 자산으로서 5·18의 위상을 정립시키는 데 기여할 것이다. 그러므로 30년 이후 5·18의 청사진이 빛을 발하기 위해서는 심사숙고와 냉철한 평가가 선행되어야 하고, 5·18의 '사회화'가 적극 추진되어야 한다.

참고문헌

5·18민주유공자회 엮음. 2005a. 『그해 오월 나는 살고 싶었다 1』. 5·18기념재단.
_____. 2005b. 『그해 오월 나는 살고 싶었다 2』. 5·18기념재단.
_____. 2007a. 『꽃만 봐도 서럽고 그리운 날들 1』. 5·18기념재단.
_____. 2007b. 『꽃만 봐도 서럽고 그리운 날들 2』. 5·18기념재단.
_____. 2008a. 『꽃만 봐도 서럽고 그리운 날들 3』. 5·18기념재단.
_____. 2008b. 『꽃만 봐도 서럽고 그리운 날들 4』. 5·18기념재단.
국방부과거사진상규명위원회. 2007. 『12·12, 5·17, 5·18사건 조사결과보고서』.
김양현 외 엮음. 2005. 『5·18항쟁 증언자료집 Ⅳ』. 전남대학교 출판부.
박병기 엮음. 2003. 『5·18항쟁 증언자료집 Ⅲ』. 전남대학교 출판부.
안종철. 2001. 「5·18자료 및 연구현황」. 광주광역시 5·18사료편찬위원회. 『5·18민중항쟁사』.
양운덕. 1994. 「카스토리아디스의 관료적 이성 비판과 상상적인 것」. 『사회의 상상적 제도 1』. 문예출판사.
오웰, 조지. 1998. 『1984년』. 강연호 역. 삼연사.
이종범. 2004. 「'5·18항쟁' 증언에 나타난 '기층민중'의 경험과 생활」. 한국근현대사학회. ≪한국근현대사연구≫, 제29집.
전남대학교 5·18연구소 엮음. 2003a. 『5·18항쟁 증언자료집 Ⅰ』. 전남대학교 출판부.
_____. 2003b. 『5·18항쟁 증언자료집 Ⅱ』. 전남대학교 출판부.
전남대학교 5·18연구소. 1997. 『5·18 관련 사적지 조사 및 보존에 관한 기본 조사·설계』.
전남사회문제연구소. 1988. 「5·18민중항쟁자료집」.
전남사회운동협의회 편. 1985. 『죽음을 넘어 시대의 어둠을 넘어』. 풀빛.
정근식. 1995. 「5·18광주항쟁」. ≪역사비평≫, 가을호. 역사비평사.
_____. 2003a. 「집단적 기억의 복원과 재현」. ≪4·3과 역사≫, 제3호.
_____. 2003b. 「민주화운동과 기념」. 민주화운동기념사업회·학술단체협의회. 『2003년 학술심포지엄 자료집: 한국 민주화운동의 쟁점과 전망』.

정해구 외. 2007. 『한국 정치와 비제도적 운동정치』. 한울.

정호기. 2003. 「광주민중항쟁의 '트라우마티즘'과 기념공간」. ≪경제와 사회≫, 제58호. 한울.

_____. 2006. 「국가폭력과 피해자 보상」. ≪민주주의와 인권≫, 제6권 1호. 5·18연구소.

_____. 2007. 「저항의례의 국가화와 계승 담론의 정치」. ≪경제와 사회≫, 제76호. 한울.

조현연. 2001. 「5·18진상규명 투쟁과 광주청문회」. 광주광역시5·18사료편찬위원회. 『5·18민중항쟁사』.

천주교 광주대교구 정의평화위원회. 1985. 『광주의거 자료집』. 빛고을출판사.

최정기. 2007. 「광주기무부대 부지의 역사적 의미: '5·18' 기념사업 및 문화중심도시에서의 활용방안을 중심으로」. 광주환경운동연합. 『공공기관 이전부지 공원화 정책토론회 자료집』.

케이, 하비. 2004. 『과거의 힘: 역사의식, 기억과 상상력』. 오인영 옮김. 삼인.

한국현대사사료연구소 편. 1990. 『광주5월민중항쟁사료전집』. 풀빛.

홉스봄 외. 2004. 『만들어진 전통』. 박지향·장문석 옮김. 휴머니스트

지은이(가나다 순)

김보현
성균관대학교 정치학 박사
현 성공회대학교 민주자료관 연구교수
주요 논저: 『박정희 정권기 경제개발: 민족주의와 발전』(2006), 「한국 진보정당운동의 내부정치: 지체된 성장과 연대의 결여」(2008), 「일상사 연구와 파시즘」(2009) 등

김상봉
독일 마인츠 대학교 철학 박사
현 전남대학교 철학과 교수
주요 논저: 『세 학교 이야기』(1983, 공저), 『칸트 순수이성비판 입문』(1985, 역서), 「칸트와 숭고의 개념」(1997), 「독일관념론과 나르시시즘의 변모」(1998), 「자기와 타자: 헤로도토스와 그리스적 자기의식」(1998), 『자기의식과 존재사유: 칸트철학과 근대적 주체성의 존재론』(1998), 『호모 에티쿠스: 윤리적 인간의 탄생』(1999), 『상호문화철학의 문제들』(2006, 공저), 『서로주체성의 이념』(2007) 등

김성국
미국 인디애나 대학교 사회학 박사
영국 글래스고 대학교, 에식스 대학교, 런던정경대학교 방문교수
현 부산대학교 사회학과 교수, 한국동아시아사회학회 회장
주요 논저: 『한국의 아나키스트』(2007), 『정보사회와 새로운 고용구조』(공저, 2008), 『공동체에서 꼬뮨으로: 아나키스트 꼬뮨주의의 재인식』(2009) 등

김진호
한신대학교 신학대학원 신학 석사(M.Div.)
한백교회 담임목사, 계간 《진보평론》 편집위원, 계간 《당대비평》 편집주간
현 제3시대그리스도교연구소 연구실장, 단행본시리즈 '당대비평' 기획위원
주요 논저: 『예수 역사학』(2000), 『우리 안의 파시즘』(공저, 2000), 『반신학의 미소』(2001), 『무례한 자들의 크리스마스』(공저, 2007), 『예수의 독설』(2008) 등

노진철
독일 빌레펠트 대학교 사회학 박사
현 경북대학교 사회학과 교수, 한국환경사회학회 회장, 한국이론사회학회 부회장, 한국NGO학회 부회장, 민주화를 위한 전국교수협의회 상임공동대표, 환경정의연구소 소장
주요 논저: 『환경과 사회: 환경문제에 대한 사회체계들의 적응』(2001), 『탈근대세계의 사회학』(공저, 2001), 『현대 환경문제의 재인식』(공저, 2003), 『위험사회학』(2004), 『근현대 대구·경북지역 사회변동과 사회운동 I·II·III』(공저, 2005), 『한국의 도시와 지역』(공저, 2008) 등

원영수
한국노동이론정책연구소 국제기획실장, ≪노동자의 힘≫ 편집위원장
현 ≪진보평론≫ 편집위원, 성공회대학교 민주주의연구소 연구원
주요 논저: 「반세계화운동의 흐름과 전망: 새로운 변혁의 가능성?」(2003), 「민주화·세계화 시대의 국제연대활동에 대한 평가─노동자·민중운동의 관점에서」(2007), 『지금 건설하라 21세기 사회주의』(역서, 2008), 『세계화의 가면을 벗겨라』(역서, 2008) 등

유제호
서울대학교 문학박사(불어불문학)
프랑스국립과학원, 파리7대학 객원교수
현 전북대학교 프랑스학과 교수
주요 논저: 『언어학과 시학』(공역, 1985), 『의미론』(역서, 1990), 『지극히 작은 자 하나』(장편소설, 1993), 「시텍스트와 이데올로기 형상화」(1993), 『산문의 시학』(역서, 2003), 「한불 교류에 있어 한국 전통예술의 잠재력」(2007) 등

이광일
성균관대학교 정치학 박사
현 성공회대학교 민주자료관 부관장 겸 연구교수
주요 논저: 『한국정치와 비제도적 운동정치』(공저, 2007), 「민주화 전후 이데올로기의 독점과 변형」(2007), 「동아시아 국가주의, 민족주의와 진보좌파의 대응」(2007), 『좌파는 어떻게 좌파가 됐나─한국 급진노동운동의 형성과 궤적』(2008) 등

이진경
서울대학교 사회학 박사
연구공간 수유+너머 연구원, 서울산업대 기초교육학부 교수
주요 논저: 『맑스주의와 근대성』(1997), 『노마디즘』(2002), 『자본을 넘어선 자본』(2004), 『미-래의 맑스주의』(2006), 『코뮨주의 선언』(공저, 2007), 『근대적 주거공간의 탄생』(2007) 등

정호기
전남대학교 사회학 박사
민주화운동관련자명예회복및보상심의위원회 전문위원
현 성공회대학교 민주주의연구소 연구교수
주요 논저: 『식민지의 일상, 지배와 균열』(공저, 2006), 『現代韓國の安全保障と治安法制』(공저, 2006), 『한국의 역사기념시설』(2007), 『전쟁과 재현』(공저, 2008), 『국가와 일상』(공저, 2008) 등

정희진
이화여자대학교 여성학과 박사과정 수료
여성학·평화학 강사, ≪한겨레신문≫ 칼럼니스트
주요 논저: 『한국여성인권운동사』(편저, 1999), 『저는 오늘 꽃을 받았어요—가정 폭력과 여성인권』(2001), 『성폭력을 다시 쓴다—객관성, 여성운동, 인권』(편저, 2003), 『페미니즘의 도전』(2005), 『근대의 경계에서 독재를 읽다』(공저, 2006), 『헌법 다시 보기』(공저, 2007), 『평화백서—시민, '안보'를 말하다』(공저, 2008) 등

조원광
서울대학교 사회학 석사
연구공간 수유+너머 연구원
주요 논저: 『How to Read 마르크스』(공역, 2007), 「자본주의와 계급이론」(2007), 「유연화체제의 프롤레타리아트, 비정규직」(2008) 등

조정환
현 도서출판 갈무리 공동대표, 다중네트워크 공동대표, 다중지성의 정원 상임강사, 자율평론 만사
주요 논저: 『21세기 스파르타쿠스』(2002), 『지구제국』(2003), 『아우또노미아』(2003), 『제국기계 비판』(2005), 『카이로스의 문학』(2006) 등

조지 카치아피카스
웬트워스 공과대학 인문사회학부 교수(미국 보스턴)
≪새로운 사회과학(New Political Science)≫ 편집장 역임
정치적 변화를 연구하고 실천하는 학자들과 활동가들의 비영리조직인 '새로운 정치학을 위한 코커스'에서 활동
현재 전남대학교에서 연구하며 한국과 동아시아 사회운동에 관한 책을 준비 중
주요 논저: 『신좌파의 상상력: 세계적 차원에서 본 1968』(1999), 『정치의 전복: 1968 이후의 자율적 사회운동』(2000), 「광주 꼬뮨: 20년 이후」(2000) 등

조희연
연세대학교 사회학 박사
미국 남가주 대학교(USC) 한국학 초빙교수, 영국 랭커스터 대학교, 국립 대만 대학교, 캐나다 UBC 교환교수
현 성공회대학교 통합대학원장, 성공회대학교 민주주의연구소 소장, 학술단체협의회 공동대표
주요 논저: 『계급과 빈곤』(1993), 『한국사회구성체논쟁』(공저, 1997), 『한국의 국가·민주주의·정치변동』(1998), 『한국의 민주주의와 사회운동』(1998), 『비정상성에 대한 저항에서 정상성에 대한 저항으로』(2004), 『박정희와 개발독재시대』(2007) 등

한울아카데미 1130
5·18 민중항쟁에 대한 새로운 성찰적 시선

ⓒ 조희연·정호기, 2009

기획 | 5·18기념재단, 성공회대 민주주의연구소
엮은이 | 조희연·정호기
지은이 | 김보현·김상봉·김성국·김진호·노진철·원영수·유제호·이광일·이진경·
        정호기·정희진·조원광·조정환·조지 카치아피카스·조희연
펴낸이 | 김종수
펴낸곳 | 도서출판 한울

편집책임 | 이교혜
표지 디자인 | 김현철

초판 1쇄 인쇄 | 2009년 5월 11일
초판 1쇄 발행 | 2009년 5월 18일

주소 | 413-832 파주시 교하읍 문발리 507-2(본사)
       121-801 서울시 마포구 공덕동 105-90 서울빌딩 3층(서울 사무소)
전화 | 영업 02-326-0095, 편집 02-336-6183
팩스 | 02-333-7543
홈페이지 | www.hanulbooks.co.kr
등록 | 1980년 3월 13일, 제406-2003-051호

ISBN 978-89-460-5130-0 93330(양장)
ISBN 978-89-460-4068-7 93330(학생판)

* 책값은 겉표지에 있습니다.
* 이 도서는 강의를 위한 학생판 교재를 따로 준비했습니다.
  강의 교재로 사용하실 때에는 본사로 연락해 주십시오.